内容提要

　　从出现雏形至今，银行业务发生了天翻地覆的变化，尤其是在计算机及互联网得到普及之后，银行业务的形态、载体、渠道、模式等更是日新月异。

　　本书共 10 章，第 1 章为引言，内容包括银行业与技术的崛起、大型银行领导层面临的技术挑战、本书导读；第 2 ～ 10 章分别介绍银行业的历史和现状，银行业技术入门，银行渠道业务，银行业务运营，支付卡业务，支付业务，监管、财务及相关部门，技术管理，银行业的未来。

　　本书系统梳理了银行业务及其应用技术的过程，适合关注银行业务与技术融合的金融从业者、高校相关专业学生阅读。

关于作者

本书作者蒂姆·沃克（Tim Walker）和卢西恩·莫里斯（Lucian Morris）已建立十余年的合作关系。得益于两位作者在银行业技术应用方面的扎实专业知识和专业领域的互补优势，本书得以面世。

蒂姆（Tim）长期与银行和支付组织合作，是该领域的技术专家。在 20 世纪 90 年代初，处于学生时期的蒂姆就着手开发网站，他开发了英国最早的网站之一。随后，蒂姆入职 Logica 公司，开启了其职业生涯。从业期间，他带领团队开发了客户关系管理平台，该平台在多个金融服务呼叫中心得到广泛应用。随后，蒂姆入职德勤（Deloitte）会计师事务所，为众多银行和支付组织提供咨询。这期间，蒂姆在一家新的线上银行担任首席解决方案架构师，并领导一家全球支付组织的新卡支付授权平台的系统整合工作。在成为德勤的合伙人后，蒂姆建立了银行核心业务并成为该业务的全球领导者，为从小型单一分支机构到大型国际银行集团等各种银行机构提供咨询服务。其工作内容还包括撰写文章、在大型研讨会上发表演讲，以及对各种银行和支付组织的技术和运营进行收购前的尽职调查。离开德勤之后，蒂姆参与了多个项目，包括为跨国银行部署新的金融平台以及担任英国一家初创银行的非执行董事等。如今，他与妻子和两个孩子共同在英国怀伊河一带生活。

卢西恩（Lucian）是金融服务机构技术解决方案和服务构建与管理方面的专家。在过去 15 年多的时间里，卢西恩一直从事技术和零售银行相关主题的咨询、演讲和写作。作为德勤的董事，卢西恩曾与多家欧洲零售银行合作，但他被人们所熟知是因为其在英国首都银行（Metro Bank）建立和启动过程中担任首席信息官。在他的带动下，德勤获得了管理咨询协会奖。在德勤担任顾问十多年之后，卢西恩又在另一家初创银行工作，建立和推出了 Liquid Avatar Technologies Inc.（LQID）。他喜欢就银行业相关话题发表演讲，并在职业社交平台领英（LinkedIn）上定期撰写博客，评论英国零售银行业的发展，尤其是活期账户市场的发展。卢西恩目前担任英国抵押贷款经纪公司 Mortgage Advice Bureau 的首席信息官。现今，他与妻子和两个孩子在英国贝德福德郡生活。

　　写本书的目的是让大家能够更好地了解银行业复杂的技术。当然，探讨技术的图书非常多，从大型计算机到云计算，从早期的编程语言（如COBOL）到新兴的编程语言（如Go），这些图书几乎涵盖了技术的方方面面。但是，关于介绍银行业如何应用技术的图书却不多见。这意味着在银行业工作的人员通常只能依靠供应商提供的文档、培训课程、互联网资料，或者是与技术部门的同事交流来了解银行业的技术应用。我们曾为各种类型的银行和支付公司工作，从只有一个分支机构的小银行到国际银行，我们发现供应商提供的文档内容通常都不够详细，有的过于浅显，而且这些文档通常只提供给参与培训的人员或者开发人员。参加培训课程往往需要耗费大量的时间和金钱，而互联网资源可能是零散的、质量参差不齐的，有时还包含错误信息。因此，我们决定写本书的其中一个原因就是填补这一知识空白，以便为银行从业者提供更全面的指导。

　　本书的目标读者是所有对银行和银行技术感兴趣的人，而不仅是银行技术专家。本书首先对银行业的历史加以介绍，分析了支持现代银行主要职能的技术格局，并探讨了数字时代带来的机遇和风险。阅读本书时，读者无须精通技术，也无须将视线局限于技术领域。本书旨在让所有读者对银行业务有一个普遍的认知和了解，以便更好地应对与技术有关的机遇和挑战。

　　当然，如果你是银行业的高管或经理，希望加深对银行所使用技术的理解，本书将对你极为有益。对于那些刚开始从事银行技术领域工作的人员，以及那些已经参与银行技术变革或需要了解新技术领域的技术人员，本书亦可作为很好的入门读物。此外，本书同样适用于那些计划创办新的银行或金融科技创业公司的人，即使其只是想要了解哪些领域不适合使用这些技术。

　　本书涵盖了零售银行业务和公司银行业务，包括银行账户、抵押或信用贷款、支付和支付卡，以及从银行网点到移动银行等所有常用渠道业务，还包括现代银行可能涉及的从运营和财务到营销等职能。本书的关注点主要集中在银行基本账户、支付和客户互动的技术方面，不会过多介绍那些支持特有银行产品的技术平台。请注意，本书不涉及投资银行、投资管理、资产管理或保险等领域，因为这些领域都有各自专门的图书。本书的内容受到我们在欧洲、中东和北美银行业领域积累的经验影响，不过由于我们大部分时间都在英国工作，在阅读本书时，你会发现我们更倾向于深入探讨我们在英国职业生涯中积累的经验。

　　当然，银行业务通常十分复杂，且其使用的技术也非常多样，覆盖了广泛的领域。本书对银行业所使用的技术进行简要介绍，如果你是非技术背景的经理或高管，通过阅读本书，你将更深入地了解银行技术，能够更好地与技术部门的同事进行沟通交流；如果你在技术岗位工作，本书将帮助你更好地理解你正在从事的工作，让你清楚地了解技术发展的来龙去脉。

由于本书探讨的是银行业的技术，所以我们通常倾向于使用"银行"这个术语，但是实际上本书所写的内容适用于所有提供银行服务的企业。严格来说，这些企业有可能不被称作"银行"。如果我们遵循英国银行业监管机构的规定，那么一个组织只有在获得吸收存款的牌照后才能被称为"银行"。例如，发行信用卡和提供贷款的机构通常不是银行，但它们确实提供银行服务。因此，本书中的许多内容也适用于非银行机构。鉴于支付是银行不可或缺的组成部分，本书专门设置了相关章节来介绍卡支付和银行间支付。

鸣谢

几年前，我们开始考虑着手进行本书的写作。然而，由于工作和家庭生活发生了变故（包括卢西恩发生了自行车事故和蒂姆的儿子罹患白血病去世），本书的创作进展缓慢。直到2020年初，我们仅完成了不到三分之一的内容。因为当时大环境的影响，我们决定全身心投入本书的创作当中。在这个过程中，家人对我们熬夜写作的支持，让我们非常感激。

虽然我们共事过，但合著一本书的经历让我们认识到，写书这件事情还是具有挑战性的，当然最终也是值得的。通过审阅彼此的文章，我们意识到，在不同的主题上我们会持有不同的观点，有时我们中的某一个人的观点可能是错误的，有时我们会对对方的观点有所质疑。然而，我们总是能够冷静地讨论和解决这些分歧，同时我们仍然不断努力地提供更高质量和更具完整性的内容。如果本书中出现错误，我们将共同承担责任。

我们鼓励读者对我们所写的内容提出异议和进行讨论，因为读者完全有权发表自己的看法。

译者序

这本由两位英国专家历经数年写作完成的专著，填补了多年以来银行业系统地论述信息技术应用的空白。与一些介绍金融行业数字化及信息技术应用趋势并展示案例，或者讲述当前银行数字化系统构成及实现细节的图书在风格上相同，本书从原始的业务需求和基础的技术概念入手，内容沿着从过去到现在再到未来的时间线展开，并融入银行业务经营和技术管理理念。本书通过简明地阐释相关技术知识，说明为何及如何在银行系统中使用这些技术，详细描述了相关技术架构的演进。本书的最大特色是对技术的解释紧密结合特定业务场景，告诉读者银行业如何使用信息技术、如何通过实践不断演进和发展。

通过系统地阐述银行业的发展历史和银行业利用信息技术的历史，以及银行主要业务的关键技术实现，本书不仅让读者"知其然"，也努力让读者"知其所以然"，这体现了作者数十年专业工作的扎实功底。就如本书的译校者之一、中电金信研究院首席业务专家苗正先生所言："这确实是一部非常好的著作，即使仅参与翻译也感觉受益匪浅。作者的观点全面、客观并紧切时代趋势，个人以为书中的内容几乎能够代表西方银行科技界对于银行科技体系的全面认知与概括性描述，对国内读者有很高的参考价值。"

本书内容非常丰富，从主机、数据中心、桌面到云，从关系型数据库到数据仓库、现代数据库，从高可用的实现原理到 CICS 中间技术平台及远程过程调用机制，从分布式对象到面向服务架构再到微服务架构，涉及主要的商业计算概念的演进及其各阶段的代表性技术。本书可以作为一本入门读物，让读者对银行信息技术的应用有既简要又成体系的理解；同时，由于内容层次分明，本书也可以作为在某个技术应用领域开展研究工作的参考。

本书之所以称为"手册"，是因为读者可以直接挑选书中的部分章节作为业务和技术参考，获得相关的从业务需求、技术原理、技术沿革到技术选择等几乎一整套知识体系，因此本书适合作为银行信息技术从业者的手边书。值得一提的是，本书用各种事例阐述了银行业技术架构设计和技术管理的复杂性及其原因，在实践指导方面非常有价值。

在翻译和校对过程中，我们不断认识到这本书与我们长期从事的金融信息科技业务的高度相关性，书中内容覆盖的不同业务领域几乎直接对应了中电金信研究院所有的银行解决方案事业部，并正好在技术管理方面回答了我们当前在规划和思考的一些问题。书中的内容不断地引起我们共鸣，其中不乏令人击节叹赏、豁然开朗抑或掩卷沉思之处。

例如，本书多次提及作为"恐龙"的传统银行为何没有被新业态边缘化或者消亡这类有趣的话题。从 20 世纪 90 年代的"Banking is necessary, Bank is unnecessary"的银行恐龙论、我国加入 WTO 后面临的外资银行冲击到互联网时代对传统金融行业的挑战，我国的银行业总是充满危机意识，在不断自我激励中升级变革，并得以发展壮大，在世界金融科技领域占据了一席之地。这值得我们思考和总结，以判断金融信息科技的未来发展方向。就这些问题，本书给出了西方金融界的参考答案。作者就金融行业产品、业务和技术的创新规律，以及金融机构格局业态的演变进行了深入探讨，分析了银行经营的多元化基础、各种技术的利弊以及业务经营与信息技术应用之间的关系，这些分析关乎银行应该开展哪些有意义的业态创新及适用什么样的技术架构，而不是完全顺应来自科技界的说法。另外，我们也可以看到，开放银行、场景金融的创新，在我国也经历了一个从狂热到务实，再到循序渐进地发展的漫长过程。

在技术变迁的过程中，成功并非毫无代价，梅花香自苦寒来。作者提出的很多观点，映射了行业目前面临的艰难挑战，也对应了行业从反思、自我否定到砥砺前行的过程。

本书还探讨了银行技术管理的相关内容，这是难得的关于银行信息技术管理和技术组织的论述。作者围绕康威定律在软件行业应用的研究，引出关于高度紧耦合的庞大集中式平台和松耦合（微）服务架构两种架构的讨论，道出了在构建银行现代 IT 系统时，无论采用何种架构都需要面对的终极困难，并进一步讨论了技术成本、业务和管理等之间的关系。

当前，银行已经完成转型，金融信息科技和金融数智化成为金融行业和信息技术行业耀眼的明星。在银行业，信息技术方面的投入呈现高速增长，技术部门和供应商却面临前所未有的压力和质疑。传统的技术架构、开发方式和组织形式显然不能满足业务需求，企业架构、领域驱动、敏捷开发、平台工程、"部落制"等方法或组织方式却没有如业界期待般立竿见影。在新旧架构切换、业界不断试错和改进的当下，书中关于技术管理的诸多观点，对银行业以及技术厂商在架构设计和工程实现方面有很好的指导作用，有些观点不一定正确，也不一定适用，但至少提供了思考和评估的角度。

伟大的科学发现将促使生产力得到巨大发展，但这种发展通常是一个过程，甚至是漫长的过程。这也是本书给我的一个启发和激励——心怀敬畏，善于发现，着眼本质，脚踏实地，久久为功。作为从业者，我们还有很多事情需要去做，也可以去做。

如苗正先生的感触，如果一定要说本书的遗憾，那就是原书基于大型主机的技术背景分析偏多，而关于分布式技术的应用论述偏少，对于银行系统整体应用重构的态度也偏于保守。

本书的另一位译校者、中电金信研究院技术管理部负责人章澜女士提出，我们本就处于一个不同技术路线、不同技术架构和不同工程观点多元共生的时代，需要基于行业需求通过不同观点和路径不断试错，并汲取养分、打磨思路，希望业界专家和同行参与进来，给出更好的建议和解题思路。我想，如果包括我们在内的国内同行能够在科学发现、方法研究、技术实现和工程实践方面补上这部分内容，那么对国家和行业而言这一定是一件好事。

在此，感谢苗正先生、陈书华先生和章澜女士为本书的译校付出艰辛努力，也感谢读者阅读本书，一起展开这幅银行信息技术的画卷。

中电金信研究院　况文川
2024 年 12 月

目　录

第1章

引言

1.1 银行业与技术的崛起

银行业曾以多种不同的形式存在，其至少可以追溯到四千年前。最初，业务仅涉及简单的货币和商品管理，以满足早期商人和皇室的需求。随着时间的推移，银行业逐渐演变成今天的模样：一个复杂、覆盖全球的高度互联的商业网络。虽然银行业看起来以一种相当平稳的速度演进，但实际上，几个世纪以来，银行的建立、壮大、发展和整合从未间断过。

计算机以及互联网的出现，对近代银行业的运作方式产生了巨大的影响，它们终结了长期以来银行业在全球范围内不断扩张分支机构的趋势和行为。银行调整了产品和服务，引入了信用卡和借记卡，并使用计算机提高了效率，还建立了多渠道数字银行平台，同时在许多地区大幅减少了实体网点的数量。银行似乎正在由传统的实体企业模式向数字化的模式转型。数字化的兴起可能会使银行降低服务成本，催生新的业务，提供更卓越的产品和服务，同时为客户提供更便捷的访问方式。有人认为，数字化导向的银行不仅会取代传统的实体银行，还可能会催生崭新的商业模式。金融服务领域的有识之士和数字化技术的倡导者认为，现有的银行就像行动迟缓的恐龙，注定会走向不可阻挡的灭亡。然而，大型老牌银行拥有巨大的规模和庞大的客户基础，这意味着它们能够从现有客户中获得较多的利益。虽然有证据表明，复杂的传统技术成本高于现代技术成本，但大型老牌银行的巨大规模意味着它们有足够的时间来实施技术现代化，从而在银行新旧技术之争中生存下来。至此，银行科技领域新旧之争的舞台搭建就绪。

这场新旧之争的结果还远远未能形成定论。事实上，银行业的历史表明，大银行最终会收购小银行。一个多世纪以来，发达市场的银行数量一直在下降。

一些观察家预测，数字化技术将以一种不同的方式使现有金融机构陷入边缘化，就像移动电信行业一样，智能手机的崭露头角为这一行业带来了庞大且利润高的新业务，移动网络供应商不再主导这个领域，它们更像是公用事业单位，在全球不同市场上以不同的盈利能力和资本回报率运营。那么，老牌银行是否会沦为只提供基本银行产品的公用事业单位呢？其客户关系是否会转由拥有更先进技术的充当中介的新机构来进行维护呢？实际上，许多新兴数字化银行虽然能够提供更好、更方便的产品，但是它们的银行产品与传统银行类似，数字化技术的引进并没有给银行业带来颠覆性的变革。此外，似乎只有一些老牌银行愿意为其他机构提供产品，其他银行则不愿意充当中介，除非监管机构强制要求，比如在欧盟，根据《支付服务指令2》（Payment Service Directive 2，PSD2），银行必须开放其银行接口供第三方服务供应商使用。

还有观点认为，当前的情况可以被描述为老牌银行与新兴数字化银行和金融科技初创企业的竞争，或者也可以称为新旧之争。但是这种说法也不是很恰当，并不能完全准确地反映实际情况。

许多分析家和评论家最初就预测过会出现这种竞争（早在1994年，比尔·盖茨就发表了著名的"银行恐龙论"演讲），而如今越来越明显的是，新老银行之间的关系更加微妙。初创银行既可能与老牌银行合作，也可能与它们竞争。

因此，我们认为，对于银行业内的老牌银行，未来的前景尚不明朗。数字化议程为新兴参与者创造了机会，同时也对现有机构造成了威胁，金融科技创新解决方案和商业模式的崛起可以为传统的实体企业带来众多机遇。毫无疑问，现有机构必须积极开展前瞻性和补救性的工作，以保持其竞争力并抓住这些新的机遇。现有机构的规模和实力为它们提供了稳定性、既定市场、较低的单位成本和实施变革所需的资金，这些通常都是新兴参与者所缺乏的重要因素。在过去，老牌银行已经证明了自己完全有能力适应和采用新技术（比如计算机、自动取款机和网上银行）。因此，新技术浪潮出现意味着老牌银行必定会被淘汰的说法可能为时过早，甚至是错误的。

现有机构可能很难适应环境变化，甚至有一些机构可能会倒闭（通常会被其他机构收购）。为了在这个竞争激烈的市场中生存和发展，银行的领导层需要深刻认识到，银行本质上是数字化企业，因此深入了解技术、技术的应用和竞争优势来源至关重要。

1.2 大型银行领导层面临的技术挑战

大型银行的领导层面临着几个典型的技术挑战。首先，领导层需要决定银行是否坚持使用传统的银行平台。其次，为了满足新的数字经济需求，现有的银行机构需要进行实质性的内部改革，这不仅涉及技术本身，还包括组织架构和流程的改变。最后，领导层需要认识到，银行业务本质上正在融入技术领域。银行的核心业务现在是数字化的，领导层必须接受这一事实，并确保银行高级管理团队具备管理科技企业的能力。本书的一个重要写作目的就是帮助银行高级管理团队更好地理解技术领域。

许多银行业务的核心银行平台和系统都是经过多年构建起来的传统环境，其中包含用了很多年已经过时的软件和硬件。业界一直流传着关于这些过时系统的一些传闻，例如，2016年12月，英国一家报纸刊登了一篇文章，声称英国一些银行平台仍在使用镑、先令和便士等货币单位，这些是英国在 1971 年实行十进制货币之前使用的货币单位。我们无法确认这个故事的真实性，但这个传闻确实是行业内的一个话题。虽然最新的相关开发可能使用的是现代编程语言，但这些传统核心银行平台仍然在沿用传统开发语言，这些语言往往很复杂，难以理解。因此，在进行替代时很容易出错，不仅是由于这些系统的使用年限已经很长，而且许多了解它们的开发人员也已年迈，不便于查证。这些系统经常被人们所诟病，技术成本居高不下，导致银行产品存在各种缺陷，缺乏新产品和服务的灵活性。另外，重新构建核心银行平台的成本很高且充满风险。全球范围内有一些银行曾投入大量资金来更换核心银行平台，甚至有些银行，如英国的信托储蓄银行（Trustee Savings Bank，TSB），还曾经因此引发了严重的公共危机。

在维护传统的银行平台的同时，许多银行在其技术资产的持续性发展方面举步维艰。当然，不同技术资产存在很大差异，产生差异的原因也有很多，包括业务导向的决策、技术标准化未被放在首要位置、现行技术的发展经常会遭遇瓶颈等；同时，银行的合并和收购也导致了技术的多样性。因此，现代银行的技术资产十分复杂，甚至连运用这些技术的技术部门都难以全面了解。有些技术资产规模庞大，以至于追踪其中的硬件和软件可能是一项庞大的工程，许多大型现代银行都难以有效管理这些方面，这就好比一个人试图找到一个巨大仓库里的一颗小石头。这些问题通常没有简单的解决方案。

在大型国际银行中，内部技术组织通常规模庞大，拥有数万名员工，分布在多个地点，并依赖多样化的供应商生态系统。这些组织的结构因银行而异，它们在不同时期往往会在业务导向和技术导向之间摇摆不定。当业务导向是主要驱动因素时，技术部门通常与业务部门保持一致，虽然这样可以增大业务部门的控制权，但也可能使得技术部门与首席信息官（Chief Information Officer，CIO）的联系减少，这可能会造成内斗和低效率。与技术水平保持一致的替代模式可以提供更强的技术支持，以此来降低业务驱动引起内斗的可能性，并降低成本。但这样做的风险是，业务部门如果认为自身没有得到支持其业务持续运营和发展所需的服务，则会觉得自己被孤立了。当这种情况发生时，业务部门就会发展自己的内部技术能力，这样会导致额外的技术成本和角色重复，从而让整个技术领域缺乏一致性。

除了应对技术领域的挑战之外，银行业还面临目前公众对其信任度较低的问题。在人们看来，银行业似乎是一个陈旧刻板的行业，这使得银行业想要吸引高校毕业生和专业技术人才变得更加困难，而往往只有这些人才可以给银行业带来行业所需的新技能和思维方式，并能够充分把握数字世界带来的机遇。此外，具有雄心壮志的人则认为他们可以在其他地方取得更大的成就并获得更高的回报。银行技术部门所需的人才正在被科技巨头（如苹果和谷歌）等以技术为中心的企业，以及那些更加有活力的金融科技企业所吸引。

技术部门的规模，以及技术本身的规模和复杂性对管理和治理流程提出了挑战。这些流程往往反映了技术部门根深蒂固的传统思维方式和做法。想要改变这些既定的工作方式，银行业需要付出极大的努力，同时还需要一个坚定的执行团队进行配合。一些严重的技术故障时不时地发生，因此技术部门变得更加保守，趋向于采用传统保守的流程和工作方式，而不考虑效率是否低下。为了适应数字化转型带来的风险机遇，技术部门需要解决其传统运作模式所带来的问题，并适应新的工作方式。

1.3　本书导读

第 2 章介绍银行业的历史，并简要介绍银行业的现状。虽然对一些读者来说，第 2 章不是必须阅读的部分，但它为本书的后续章节提供了一些背景信息。

第 3 章介绍银行业技术入门知识，主要介绍了支持银行账户、信用卡和互联网银行渠道的基本技术。第 3 章概述了核心银行平台、数据库架构、大型机技术（在大型银行中仍然广泛使用），以及如何保证平台的高可用性、如何集成不同平台，包括面向服务的体系结构（Service-Oriented Architecture，SOA）及微服务等。第 3 章还讨论了数据分析，涉及数据仓库、数据集市和数据湖。如果你对技术不太了解，你可以选择跳过第 3 章的某些部分。

其余章节大致按照图 1.1 所展示的模式进行排列。图中顶部展示了银行所服务的客户群体，包含零售客户、商业客户（即中小企业）和企业客户（即大型企业）。当然，一些银行可能会使用更细的分类，如潜在客户、普通客户、贵宾客户，代替单一的客群划分。较大的银行可能设有公司金融和机构金融部门，专门为大型公司和其他银行等机构提供服务。通常情况下，对于每个细分市场，银行内部都会有一个相应的业务部门，由行政团队的成员领导，并配备市场营销、产品管理、关系管理等人员。

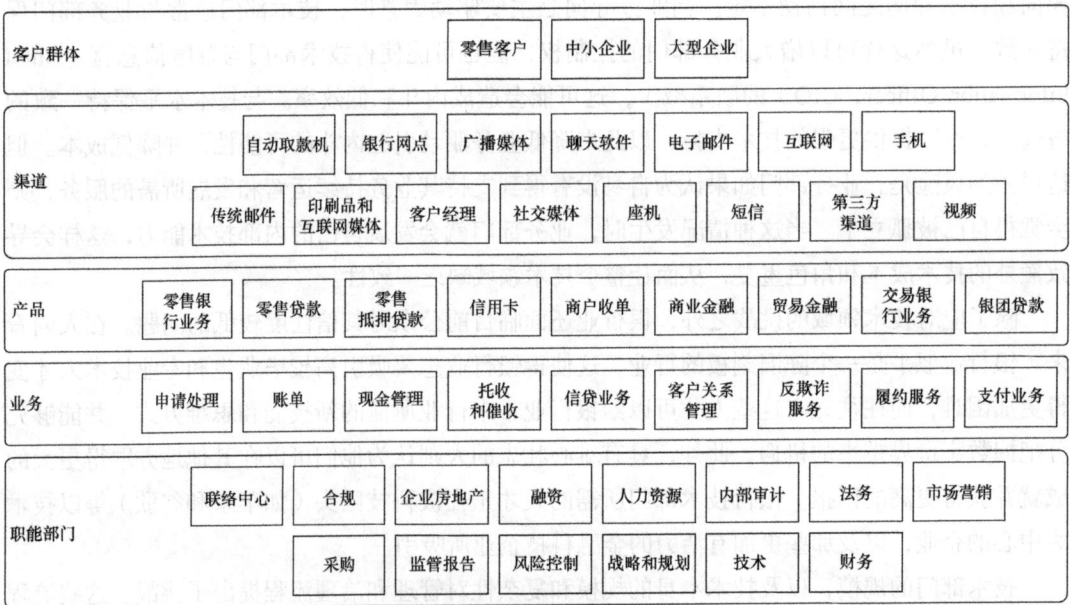

客户群体		零售客户	中小企业	大型企业			

渠道	自动取款机	银行网点	广播媒体	聊天软件	电子邮件	互联网	手机
	传统邮件	印刷品和互联网媒体	客户经理	社交媒体	座机	短信	第三方渠道	视频

产品	零售银行业务	零售贷款	零售抵押贷款	信用卡	商户收单	商业金融	贸易金融	交易银行业务	银团贷款

业务	申请处理	账单	现金管理	托收和催收	信贷业务	客户关系管理	反欺诈服务	履约服务	支付业务

职能部门	联络中心	合规	企业房地产	融资	人力资源	内部审计	法务	市场营销
	采购	监管报告	风险控制	战略和规划	技术	财务		

图 1.1　银行的运营模式

银行的客户和潜在客户会通过各种渠道（如图 1.1 中第二层所示）与银行建立联系。需要注意的是，这些渠道在技术上有时会重叠。例如，电子邮件通常通过互联网发送，但银行通常将二者视为不同的渠道。同样地，电话可以通过座机、手机或互联网拨打，这几种方式也被视为不同的渠道。然而，每家银行都需要考虑是否使用这些渠道以及如何管理这些渠道。有些渠道会有对应的业务部门，如聊天软件、电子邮件和视频等渠道，这些渠道通常由银行的联络中心或客户服务部门进行管理。第3章详细介绍了互联网渠道，第4章探讨了其他的一些渠道。

与该运营模式前两层相对应的业务部门有时被称为银行的前台部门。

银行提供的产品类别显示在图1.1中的第三层。产品按照其与零售客户、商业客户和企业客户的相关度从高到低依次向右排列。例如，零售银行业务包括零售结算账户和储蓄账户，零售贷款包括无抵押贷款和房屋抵押贷款之外的其他抵押贷款。商业金融包括基于资产的贷款、资产融资、租赁和贸易融资，如保理和贴现。交易银行业务为向商业客户和企业客户提供银行账户和现金管理等服务。银团贷款是指由多个贷款人参与组织的面向企业客户发放的贷款。对于每一种产品类型，银行内部通常设有相应的业务部门进行管理，特别是信用卡（第6章介绍了信用卡和其他支付卡）。虽然许多银行都会向客户提供保险产品，但本书不做介绍；一些银行还会为企业客户提供基于衍生品的专业产品，以管理利率和外汇风险，我们将这些产品归类为投资银行产品，本书也不做详细介绍。

这些产品通常被图1.1第四层中的一些银行业务涵盖，有时这些业务被称为业务中台。例如，申请处理包括处理新客户和现有客户的申请及对客户的计费（对企业客户的计费通常较为复杂），信贷业务包括决定是否向客户贷款以及以何种利率贷款。我们将在本书第5章中详细介绍相关业务。

最后，图1.1中的底层显示了银行可能设置的一系列职能部门，即银行的内部组织单位（与第一层中的客户群体不同）。这些职能部门就是银行的后台部门，不同银行的职能部门有较大差异。在大型银行中可能包含图1.1中的所有职能部门，而在小型银行中，一些职能部门可能会被合并。例如，通常来说，联络中心和市场营销部门是一个团队，融资部门通常包括监管报告和财务这两个职能。除了第9章涉及的技术职能外，我们将在第8章详细介绍相关部门。

请注意，尽管我们在本节中以前台、中台和后台来分类，但对每个类别所包含的内容并没有标准的定义，因此许多银行并不一定采用这些术语。有些银行采用不同的分类，例如分销（大致相当于前台，包含销售和营销职能）、制造或生产（涵盖银行制造或生产的各种产品以及相关服务，相当于中台）和企业服务（相当于后台）。在本书的后续部分，我们将更多地采用通用的分类方式进行叙述。

第2章

银行业的历史和现状

本章首先简要介绍了银行业的历史、现金货币和黄金货币的起源，以及银行分支机构在行业中的重要性。然后，探讨了银行规模化发展的驱动因素，过去一个多世纪以来，规模化发展成了影响银行业发展的决定性因素，并对银行业务中的技术挑战、新型银行模式和 2008 年银行业危机的影响进行了探讨。随后着眼于现代银行产品和服务的发展情况，探讨了技术对现代银行业发展的主导作用。最后，本章对银行业的现状进行了总结。

在本章的研究过程中，我们认识到：有些所谓的历史事实其实存在谬误，有些对银行业的描述则存在相互矛盾的情况，还有一些被称为史上首例的记录可能未经证实。因此，我们在本章中列出了一些必要的参考资料，对本章所记录的内容做出具体说明。需要说明的是，考虑到历史记录的复杂性，可能仍然存在一些与事实相悖的情况，这可能是因为这些部分内容没有相关权威资料记载，或者是我们所查阅的资料记载不够详尽。

2.1 银行业简史

虽然将银行业称作最早形成的专业化行业是一种颇有意思的说法，但事实并非如此。有人可能会争辩：如果没有金钱，也就没有银行业，而没有银行业，就很难将其他行业称为真正的专业化行业。银行业的历史至少可追溯到四千年前。有证据表明，古巴比伦王朝曾提供一系列的银行服务，将资金的往来收支记录在泥板上。最初，和其他早期文化一样，这种服务主要是对粮食的存储和担保，然后这一功能逐渐延伸到其他农产品上，最后延伸至贵金属。这种为有价物品开具的收据显然具有一定价值，这样的价值可以用来换取其他物品，而且随着时间的推移，有人可能会将自己的有价物品的所有权转让给他人。银行业的另一发展路径起源于寺庙的贷款服务，最初，在农作物丰收后，农民以种子谷物偿还各种贷款，随后又出现了以特定重量的金属（如银）为形式的货币贷款，债务人以货币支付利息。在公元前18 世纪，古巴比伦的统治者汉谟拉比就已制定出管理银行业务的法律，以及关于资金预付和贷款利率的规定。这些法律被列入《汉谟拉比法典》，该法典被刻在一块石板（石碑）上，后于 1901 年在伊朗被发现，这块石板（石碑）现存于巴黎卢浮宫博物馆中。综上所述，古巴比伦人早期的这些银行业实践活动实际上体现了银行的三个核心方面：有价值物品的保管、借贷和存款所有权的转移（即支付）。

在随后的时间里，地中海文明出现了早期的银行业行为，古希腊的海洋文明对借贷业务的发展产生了重大影响。公元前 4 世纪，在古希腊文明中已经出现私人和公共机构接收存款、提供贷款、结算账款（即转移存款的所有权）和兑换货币的行为。之所以出现兑换货币的行为，是因为在这个时期，古希腊各城邦发行的不同货币已开始在市面上流通，因此，四处行商的商人有时候需要兑换不同城邦的货币。商人可以用他们的船只作为抵押借取海运贷款，如果船只在返航前沉没，债务将一笔勾销。这种海运贷款的利率最高可达 30%，具体视风险程度而定。

在埃及的托勒密王朝时代（公元前 305 年至公元前 30 年），皇室的粮食仓库发展成为皇室银行，这些皇室银行运作着闻名于世的银行转账系统。该银行转账系统的基本运作模式是银行的每个客户开有一个账户，客户向该账户存款（当时存入的通常是粮食），然后银行就对这笔存入的粮食进行记录。在银行内部，银行负责整合所有存入的粮食，将粮食合并存入一个大型仓库，而不需将每个客户存入的粮食分开保存。然后，客户如果与其他客户发生借贷关系，就可以要求银行将其储存的部分粮食转移给与其存在借贷关系的客户，而银行则只需要相应地更新其账户记录，并不需要对所存粮食进行任何实物转移。具体表现为，埃及人通过这项记账转移程序向政府支付生产农作物所应缴纳的税款，政府也以同样的方式向其官员支付薪酬。这个记账转移程序相当于如今的信用转账。银行将存款人的转账记录送到首都亚历山大城。此外，存款充裕的客户还可以向第三方开出支票，获得支票的第三方可以向任何一家国有银行出示支票并请求银行付款。需要注意的是，支票兑现程序与转账或信用转账程序是不同的，具体体现在收款人只要向银行出示支票，就可以从银行处收到现金或现金等价物，而付款人只需通过转账或信用转账程序直接指示银行付款，相应的款项就会进入收款人的账户。在当时，该银行转账系统利用所构建的银行网络实现了不同银行机构之间的款项支付，是独一无二的。

随后，银行业在商业市场上的重要性不断上升，并最终成为促进商业发展的一个决定性因素。罗马人对银行业做了进一步的规范，银行岗位得到了国家的认可（国家有时甚至直接任命银行官员）。罗马法律甚至规定，银行对存放的资金要承担无限责任（18 世纪的英格兰也采用了这项规定）。罗马法律还对银行记录交易的方式做出了规定。尽管如此，罗马人也并没有发展出与埃及银行网络相媲美的中央银行和转账支付网络。

当然，在古代，银行业的发展并不局限于地中海地区。有证据表明，在公元前 1500 年至公元前 1200 年的印度，以及在公元前 3 世纪的中国也存在银行业务。事实上，在这些地区，银行业的发展历史可能更为悠久。

在西罗马帝国灭亡后到 11 世纪这段时期，关于欧洲银行业的文献记载极少，根据不同的作者记录，在这一时期，由于许多王国发行的货币规格不同，所以当时银行业的主要功能是兑换货币。在意大利伦巴第，第一代银行家已经懂得使用复式记账法，这种记账法是现代会计学的基础之一，也是银行业的雏形。随着商人在意大利国家政权中的影响力日益扩大，银行业对经济的重要性也随之提升。15 世纪，美第奇家族建立了著名的银行王朝；16 世纪，里亚尔托广场银行（Banco della Piazza di Rialto）在意大利城邦威尼斯成立，用以保管商人的资金。相较于早期的私人银行，这家闻名遐迩的银行的效率和安全性都更高。与早期的私人银行一样，商人在这家银行进行交易时，无须使用实体货币进行交换。

1668 年，瑞典国家银行成立，随后英格兰银行（1694 年）和苏格兰银行（1695 年）成立。各国政府出于各种原因设立国家银行。瑞典国家银行是在瑞典第一家特许银行——在由瑞典国王私人拥有并控制的斯德哥尔摩银行倒闭后成立的，目的是提供商业银行服务（保管存款和提供贷款）。斯德哥尔摩银行之所以会倒闭，是因为它发行的贷款票据（包括向国王发行的）的价值超过其持有的存款，当贷款票据的持有者纷纷找银行兑现时，斯德哥尔摩银行没有足够的存款来支付。与现代中央银行被授予自治权的情况相似，瑞典议会从斯德哥尔摩银行的倒闭中吸取了教训，并从国王手中夺回了对瑞典中央银行的控制权。英格兰银行的建立是为了向政府提供资金。苏格兰银行是为了向苏格兰企业提供银行服务而成立的商业银行，最初被禁止向苏格兰政府提供贷款。然而，苏格兰银行在成立后的一年内就开始发行纸币，从而减少了市场上使用重硬币的需求。此后，国家银行往往在各自国家的银行业中发挥基础性的作用，并逐渐演化为各国的中央银行。中央银行通常负责管理货币政策的实施（包括控制纸币的发行），为支付系统提供结算账户，并监管整个银行业。

2.2　现金货币、黄金货币和数字货币

虽然银行业早已存在，但是以钱币形式作为货币的概念是后来才发展起来的。在钱币发行之前，许多形式的物品都曾作为保存价值的工具被使用过。从贵金属，如黄金、银等，到日常物资，如动物牙齿、牛、羽毛、毛皮、米、盐、贝壳等，商品货币的范围非常广泛。在古代中东地区，特定重量的贵重材料（主要是银）曾被当作货币。这些贵重材料的重量单位被称为"谢克尔"，这可能是世界上最古老的货币单位之一，至今仍在使用。

大英博物馆珍藏了目前已知的最早的一批铸币，这些铸币的历史可以追溯到公元前 550 年左右，它们出土自土耳其西部，这里存在过吕底亚王国。铸币通常是按照固定的重量和尺寸（包括密度和成分）铸造的金属物品，上面刻有特定的图案，证明其得到了官方的承认。人们认为，吕底亚人在公元前 660 年左右就已经发明了钱币，当时的吕底亚王国拥有大量以银金矿（一种天然的银汞合金）形式存在的黄金，因此，吕底亚人可能是开创钱币铸造先河的人。同时，也有观点认为，中国在同一时期也发行了钱币。此后，大概在不早于公元前 650 年及不晚于公元前 500 年的一段时期，古希腊的很多城邦也开始发行本城邦的钱币。由于最早的吕底亚钱币是用银金矿铸造的，因此即便是两枚同样大小和形状的钱币，它们的重量也可能不同，这引发了人们对钱币价值的质疑。随着时间的推移，吕底亚人发明了一

种新的制造钱币的方法，使用这一方法制造的相同大小的钱币具有相同的重量和纯度，从而保证了钱币的价值。吕底亚人按照这种严格的重量标准制造了各种尺寸的钱币，使得每种尺寸的钱币都有其特定的价值。这种保持特定钱币特定价值的方法也促使钱币在社会中广泛流通。

货币体系的建立标志着银行业向前迈出了重要一步。货币体系使得价值被广泛认可且易于携带的钱币在市场上流通，使其可用于进行各种商品和服务的交易。尽管钱币一直存在贬值的风险，但自其出现以来，钱币一直被证明是一种非常灵活的保值手段。

钱币（以及后来的纸币）成功的关键在于其保值特性。在历史上，钱币能够保值的原因如下。

第一，钱币通常由贵金属铸造而成，其本身就具有价值。钱币持有者无须依赖发行机构偿还钱币的价值，因为钱币的价值理论上是相对稳定的（当然，如果用于铸造钱币的金属价值发生变化，钱币的内在价值也可能会发生变化）。虽然在实际上，钱币的面值通常略高于其金属价值，但这并不重要，只要市场参与者一致认为钱币的面值大体上代表着钱币的实际价值即可。采用贵金属铸造钱币的一个潜在风险是，随着经济的发展，用于铸造钱币的金属可能变得稀缺，因此人们可能被迫采用其他的价值交换方式（如银行本票和存单）。

第二，与当今普遍存在的情况一样，钱币具有基于代币的价值——钱币的价值不同于（通常大于）其原材料的价值，钱币的价值是建立在持有者对发行机构的信任之上的。在这种情况下，发行机构被要求对钱币的价值承担责任，从本质而言，即要求发行机构对本票承担责任。当然，这也适用于纸币，这就是许多现代纸币上有向持有者的支付承诺声明的原因。理论上，钱币或纸币的持有者可以要求发行机构支付相应的款项，只要持有者能够交出对应的钱币或纸币，就应该得到同等价值的黄金。

代币的使用要求发行机构持有相应数量的黄金储备，以对其发行的钱币的价值进行担保。如果没有充足的黄金储备，或者人们失去对这种支付手段的信任，代币就会失去其价值。从 19 世纪开始，金本位制得到了广泛推广，各国通过法律要求银行将发行的货币与其黄金储备直接挂钩。然而，这显然与一个国家持有的外汇储备量直接相关，在经济困难时期这样做会让国家陷入困境，例如世界大战以及 20 世纪 20 年代末 30 年代初的经济大萧条，这些都给维持金本位制的国家带来了压力。在经济困难时期，政府的外汇储备通常会因为支付军队费用或资助社会项目而枯竭。法国和德国在 1914 年暂停了金本位制（尽管法国在 1928 年恢复了金本位制，但法郎的价值只有使用金本位制之前的五分之一，随后法国在 1936 年放弃了金本位制），英国在 1931 年放弃了金本位制，许多国家在 1932 年后也纷纷放弃金本位制。1933 年，美国制定了一系列政策，例如禁止银行发行黄金、禁止黄金出口，并规定人们持有金条属非法行为，同时，美国联邦储备系统发行不以黄金为担保的票据，从而导致美元贬值，不再与黄金等值，这些政策暂停了金本位制下的兑换。通过实施这些政策，美国为政府发行有价值的法定货币奠定了基础，这些法定货币之所以有价值，是因为发行者对其价值做出担保。

在第二次世界大战结束时，西方主要国家同意采用金汇兑本位制[1]，这些国家的货币与美元的汇率是固定的，美元可根据这些国家的要求兑换成黄金。这种约定一直持续到1971年。1965年，法国政府决定将其持有的美元兑换成黄金，推动了金汇兑本位制的终结。到20世纪70年代初，美国履行协议的能力开始面临各种经济和政治上的挑战，例如，国内失业率和通货膨胀率居高不下。此外，当时的美国贸易平衡正从盈余转向赤字，加剧了问题的严重性；同时，美国印刷的美元已超过可兑换成黄金的数量。1971年5月，联邦德国退出金汇兑本位制，之后其他西方国家也迅速采取相应措施赎回其美元储备。1971年8月，美国终止了美元对黄金的兑换，实际上是终止了金汇兑本位制协议。20世纪期间，金汇兑本位制的使用逐渐减少，到20世纪末，几乎所有国家都放弃了金汇兑本位制。

现今的状况是一个颇有意思的局面，我们身处于一个使用法定货币的世界中——货币之所以成为法定货币仅仅是因为发行机构宣布这是法定货币。在实际操作中，发行机构通常无须持有充足的黄金来担保其所发行的钱币的价值。在大多数情况下，这个系统能够维持良好的运作，但也有面临压力的时刻。陷入困境时，政府往往选择通过印钞来解决眼前的问题。虽然印钞有助于发行机构解决一些短期问题，但却不可避免地带来长期的困扰。大量印钞会引发大规模的恶性通货膨胀。一旦发生这种情况，就会损害经济，使储蓄变得毫无价值，并会导致资金流向持有更可靠货币的地区。

在现代社会，法定货币已经从硬通货（钱币）向数字货币转变。意味着现代经济体中的货币量远高于铸币的实际价值，我们在日常生活中对现金的依赖已经大大降低。例如，当客户向银行贷款时，银行在其后台的数据库中设立一个贷款账户，将贷款账户中的余额设置为负的贷款金额，并将相同的金额存入客户的账户中（即将其添加到银行平台中记录的账户中）。实际上，银行已经通过这样的操作创造了一些财富。如果这名客户用这笔贷款向这家银行的另一名客户（商品卖家）支付货款，那这家银行只需要将钱从这名客户的账户转到这名商品卖家的账户上就可以了，而不需要转移现金。这意味着，如果银行的客户只通过在该银行的账户之间转账来进行款项往来，那么银行永远不必考虑是否有充足的资产维持正常运营。然而，在现实中，银行客户往往还需要向卖方在另一家银行的账户转账来完成支付（使用借记卡或信用卡向卖方支付也是一样的），此时，第一家银行必须向第二家银行转移相应资产。在现代支付系统中，这些资产通常是中央银行或其他受信任方持有的银行资产（通常称为储备金），其中可能包括黄金，但也可能只是银行存放在中央银行的资金。当然，这种储备金是有限的，因此，如果一家银行过度发放贷款，那么其发放的贷款总额很可能会超过其在中央银行的储备金。为防止这种情况发生，银行监管机构会根据银行在中央银行的储备金对银行的放贷额度进行限制。请注意，一般而言，随着银行市场份额的增加和规模的扩大（例如，业务增长比竞争对手更快，以及通过收购或合并扩大规模），银行的流动货币也会增加。此外，一般情况下，银行每

1　在金本位制下，公众可以用纸币兑换等值的黄金，而汇率（每单位货币兑换的黄金重量）通常是固定的或稳定的。在金汇兑本位制下，一些国家同意将其货币与另一个国家的货币（储备货币）的汇率固定，而储备货币与黄金的汇率是固定的。因此，如果一个国家收集了大量的储备货币，它就可以根据需求将其兑换成已知数量的黄金。1944年的布雷顿森林会议建立了以美元为储备货币的黄金兑换标准，1美元相当于1/35金衡盎司的黄金。

天需要处理数百万次银行间的小额转账交易，因此，为了结算支付款项，银行之间只进行净额转账。在电子支付主导的时代，数字货币的价值将远超流通纸币的价值，多国中央银行的数据也证实了这一点。

在未来，货币可能完全数字化。特别是随着技术的不断发展，尤其是区块链等技术的出现，以及网络安全性的进一步提升，数字货币的流通变得更具可行性。

2.3　以网点为中心的业务发展

银行业与实物货币之间的历史联系意味着：在新技术到来之前，大多数银行产品和服务只能通过实物货币交换的形式提供。在普遍采用实物货币的情况下，自然就需要银行在市场上设立实体机构来提供资金。在这个过程中，银行逐渐成为市场中一股独立的势力。由于贸易的特性，人们会认为有必要构建向贸易路线两端提供服务的网络。

然而，直到中世纪后期，欧洲的银行才建立起分支机构网络。银行以实体网点作为与客户接触的唯一渠道，这也决定了在 21 世纪之前，银行要发展业务，就只能扩大分支机构网络覆盖的地域范围和收购其他银行的网点。

出于监管措施、各地文化的差异和地理分布等种种原因，银行业在全球范围内的发展历程不尽相同，例如，在一些国家，政府限制银行网点的地理扩张。在德国，地区银行或州立银行（Landesbanken）是公有银行，最初为地方项目提供资金，并向各自区域内的储蓄银行（德国的储蓄银行在法律上和财务上是独立的组织，不存在集中在特定地理区域内的所有者或股东）提供批发银行服务 [1]。此外，还有一些会员制的合作社银行，如德国的大众合作银行（Volksbanken）和农业信用合作银行（Raiffeisenbanken），这类银行的业务通常集中在特定的城市或农村。

与德国类似，奥地利也有一个由近 500 家地方性合作社银行组成的银行体系，但这些银行的发展情况并不太好。储蓄银行经历了各种合并浪潮，从 1989 年的 124 家减少到 1994 年的 74 家，再到 2016 年的 46 家，其中大部分变成了上市实体，而不再是会员制银行。2008 年银行业危机后，人民银行面临各种压力，到了 2015 年，51 家人民银行被合并为 10 家。

在西班牙，地方银行的概念体现在 19 世纪建立的储蓄银行和农村储蓄银行中。然而，由于西班牙 1988 年取消了对储蓄银行网点地理扩张的限制，因此许多储蓄银行开始迅速扩张并实现了多样化。2008 年银行业危机后，由于大量银行过度扩张和纷纷发放高风险贷款而面临倒闭，地方政府开始干预这些银行的管理和运作。储蓄银行的数量从 2007 年的 45 家下降到 2020 年的 2 家（Caixa Ontinyent 银行和 Colonya Caixa Pollença 银行），其余的被合并到各种上

1　德国国有银行没有真正意义上的地域限制，在 20 世纪 70 年代，有几家国有银行在国际上发展业务。在欧盟禁止国有银行提供公共担保后，这些国有银行的国际化程度在 21 世纪的第一个十年里有所提高，包括参与美国抵押贷款市场。2008 年的银行业危机给它们中的几家银行带来了重大问题。

市银行集团或被其他银行收购。到 2020 年，西班牙仍有 29 家农村储蓄银行，这相对于 20 世纪 80 年代的 77 家有所减少，这些银行都隶属于一个联邦集团，集团成员之间相互提供服务并共享信息。

在英国，自 20 世纪 70 年代以来，地方银行和区域性银行进行了一系列的重大整合。[1] 在英国，整合的过程持续很长时间，导致拥有广泛分支机构网络的银行数量大幅减少。但这并不意味着地方银行、信用合作社和房屋信贷互助协会已经消亡或濒临消亡。事实上，在 21 世纪的第二个十年里，英国的信用合作社越来越受欢迎，会员人数从 2013 年的 166 万人增加到 2019 年的 214 万人，共有 437 家信用合作社。

由于分支机构网络相互重叠，不同银行的合并使得银行网点数量大幅减少。例如，有传言称桑坦德（Santander）银行通过收购其他英国银行进入英国市场后，只在主要街道上开设了 3 家网点，关闭网点似乎是不可避免的。这一现象，加上电话银行业务和网上银行服务的增长，让银行业的许多人认为以网点为基础的本地零售银行的概念几乎已经消亡，尽管仍有许多人认为银行的客群规模与网点规模成正比。

2008 年，弗农·希尔在出售美国的商业银行（Commerce Bancorp）后，决定进入英国市场。在美国，弗农·希尔曾将该商业银行从 1973 年的一家分支机构发展到 2007 年的 440 家分支机构，他认为他的模式在英国应该同样之有效。2010 年，他创办了首都银行（Metro Bank），至此，英国的分支机构银行概念虽然并未被重新定义，但也被赋予了新的意义。首都银行并不是唯一一家将分支机构视为业务核心的银行。瑞典商业银行（Handelsbanken）在英国以及瑞典、丹麦、芬兰、挪威、荷兰设有分支机构，其整个模式以网点为中心，并由网点层面负责个人贷款决策。

尽管也有一些例外情况，但银行网点业务似乎确实在减少。大多数银行都在寻求缩减网点数量，并将重点网点设在人流量大的地方，这也导致了英国许多村庄和小城镇的银行网点被关闭。

2.4 银行业的整合

尽管存在一些小规模的地方银行（如信用合作社、房屋信贷互助协会等），但在许多国家的大多数地区，大部分银行业务集中在少数几家银行手中。在英国和美国，银行业的整合

---

1 英国在 19 世纪有数百家本地的储蓄银行（称为信托储蓄银行）。到 1975 年，英国共有 73 家本地的储蓄银行，由于政府的监管行为，这些银行先被合并为 20 家，然后又被合并为 16 家地区储蓄银行。1983 年，这些银行再次被合并为英格兰和威尔士 TSB、北爱尔兰 TSB、苏格兰 TSB 和海峡群岛 TSB。1986 年，英格兰和威尔士 TSB 成为一个上市实体，即 TSB 集团有限公司，北爱尔兰 TSB 和苏格兰 TSB 成为其全资子公司。爱尔兰联合银行于 1991 年收购了北爱尔兰 TSB，海峡群岛 TSB 于 1992 年成为 TSB 集团有限公司的子公司。1995 年，TSB 集团有限公司与劳埃德银行（Lloyds Bank）合并。2008 年银行业期间，在英国政府的支持下，欧盟委员会迫使劳埃德银行剥离了 632 家分支机构，这些分支机构于 2013 年组成了 TSB 银行有限公司。西班牙的萨瓦德尔银行（Banco de Sabadell）在 2015 年收购了 TSB 银行。

创造了规模庞大、业务范围广泛的银行实体。例如，根据美国联邦存款保险公司（Federal Deposit Insurance Corporation，FDIC）公开的数据，截至 2019 年 6 月底，美国有 13 家银行持有超过 50% 的国内存款。同样，在英国，2019 年，4 家银行持有超过 70% 的个人经常账户。

2.4.1 英国银行业的整合

英国银行业整合的起源可以追溯到 1826 年《银行法》的颁布。该法案是英国议会为应对 1825 年金融危机而制定的，这场危机导致英格兰和威尔士的 93 家银行（约占银行总数的 15%）倒闭。从 1709 年开始直到该法案颁布，除英格兰银行外，英格兰和威尔士禁止成立发行纸币的银行，银行必须以无限责任合伙制的方式经营，且合伙人不得超过 6 人，这些银行被称为私人银行。在该法案颁布后，这些私人银行仍然不能发行纸币，但对于伦敦方圆 65 英里（1 英里约等于 1.6093 千米）以外的银行，银行合伙人数量没有上限。英国政府是想要通过这个法案增加乡村银行合伙人的数量，实际上在该法案颁布之后，出现了数百个合伙人成立一家新银行的局面，这些银行名义上是股份公司，即向其合伙人发行股份的公司，股份所有者需要对公司的债务负无限责任，但由于合伙人数量众多，所有风险被许多人同时分担，所以分摊到每个人身上的风险就减小了很多。到 1833 年，已经有 34 家股份制银行成功组建并投入运营。1833 年的《银行特许法案》规定，在伦敦方圆 65 英里内，只要股份制银行不发行纸币，它们都可以合法运营[1]。

1826 年制定的法案的主要优势在于，银行可以向一大批股东筹集资本（并利用筹集的资本扩大业务），各银行间可以相互合并和收购。根据 1858 年和 1862 年的相关法案，股份制银行可以赋予股东有限责任。从 1826 年到 20 世纪初，银行从私人银行迅速向股份制银行转变，私人银行在 1813 年达到了近 800 家的高峰，但是到 1900 年锐减到不足 100 家。股份制银行的数量在 1875 年达到顶峰 122 家，然后随着股份制银行的相互合并和收购，其数量开始逐渐减少。同时，88 家银行（包括私人银行和股份制银行）的分支机构数量从 1813 年的 1000 家左右增长到 1900 年的 6000 多家，在 1913 年进一步增长到 8610 家。这在露西·牛顿（Lucy Newton）的论文《变化与延续：19 世纪初股份制银行的发展》（*Change and Continuity: The Development of Joint Stock Banking in the Early Nineteenth Century*）中有所记录。到 1918 年，小规模的股份制银行和私人银行被纳入全国性分支机构网络，这些分支机构由大规模的有限责任银行所拥有和控制。

这些有限责任银行在英格兰、威尔士和苏格兰运营支票清算系统，因此被称为"清算银行"。其他银行和金融服务企业只能通过清算银行进行支票结算。清算银行还向小型银行和其他金融机构提供资金。这一情况持续了几十年，即便经历了一场世界大战，英国银行业的整合

---

1 1826 年的《银行法》实际上没有明确规定，是否可以在伦敦方圆 65 英里内建立不发行纸币的股份制银行。但是在 1826 年的《银行法》颁布之后，根据国王法庭的一项裁决，英国政府规定这些银行是合法的，而 1833 年的《银行特许法案》则从法律层面进行了相关规定。

仍在继续。例如，1960年，有12家银行或银行集团成立了英格兰和苏格兰的16家清算银行[1]。到了1970年初，虽然名义上仍有14家英格兰和苏格兰清算银行（根据英格兰银行的数据），但这些银行由6家银行或银行集团拥有[2]。在1970年底，由于多家银行的所有者合并，英格兰和苏格兰的清算银行数量下降到10家[3]。

然而，从20世纪60年代开始，由于人们对清算银行刻板保守的贷款政策（这些政策在很大程度上又受到英格兰银行对清算银行和其他机构施加的个人贷款上限的影响）和垄断联盟运作的抱怨，英国政府面临越来越大的市场压力，因此不得不要求提高银行业的竞争力。在随后的20年里，英国政府频频对市场采取各种行动，修订各项监管政策和法律规定。

1968年，英国政府建立了国家划拨银行（最初称为邮局划拨转账系统），通过现有的邮局网络为零售客户和商业客户提供廉价和高效的转账汇款系统。尽管国家划拨银行在数年之后才站稳脚跟，但通过为零售客户和商业客户提供廉价的转账汇款系统、发放政府福利，并从1978年开始提供免费的计息个人银行账户，它最终还是大获成功，并促使英国大型银行做出了同样的响应。国家划拨银行在鼎盛时期曾是英国的第六大银行，但在1990年被出售给联合莱斯特建筑协会（Alliance & Leicester Building Society），最终被桑坦德银行收购。

1971年，英国政府成立了佩奇委员会（Page Committee），负责审查英国国民储蓄的财务和法律系统，以及相关的资金交易工具和渠道。该委员会还审查英国各地的信托储蓄银行。信托储蓄银行通常是作为慈善机构设立的，由受托人监督，为劳动者提供储蓄手段，以便他们在患病、失业或退休时资金可以提取。虽然在19世纪时有几百家信托储蓄银行，但到了1970年，这些信托储蓄银行已经被合并成73家，并受到法律层面的禁止扩张限制。佩奇委员会在1973年的最终报告中指出，信托储蓄银行的所有权和受托人对存款人的责任都存在不明确之

1　1960年的16家英格兰和苏格兰清算银行由12家银行或银行集团组成。8家是独立的伦敦清算银行——巴克莱银行（Barclays Bank）、地区银行（District Bank）、劳埃德银行（Lloyds Bank）、马丁斯银行（Martins Bank）、米德兰银行（Midland Bank）、国民银行（the National Bank）、国民地方银行（National Provincial Bank）和威斯敏斯特银行（Westminster Bank）。伦敦有3家清算银行由其他银行拥有，顾资银行（Coutts & Co）由国民地方银行拥有，格林及米尔斯公司（Glyn, Mills & Co）由苏格兰皇家银行（the Royal Bank of Scotland）拥有，以及威廉斯帝康银行（Williams Deacon's Bank）也由苏格兰皇家银行拥有。苏格兰有4家独立的清算银行——苏格兰银行（Bank of Scotland）、克莱兹戴尔银行（Clydesdale Bank）、苏格兰国家商业银行（National Commercial Bank of Scotland）和苏格兰皇家银行有限公司（the Royal Bank of Scotland Limited）。英国亚麻银行（British Linen Bank）隶属于巴克莱银行，但独立于巴克莱银行运作。

2　1970年初，伦敦和苏格兰共有14家清算银行，由6家银行或银行集团控制。伦敦有3家独立的清算银行（巴克莱银行、劳埃德银行和米德兰银行）。国民威斯敏斯特银行（National Westminster Bank）拥有4家伦敦清算银行（顾资银行、地区银行、国民地方银行和威斯敏斯特银行），苏格兰皇家银行拥有3家清算银行（格林及米尔斯公司、国民银行和威廉斯帝康银行）。苏格兰有2家独立的清算银行（苏格兰银行和苏格兰皇家银行），还有2家为其他银行所拥有的清算银行（克莱兹戴尔银行为米德兰银行所拥有，英国亚麻银行于1969年由巴克莱银行出售给苏格兰银行，合并后巴克莱银行拥有集团的34.5%股份，并一直保留到1985年）。

3　到1970年底，伦敦有4家独立的清算银行（巴克莱银行、劳埃德银行、米德兰银行和国民威斯敏斯特银行），另外2家为其他银行所有［顾资银行由国民威斯敏斯特银行拥有，威廉和格林银行（Williams & Glyn's Bank）由苏格兰皇家银行拥有］。

处。此外，佩奇委员会建议将这些银行变成互助组织，由成员共同拥有，并取消对信托储蓄银行业务的限制，以提供更有竞争力的个人银行服务。然而，到 1976 年《信托储蓄银行法》颁布，英国政府只落实了其中的第二项建议，成立了信托储蓄银行中央委员会，负责监督信托储蓄银行的活动并为其提供服务，同时接收来自倒闭的信托储蓄银行的盈余款项。实际上，该法案的颁布为信托储蓄银行的进一步合并创造了条件，1985 年《信托储蓄银行法》修订后，TSB 集团有限公司在 1986 年成功上市，成为另一家私人银行，并于 1995 年与劳埃德银行合并。

1971 年，英格兰银行废除了清算银行的利率联盟。随后，又增加了一些清算银行，包括 1975 年的合作银行（Co-operative Bank）、1975 年的中央信托储蓄银行（Central Trustee Savings Bank）[4] 和 1983 年的国家划拨银行（National Girobank）。随着 1985 年英国支付与清算组织（Association for Payment Clearing Services，APCS，有 17 个成员）和 3 家清算公司的成立，清算银行数量进一步增加，这 3 家公司分别是支票和信用清算公司（Cheque and Credit Clearing Company）、负责大额电子支付的自动支付清算系统（Clearing House Automated Payment System，CHAPS）和城镇清算公司（Town Clearing Company），以及负责大宗电子支付的银行自动结算系统（Bankers Automated Clearing Service，BACS），通过这些机构能够更好地实现支付计划。

1979 年，英国政府取消了只允许指定的英国银行办理外汇业务的管制，使得资本可以自由进出英国。与此同时，《1979 年银行法》（1979 Banking Act）正式生效，建立起了规范的银行监管环境，设立了一个由持牌存款机构和授权银行组成的两级体系[5]，无牌银行服务或未经正式授权的存款成为非法行为。后来的多项规定，例如依法经营银行业务、允许资本流动以及开放英国边境等，都增强了英国银行市场的竞争力，吸引了众多主流海外银行涌入。

1986 年金融大爆炸期间，英国政府试图通过开放伦敦证券交易所的会员资格来遏制金融市场的反竞争行为。这使得英国的几家清算银行通过收购证券交易公司和建立投资银行来实现业务多样化，同时外国银行也能够在伦敦从事投资银行业务（通常是通过收购）。

与此同时，英国的房屋信贷互助组织也在进行整合。在 1980 年至 1985 年，房屋信贷互助组织的数量下降了近 40%。1986 年，英国政府通过立法，房屋信贷互助组织被允许多样化和股份化，并在此过程中逐渐转变为银行。例如，第二大房屋信贷互助组织阿比国民（Abbey National）银行就在 1989 年进行了股份化改造。尽管房屋信贷互助组织分支机构的总数在 1987 年达到顶峰，房屋信贷行业的总资产在 1985 年至 1995 年增长了 150%，但该行业的整合仍在

4　中央信托储蓄银行由 TSB 在 1972 年成立，负责处理银行相关服务。它与根据 1976 年《信托储蓄银行法》成立的信托储蓄银行中央委员会有所不同。

5　存款机构在证明其优良的管理质量、能够审慎地开展业务并具有良好的财务状况后，被允许吸收存款。银行必须满足上述要求，并证明它在金融界有很高的声誉和地位，例如要么能够提供广泛的银行服务（如该法案所定义的服务），要么是高度专业化的。1987 年的《银行法》合并了这两个层次，使所有吸收存款的实体都像银行一样受到监管。

继续。1985 年至 1990 年，房屋信贷互助组织数量再次下降近 40%。事实上，法律变化的最大影响和对该行业最严重的打击发生在 1995 年至 1997 年，7 家当时规模较大的房屋信贷互助组织进行了股份化改造，并最终被其他银行集团收购或拆分[1]，这导致 1997 年底该行业的总资产和分支机构总数锐减到了 1994 年底的一半以下[2]。

英国银行业清算银行的最后一轮整合发生在 1995 年至 2010 年。首先是劳埃德银行和 TSB 集团有限公司的合并；其次是 2000 年苏格兰皇家银行对国民威斯敏斯特银行的收购，以及桑坦德银行的各项收购；然后是 2005 年，克莱兹戴尔银行和约克郡银行（Yorkshire Bank）由其共同所有者合并；最后是 2008 年劳埃德银行对苏格兰哈利法克斯银行（Halifax Bank of Scotland，HBOS）的收购。在接下来的十年里，英国支付清算系统的进一步重组使得直接参与各种形式的支付清算变得更加容易，更多的机构不再需要通过另一家清算银行进行支付清算，而可以直接参与某项业务（参与支付清算业务的选择将在 7.6.14 小节中介绍）。

在 2008 年的银行业危机后，英国开始推动监管机构通过规范相关方法和时间表，改善银行牌照发放流程。在 2013 年，英国金融服务局被拆分为两个机构，即英国金融行为监管局（Financial Conduct Authority）和审慎监管局（Prudential Regulation Authority）。前者负责保护银行客户并保持银行业的稳定，而后者则负责鼓励银行业的竞争。

至此，英国银行业的整合似乎已经走到了尽头，英国政府、英国银行业监管机构和欧盟委员会（European Commission）都想扭转这一趋势。但在某些方面，情况似乎没有发生改变。另外，涉及英国两家大型超市零售商集团的银行业合资企业［乐购（Tesco）与苏格兰皇家银行、塞恩斯伯里（Sainsbury's）与劳埃德银行］也因零售商收购它们的银行合作伙伴股权并建立起自己的银行业务和平台而终止业务。TSB 集团有限公司从劳埃德银行集团中脱离出来，并被西班牙的萨瓦德尔银行（Banco de Sabadell）收购。号称是 250 年来首家向其他银行提供清算服务的新银行——清算银行正式启动。一些新银行也应运而生，其中包括 Atom 银行、Monzo 银行、史达琳银行（Starling Bank）和 Tandem 银行［尽管严格来说，Tandem 银行是凭借收购哈洛德银行（Harrods Bank）而获得银行牌照的］。英格兰银行在《英国银行系统的演变》一文中指出，与 1960 年相比，2014 年英国四大银行集团在存款和贷款市场中所占的比例更小。此外，根据英格兰银行 2020 年 6 月的数据，英国拥有 363 家货币金融机构（这些机构都有吸收存款的牌照，包括银行和房屋信贷互助协会，但不包括信用合作社），其中 120 家是本地银行实体。分析表明，从 2015 年初到 2020 年 6 月，货币金融机构总数增

1　联合莱斯特银行于 1997 年进行股份化改造，2008 年被桑坦德银行收购；Bristol & West 银行于 1997 年进行股份化改造，被爱尔兰银行收购，最终将分支机构出售给合作银行；车顿威及告士打银行（Cheltenham & Gloucester）于 1995 年进行股份化改造，被劳埃德 TSB 收购；哈利法斯银行于 1997 年进行股份化改造，2001 年与苏格兰银行合并，2008 年被劳埃德 TSB 收购；国民地方银行 1996 年被阿比国民银行收购，随后于 2004 年被桑坦德银行收购；英国北岩银行（Northern Rock）于 1997 年进行股份化改造，2008 年倒闭后拆分；伍利奇（Woolwich）银行于 1997 年进行股份化改造，2000 年被巴克莱银行收购。

2　1994 年底，房屋信贷互助协会的资产总额为 3009.98 亿英镑，1997 年底为 1378.64 亿英镑。1994 年底，房屋信贷互助协会的分支机构数量为 5566 个，1997 年底为 2537 个。

加了 11 家，其中银行净增 12 家[1]。看来监管部门在提升银行业的竞争力方面确实在一定程度上起到了作用。

2.4.2　全球银行业的整合

美国的情况与英国的非常相似，但整合的过程更为迅速。1995 年，布鲁金斯学会（Brookings Institution）发表了一篇名为《美国银行业的转型：多么漫长的奇怪之旅》（*The Transformation of US Banking Industry: What Long Strange Trip It's Been*）的论文，详细介绍了美国银行业整合的起源。论文指出了整合的两个核心驱动因素：首先是 20 世纪 80 年代初开始的大量监管改革，主要是为了放松对银行业的监管；其次是技术手段的进步，包括自动柜员机（Automated Teller Machine，ATM）的出现、计算能力的提升、电信技术的改进和自动信用评分，使银行能够独立提升盈利能力，而不再像以前那样过于依赖网点。

当布鲁金斯学会起草这篇论文时，作者认为银行数量下降的趋势可能即将结束。然而，事实显然并非如此，可以说，论文中确定的在 21 世纪市场上的驱动因素与 20 世纪末同样多，尽管监管改革的重点是加强管制而不是放松监管。美国联邦存款保险公司的数据清晰地显示，美国商业银行数量从 1984 年的 14 482 家下降到 2019 年底的 4518 家。从 2001 年到 2019 年底，有 557 家银行倒闭，银行数量整体减少了 3797 家。2001 年至 2019 年，银行数量减少的主要原因是兼并和收购（超过 80%），而不是倒闭[2]（假设没有或只有少数银行自愿关闭）。美国联邦存款保险公司在研究 1984 年至 2003 年的数据后也得出了类似的结论，同样认为银行数量减少的主要原因是并购。

这种现象在储蓄机构和商业银行中同样明显。美国联邦存款保险公司的数据显示，1984 年美国有 3368 家储蓄机构；可比数据表明，截至 2019 年底，只有 659 家储蓄机构在美国运营。

美国和英国银行机构数量减少的原因不同程度地归咎于多种因素，而放松管制似乎是其中影响最大的一个因素。然而，数据表明并非如此。例如，2008 年后，美国当局开始对银行进行前所未有的监管，但美国银行机构减少的趋势却仍然在继续。此外，从 2010 年初到 2019 年底，只有 39 家新的商业银行和 4 家储蓄机构注册。换句话说，在 2010 年初到 2019 年底，新注册的银行数比 1944 年至 2008 年（含）的任何一年都少。

1　名单中的大部分是国际银行的分支机构和英国子公司，这些机构经常变化。此外，在此期间，所有大型英国银行都被迫将其英国零售银行业务并入独立的法律实体中（如 2.9 节所述），这导致了名单的许多变化。2015 年 1 月 1 日至 2020 年 6 月 1 日，名单上的实体总数增加了 11 个。在名单中加入新条目，并从提供零售、商业、企业和批发银行服务的实体名单中（不包括纯粹为了进入批发市场的国际银行在伦敦的分支机构和子公司）划走被删除的实体，此类实体的数量净增加了 12 个。其中包括 Allica 银行、Atom 银行、Castle Trust Capital、Charter Court Financial Services、清算银行（ClearBank）、Fineco 银行、帕克合众银行（PKBK）、Masthaven、Monzo 银行、N26、OakNorth、奥克斯伯里银行（Oxbury FS）、红木银行（Redwood Bank）、Revver、史达琳银行、Zopa 在内的 16 个新实体和邓肯·劳瑞私人银行（Duncan Lawrie）、GE Capital UK、Holmesdale Building Society 和 Redstone Mortgages 4 个被移除的实体。在此期间，还有一些实体获得了牌照，然后又失去了牌照，或者交还了牌照。

2　大多数美国商业银行都倒闭了，它们的存款和资产会被另一家银行收购，有时是在美国联邦存款保险公司的协助下进行整合并购。实际上，根据有关统计数据，这些商业银行应该算作倒闭，而不是合并。

当然，这种趋势并不只发生在英国和美国。其他国家的银行业也频繁进行了整合，许多发达市场都出现了银行服务过于集中的极端情况。例如，2003 年的一项研究显示，在奥地利、塞浦路斯、丹麦、芬兰、希腊、以色列、荷兰、新西兰、挪威、瑞典和瑞士，仅 3 家银行的资产总额就占整个国家银行业总资产的 75% 或以上 [1]。相比之下，同一研究显示，英国和美国最大的 3 家银行的资产总额分别占国家银行总资产的 57% 和 19%。考虑到 2008 年银行业危机的影响，我们怀疑很多市场由于银行的倒闭而加剧了整合，至少有一项研究证实了这种结论。

在上述集中市场名单中，有 4 个北欧国家。北欧联合（Nordea）银行，它在 1997 年至 2000 年由 4 家北欧银行——丹麦的联合银行（Unibank）、芬兰的梅里塔银行（Merita Bank）、挪威的克里斯提尼亚银行（Christiania Bank og Kreditkasse）和瑞典的北方银行（Nordbanken）合并而成。北欧联合银行的历史可以追溯到北欧地区的 300 多家银行，甚至可以追溯到 1820 年成立的一家银行。可以说，北欧联合银行是全球银行业整合最引人注目的范例之一。

2.4.3　另一种合并形式

在 20 世纪和 21 世纪，发达国家经历了不可阻挡的银行机构合并浪潮，据我们所知，没有任何一个发达国家置身事外。然而，合并的速度在各国似乎存在显著差异。一些国家通过监管法案对此类合并进行了限制。例如，1826 年，英格兰和威尔士允许银行成立不超过 6 个合伙人的无限责任合伙企业，从而促进了银行业的整合。在美国，在 1994 年颁布的《1994 年里格尔 - 尼尔州际银行与分行效率法》生效之前，跨州合并虽然并非不可行，但困难重重。然而，有些国家的地方银行数量仍然相对较多，例如截至 2019 年底奥地利有近 500 家地方性合作银行、德国有 839 家合作社银行、挪威有 95 家储蓄银行、西班牙有 29 家农村储蓄银行、瑞士有 229 家信用合作银行、美国有 659 家储蓄机构，其中绝大部分是地方银行。请注意，在一些市场中，即使大部分银行资产都集中在少数几个大型国家银行集团中，如奥地利市场、挪威市场和瑞士市场（见 2.4.2 小节），类似情况仍然存在。尽管这些地方银行通常是独立的，但它们通常利用中央机构或少数服务提供商的服务。例如，在德国，Fiducia & GAD IT 公司为合作互助银行运营一个核心银行平台（以及其他平台），处理近 1 亿个账户；Finanz Informatik 公司同样为储蓄银行处理 1.2 亿个账户；2019 年，瑞士所有的合作互助银行都将业务转到一个单一的核心银行平台——Avaloq；在美国，有几个第三方处理商为储蓄银行提供集中运营和共享的银行平台。当然，这也是小银行可以获得与大银行类似的自动化水平和规模经济的一种手段。

与此形成鲜明对比的是，2013 年，一家小型银行的董事会向我们询问是否有可能将其客户账户（包括活期结算账户）转移到一个共享的外包平台上，以降低运营成本，我们的回答是

1　1988—1997 年的平均数。

英国没有这样的平台[1]。现在，该银行已不复存在。我们还与小部分的房屋信贷互助协会探讨了在共享平台上提供活期结算账户的可能性。由于没有任何第三方运营商愿意提供这样的共享平台，因此启动成本过高。自那以后，在英国有几家银行机构开始外包核心银行平台，涵盖了所有的零售银行账户，但规模都不及其他国家的此类供应商。

然而，正如前文所述，联合机构（例如，由一组独立银行共同拥有的共享中央服务机构）仍然面临变革的压力。我们在 2.4.1 小节中介绍了英国信托储蓄银行的合并、上市和最终被收购的情况。另一个范例是荷兰，该国有一个独立的、会员制的地方合作银行系统，该系统设有一个中央组织，即荷兰合作银行（Rabobank），向地方合作银行提供服务，并对它们进行监管。然而，在 2016 年 1 月 1 日，荷兰合作银行的结构发生了根本性的变化，荷兰合作银行和 106 家地方合作银行合并，形成了一家单一的合作银行。新机构将那些不面向客户的业务进行集中处理，并取消那些不再需要的业务，从而降低了 100 多家独立地方银行的运营成本（同时也导致大量人员失业）。

有一种理论认为，强大而独立的地方银行只有通过整合资源才能生存，尽管这可能导致这些地方银行失去一定的自主权。此外，对这些独立的地方银行的地理网点扩张范围进行限制，可以促进银行间合作，从而防止这些银行之间的恶性竞争。

2.5　现代银行产品和服务的发展

从银行产品的角度来看，许多基本的银行产品在几千年前就已经存在了。例如，在罗马帝国时代，基本的贷款和存款、商业贷款授信和外汇兑换就已经存在。当时的银行一直在不断地开发更复杂的衍生产品和服务，只在罗马帝国衰落时才偶有停顿，而现代银行产品（如复杂的商业贷款、支付网络和支付卡等）直到近代才真正被开发出来。

我们今天所熟知的许多银行产品和服务，其中一些是在过去几百年内逐渐发展起来的，有些银行产品和服务的历史十分悠久。本节主要介绍其中一些值得注意的产品和服务。

2.5.1　纸币

中国的纸币起源于 9 世纪至 13 世纪的唐宋时期。在唐朝，商人可以把货物带到京城，然后将收益存入进奏院，即地方政府的代表机构，以换取一张名为"飞钱"（译者注：飞钱，亦称便换，是唐宋时期的汇兑券。凭纸券取钱而不必运输，钱无翅而飞，故曰"飞钱"）的收据。一旦商人回到本人所属的地区，就可以将汇兑券兑换成现金。随着宋代印刷术的发展，11 世纪初，四川的几家商户被官方授权可以发行纸币（称为交子），以换取钱币存款。这些纸币可以代替钱币用来购买货物。然而，时间一长，由于出现无法兑现等问题，政府不得不介入其中

1　当时，至少有一家第三方机构可以为银行处理储蓄账户，但没有一家机构能够处理活期结算账户。

进行监管，并于 1023 年起完全接管了交子的发行。

纸币的基本定义在于它能代表银行安全地持有存款，因此我们可以找到很多把银行存款凭据当作纸币使用的例子。在西方国家，直到印刷业发展起来才实现纸币的大规模发行。在欧洲国家和美国，许多银行发行自己的纸币，这种做法在 17 世纪开始流行。然而，随着时间的推移，中央银行倾向于接管纸币的发行，这可能出于两个原因：一是以黄金存款的形式为政府筹集资金；二是增加纸币的安全性，以防银行倒闭导致纸币失去价值，并造成重大经济损失。有关纸币发行的详细信息我们将在第 7 章进行更全面的介绍。

2.5.2　支票

现代支票的前身可以追溯到两千多年前。《政事论》（*Artha-śāstra*）中提及了印度在孔雀王朝时期的一种信用证。两千年前，罗马人就开始使用木板形式的远期票（实际上是书面承诺在未来某个日期向某人支付一笔款项）。3 世纪时，萨珊帝国的银行发行了名为 chak 的信用证，这被认为是阿拉伯语 sakk 的起源。在阿拉伯帝国时期，sakk 被用于表示信用证，据说英语 cheque 一词就源于此。在中国，有记载说从 13 世纪开始，宋朝的军队就发行了纸质不记名票据（即支票，见票无条件支付确定金额给持票人），用于购买物品。14 世纪，意大利银行家发行了汇票，这些汇票可以在欧洲、北非和近东的分支机构兑现。

20 世纪下半叶，支票使用量急剧增加。以美国为例，从 1952 年至 1960 年，支票数量从 80 亿张增加到了 130 亿张，为适应支票激增的需求，各种技术得以发展，其中包括磁墨水的发明，以便支票能够被机器读取。此外，还研发了支票分拣机，我们将在 2.6.1 小节进行详细讨论。

进入 21 世纪，使用支票的人数逐渐减少，支票的价值也明显下降，虽然支票仍被广泛使用，但相对于电子支付和其他数字支付方式，其便利性和效率较低。在第 7 章中，我们将详细探讨支票在当代支付体系中的地位和使用情况。

2.5.3　集中式支票清算

18 世纪 70 年代，伦敦出现了集中式支票清算业务。伦敦的一些银行一直在进行双边支票交换的业务，导致各家银行的雇员每天穿梭在不同银行之间。在 1770 年左右，这种做法改为每天在伦巴第街的五铃酒店（Five Bells）举行会议。参与的银行最终组成了伦敦清算银行委员会（Committee of London Clearing Bankers），即后来的伦敦银行票据清算所（London Bankers' Clearing House），该委员会的成员被称为伦敦清算银行。英格兰银行一直采用集中式支票清算，直到 20 世纪 80 年代英国的清算系统重组。更多关于英国清算银行的信息，详见 2.4.1 小节。

在 20 世纪，许多国家都建立了类似的人工支票清算系统，美国在 1914 年提供了由美国联邦储备银行运营的全国性支票清算服务。一般而言，在这样的系统中，收到支票的银行向签发支票的银行出示支票并收取付款。

　　集中式支票清算系统通常对银行间的所有支付进行净额结算，这意味着每两家银行中的一方都对另一方进行净额支付（这种做法只适用于银行数量较少的时候，因为随着涉及的银行数量的增加，可能的组合将迅速增加），或者采用整体净额结算，即对每家银行在中央储备银行（通常是中央银行）中持有的资产进行净额转移。我们将在第 7 章详细地介绍有关结算的内容。

　　在 20 世纪 90 年代，美国的银行和美国联邦储备系统开始通过电子方式传输支票信息，而不再采用实际传递支票的方式进行清算，这种方式于 1996 年在英国合法化。各国的支票接收方倾向于通过向银行提交电子支票来兑现，随着新法律的出台以及科技公司推出带有摄像头的智能手机，用电子方式兑现支票变得更加便利，无须提交实体支票即可兑现。

2.5.4　旅行支票

　　流通券的历史可以追溯到 18 世纪，最初由英国的银行发行，是旅行支票的前身。旅行支票持有人能够在同一银行的海外分支机构或代理银行提取现金。现存最古老的具备雏形的旅行支票是 18 世纪 70 年代，由伦敦罗伯特·赫里斯爵士公司的巴黎分支机构发行的。随后，美国运通公司（American Express）于 1891 年推出了现代形式的旅行支票。这促使世界各地的银行和零售商普遍接受了旅行支票。然而，随着支付卡的广泛使用，人们对旅行支票的需求逐渐减少。

2.5.5　电汇和电子支付

　　西联汇款（Western Union）成立于 1851 年，最初是美国电报网络[1]的运营商，由几家电报公司合并而成，并在 1871 年推出了汇款服务。汇款服务使得人们即使距离很远，也能进行转账汇款。这种方式至今仍然被广泛应用，特别是应用在欠发达国家的个人跨境汇款中。

　　1913 年，刚刚成立的美国联邦储备系统（Federal Reserve System）采用了这种技术（电报通信），在所有美国联邦储备银行、美国联邦储备委员会（Federal Reserve Board）和美国财政部之间建立了一套银行间网络。这一系统为金融机构提供了高效的结算方式。美国财政部持有的黄金结算基金包括各地区联邦储备银行的存款，这使联邦储备银行能够在不同地区的银行之间迅速结算，而无须进行实际的现金或黄金流动。每笔付款都能够单独结算，因此该系统实际上是实时全额结算（Real-Time Gross Settlement，RTGS）系统。刚开始引入支付指令技术时，支付指令是由人工发送和接收的，然后再由人工处理付款，并将确认书传送回来。随着时间的推移，通信方式升级为电传（这是通过电报连接、使用电传机发送文本信息的更快、更方便的方式），并且开始使用专有网络，支付指令的提交和处理逐渐由计算机执行。这项服务被正式称为联邦电子资金转账系统（Fedwire），直到今天，它仍然在以上述方式运行着，为金融机构提供快速而可靠的结算服务。

　　许多银行间的电子支付系统[2]也都以类似的方式运行，它们的主要差异在于结算的方式。

1　最初，莫尔斯电码是通过电报连接传输信息的，这比电话系统早了几十年。

2　通常也称为电子转账（Electronic Funds Transfer，EFT）系统。

简而言之，银行向支付系统提交支付指令，命令其将款项划转到另一家银行的账户。在净额结算系统中，支付系统会计算出一段时间内（通常是一天）所有银行提交和接收付款的净头寸，然后在每家银行的结算账户（通常在中央银行设立）中借记或贷记资金。这就是自动清算所（Automated Clearing House，ACH）支付方案的运作方式。而在如联邦电子资金转账系统和英国的同类系统（即 CHAPS）这样的实时全额结算系统中，每笔付款都经过即时处理和结算，资金从付款银行的结算账户迅速转移到收款银行的结算账户。净额结算通常用于时间宽松、低价值、大批量的支付方案，而实时全额结算通常用于对支付速度和准确性有更高要求的高价值、小批量的支付方案。

值得注意的是，英国在 2008 年推出了首项大额即时支付方案——快速支付系统。这是一种低价值、高交易量的即时支付方式，通常能够在不同银行账户之间实现近乎即时的资金划转（通常在几秒内完成支付）。银行客户从这种近乎即时的转账中获益，而实际结算则基于净额结算在每天的特定时间段内进行。在此之前，大多数低价值、大批量的支付方案最快只能在一夜之间进行支付，有的甚至需要几天时间。这个时期英国主要的低价值、大批量支付方案即银行自动清算服务需要两三天时间才能完成支付。类似的快速支付系统后来也在其他发达国家被广泛应用。

2.5.6　签账卡和信用卡

1865 年美国内战结束后不久，美国的零售商开始向可以信赖的客户发行收费储值币，这些储值币最初用赛璐珞制作，后来逐渐采用各种金属。客户向零售商出示储值币证明自己的身份，零售商检查他们的账户状况。这种储值币可以看作商店卡的前身，仅限于特定的零售商使用。

1880 年，总部位于英国布拉德福德市的 Provident 服装供应有限公司（后来成为 Provident 金融集团）开始发行代金券。客户通过获取代金券可以在一些预先商定的商店购物，随后在销售代理打电话到客户家中时再进行分期支付。

1928 年，面向大型零售商店的客户派发的带有纸质签名条的压印金属卡片问世。持有这种卡片的客户可以先凭卡片在发卡商店购买商品，随后再付款。压印技术使得商店的工作人员能够迅速地在卡上留下印记，这一理念随后被应用到塑料卡上。

1950 年，第一种被广泛使用的签账卡——大莱卡在美国推出[1]。起初，该俱乐部仅有200 名会员，但在第一年会员就增加到了 20 000 人。其他信用卡发行商，如美国银行卡（BankAmericard）和美国运通（American Express），也迅速加入大莱卡俱乐部。最初一批大莱卡采用纸板制作，到 20 世纪 50 年代末，人们开始发行印有浮雕文字的塑料卡[2]。最初，在

1　以前至少有一种可以在多家商店使用的签账卡，特别是在 1946 年布鲁克林的弗拉特布什国民银行（Flatbush National Bank）试用的 Charg-It，但这种信用卡并没有被持续使用。

2　我们听到各种说法，有的称美国运通是第一个发行塑料卡的公司，并声称这家公司在 1959 年首次发行塑料卡，但我们无法证实这一说法。我们只找到了一张 1959 年 3 月底到期的塑料压花美国银行卡的图片和一张 1959 年 10 月底到期的塑料压印美国运通卡的图片。

POS 机使用银行卡支付的标准流程是使用拉链机和多层支付凭证在银行卡上留下印记，零售商在支付凭证上写下消费金额，持卡人签字。鉴于大多数信用卡的支付都是以电子方式进行的，因此信用卡支付方案通常不再要求信用卡上有压印。

20 世纪 60 年代初，国际商业机器（International Business Machines，IBM）公司的工程师福里斯特·帕里（Forrest Parry）开发出置于塑料卡背面的磁条，磁条最初用于身份证。开发磁条的灵感来源于磁带，当时磁带已经被用来存储供计算机处理的数据。磁条在 1969 年被纳入美国信用卡使用标准，1971 年被纳入国际标准，并迅速成为几乎所有塑料支付卡的一个特征。

大约在 20 世纪 70 年代前半期，万事达（Mastercard）和维萨（Visa）等建立了自动处理银行卡支付的平台，通常由两个系统组成，其中一个系统用来处理 POS 机的授权请求，另一个系统则是清算系统，用来处理零售商提交给收单银行的凭证，这些凭证用来记录银行卡交易。我们将在第 6 章详细探讨银行卡支付的运作方式。

2.5.7 借记卡

爱德华·贝拉米（Edward Bellamy）在他 1888 年出版的《回顾：2000—1887 年》（*Looking Backward: 2000—1887*）一书中设想，到了 2000 年，每个人都会拥有一张与某个账户挂钩的卡片，这个账户在每年年初，都会存入与国家年度总产值相等的钱，供持卡人在公共仓库消费。虽然贝拉米称这种卡为信用卡，但就其功能而言，这种卡片似乎更像是借记卡。

实际上，特拉华银行（Bank of Delaware）在 1966 年与一家连锁鞋店试行了第一张借记卡，所使用的技术组合在当时是相当先进的。银行向客户发放了一张塑料卡，客户只需将该卡插入一个连接到电话上的读卡器，拨通银行电话，就可以用它来购买商品。收银员根据计算机的语音指示，使用电话上的触摸式键盘输入购买金额。与信用卡不同的是，使用这种卡支付时从客户的现金账户或支票账户中直接扣款。

维萨于 1975 年在美国推出了第一个借记卡项目。从 20 世纪 80 年代起，借记卡的发行变得越来越广泛。POS 机提供自动在线授权成为零售商广泛接受借记卡交易的先决条件，因此在网络连接和 POS 技术普及之后，借记卡得到了更广泛的普及。

在一些国家，国际卡支付体系承担了借记卡支付转换、清算和结算的功能，所使用的信息协议和基础设施与信用卡支付所使用的基本相同。有些国家建立了地方性体系；有些国家则既有地方性体系，也有国际卡支付体系。不过，在很多国家，国际卡支付体系已经吸收了当地的卡支付系统（借记卡和 ATM），因此在某种程度上，这两种体系已经实现了统一。

2.5.8 直接借记

有证据表明，至少早在 20 世纪 60 年代，美国银行就开始提供定期付款业务，即客户指示银行定期向零售商或服务提供商支付固定额度的款项。直接借记（有时也称为直接扣款）是指银行客户授权零售商或服务提供商（如公用事业公司）从其账户中扣除相应费用金额的业务，这种业务在发达国家很常见。我们在研究中发现，自 20 世纪 50 年代起，在当时的西德，转账划拨账户持有者可以通过直接借记进行支付。1964 年，西德银行业达成了一项全行业的直接借记流程协议，并于 1966 年开始实施。1968 年，直接借记业务进入英国。直接借记支付请求通常采用电子方式进行传输，所用网络与银行间支付系统相同。

后来在奥地利和德国，直接借记系统应用到了更广泛的领域。通过电子直接扣款方式，客户在 POS 机上可以直接向零售商付款。账户详细信息被保存在支付卡（最初作为支票担保卡，后来是借记卡）上，零售商刷卡并让客户在付款单上签字。与借记卡或信用卡付款方式不同，直接借记方式会让零售商承担付款无法兑现或支付卡被盗用的风险。但对零售商来说，相较于信用卡或借记卡的付款手续费用，直接借记的手续费用更低。

2.5.9 自动取款机

1967 年 6 月 27 日，英国的巴克莱银行安装了第一台自动取款机（De La Rue Automatic Cash System，DACS）。与现代自动取款机不同的是，客户必须先从银行获得一张纸质凭单，然后使用凭单和一个六位数的个人代码从机器中提取 10 英镑。凭单上浸有具有放射性的碳 14，以便自动取款机检查其是否有效。与此同时，也会对凭单进行打孔操作，便于出票机读取。银行职员从机器中取出凭单，然后像处理支票一样处理凭单，这样客户取款后银行就可以从其账户中扣款。当时，鉴于自动取款机并非在线操作，客户可能会使用自动取款机透支，因此只有优质客户才能获得该纸质凭单。1967 年 7 月 6 日，瑞典储蓄银行的中央银行 Sparfrämjandet 推出了 Metior 制造的自动取款机，该自动取款机可以解码带有孔的金属代币。同月晚些时候，威斯敏斯特银行推出了由美国丘博（Chubb）公司制造的 MD2 自动取款机。这台机器接受带有孔的塑料卡，客户使用一个四位数的密码，机器可以通过复杂的算法将密码与孔所代表的信息进行核对。与巴克莱银行的机器一样，威斯敏斯特银行的自动取款机也保留了这种卡。不同制造商生产的各种自动取款机很快就被投放到世界各地。

1972 年 12 月，劳埃德银行安装了第一台由 IBM 制造的现代自动取款机，并将其命名为 Cashpoint。这个系统包含了几个重要的研制成果。第一，客户插入一张可重复使用的带有磁条的塑料卡，交易结束后，卡被退回。第二，客户可以选择提现金额。第三，自动取款机是在线的，客户在等待的时候就可以获得取款的权利。然而，客户的账户需要隔夜后才会被扣除相应的取款金额（可能是由于劳埃德银行当时的核心银行平台的功能限制）[1]，而且该自动取款机没有显示屏，因此只能使用发光的文字来指示相应的信息。

许多制造商开始向银行机构销售自动取款机，后来这些制造商合并，只剩下少数几家业务几乎遍布全球的供应商。IBM 最终退出了自动取款机市场。

1　作为 20 世纪 80 年代劳埃德银行的客户，我们发现，从劳埃德银行的自动取款机提取现金后，分支机构工作人员处和另一台自动取款机处显示的可用余额并没有相应减少。

2.5.10　环球银行金融电信协会

SWIFT，即环球银行金融电信协会（Society for Worldwide Interbank Financial Telecommunication），是于 1973 年成立的。1977 年，该组织推出了全球数据网络，用于银行间路由和交换金融支付信息，该组织为这些信息制定了标准格式。它取代了使用电传机和电传网络进行的国际支付和其他金融交易，使银行迈入了自动化进程并加快了国际金融交易的发展。2020 年，SWIFT 的网站声称超过 11 000 家机构连接到其网站。

SWIFT 并非电子支付方案，银行只是可以使用它发送支付信息，但单独转移资金必须基于代理银行关系和支付方案。我们将在第 7 章做更详细的介绍。

通过封闭的用户群，SWIFT 可以为支付方案传递支付信息。例如，在英国，CHAPS 的 RTGS 系统利用 SWIFT 在银行间发送支付信息，其中包括付款银行的付款指示和英格兰银行的结算确认。

2.5.11　在线银行和互联网银行

1980 年，联合美国银行（United American Bank）与 RadioShack 合作，携手推出了首个在线家庭银行服务。只要支付月费，客户就可以使用带有安全调制解调器的 Tandy TRS80 家用计算机访问其网上银行账户。许多银行迅速效仿这一做法，其中包括纽约的花旗银行（Citibank）、大通曼哈顿银行（Chase Manhattan Bank）、化学银行（Chemical Bank）和汉诺威（Hannover）制造以及英国的诺丁汉房屋信贷互助协会（Nottingham Building Society）。最后一个是 Homelink，它是 1983 年由苏格兰银行联合开发的银行，使用的是英国的 Prestel 拨号可视图文系统。至于最成功、最著名的可视图文系统可能是法国的 Minitel，该系统一直运行到 2012 年。这些解决方案与我们今天的互联网银行产品相去甚远，只能以纯文本格式提供有限的功能。

正是互联网和万维网的发展彻底改变了客户获取信息和服务的方式。第一个真正意义上的互联网银行解决方案可能是由斯坦福联邦信用合作社（Stanford Federal Credit Union，SFCU）在 1993 年提出的。它基于文本，并通过互联网远程登录以访问信用合作社。到了 1994 年，斯坦福联邦信用合作社推出了基于浏览器的服务，使客户可以使用万维网访问信用合作社。

2.5.12　电话银行

1965 年，特拉华银行开始通过电话提供账户余额和交易信息查询服务，当时，该银行向客户发放了 8.7 万张塑料卡，以便客户可以在分支机构使用这项服务。在存款或取款时，客户向银行柜员出示卡片，柜员将卡片插入连接在电话上的读卡器。读卡器连接中央计算机，然后通过模拟语音播放账户余额，显然，这是通过选择预先录制的不同词语来构建音频的。在 2.5.7 小节中描述的特拉华银行借记卡试点也使用了同样的系统。特拉华银行当时还计划试行客户可在家中使用的账单支付系统。大约在同一时期，富国银行（Wells Fargo Bank）和制造商国民银行（Manufacturers National Bank）采用了另外一种更成熟、复杂的系统，在这一系统中，由银行员工而不是客户直接按下电话上的触摸式键盘来选择不同的服务。

虽然我们没有找到关于银行何时首次向客户推出电话银行服务的确切资料，但据我们所知，许多大型银行在 20 世纪 80 年代就已经向客户提供集中式电话银行服务，甚至一些银行可能早在 20 世纪 70 年代就开始提供这项服务了。当然，在此之前，如果客户本人不能前往银行，通常可以通过电话联系银行的分支机构；同时，信用卡发卡机构和收单机构也设有呼叫中心，为需要进行交易的持卡人和零售商提供服务。电话银行业务过去（和现在）基本上有两种形式：一种是有专人值守的呼叫中心，客户可以与专人通话；另一种是由语音应答装置驱动的自动服务，使用触摸式键盘（以及后来的口语命令）来切换选项菜单并向银行发出请求。我们将在第 4 章中详细介绍这些内容。据称，汇丰银行（The Hongkong and Shanghai Banking Corporation Limited，HSBC）旗下的英国银行品牌 First Direct 在 1989 年推出了第一家仅限电话服务的银行，尽管我们无法证实这是否真的是提供此类服务的首个案例。

2.5.13　智能卡和非接触式卡

第一张智能卡是一种包含微处理器和存储器的塑料卡，由布尔（Bull）公司和摩托罗拉（Motorola）联合开发，于 1977 年推出。到 1993 年，所有的法国银行都使用智能卡来替代支付卡，以更有效地防范复制磁条卡进行欺诈的行为。法国银行推出的这种卡是 EMV（Europay、MasterCard、Visa）支付卡[1]的前身，法国从 1994 年开始制定发行该种卡的相关规范。在 20 世纪 90 年代，各种非接触式卡陆续问世，可以在美国用于支付卡车燃油费、在法国用于支付交通费，以及在奥地利作为滑雪通行证。1995 年，德国汉莎航空股份公司首次推出集成了非接触式智能卡的信用卡，以替代之前集成了普通智能卡的版本。这些卡让经常出差的旅客不再需要纸质机票和登机牌。1996 年，韩国首次引入非接触式交通智能卡。随着时间的推移，签账卡、信用卡和借记卡几乎普遍采用遵循 EMV 标准的智能卡。

2.5.14　储值卡

20 世纪 90 年代，对储值卡，各银行进行了各种公开试点。我们研究发现，最早的储值卡可以追溯到 1992 年在丹麦发行的 Danmønt，最初作为公共电话支付卡使用。在泽西岛，智能卡 JerseyCard 添加了储值钱包。Banksys 是当时比利时银行旗下的支付服务公司，1995 年 2 月该公司开始试点其 Proton 储值卡，随后国民威斯敏斯特银行于 7 月 3 日在英国斯温顿开始试点其 Mondex 卡，然后维萨于 11 月在澳大利亚试点 VISA 现金卡（在获得 Danmønt 系统的许可后）。这些卡使用卡内芯片上的应用程序来保存对应的信息，因此不需要在线使用。现代的

1　有时称为芯片卡。

许多预付卡和礼品卡都不再使用这种设置，通常是借记卡通过在线授权后才能使用。

2.5.15　移动转账系统

20 世纪 90 年代末，随着移动数据和手机网络浏览器的出现，一些银行开始使用无线应用协议（Wireless Application Protocol，WAP）提供移动银行服务，移动银行主要提供基于文本的用户界面。然而，随着现代智能手机网络浏览器的成熟和移动数据网络带宽的提升，WAP 手机银行服务已经逐渐式微，但在一些仍广泛使用低功率和廉价移动电话的地区，这种服务可能仍然存在。

最著名的移动转账系统之一是 M-Pesa，其最初由肯尼亚移动网络运营商 Safaricom 于 2007 年推出，随后在多个国家得到广泛应用。M-Pesa 允许用户将钱存入与其手机相关联的 Safaricom 账户，并能够通过该账户向其他手机用户付款或收款。尽管整个交易对用户来说是透明的，但实际的转账需要通过短信才能进行。该系统利用肯尼亚各地的代理网络，这些代理网络可以接收和发放实体现金，同时也能在移动银行账户中注入和提取资金。在 ATM 和银行分支机构并不普及的国家，M-Pesa 技术得到了广泛应用，并成为购买商品或服务的一种便捷手段。在某些方面（通过使用代理服务），它类似于西联汇款服务，但每个用户都有一个可以存钱和进行交易的账户。利用 M-Pesa 汇款不涉及实体现金。尽管 M-Pesa 服务并非免费，但其推广确实影响了西联汇款服务和肯尼亚邮局运营的汇款服务的市场份额。M-Pesa 在其运营的前十年中取得了巨大的成功，截至 2018 年底，M-Pesa 在肯尼亚的用户超过 2500 万人，其除肯尼亚以外的国际用户超过 1300 万人。如今，除了汇款服务外，M-Pesa 还提供其他服务。

当然，M-Pesa 在最初推出时，功能有限，仅包含存款和汇款两个关键功能。在 M-Pesa 推出的同年，苹果公司发布了其第一款被广泛使用的智能手机 iPhone，2008 年首款商用安卓手机（由宏达国际电子股份有限公司制造）发布。之后各银行纷纷推出手机版的网上银行网站和银行 App，M-Pesa 也为用户提供了使用其服务的 App。

2.6　银行业技术的发展

技术在银行业的应用可以追溯到 20 世纪中期。早期主要应用在以机械手段来替代烦琐手工操作的领域。此时，对外部观察者和经验丰富的银行从业者来说，技术对银行业的影响并没有引起他们的注意。

银行业技术应用最引人注目的一点是其变革的速度和规模，特别是自 20 世纪 50 年代以来的巨大变化。近年来，我们目睹了整个银行业涌现出大量新的应用程序，每一项新技术似乎都在为银行业迈向新方向铺平道路。图 2.1 展示了技术在银行业的应用是如何不断发展的，本节接下来的内容将提供更多关于这些发展的细节信息。

卡

大莱卡　第一张塑料卡　英国采用芯片和密码
第一台自动取款机　谷歌钱包发布

支付方式

1871年，首次转账服务　第一次现代电子奖金转账　更快的支付方式
点对点支付方式问世

分支机构

第一台分支机构计算机　自动柜员系统　数字化分支机构

互联网

公共
在线信息
服务系统　第一个银行网站

固定电话

计算机电话集成
第一个银行呼叫中心
第一个电话银行系统　仿生识别（语音）ID&V

手机

第一家纯移动银行
M-Pcsa面世
第一个手机银行App

19th C　1900　1910　1920　1930　1940　1950　1960　1970　1980　1990　2000　2010　2020

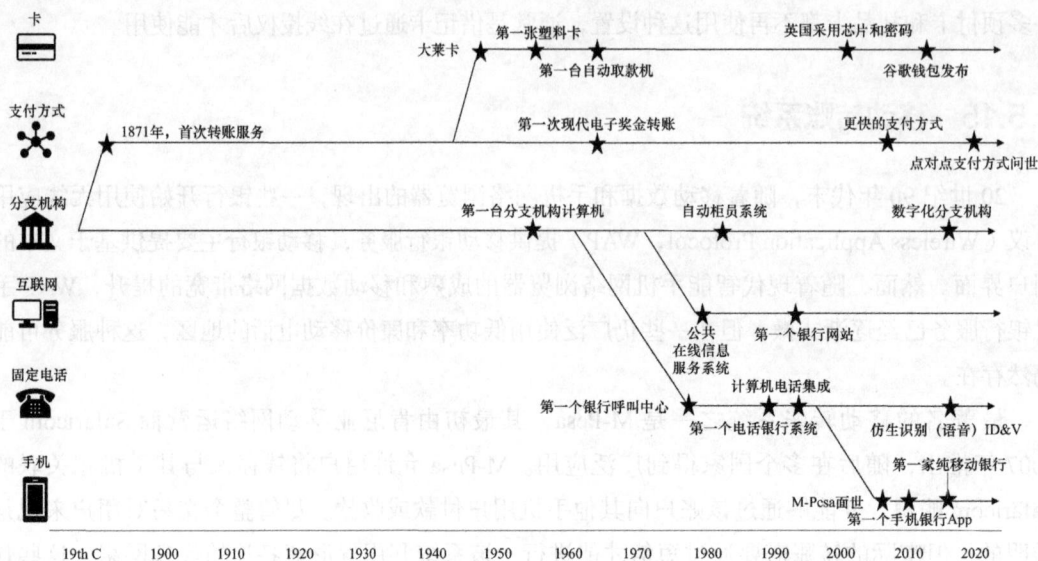

图 2.1　银行业技术的发展

2.6.1　支票分拣机

可以说，技术在银行业最早的应用是支票分拣机。历史上，清算的第一步是在每个银行分支机构进行的，即客户将支票存入其付款机构的账户，清算的最后一步也通常在每个银行分支机构进行，即在收到要求从账户中支付的支票后，从付款人的账户中扣款。在这两个步骤中，必须准确记录支票的单笔金额和各种小计，以确保各个客户账户正确地收到或发送款项。随着银行业务的普及和支票数量的增加，各分支机构处理支票的工作量也相应增加。

为了解决这个问题，银行家们最初采用了与邮政分拣类似的分拣方法，随后引入了一些机械设备，用于分类、背书和计算支票合计金额，其中包括 1934 年由 IBM 推出的 801 银行验证机。这些机器依赖人工输入数据来读取支票，并录入其价值以及银行和账户信息。磁墨水字符识别（Magnetic Ink Character Recognition，MICR）技术的发展进一步推动了自动化的进程。1958 年，美国银行家协会（American Bankers Association）将 E-13B 字体定义为标准字体，同时，各银行的路由号码（在英国被称为分类代码）和账号的格式也被标准化。每个字符都可以通过磁头来读取，这种磁头类似于卷对卷磁带录音机或盒式磁带录音机的磁头。最初使用 MICR 技术的机器在单独操作时会根据每个字符依次对支票进行分类（因此每张支票要经过几轮分类），但机器一旦与计算机连接，就可以根据从支票中读取的所有信息进行分类。光学字符识别（Optical Character Recognition，OCR）技术是与 MICR 技术同时发展起来的。在西班牙等一些国家，OCR 技术被用于支票分类，并且还可以用于读取 E-13B MICR 字符。

2.6.2　电子会计机

早在 19 世纪末，机械加法机、收银机、打卡制表机和打字机就已问世，银行也像其他企

业一样开始使用这些设备。例如，到 1929 年底，劳埃德银行已经在 6 个分支机构使用了机械会计机。据称，许多银行会使用打孔卡来帮助分支机构实现会计自动化的记录，这种设备也被称为 Tronics 或电子簿记机；也有一些机器使用背面带有磁条的卡片来记录账户的余额，例如 Burroughs Sensimatic 会计机。卡片的正面印有交易信息，机器从磁条记录的余额中加上或减去最新交易额（由操作员输入）并打印在卡片正面。

即使后来计算机得以普及，银行仍然在分支机构沿用这些机电设备。例如，可以将交易信息输入分支机构的机器，通过机器将信息打印到打孔卡上，然后提交给中央计算机系统；或者可以通过将交易信息输入会计机，将信息打印到纸带上，随后通过纸带阅读机（相当于电传打字机）传输或读取，并通过电话（以低速的方式）发送至中央计算机系统。多年来，那些业务并不繁忙的银行没有实现自动化。例如，1966 年巴克莱银行的 2300 个分支机构中，实现自动化的机构不到 100 个。

2.6.3　计算机

据记载，银行首次使用计算机可以追溯到 1955 年，当时，美洲银行（Bank of America）在旧金山使用 IBM 702 计算机进行抵押贷款、分期贷款和集中式记账工作。考虑到发展的速度，这台计算机在美洲银行安装时实际上已经过时了。1956 年，美洲银行的圣何塞分行使用了电子记录会计机（Electronic Recording Machine-Account，ERMA）系统的原型，这是美洲银行与斯坦福研究机构共同开发的。同年晚些时候，美洲银行向通用电气公司订购了 30 套 ERMA 系统，于 1958 年首次部署使用，包括 GE100 计算机、支票阅读 / 分拣机、打印机和磁带设备。GE100 计算机基于晶体管技术，比 ERMA 原型使用的真空管更先进。因此，许多规模较大的银行纷纷效仿美洲银行的做法。有证据表明，在 1956 年至 1959 年，美国和英国的许多银行都开始使用计算机来处理各项银行交易业务。到 1962 年，美国联邦储备系统的一项调查发现，有 178 家银行正在使用计算机或正在安装计算机，这些银行的存款占美国所有商业银行存款的 40%。在那个时代，计算机能够处理几十家分支机构的业务需求，因此大型银行需要更多的计算机。然而，到了 20 世纪 60 年代中期，处理能力更强的大型计算机出现了。大型计算机（我们通常称之为大型机）可以集中部署，并从分支机构的机电设备中获取信息。

大型计算机没有标准的定义，但通常指的是高度可靠、功能强大的可编程计算机，专为处理大量数据而设计，主要面向大型企业。尽管大型计算机在处理能力上不及超级计算机（通常用于国防部门、气象学和其他科学研究），但明显优于微型计算机和中型服务器，后者通常用于较简单的办公室环境（包括单个银行分行和小型银行）。微型计算机和中型服务器作为强大的工作站，近些年来，逐渐成为可扩展云基础设施的基础。1964 年，IBM 推出了 System/360 系列及其后续产品，并在 2000 年推出的 IBM z 系列中到达巅峰，成为大型计算机的代表。在 20 世纪 50 年代、60 年代和 70 年代，其他制造商也纷纷涉足大型计算机业务，例如宝来（Burroughs，20 世纪 60 年代在英国银行业与 IBM 竞争激烈）、控制数据（Control Data）公司、EMI、费兰迪公司（Ferranti）、富士通（Fujitsu）、通用电气（General Electric）、日立（Hitachi）、霍尼韦尔（Honeywell）公司、ICL、NCR、NEC、Oki、好利获得（Olivetti）公司、俄罗斯商业银行（Russian Commercial Bank）、西门子（Siemens）、斯佩里兰德公司（Sperry Rand）、Tandem 银行和德律风根（Telefunken）。然而，其中大多数公司要么已经消失（通常被收购或与其他基础设施供应商合并），要么退出了大型计算机业务领域。大型计算机处理能力的提升，使得那些规模极大的银行也能够集中处理业务。

随着技术的不断发展，计算机的价格在数十年内持续下降。计算机最初由机电开关构成，然后发展到使用真空管，接着是晶体管，最终演变为 20 世纪 50 年代末发明的硅芯片上的集成电路。集成电路具有惊人的容量，能够容纳几十个甚至数百亿个晶体管，从而将计算的成本降低到几乎任何规模的银行机构都能够轻松负担的水平。

2.6.4 数据中心

最早的计算机体积庞大，需要专门的房间（有时是整栋楼）来放置。因此，办公大楼被改造来容纳这些大型计算机，但由于处理过程的集中化，银行开始寻找或建造专门的计算机中心。最初，这些中心靠近它们所服务的分行，因此，电话连接距离较短，用纸张或磁带进行物理传输是可行的。在英国，我们能找到的关于数据中心的最早记载是巴克莱银行于 1961 年在伦敦市中心的德拉蒙德街开设的一个数据中心，当时距离巴克莱银行订购第一台计算机只有两年时间。美国和其他国家似乎也在同一时间建立了银行数据中心。

随着计算机功能的不断增强，对于同样的计算能力，计算机的体积缩小了几个数量级。与此同时，计算机的总体使用量也在以一种不可抵挡之势持续增加，这种趋势推动了数据中心的普及。现在，可以容纳数千台服务器的数据中心已经十分常见，有些大型银行甚至拥有自己的数据中心。然而，随着云处理的出现，许多金融服务机构不再需要自己运营数据中心，甚至不再需要租用第三方数据中心的空间。

2.6.5 数据网络

数据网络起源于第一条电报线，美国自 1871 年起就开始使用有线传输。最初，人们使用电报系统发送和接收莫尔斯电码。随着时间的推移，更复杂的编码方案被开发出来，如博多码。到了 20 世纪 20 年代，有着类似于打字机的键盘和能够打印接收信息的电传打字机引起了广泛关注。一些计算机制造商，包括好利获得公司和西门子，曾生产电传打字机。事实上，后来电传打字机被改造为计算机终端，而电报网络（或当时的电传网络）则被改造为连接分支机构的设备和中央计算机的设备。同时，一些拨号系统使用普通电话线和调制解调器将电信号转换成声音。随着时间的推移，这些相对缓慢的方法被一系列技术更高、速度更快的数字方法所取代。

当银行拥有一台大型中央计算机，同时其分支机构利用其他外围设备通过电话线提交交易信息时，数据网络就得以实现。其后，随着银行拥有多台计算机和终端，这些计算机之间需要实现相互通信，局域网（Local Area Network，LAN）由此诞生。最初，这些网络通常是为了将更多的终端和其他外围设备连接到大型计算机和微型计算机，包括 IBM 的 SNA（系统网络体系结构）、Datapoint 的 ARCnet（附加资源计算机网络）和数字设备公司的 DECnet（数字设备公司网络），它们分别于 1974 年、1977 年和 1975 年问世。据报道，第一个商业化的局域网在 1977 年 12 月安装于大通曼哈顿银行，使用 ARCnet 连接 Datapoint 台式计算机和数据输入终端。SNA 在有 IBM 大型计算机的局域网中广泛使用。PC 的普及和互联网的发展增加了对局域网的需求。最终，由施乐公司的帕罗奥多研究中心（Palo Alto Research Center）设计的开放、基于标准的以太网胜出，成为有线局域网的主要布线和信号技术（与无线局域网的 Wi-Fi 并列），在经历了几次设计演变后，其最大带宽提高了。诸如以太网这样的数据网络规范通常定义了一组物理属性，如布线设计、物理连接方法、要使用的电信号，以及如何在它连接的两个节点（如计算机）之间发送数据。为了利用这些数据网络，计算机必须遵守一个共同的网络协议，这些协议定义了数据包如何被寻址和路由到目的地的方式，目前使用的主流网络协议是互联网协议（Internet Protocol，IP）。SNA 可能仍然在银行和其他组织的 IBM 大型计算机上使用，其也可在使用 IP 的数据网络上使用，其他网络协议目前已逐渐淡出人们视野。

2.6.6　批量处理和实时处理

银行业的计算机最初是用于批量处理的。换句话说，银行网点的工作人员会将支票、存款收据、付款指示等信息输入电子会计机，该电子会计机可将数据输出到纸带或磁带上，还可能进行一些基本的记录。生成的磁带会被运送到计算机中心，或装入磁带阅读器并通过电话或电报线将数据传送到计算机中心。计算机中心也可能从其他银行或支付系统中接收数据（通过磁带、电话或电报线发送）。然后，大型计算机会处理收到的所有数据，更新客户账户记录，记录当天的所有交易，并生成各种报告。这些报告将被发送回每个网点，让各网点的工作人员了解每个客户账户的余额，同时也会被发送给银行总部。此外，大型计算机还需要生成报告并发送给支付系统，以及定期计算客户账户的利息和费用。这种日终处理至今仍在进行，因为利息是按日计算并定期给付的，而许多支付系统本质上都是基于日常业务进行批量处理的。

然而，随着 ATM 和借记卡的推出，简单的批量处理已经不能满足需求。为了最大限度地打击欺诈行为，有必要为所有通过 ATM 存取或使用借记卡的账户提供日间余额，并提供一种标记支付卡丢失或被盗的方法。在网点存入现金的客户往往希望在当天晚些时候就能从 ATM 上提取现金。根据我们的经验，为了满足这些需求，许多银行在保留了批量处理记录系统的同时，增设了另一个系统，方便客户在线查询日间余额。事实上，ATM 通常连接了银行内部的中央在线系统，用于获得取款授权，而此系统可以用来存储所有账户的日间余额。在以批处理为主的大型计算机完成日终处理后，大型计算机会获取所有 ATM 提款和使用借记卡交易的记录（每天提交一次），然后从分支机构接收所有数据，重新加载在线系统，其中包含重新计算的可用余额。请注意，在这种情况下，记录系统始终是中央的、面向批处理的大型计算机。当大型计算机计算的余额替代由计算机维护的日间余额时，这些记录实际上被清除了。当然，正如银行对客户所说的那样，前一晚更新后的系统显示的记录才是准确的。

这就引出了一个问题：银行是已经采用在线的、实时的记录系统（即银行平台），还是仍采用面向批量处理的记录系统？除了应对维持日间余额的挑战外，在线实时银行平台还有其他优势，例如可以即时创建新账户，且客户可以立即使用这些账户。如英国的首都银行实现了即时开户，并且可以即刻发放塑料卡、支票簿和设置密码，客户的信息可以实时更改和使用（如用于贷款决策）。据我们所知，所有现代商业化的银行平台都是在线的，而且有记录显示，一些银行已经拥有了在线实时银行平台[1]。一个有据可查的例子是英国的 TSB，该银行早在 1970 年就在北爱尔兰建立了在线实时银行平台，1986 年，TSB 上市后，成为英国唯一一家拥有在线实时银行平台的清算银行（而且很可能在 1995 年前一直保持这一领先地位）。尽管 TSB 在 1995 年被劳埃德银行接管，但保留了 TSB 的在线实时银行平台并用于零售银行业务，但这个情况可能并不为人熟知。保留其在线实时银行平台主要是因为这一平台提高了分行运营的效率，从而缩减了分支机构的员工。劳埃德银行在 2013 年剥离了 TSB 后，仍然保留了这一平台。当然，为了支持 ATM、借记卡、即时支付、网上银行等功能，所有银行实际上都具备了提供在线实时银行业务的功能。然而，我们预计许多银行仍在使用那些基于 20 世纪 60 年代首次开发的、面向批处理的记录系统。

2.6.7　云计算

多年来，大型银行一直在运行自己的数据中心，且越来越多地采用商品化的中端服务器，这些服务器通常运行某些变种 UNIX 操作系统。实际上，这些服务器一直按需为内部 IT 项目提供计算能力，然后向使用该项目提供的应用程序的业务部门收费。然而，随着时间的推移，越来越多的银行开始探索并使用第三方云服务，以获得更大的规模经济效益。也许同样重要的是，通过云服务，银行可以以同样的成本获得更高的服务水平。根据经验，较大的银行往往在信息安全方面面临重大的内部挑战，而将信息转移到云服务提供商可以帮助银行降低成本。从行业发展的趋势来看，银行在采用云计算时不必过于担心成本问题。对于新成立的银行，云计算可以帮助其降低基础设施的前期资本投入，并且银行也可以从云服务提供商那里获益。因此，我们预计几乎所有的新银行业务都将在云计算基础设施上运行。

2.7　银行业务中的技术挑战

科技的进步在提升银行服务质量的同时也带来了技术挑战。现在，银行技术部门的支出往往占银行运营支出的 10% 或更多，技术人员在银行员工中的比例也在不断增大。

1　在本节中，在线系统是指可以在一天中输入交易信息（会被保存起来后面再批量处理）并提供在线查询功能（例如最新的可用余额）的平台。然而，在该平台上，大多数处理，包括更新交易账户，都是以批量方式进行的。在线实时银行平台具有相同的在线查询功能，并且可以根据交易实时更新账户。

更重要的是，半个世纪以来，银行技术的持续发展使得许多银行拥有庞大的技术资产，包括从传统的主机平台到现代基于云的渠道平台，以及大量的外包平台，这些平台和成千上万的接口交织在一起[1]。由此产生的复杂的操作问题已成为银行的一大隐忧，这不仅体现在日常运营管理方面，还体现在系统的维护和不断更新以提供新服务或跟上监管变化所带来的成本和风险方面。

近年来，一系列备受瞩目的系统故障使银行系统日益复杂和老化的问题愈发凸显。在英国，苏格兰皇家银行在 2012 年经历了一次严重的系统故障，并因此被罚款 5600 万英镑。2015年，该银行再次发生了严重的系统故障，而它并不是唯一一家出现系统故障的银行。英国的许多银行都曾经历过系统故障，澳大利亚联邦银行（Commonwealth Bank of Australia）、美洲银行，以及许多其他跨国银行和地方银行也曾经历过类似的情况。这类故障能被外界看到，通常是因为故障发生在面向客户的平台（如网上银行平台），或者是即时提供服务的平台（如支付平台）上，事实上还有许多其他银行系统故障从未被公众察觉到。当然，一个积极的因素是，得益于银行备用系统和程序的存在，每当这种故障发生时，通常会有其他系统接管故障系统，或者可以将故障转移到其他系统。

依赖传统 IT 平台的银行可能发现自己面临一些挑战。通常来说，新兴的平台似乎更具吸引力，它们拥有更丰富的功能、更经济实惠、更容易扩展（因为它们采用了当前的编程语言）、更安全（至少不依赖于不再受支持的传统操作系统或只能买到二手硬件），以及更简洁（因为一个现代平台可以替代多个传统平台，降低整合的复杂性）。然而，正如许多银行所发现的那样，引入新的银行平台可能伴随着高昂的成本和巨大的风险，有时甚至可能导致严重的声誉损失或阻碍银行发展。此外，许多新兴平台通常无法兼容银行多年来在原有平台上构建的所有产品或衍生系统。尽管如此，仍有一些平台供应商和银行在平台迁移方面取得了成功。例如，自20 世纪 90 年代以来，桑坦德银行对全球各地的银行和银行业务进行了多次收购，并成功将它们迁移到帕特农（Partenon）核心银行平台上。桑坦德银行认为，维护一个核心银行平台比维护各种混合的传统平台更经济实惠。与此同时，完全系统服务公司专注于为银行处理信用卡账户，并成功将数百万账户迁移到 TS2 平台上，建立了良好的记录。

2.8 新型银行模式

银行现在之所以能够提供许多现代产品和服务，离不开技术的支持。我们已经看到，新技术（例如印刷和电报）是如何创造新产品和服务的（例如钞票和长途现金转移）。然而，通常情况下，应用新技术的设备等（例如加法机和分支机构会计平台）只是作为产品或服务的辅助角色，对客户来说可能是无形的或不太重要的。对一些客户来说，支票自动分拣最令

1　英国较大的银行的 IT 架构团队在 2002 年左右创建了所有平台和接口的图表，这些图表更多是作为一种"震慑"同行的工具，而不是为了在日常业务中使用。

人讨厌之处是其不得不使用底部带有奇怪字符的支票。然而，网络（无论是通过有线连接还是通过 Wi-Fi 连接实现的互联网）的普及使得许多新服务和运营模式成为可能。在云基础设施的支持下，这些服务和运营模式能更容易地进入银行业并迅速扩大规模。一些银行家认为，仅提供互联网和电话业务的银行正在成为可能，这也意味着分支机构可能会逐渐减少甚至最终消亡。

2.8.1 英国市场的新型银行模式

自 1990 年以来，我们见证了各种不同运营模式的银行相继涌现。在 1995 年至 2020 年，英国掀起了两波新的直销银行浪潮，而其他国家也出现了一些类似的例子。与此同时，英国还涌现出其他类型的银行，我们将在本小节进行探讨。

1989 年，米德兰银行（后来被汇丰银行收购）推出了一个只提供电话服务的品牌，即 First Direct 银行，该银行随后又引入了网上银行和移动银行业务，但从未设立过实体。如果客户需要存入支票或提取大量现金，可以通过该银行母公司的分支机构进行操作。大约在同一时间，英国几乎所有的大型银行都推出了自己的电话银行服务，但通常这一服务被作为对现有客户提供的一项附加服务，并融入其基于分支机构的银行业务中，目的往往是减少分支机构的交易量，从而降低运营成本。

第一波直销银行出现在 20 世纪 90 年代后半期和 21 世纪初。这些银行专注于通过互联网获取客户并提供服务（尽管实际上它们通常也提供电话服务），它们往往是现有银行为获取新客户、建立独立于其分支机构网络的业务而做出的尝试。1999 年，合作银行（Co-operative Bank）推出了微笑服务，最初是一项只限于互联网的服务，后来扩展到移动应用程序和非常有限的电话银行业务。Cahoot 是阿比国民银行在 2000 年推出的一个电话互联网银行品牌，该品牌在被桑坦德银行收购后，不再接受新客户。First-e 是一家服务于英国市场和德国市场的互联网银行，其运营时间极为短暂，从 1999 年持续至 2001 年，总部设在爱尔兰并从私人所有的 Banque d'Escompte 银行处获得法国银行牌照。荷兰国际集团（Internationale Nederlanden Group，ING）于 2003 年在英国推出了 ING Direct 银行，这是一家电话和互联网银行，但在 2012 年被出售，之后被巴克莱银行收购。智能金融银行是哈里法克斯银行于 1999 年推出的一家电话和互联网银行，最终成为劳埃德银行的一部分，并在 2014 年停止接受新客户。Ivobank 是一家私营互联网银行，主要面向游戏网站的客户，该银行于 2009 年倒闭，之后其基础设施被维珍财务（Virgin Money）收购。

在第一波直销银行兴起的同时，英国有几家保险公司设立了银行，这可能是为了开发银行保险模式，也可能是为了在客户的保险投资到期后留住客户。然而，这些银行都没能实现长期运营。苏格兰寡妇（Scottish Widows）保险公司在 1995 年成立了一家直销银行，但在劳埃德银行于 2000 年收购苏格兰遗孀基金时，这家直销银行也被整合到劳埃德银行中。英国保诚（Prudential）在 1998 年推出了电话和互联网银行 Egg，并在 2007 年将其出售给花旗集团，花旗集团最终将其账户转让给其他多家机构。Egg 的独特之处在于，它能够展示客户在其他银行账户的综合视图，这远远早于后来提供这种服务的开放银行。在英国互联网繁荣时期的所有纯直销银行中，Egg 的知名度非常高。标准人寿银行（Standard Life Bank）于 1998 年也推出了类似服务，后来在 2009 年被巴克莱银行收购。

在互联网银行迅速发展的同时，零售商也开始涉足银行业。1997 年，两家大型超市零售商集团——乐购和塞恩斯伯里分别与苏格兰皇家银行和苏格兰银行合作成立了合资银行。这些银行旨在通过挖掘客户忠诚度数据，向超市购物人群进行交叉销售，同时希望通过发行自己的支付卡，获取零售商实际上向发卡机构支付的交易费用。然而，在银行业危机之后，这两家零售商集团结束了合资银行的运营，拥有了自己的银行，成为直接的互联网、移动和电话银行，并在相关的超市中提供一些服务。值得注意的是，零售商集团对增加客户在收银台花费的时间非常谨慎，因为这会增加收银台工作人员的成本，同时减少每秒的收入。因此，零售商集团并不热衷于在收银台提供任何银行服务，其拥有的银行可以尝试新的支付形式，比如在结账时允许客户使用手机进行更高价值的非接触式支付。

其他零售商也纷纷推出自己的银行服务，通常以商店卡为核心，并将其转变为卡组织品牌卡（如万事达卡或维萨卡）。值得注意的是，其中两家零售商，即马莎百货（Marks & Spencer）的 M&S Money 和约翰·刘易斯（John Lewis）金融服务公司，已经被卖给了汇丰银行。维珍集团于 1995 年成立了维珍直销（Virgin Direct），提供低成本的指数跟踪基金，然后，它于 1997 年与苏格兰皇家银行合资推出了一款对冲抵押贷款的产品（即使用余额对冲抵押贷款的活期账户）。这种产品通过电话、互联网和理财顾问广泛推广，最初的目的是向维珍直销的客户群交叉销售抵押贷款产品。然而，苏格兰皇家银行在 2003 年接管了这家合资企业。维珍直销后来改名为维珍财务，在银行业危机期间收购了倒闭的北岩银行，并与克莱兹戴尔银行和约克郡银行合并。最后，英国政府拥有的邮局在全国各地经营的邮局柜台，通过分销品牌储蓄账户、活期账户（后来被撤销）和贷款（都由爱尔兰银行在英国的实体银行发行和运营），重新进入银行业。这些邮局柜台还与许多银行合作提供基本的银行服务，比如接受支票和现金存款（这可能是许多银行关闭客流量较低分行的重要原因）。

第二波新型直销银行（即所谓的新型银行）出现在 21 世纪的第二个十年。这些银行最初主要提供基于预付卡的移动服务，因此，严格来说，它们起初并非真正的银行，尽管某些确实获得了正式的银行牌照。其中一些新型银行主要面对中小型企业，提供与各种会计软件包的简单集成服务，例如 Anna、Cashplus 和 Tide 等。2015 年至 2020 年出现的直销银行包括 Atom 银行、Monzo 银行、Revolut 银行、史达琳银行和 Tandem 银行。然而，迄今为止，这些新型直销银行尚未完全证明其盈利能力，尽管在某些情况下，它们的客户数量呈现出惊人的增长，并迅速进入其他国家市场（也有一些银行，如 N26，从其他国家进军英国市场）。这些银行通过价格竞争（例如提供免费的海外自动取款、较低成本的外汇、免费的商业银行服务）、基于应用程序的服务（例如临时冻结支付卡支付、支出跟踪和预算、与小企业会计软件包的集成）以及巧妙的营销策略来吸引新客户。然而，其实现盈利之路似乎很艰难，尤其是当所有盈利都必须投入业务增长活动中时。

从技术角度来看，新型银行与第一波互联网银行至少在三个方面有明显不同。首先，新型银行往往专注于通过移动应用程序获取业务，通常通过应用程序内的在线聊天或电话提供支持。其次，新型银行更倾向于建立自己的平台，有时在核心部分使用精简的第三方核心银行平台，如 Mambu，该类平台仅提供分类账并充当客户账户的记录系统。最后，新型银行通常在云基础设施上运行其平台，因此降低了前期的资本支出。

在这一时期内，一些专注于商业银行业务（特别是商业贷款）的银行机构也相继成立，有些是全新的，有些是由老牌银行改头换面、重新定位后成立的，如 Aldermore 银行、Bank & Clients 银行、OakNorth 银行、红木银行、Shawbrook 银行和 Tide 银行。这些银行往往也提供零售储蓄产品，即从零售客户那里筹集款项，然后用这些存款向商业客户放贷。

与众不同的是，2010 年成立的首都银行，是一家以分支机构为中心的银行（同时具备互联网服务能力），它独具特色。首都银行的分支机构提供免费使用的硬币柜台、保险箱（英国的大银行已经逐步淘汰了这一服务），向新客户即时发放支付卡和支票（在英国是一种新做法），并规定了每周七天的全面服务时间。首都银行试图复刻其创始人弗农·希尔从 20 世纪 70 年代开始在美国建立商业银行的模式。首都银行不断发展其互联网和移动功能，且专注于扩展其分支机构网络，致力于在每个网点复制相同的服务模式。另一家进入英国市场的银行是瑞典商业银行，它也采用了以网点为中心的方法，与当地企业及其业主建立紧密关系。

大型银行仍然继续拥有规模优势，因此其每笔交易和每个账户的单位成本都非常低。然而，从第一波互联网银行的发展历程来看，小银行可能仍难以避免被大银行收购的结局。

2.8.2　北美洲市场的新型银行模式

在全球其他地区，直销银行模式的发展速度各不相同，在许多地方往往是老牌银行的新举措。由于美国银行具有多样性和数量众多，因此美国市场存在许多拥有不同历史背景的直销银行。与英国情况相似，在 20 世纪 90 年代后半期，美国互联网银行呈现繁荣景象，包括美国互联网银行（Bank of Internet USA）、CompuBank、EverBank、NetBank（最初的亚特兰大互联网银行）和交通联盟银行（专注于中小型企业）。然而，最终只有美国互联网银行和交通联盟银行这两家银行存活下来了。美国互联网银行后来更名为 Axos 金融公司（Axos Financial），通过并购其他机构（或其账户）来扩大规模。

2000 年前后，美国一些现有银行（重新使用其现有银行牌照）建立了几家互联网银行，例如 Bank5 Connect、Brio Direct、Comenity Direct、NBKC 银行、Radius 银行、Salem Five Direct 银行和 Vio 银行。

在 21 世纪的第二个十年，像英国一样，美国也出现了第二波直销银行，即 Chime 银行、Moven 银行、Simple 银行和 Varo 银行等新型银行。大多数情况下这些银行依赖传统银行进行账户处理并使用其银行牌照。它们的特点是将移动应用程序作为主要渠道提供服务。Chime 银行成立于 2013 年，依赖于 Bancorp 银行和 Stride 银行的银行服务和牌照。Moven 银行成立于 2011 年，由著名的银行业作家和观察家布雷特·金（Brett King）创立。Moven 银行实际上并没有自己的银行牌照，而是依赖于 CBW 银行的银行牌照。然而，Moven 银行在 2020 年关闭了其银行业务。Simple 银行于 2009 年向公众推出，随后在 2014 年被西班牙对外银行收购，后者在 2017 年继续资助另一家面向小企业的新型银行 Azlo。Varo 银行在 2015 年推出时依赖于 Bancorp 银行的账户处理和牌照。Quontic 银行实际上是在 2009 年通过收购 Golden First 银行而成立的。大型银行和其他金融机构也推出了直销产品服务，包括美国运通国家银行（American Express National Bank）、Capital One 360 银行（前身是 ING Direct USA，它不是一家纯粹的直销银行，而是带 ATM 的咖啡馆）、发现银行（Discover Bank）、E-Trade 银行、汇丰直销银行（HSBC Direct）、高盛旗下的 Marcus 银行和 TIAA 银行（通过收购 EverBank 成立）。联合汽车金融公司（Ally Financial）则是从通用汽车金融服务公司（General Motors Acceptance Corporation，GMAC）的失败中崛起的。在各种新型银行纷纷成立的同时，许多地方银行也开始逐渐推出自己的直销产品业务，尽管利率低于前几个时期。

在加拿大，银行业主要由五家大型银行主导，它们都设有直销银行部门，但相较于英国和美国，加拿大新型银行的兴起较晚。加拿大直销银行的代表包括 Simplii 金融公司（Simplii Financial），它的前身是由一家连锁超市与加拿大帝国商业银行（Canadian Imperial Bank of Commerce，CIBC）合资成立的 President's Choice Financial。在 2017 年，CIBC 接管了该公司并进行了更名。另一家是 Tangerine 公司，它由荷兰国际集团于 1997 年推出，前身是 ING Direct Canada。2012 年，Tangerine 被丰业银行（Scotiabank）收购，并在 2014 年进行了更名。还有一家曾经存在的直销银行是扎格银行（Zag Bank），它的前身是 2003 年成立的西部银行（Bank West），2011 年，德雅尔丹集团（Desjardins Group）收购了该银行并更名，但后来该银行关闭了。另外，Koho 银行是加拿大为数不多的新型银行之一，成立于 2014 年，围绕人民集团（Peoples Group）发行的预付卡提供银行服务。然而，截至 2020 年，人民集团还不是一家正式的银行。

2.8.3　澳大利亚市场的新型银行模式

澳大利亚的银行业主要由四家大型国家银行主导。尽管历届政府都禁止它们合并，但允许它们收购小型银行。在这种情况下，澳大利亚国民银行（National Australia Bank，NAB）于 2008 年推出了一个名为 UBank 的直销品牌，该品牌借用了 NAB 的银行牌照，同时提供了独立的核心银行业务[1]和互联网银行平台。这一做法在全球银行业获得了广泛认可，被视为利用新技术迅速建立业务的一个成功案例。荷兰的 ING 于 1999 年在澳大利亚推出了 ING Direct 直销品牌，并取得了巨大成功。该品牌在 2017 年更名为 ING。与英国和美国一样，在 21 世纪的第二个十年，澳大利亚出现了几个通过移动应用程序进入市场的新型银行，包括 Judo 银行、

1　采用了 Oracle Flexcube。

Up 银行（本迪戈和阿德莱德银行的直销品牌）、Volt 银行、Xinja 银行和 86400 数字银行。与英国相比，澳大利亚的新型银行更多地基于功能齐全的第三方核心银行平台，例如 SAP Cloud for Banking 平台和 Temenos T24 平台，但与英国一样，澳大利亚的新型银行也在云基础设施上运行。这可能是由于这些软件已经具备了澳大利亚特有的银行功能，因为其他机构已经实施了这些功能。[1]

2.8.4 欧洲其他市场的新型银行模式

欧洲许多国家都有各自的新型银行，例如比利时的 AION 银行、法国的 Qonto 银行和西班牙的 Bnext 银行。此外，一个银行一旦在一个欧盟地区获得牌照，就可以相对容易地在其他欧盟地区开展业务，而且统一使用欧元使支付处理更为一致，欧洲的一些组织已经在欧盟大部分地区提供直销银行业务。这些新型银行中有几个采用相似的模式：提供预付卡账户，货币兑换费用很低或为零（在欧元区内影响不大），在欧洲的 ATM 取款免费（但通常有次数限制）。它们通常在不同国家开设本地银行账户 ［例如，一个账户有多个国际银行账户号码（International Bank Account Number，IBAN），每个 IBAN 对应不同国家 ］，这些银行包括 Bunq、Fidor、Holvi、Monese、Monzo、N26 和 Revolut，其中除 Holvi 和 Monese 外都有银行牌照。Bitwala 公司在某些方面与这些银行类似，但该公司提供常规活期账户等，尽管其常规活期账户实际是由 solarisBank 提供的。solarisBank 专注于为其他新型银行和有意为客户提供存款业务或提供其他银行和支付服务的企业提供账户处理服务和银行牌照。

2.9 2008 年银行业危机的影响

2007 年，美国住房贷款拖欠率上升，开始影响到投资信托、基金和银行。2007 年 4 月，开元产业投资信托基金（New Century Real Estate Investment Trust）申请破产，紧接着贝尔斯登（Bear Stearns）公司清算了旗下的两个对冲基金，随后美国住房抵押贷款公司（American Home Mortgages）宣布倒闭。银行机构采用杠杆模式发行抵押贷款，随后将其证券化（实际上是将其出售给第三方投资者），但没有人愿意购买这些抵押贷款，因此出现了流动性问题。2007 年 9 月，英国的北岩银行发生了挤兑事件，该银行由此从房屋信贷互助协会转型为直销模式，由英国政府出面接管并保护储户。2008 年，随着一系列美国抵押贷款发行机构和三大投资银行——贝尔斯登（被摩根大通收购）、美林证券（被美洲银行收购）和雷曼兄弟（其在北美的资产被巴克莱银行收购，其他地方的资产被野村证券收购）的倒闭，银行业发生了翻天覆地的变化。此前因高增长率而一度备受赞誉的美国大型银行之———华盛顿互惠银行

---

1 澳大利亚联邦银行（Commonwealth Bank of Australia）运行了思爱普公司的核心银行平台，Temenos T24 由 Rubik 实施，Rubik 是一家为信用合作社提供银行服务的公司，后来被 Temenos 收购。

（Washington Mutual），于 2008 年 9 月倒闭（其资产被摩根大通收购）。2008 年 10 月，苏格兰皇家银行由英国政府接管。在全球范围内，各国政府纷纷采取措施对银行加以援助和接管。尘埃落定后，随之而来的是对此次银行危机产生原因的分析，此次银行业危机对全球银行的声誉和净利润都造成了破坏性影响。有人批评银行过于追求利润，批评其风气不正。在美国，这种唯利是图的心态在抵押贷款、不当销售和过度杠杆化中表现得尤为明显，但此后，全球范围内也出现了其他不当销售、欺诈和操纵市场的案例。比如英国的支付保护保险产品不当销售，澳大利亚、法国、英国和美国等国家的操纵市场案例，不胜枚举。相关的罚款证明了这些曝光出来的案例对银行业的影响相对较轻，更为重要的影响是大量新法规的制定和出台，这些法规在不同的监管制度下往往有略微不同的实施方式，而新闻报道则对客户对银行的看法产生了重大影响。移动银行的崛起意味着移动银行账户变得更容易获取，同时也赢得了一些客户的青睐。

在一些国家，例如英国就是一个很好的例子，长期以来，客户的惰性一直有利于银行。即便实施了七天活期账户转换保障措施，每年也只有少数人更换账户。然而，随着账户转换变得越来越容易，更多客户开始改变长期以来的习惯，更频繁地更换银行账户。在 2020 年 1 月 1 日至 3 月 31 日，英国的一家新型银行（Monzo 银行）首次成为英国转换零售活期账户的最大净接收方。

正如我们接下来要探讨的，2008 年银行业危机的后果相当严重。

第一，为了应对银行危机，全球监管机构对银行运营的监管环境进行了广泛的改善。此外，银行本身也可能感受到了监管甚至法律行动的作用，因此开展了一系列工作，以实施全球统一的高标准。单独来看，这些工作的效果显著，但综合考虑，其成本之高令人叹为观止。对跨国银行而言，有两方面的成本居高不下。首先，在不同的司法管辖区，监管变革带来的变化各异。其次，跨国银行必须执行全球标准方案，以加强对远程业务的控制，并确保这些业务保持较高的运营标准，同时需遵守当地法律以及跨国监管规范。据我们所知，有的跨国银行将高达 40% 的技术变革预算（更不用说在所有业务中实施这些变革的成本）用于应对监管和基于标准的变革，这种情况并不罕见。对较人的银行来说，相当于每年仅技术变革的成本就高达数亿甚至数十亿美元。

第二，监管机构对银行实施了结构性改革。2008 年银行业危机带来的教训之一是，一些全业务银行没有适当地将客户资金和银行自身的交易资金隔离开来，导致无法有效保护客户资金。这明显增加了银行保障客户存款安全的风险，同时也对特定银行财务状况的持续健康构成了威胁，一旦其交易业务失败，可能对整个市场产生影响。由于各国均设有存款人保护计划，政府实际上为所有银行客户存款提供了保险，以防范所有潜在风险，而不仅仅是来自零售和中小型企业银行业务所产生的风险。在美国，2010 年生效的沃尔克规则（Volcker Rule）禁止了全业务银行的某些交易和高风险活动（尽管后来限制有所放宽）。而英国采取了一种严格的措施，要求英国最大的银行将零售和中小型企业银行存款业务与交易实体隔离，以避免交易失败的风险蔓延。欧盟废除了栅栏原则和其自行制定的沃尔克规则，认为其对银行增加资本缓冲的要求已经足够充分。为了满足这些要求，每个司法管辖区都需要采取不同的方法，并在技术方面投入大量资金。在英国，栅栏原则迫使五大银行集团重组，由此形成的结构通常是图 2.2 所示的其中之一。即由一家拥有独立实体的银行集团控股公司，为隔离的零售 / 中小型企业银行和企业 / 投资银行提供服务。为这两种银行提供服务的服务公司要么是独立于这两种银行的实体，要么是隔离的零售 / 中小型企业银行的一部分（可能是隔离银行实体的全资子公司）。采用这两种结构的原因在于，银行集团认为将服务（尤其是共享技术平台）拆分并将相关部分保留在每个银行实体中是不可行的。

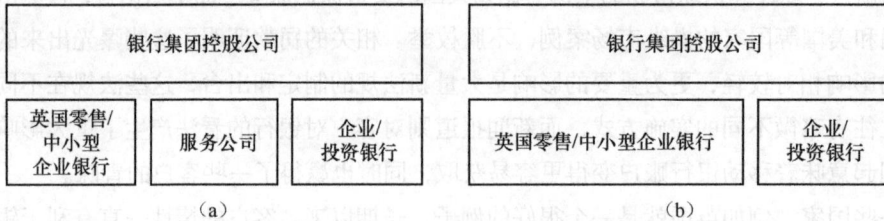

图 2.2　符合英国栅栏原则的银行集团结构

实际上，独立的服务公司实体几乎包括所有员工、业务和技术，只有受监管的员工（如销售人员）在两个银行实体之间穿梭。由于银行实体和服务公司之间存在相互依存关系，栅栏原则并不能完全保护零售 / 中小型企业银行免受企业 / 投资银行倒闭的影响。这是因为服务公司依赖于企业 / 投资银行的收入，因此必须考虑为其提供充足的资本，以确保服务公司在一个或两个银行实体破产后仍能继续运营；同时，需要有足够的时间来缩小规模、降低成本以适应收入减少的情况，或出售剩余的银行业务。当然，在实际情况中，银行集团的结构比图 2.2 中的要复杂得多，其涉及跨国子公司（包括银行和服务公司实体），有许多特殊目的载体，有时还可能不只存在一个英国栅栏原则许可的银行实体。这些银行集团结构的变化还可能引发养老金方面的问题，要求被集团隔离的银行拥有自己的治理结构和董事会，这迫使所有银行集团重新审视技术和运营的收费标准，并在实体之间签订服务协议。收费模式通常是在过去多年中建立起来的复杂体系，包含了许多针对特定业务的特殊安排，与实际使用情况或每项服务的成本投入不一定直接相关。因此，改变这些模式是充满挑战的。新的结构和安排通常会增加运营成本，需要更多的行政管理投入，要求银行缩小规模以实现经济效益。

第三，许多银行因为被指控存在一次性的非法行为而被罚款，其中最大的一笔罚款是2014 年美洲银行被处以的 166.5 亿美元的罚款，原因是美洲银行在收购美林证券和全美银行业务中存在金融欺诈行为（此前，在 2012 年，因截至 2010 年的不当抵押贷款服务和止赎行为，该银行已经被罚款 118 亿美元）。在银行业危机及其余波期间，其他美国银行也因类似行为而收到了巨额罚单。美国当局对许多涉嫌违反美国经济制裁的跨国银行进行了罚款，其中金额最高的一笔是对法国巴黎银行在 2004 年至 2012 年的违规行为处以 89.7 亿美元的罚款。2019 年，英国金融行为监管局对银行和保险业的机构以及个人处以超过 3.92 亿英镑的罚款，其中最大的一笔是对渣打银行（Standard Chartered Bank）在 2010 年至 2014 年违反反洗钱规定处以的 1.02 亿英镑的罚款。我们注意到，银行似乎经常被罚款，一次性罚款似乎名不副实，最终可能被视为经营成本（尽管不合法）。为了纠正违反制裁和反洗钱规定的行为（例如通过技术解决方案和改进现有平台来改善控制措施），银行的技术部门往往需要付出更多努力。

第四，银行业危机的一个长期影响是通货膨胀率长期处于极低水平。2020—2021 年，英国中央银行的基准利率为 0.1%，美国为 0.25%，欧元区基准利率为 0%。比较引人注目的是，早在 2014 年 12 月，瑞士中央银行就宣布了负利率，而丹麦的日德兰银行（Jyske Bank）在 2019 年提供了负利率抵押贷款。在中央银行利率较低的情况下，银行的净息差受到挤压，净息差是指银行从贷款中获得的利息与支付给存款的利息之间的差额，以占同期平均贷款额的百分比表示。由于银行在中央银行的储备金（实际上是对中央银行的贷款）的利息非常低，因此情况变得十分严峻。自 1994 年达到顶峰以来，美国银行业的净、息差规模持续萎缩。在英国，平均净息差一直在无规律波动，看不出明显的长期趋势。我们认为，在竞争加剧和经济衰退的时期，净息差会先大幅下降，然后再上升。英国金融行为监管局在 2018 年进行的一项调查和分析清楚地表明，大型银行支付的存款利息较低（主要是由于客户的消费习惯，零售客户经常在同一家银行开立活期账户和储蓄账户），这使它们能够从每个活期账户中赚取更多的钱（主要是因为大型银行有许多商业活期账户，平均每个商业活期账户带来的收入是英国银行业个人活期账户的 10 倍），同时大型银行也能从收取的交易费用中获得较高利润，并从贷款产品中获得更高的收益（主要来自信用卡和个人活期账户透支）。另外，大型银行每个分支机构的运营成本较高，IT 成本占贷款资产的比例也较高，与过去 25 年内成立的银行相比，25 年前成立的银行的 IT 成本是前者的两倍，换句话说，维护和更新传统技术平台的成本更高。有趣的是，同一项研究表明，新型银行经营活期账户的成本与大型银行的成本基本相同。因此，如果新型银行能够大幅增加其账户基础，其就有可能与大型银行在净息差方面进行竞争。

因此，2008 年银行业危机的致命后果表现为银行成本增加、收入减少，所以导致许多银行的净资产收益率（Return On Equity，ROE）大幅降低。ROE 是一个衡量盈利能力的指标，用于衡量银行利用其净资产获取盈利的能力。具体来说，ROE 为银行在一个时期（如一年）的净收入（即收入减去运营成本、税金及附加、利息和对优先股东支付的款项等费用）除以该时期的股东平均权益（如期初资产减去期初债务的余额和期末资产减去期末债务的余额的平均值，或该时期每个月资产减去债务的平均值）。当然，为了应对危机，许多银行采取了削减成本的措施，如将工作外包，然而，将工作外包到成本较低的地方以及将技术产业合理化，可能会影响银行技术部门的运行。例如，2015 年 6 月，汇丰银行宣布计划在 2018 年之前裁掉 25 000 名员工（约占员工总数的 10%），并将年度运营成本削减 50 亿美元；在 2019 年再次削减成本，目标是在 2022 年之前裁员 35 000 人（占员工总数的 14%），年运营成本减少 45 亿美元；同时移动客户数量翻番，并逐渐转向亚洲市场。2015 年 10 月 29 日，德意志银行（Deutsche Bank）提供了其 2020 年规划的详情，其中包括到 2018 年实现近 40 亿美元的总储蓄目标，并将成本收入比从 2018 年的 70% 降低到 2020 年的 65%。2016 年 7 月，美洲银行宣布利润下降，并立即实施新的支出目标，目标是到 2018 年将其年度运营成本减少 33 亿美元。根据我们与英国大型银行合作的经验，降低成本是一项永无止境的计划，银行内部会忽视其终端客户，鉴于新型银行对业务增长和客户的关注，我们对其能够为银行专业人士提供更具吸引力的职位并不感到惊讶。话虽如此，英国金融行为监管局在 2018 年的研究显示，英国大型银行的 ROE 比小型银行高得多，尽管成本较高，但大型银行平均税前 ROE 为 26%（小型银行平均税前 ROE 为 6%）。换句话说，大型银行的净息差仍然超过了其较高的成本。

在这一过程中，银行必须持续投资于数字化项目以保持竞争力，并提高自动化水平以降低运营成本。对跨国银行来说，它们在本国市场上享有的规模经济往往不适用于在其他国家的分支机构等，因为相对于本地的大型银行，跨国银行分支机构的业务规模可能较小；同时监管要求和银行实践以及产品在不同国家之间存在差异，跨国银行往往尚未合理调整其平台，以便在所有开展业务的国家使用通用技术。

由于这些因素，银行的技术部门在面对满足降低成本和提高自动化、数字化水平的双重目标（包括提高银行面向客户的数字技术应用水平）时有着相当大的压力。从表面上看，这些目标在本质上似乎是矛盾的——提高自动化、数字化水平（包括提高数字技术应用水平）需要额外的投资，因此这应该会增加银行的成本。但事实上，许多银行内部人士认为，近年来技术的迅速发展为他们提供了机会，他们可以拨出更多资金来进行额外的投资。值得指出的是，绝大多数银行实际上已经成为数字化企业，因此，随着银行自动化、数字化水平的提高，其技术成本占总成本的比例自然会上升。问题在于，银行的 ROE 在许多情况下并不能与科技公司期望达到的 ROE 相匹配。

2.10　银行业的现状

在银行业的发展史中，我们可以看到四条主要发展脉络。第一，银行与其他银行建立的关系历史悠久，目的是支持日益全球化的贸易（以及近年来的旅游业）；出于同样的原因，大型跨国银行也会进入新的国家市场。第二，银行寻求规模经济，通常是通过兼并和收购实现的，也通过与银行业务处理商、合资企业和会员协会建立关系来达到这一目标。第三，银行经常进行多元化经营，扩大产品、服务和客户群范围。第四，银行通过自动化和计算机技术来降低单位成本，提高服务水平，并且与其他行业一样，现代银行也从自主开发技术解决方案转为向专业供应商购买技术解决方案，例如没有一家银行会自己制造计算机硬件。当然，银行一直处于不断变化的状态，我们可以在这四条主要发展脉络中找到不同发展阶段的范例。在银行业的历史上，危机和监管变革时有发生，其中一些变革导致了银行结构的重大变化。

2.10.1　银行机构

几乎每个国家都设有中央银行（极少数未设立[1]），其通常负责管理本国商业银行的准备金，监管商业银行及相关实体，如制订支付计划、发行货币、制定货币政策以及向政府提供贷款。

1　例如，安道尔和摩纳哥就未设立中央银行。

跨国大型全业务银行提供全面的服务，包括零售、中小型企业和其他企业银行业务，以及投资银行业务，通常还提供资产管理、私人银行和财富管理服务。尽管跨国大型全业务银行可能在多个国家开展业务，但大多数跨国大型全业务银行（通常是指四大或五大跨国大型全业务银行）主要专注于本国的零售和中小型企业银行业务。这些机构包括美洲银行、巴克莱银行、法国巴黎银行、花旗集团、瑞士信贷集团（Credit Suisse）、德意志银行、摩根大通、三菱日联金融集团（Mitsubishi UFJ Financial Group）、加拿大皇家银行（Royal Bank of Canada）和瑞银集团（United Bank of Switzerland，UBS）。此外，还有一些大型投资银行，如高盛集团（Goldman Sachs）、摩根士丹利（Morgan Stanley）和野村证券，它们有时也经营相对较小规模的零售银行业务。

还有一些大型的跨国银行组织，它们主要提供零售、中小型企业和其他企业银行业务，在本国市场及本国市场外的其他市场拥有相当庞大的规模和贸易融资业务。这些银行包括德国商业银行（Commerzbank）、汇丰银行、荷兰国际集团、北欧银行和桑坦德银行。其中一些可被视为跨国大型全业务银行，因为它们还涉足投资银行业务。填补各国四大或五大跨国大型全业务银行业务空白的是大型国内银行，世界各地有许多这样的银行，包括荷兰银行（ABN AMRO）、加拿大丰业银行（Bank of Nova Scotia）、凯克萨银行（CaixaBank）、日本邮政银行（Japan Post Bank）、劳埃德银行和澳大利亚国民银行。尽管许多银行在国际上开展业务，但一些银行仍然专注于（或重新专注于）本国市场。此外，还有一些规模相对较小的国内专业银行，其通常专注于特定的中小型企业细分市场，有时也提供零售存款服务。

许多国家都设有互助银行组织，覆盖了各类银行，从大型银行（即在本国市场中的四大或五大跨国大型全业务银行），例如法国的农业信贷银行（Crédit Agricole）和荷兰合作银行（两者都源于农业银行），到各种规模的房屋信贷互助协会、合作银行、信用合作社、储蓄银行和储蓄所等，最小的可能仅有一百来名成员。这些银行主要提供零售银行服务，规模较大的银行通常会向中小型企业提供贷款，规模最大的银行会建立起自己的国际业务。

许多国家都有私人银行，为高净值个人和家庭提供银行和投资服务，其中著名的可能是瑞士的私人银行。在某些情况下，这些银行由跨国银行拥有和经营（如汇丰银行和瑞银集团在多个国家运营的私人银行），而在其他情况下，这些银行则由私人所有。

正如我们在 2.8 节中所探讨的那样，新型银行通常专注于通过移动应用程序获取客户并为客户提供服务，这使它们在许多市场上获得了零售和中小型企业客户的青睐。

在 2.4 节中，我们介绍了银行业的整合，并预计银行业的整合仍将继续，监管机构等可能会继续对国内最大的银行施加限制，以促进竞争和保持银行系统的稳定。如果欧盟委员会将其关于一个国家至少需要有四家大型移动运营商以促进竞争的观点应用到银行业，那么欧盟的银行业可能会受到极大的限制和严格的监管[1]。这意味着国内大型银行是否被允许收购较小的国内银行可能因国家而异（但如果一家较小的银行陷入困境，监管机构等很可能别无选

---

[1] 2020 年 5 月，欧洲法院推翻了欧盟委员会禁止 Three（由和记黄埔拥有）收购 O2［由西班牙电信（Telefónica）拥有］的裁决。

择，从而不得不允许收购）。同样，跨国收购或兼并可能仍被允许进行。然而，国内大型银行要想通过跨国收购或兼并来实现一定的规模经济效益，可能会在一定程度上受到限制，因为监管机构等可能会坚持要求国内银行作为一个独立的、资本充足的实体来经营，国内银行要想提取资金到海外母公司，可能仅限于将提取的资金用来支付股息（例如英国的桑坦德银行）。

由于客户对实体服务的需求减少、对支票替代品（包括以数字方式提交的电子支票）需求的减少，以及银行业的持续整合，发达国家分支机构网络的发展似乎已经达到顶峰[1]，且规模正在缩小。然而，我们认为贷款，特别是商业贷款，需要继续面对面的谈判和相关业务本地化，因此分支机构对业务范围及客户的拓展仍然很重要。

2.10.2　银行网络和支付组织

银行的发展离不开代理银行的协助，以确保客户能够进行跨国支付。从某种程度上说，这些代理银行构成了最早的银行网络。正如我们在 2.5.10 小节中提到的，现在许多银行都连接到 SWIFT，这使它们能够交换支付信息和其他金融信息。即使不是 SWIFT 的成员银行，通常也可以通过与 SWIFT 成员银行合作来接入 SWIFT。同时，中国和俄罗斯分别开发了自己的银行间网络——人民币跨境支付系统（Cross-Border Interbank Payment System，CIPS）和俄罗斯银行金融信息系统（Financial messaging system of the Bank of Russia，俄语的拉丁语转写缩写为 SPFS）。此外，许多支付公司也提供跨境支付和汇款服务，其收费通常低于银行的收费。在许多国家，这些公司通过自己的网络与其跨国公司进行转账，而不是使用 SWIFT 和代理银行关系。

许多国家都有自己的国内电子资金转移计划，这些计划通常采取两种形式。对于小额支付，由参与银行或中央银行拥有的专业公司运营的 ACH（在过去，这些清算通常是在工作日的一个或多个晚上处理，但现在趋向于每周 7 天每天 24 小时的即时支付）实施资金转移计划。对于大额支付，通常由中央银行运营的实时支付结算系统在营业时间内运行。我们还注意到，支付系统（定义了操作规则和契约，方便系统执行）有时与基础设施（用于发送支付信息和处理支付交易的系统）分开。在英国，快速支付系统在万事达的子公司 Vocalink 提供的基础设施上运行，而 CHAPS RTGS 系统使用 SWIFT 发送支付信息。在澳大利亚，新支付平台设计覆盖了服务系统，允许在其之上运行其他支付应用程序。单一欧元支付区（Single Euro Payments Area，SEPA）支付系统可能是支付系统和基础设施分离的典型例子，这可能是因为其需要与不同国家的高度联合系统合作。它允许支付服务提供商（Payment Service Provider，PSP）选择其想使用的任何清算和结算机制（Clearing and Settlement Mechanisms，CSM），条件是需要遵守支付系统规则，并要求 CSM 进行交互，以确保所有 PSP 能够交换支付信息。CSM 通常包括

1　据英国消费者事务出版物 *Which?* 的报告，2015 年 1 月至 2019 年 8 月，英国银行和房屋信贷互助协会的分支机构数量从 9 803 家降至 6 549 家，其中包括 49 家新分支机构。在美国，银行和储蓄所的分支机构总数在 2009 年达到顶峰，略高于 9 万家，然后以每年略高于 1% 的速度减少。

一家中央银行，如意大利的意大利银行或德国的德意志联邦银行，欧洲中央银行的 TARGET2 即时支付结算（Instant Payment Settlement，TIPS）和一个国内支付系统，比利时的交易和清算中心（Belgium's Centre for Exchange and Clearing）或西班牙的 iberpay。实际上，这意味着银行可以使用其现有的国内支付系统进行国内和国外的 SEPA 支付，而跨境支付通常通过其国内中央银行使用 TIPS 进行结算。然而，随着时间的推移，可能会出现不同的组合，特别是使用商业基础设施供应商（通常是从国内支付基础设施的商业化和随后的合并中产生的，如 equensWorldline 和星网电子付款公司）的组合通过 SEPA 运营是可能的。仍拥有国内系统的欧洲银行很可能决定将其投资货币化，并将支付系统基础设施出售给商业基础设施供应商（一些国家已经这样做了），从而有助于实现泛欧支付基础设施整合。

对大多数用户来说，银行卡支付和 ATM 的合并，似乎已经形成了一个覆盖范围广泛的网络，在这个网络中，任何卡（或移动支付方式，如 Apple Pay、Google Pay、Samsung Pay 或微信支付）可以在任何 POS 机、在线零售商或 ATM 上进行交易。当然，持卡人和零售商可能会支付不同的交易费用，这取决于卡系统、商户收单机构、发卡机构、ATM 运营商等的组合情况。但从持卡人的角度来看，这些交易费用往往是隐匿的，因为这些收费被发卡机构或商户吸收了。在实际应用中，存在着多个网络的不同运营方案，包括一些全国性的（例如英国的 LINK 自动取款机组织），以及一些国际性的（例如万事达卡和维萨卡）。商户收单机构与多个支付系统网络相连接，这些支付系统网络之间也相互连接。由于卡支付系统网络之间相互关联，直接连接到支付系统网络的商户收单机构、PSP、银行和 ATM 运营商通常可以选择支付路径，以最大限度地降低成本。如今，国际零售商也有可能使用单一的商户收单机构覆盖其几乎所有的市场办理支付业务，这是因为商户收单机构之间存在国际合并和合作关系。商户收单机构越来越能够利用银行间的非卡支付系统（例如荷兰的 iDEAL）来进行支付，其手续费往往低于利用卡支付系统的手续费用，因此这可能会影响卡支付组织的地位。与针对银行网络方面实施的举措类似，中国和俄罗斯分别出资建立了自己的银行卡支付网络，即银联（UnionPay）和 Mir 支付系统。银联现已在全球范围内建立起来，并在 2015 年成为世界上最大的银行卡支付网络（按年度支付总额计算）。

2.10.3　银行服务提供商

在美国的银行业系统中，银行服务提供商扮演着关键角色，向银行、信用合作社和储蓄所销售和运营核心银行平台，同时提供相关银行服务。美国的银行服务提供商包括繁德公司（Fidelity National Information Services）、飞思创（Finastra）、费哲（Fiserv）和杰克亨利（Jack Henry）。据估计，这些公司在 2013 年占据了美国市场 96% 的份额，但是目前我们尚不清楚软件许可证（即在其银行客户处安装的内部核心银行平台）、服务和外包之间的比例。我们认为，这些银行服务提供商并没有真正实现最大的规模经济，即建立单一的多租户核心银行平台。举例来说，在德国，Finanz Informatik 为德国储蓄银行（Sparkassen）处理 1.2 亿个账户，Fiducia & GAD IT 公司为德国大众合作银行（Volksbanken）和农业信用合作银行（Raiffeisenbanken）处理近 1 亿个账户。值得注意的是，Fiducia & GAD IT 公司是由两家银行服务提供商合并而成的，实际上运营着两个核心银行平台，并发起了合并这些平台的计划。在英国，直到 21 世纪的第二个十年，才开始有活期账户的外包处理，存在一些小规模的存款账户外包处理业务。

在信用卡领域，外包规模化处理已经取得了明显的进展，一些供应商［如 equensWorldline、费哲、星网电子付款公司和完全系统服务公司（Total System Services，TSYS）］可以大规模地处理信用卡账户。目前我们还不清楚这些机构是否已经实现了建立单一的多租户核心银行平台的目标，事实上我们认为这不大可能，因为这些机构中的大多数都是通过几次合并和收购而建立的，尽管我们了解到一些机构正在采取措施使其卡处理平台能够更加合理化地运行。例如，来自美国西诺乌斯银行（Synovus）的 TSYS 在美国和英国分别拥有 TS2 多租户平台，每个平台可处理数千万个卡账户，具有较大的规模。它也收购了另一个平台，该平台现在被命名为 TSYS Prime，定位为面向较小市场的低成本、小规模平台，可以在本地安装或由 TSYS 运营。

当然，还有很多例子表明，银行可以选择将其业务外包，包括对账单打印、塑料卡个性化、支票簿打印、支票处理、信用评分、处理申请、收款和清收、现金管理和身份验证的外包等。

2.10.4　银行技术

银行技术是本书的主题，在这里，我们提出一些一般性意见。首先，正如我们在 2.9 节中已经指出的，根据英国金融行为监管局的分析，老牌银行进行技术创新、变革和升级的成本比新型银行高，但这并不能抵消大型老牌银行在净息差方面的优势。如果新型银行能够以个人和商业活期账户为中心提供一系列成本较低的贷款产品，是可能成功地与大型老牌银行竞争的。一般而言，新型银行倾向于以开源软件作为构建平台的基础，避免依赖单一的核心银行平台，这些平台通常通过处理存款、贷款和活期账户来提供数字银行和移动银行的所有服务。有些银行建立了自己的分类账系统，而有些银行则使用了简版的核心银行平台。这背后的理念是：虽然单一的核心银行平台缺乏灵活性和便捷性，但可以通过提供微服务（每个组件通常只做一件事，并可以按需组合以构建更复杂的流程）的方式来改进，这样可以提高业务处理的敏捷性，银行也能够快速测试和学习，并不断地将各种新功能连续投入生产（我们将在第 3 章详细介绍）。新型银行通常也采用云基础设施，以实现通过最少的前期支出获得可扩展、安全和可用的处理优势。

大型、成熟的银行已经以云基础设施作为实现规模经济的一种方式。一些投资银行由于银行业危机，交易量和收入减少，业务受到了严重影响，从而也开始使用云基础设施。我们认为，大型跨国银行也会逐渐采用第三方云基础设施。实际上，这些银行已经在后台使用软件即服务（Software as a Service，SaaS）产品，甲骨文（Oracle）和思爱普的企业资源规划平台现在可以在云端使用，一些人力资源平台、培训平台和招聘平台也可以作为 SaaS 产品使用。当然，几十年前，银行就开始将特定业务外包给银行服务提供商了。

第 3 章

银行业技术入门

3.1 简介

在第 2 章中，我们简要介绍了银行业的历史和部分技术在银行业中的应用。在本章中，我们将更详细地研究银行业使用的技术，包括各种传统技术以及即将替代传统技术的新技术。为了更好地理解，我们将从简单的银行模式开始介绍，然后介绍更大、更复杂的银行模式。

3.2 简单银行模式

我们从一家规模小、业务简单的银行开始介绍。这家银行通过其网点向零售客户和企业客户提供存款账户（包括结算账户）、无担保贷款和担保贷款（包括抵押贷款）等服务。出于某种原因，这家银行没有设立 ATM、互联网平台、智能手机应用程序或联络中心，客户只能通过网点或打电话办理银行业务。实际上，2010 年，我们曾在英国遇到过一家类似的银行。

图 3.1 展示了客户办理银行业务的渠道，以及银行开展业务的单一技术平台。简单银行模式的目的是将银行内部执行的功能进行逻辑分组（例如，网点柜员具有为客户提供服务的功能），业务流程包括通往一组或多组的路径（例如，客户邮寄支票的业务流程从邮政渠道开始，然后进入核心银行平台）。

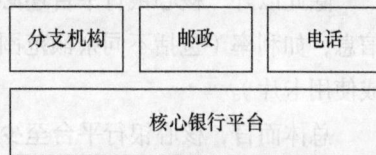

图 3.1 简单银行模式

这家银行使用的核心银行平台通常被称为"一站式银行平台"。该平台不仅管理账户和客户信息，还具备基本的财务功能（包括总账功能）、资金管理功能和报表功能（例如，出具运营报表、管理报表等）。除此之外，该平台还执行客户认证、客户洞察、支付方式选择和提交监管报告等其他功能，这些功能通常由手工、办公软件（如 Excel）或第三方服务（如支票簿打印）完成。这种模式在银行的海外分支机构中比较常见（例如，希腊银行在巴黎的分支机构就可能采用这种模式）。

术语说明如下。我们将平台定义为一个应用程序，由一个或多个程序和相关数据存储系统（可能是一个或多个数据库、文件或其他存储机制）组成。在本章中，我们将清晰介绍相关术语的含义。我们选择使用"平台"一词，因为它通常涵盖一系列可随时间推移而变化的产品和服务。这种平台允许机构在其基础上构建产品。平台可以由一个或多个系统组成。我们通常将系统定义为计算机硬件（如大型机、小型机、中端服务器或 PC）及其上运行的操作系统（如Linux、各种形式的 UNIX、Windows、z/OS 等）或技术组件的总称。值得注意的是，其他作者可能使用"系统"一词来代替我们所说的"平台"。

3.3　核心银行平台

我们说的简单银行指的是只有一个平台，即只有核心银行平台的银行。这个平台负责维护每个账户的所有信息，包括以下内容。

•账户类型、账户持有人和账号。通常，每个国家都会采用统一的账户编号方式，以确保账户具有唯一可识别性，从而可以在共享支付网络中进行付款和收款。许多活期（或支票）账户都可以通过IBAN进行唯一性识别。IBAN是国际上用于银行账户编号的标准，我们将在7.6.8小节中详细介绍。

•各种余额，如可用额度、可通过 ATM 提取的余额（因为银行通常限制 ATM 的每日取款额度）以及总余额（包括尚未清算的，如在支票清算过程之前支付到账户的）。

•历史交易明细，包括账户上发生的存款、取款、费用、借记和贷记的利息，以及历史余额信息。通过这些信息，核心银行平台能够生成每个账户的对账单并计算需支付的利息。

•定期支付的详细信息，例如直接借记和定期扣款。

•账户签发支票的详细信息（如支票号码和签发的支票簿等）。

•与账户关联的借记卡或取款卡等卡片的详细信息。

除此以外，核心银行平台还必须能够定义不同的账户类型，从而掌握每种账户类型的特征信息，如利率（包括不同余额范围的分段利率）和可用功能（比如是否可以在账户上签发支票或使用卡片）。

总体而言，核心银行平台至少需要具备以下功能。

•计算每个账户的利息，并将利息记入贷方（正余额账户）或借方（抵押、贷款账户或透支的结算账户）。

•维护账户的标志和状态信息（如账户持有人的死亡、代办授权等信息），以及账户的持有情况（如司法冻结）。

•计算月费或每笔交易费等费用，并将这些费用逐笔记录在每个账户中。

•允许从本账户向其他银行的账户付款，并接受其他银行向该账户的付款。通常还需要保存定期扣款的详细信息，例如，如果客户希望更改定期扣款的金额，核心银行平台应提供相应功能。

· 为账户生成对账单，通常是以文件的形式发送给第三方对账单处理商，由其完成打印、装入信封并邮寄给账户持有人。

· 生成银行用于管理其业务的各种报表，以及银行监管机构要求的监管报告。然而，后一种功能可以由专门的平台完成，该平台从银行平台、财务平台和金融平台中提取相关信息，将其整合到银行监管机构要求的监管报告中。

· 生成财务信息（例如各种收费产生的收入），供银行用于财务管理。

核心银行平台还应具有如下所示的其他功能。

· 维护每个客户的详细记录，并将这些记录与该客户的所有账户联系起来。现代银行平台声称以客户为中心，这通常意味着银行的每个客户在银行平台上都有单一的记录，该记录与客户的所有账户相关联，甚至可能与银行其他平台上的账户（如信用卡）相关联，这就是通常所说的统一客户视图。每个客户的信息均包括地址、身份信息（如护照等官方身份证明文件的号码）、出生日期、联系方式（电子邮件地址和电话号码）以及客户签名扫描件等。

· 提供跟踪客户账户申请的功能。例如，抵押贷款申请需要几个步骤，包括核实客户身份、核实客户信用情况、核实和评估抵押财产、向第三方发放资金以及存储抵押财产的契约。

· 处理信用卡。如处理丢失或被盗的信用卡，以及发行新信用卡替换即将到期的信用卡。

· 签发并保存客户往来信函和电话等客户联系记录。

· 管理客户投诉。在某些司法管辖区，监管机构要求报告客户投诉处理情况，并对处理投诉的最长时间做了强制性规定。

· 管理银行自身的财务账户，即银行的总账和相关报表。在图 3.2 所示的简单模型中，假定除了功能最简单的银行外，所有银行都可能有独立的财务平台。在这种情况下，核心银行平台必须生成信息并将信息提供给该独立财务平台。

· 简单的财资管理。该功能包括跟踪现金的流入和流出以及监控银行的资金流动性和资本状况，上述功能通常被纳入财务管理模块中。

因此，可以为核心银行平台的各种功能建立一个逻辑视图，即对其进行功能分解。对于图 3.2 所示的功能，几乎所有的现代综合核心银行平台都能在一定程度上实现，在大型银行中，其中的一些功能很可能由不同的平台协同完成。例如，据我们所知，一家英国银行有一个平台来管理未来付款的详细信息，如定期扣款（账户持有人设定定期付款）和直接借记（由受益人发起付款），当这些付款发生时，该平台会与银行平台对接。

过去，核心银行平台是通过每日批量处理交易来运行的。这意味着，一天中的存款和贷款详情会被储存起来（最初是纸质记录），然后在一天结束时通过一个流程应用到账户中，接着通过另一个流程计算每个账户的利息和费用。进行批量处理期间，核心银行平台可能不对客户开放。在批量处理期间之外，用户可以访问核心银行平台，查看当天的账户余额。在支付网络通宵处理支付的情况下，下面这种操作模式完全可行：每天晚上，银行会向支付处理商提交一份出账文件，并从支付处理商那里接收一份入账文件，然后将这些文件应用到核心银行平台上的客户账户中。如果客户需要在白天提取现金，需要前往分支机构办理，届时，柜员将访问账户记录，并检查前一天晚上处理结束时的账户余额，以及当天是否有其他取款。然而，随着 20 世纪 70 年代和 80 年代 ATM 网络的发展以及借记卡的引入，这种操作模式不再可行，因为银行需要时刻检查与账户余额有关的交易，以避免客户在未经授权的情况下出现透支行为，并在客户的卡被滥用的情况下限制取款。现代核心银行平台运作方式与以往大不相同，客户可以随时使用平台，这意味着客户可以在任何时间提取现金或使用借记卡。尽管如此，现代核心银行平台上仍然会有日终流程，例如在计算利息和批量收支期间，用户可能无法使用某些功能。

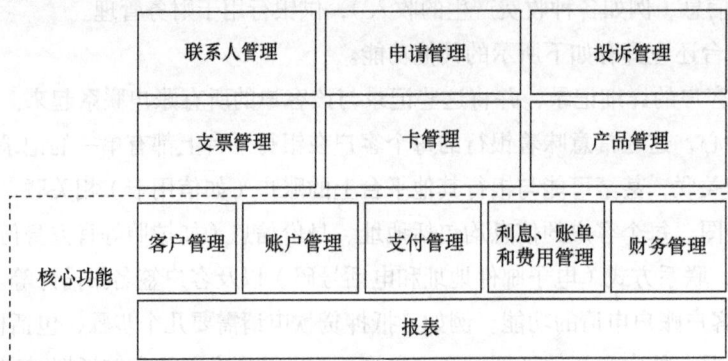

图 3.2　核心银行平台功能的逻辑视图

核心银行平台的基础架构可以用图 3.3 来表示。图 3.3 显示核心银行平台包含一个被称为银行数据库的系统，该系统以某种方式独立存在（例如，它可以存在于不同的服务器上）。这是一种与本章前面所展示的不同类型的图表，目的是展示核心银行平台中涉及的技术组件，并指出它们之间的关系——我们可以称其为技术架构图。我们将从银行数据库的设计入手，对数据库架构进行研究。

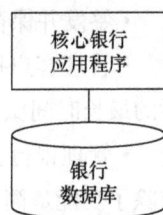

图 3.3　核心银行平台基础架构

3.4　数据库架构

本节将介绍数据库的架构。应用程序（如核心银行应用程序）访问数据库的基本模型如图 3.4 所示。应用程序的功能是存储各种类型的记录，例如，核心银行平台需要维护账户清单、账户的所有交易明细等。

数据库可以通过多种方式构建，最简单的方法是使用一组文件。对于简单的核心银行平台，可以用一个文件包含账户的所有详细信息，用另一个文件包含账户的所有交易信息等。

让我们看看如何在内部组织这些文件。包含账户记录的文件片段如下。

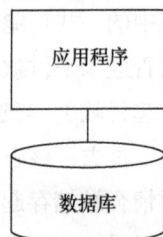

图 3.4　应用程序访问数据库的基本模型

```
1000000982ARFTD0026100000034720180829 □□□□□□□□
1000000983XRIAS0008100009354420180829202 00105
1000000984CBFTD0006100000049020180829 20190828
```

本片段展示了 3 条记录，每条记录代表一个账户，包含该账户的信息；每条记录的长度固定（在本例中为 45 个字符），并包括几个固定长度的字段。

字符 1 到 10 表示内部账号（如第一条记录的 1000000982）。在这里，我们规定账号不以 0 开头，这样它们总是 10 位数，人们就不会轻易遗漏前面的 0。假设账号从 1000000001 开始，并且账号之间没有空白，那么文件中任何记录位置都可以通过一个非常简单的算法从其账号中计算出来。具体计算方法如下。

（1）账号左边的数字减去 1。这是必要的，因为我们已经决定账号不以 0 开头。

（2）从修改后的账号中减去 1。

（3）用这个数字乘以每条记录的长度（在该例中，长度为 45 个字符）。

因此，文件中的第一个账户将被编号为 1000000001，并从文件的第 0 个位置开始（根据计算机系统的惯例，第一个位置被编号为 0）。文件片段中的第一条记录将位于 981 乘以 45 的位置处，即位置 44 145。

在实际运用中，必须确保账号之间没有空白，因此这并不是理想的操作方式。例如，从历史上看，这种操作方式存储成本高且存储空间有限，因此最好删除早已销户的账户记录，这样做的好处是可以缩短查新账户的时间。这是我们在使用基于文件的数据库时遇到的第一个问题，在本例中，这个问题可以通过建立第二个文件来解决。该文件用于为账户记录文件编制索引，也就是说，第二个文件包含的记录说明了每条账户记录在账户记录文件中的位置。

此处需要强调的一点是，本例中的账号是银行内部使用的。如果这些账户要接受其他机构的付款，则它们还必须附有与业务所在国家的支付系统相一致的外部账户标识符，因此必须将标识符添加到账户记录中。例如，英国的标准账户标识符包括一个 6 位数的分类代码（在历史上，其代表一个银行分行）和一个 8 位数的账号。银行有可能使用标准的外部账户标识符作为内部账号，但如果考虑业务所在国家存在账号的可移植性，这么做可能就不合理，因为这可能会影响应用程序在文件中快速定位账户的能力。

字符 11 表示账户的状态。A 表示激活，X 表示取消（一种可能的用法是，记录所代表的定期账户因从未获得资金而失效），C 表示销户。

字符 12 到 15 表示的是账户类型。RFTD 表示对私定期存款账户，RIAS 表示对私活期存款账户，BFTD 表示对公定期存款账户。

字符 16 到 19 表示产品版本号。例如，第一条记录中是 0026，这表示对私定期存款账户类型的版本号是 26。这个版本号可以用来区分同一基本产品类型的不同形式，例如，利率不同或期限不同的基本产品形式。

字符 20 到 29 表示客户编号。在第一条记录中，客户编号为 1000000347。如果我们在包含客户记录的文件中查找，应该能找到以该编号开头的相应记录。通过指向客户档案中的记录，而不是将客户信息放入账户记录中，银行可以为持有多个账户的客户提供一条客户记录。

字符 30 到 37 表示账户的开户日期，格式为 yyyymmdd。在实际操作中，核心银行平台完全可以使用内部的日期表示法，例如从一个特定日期开始计算天数。例如，UNIX 系统最初将日期（和时间）表示为协调世界时（Universal Time Coordinated，UTC）1970 年 1 月 1 日

00:00:00 以来的秒数。许多老的计算机系统只用两位数来表示年份，这意味着这些系统有可能将 2000 年的实际年份表示为 1900 年而不是 2000 年，这就是千年虫问题（后来的事实证明这不是问题）的根源。

字符 38 到 45 表示账户的销户日期，格式也是 yyyymmdd。对于第一条记录，该账户是开放的，因此该记录是空白的，用开口的方框符号"⊔"表示。

真正的核心银行平台可能需要在每个账户上存储更多的信息，因此每条记录会比示例中的长得多。

还有一点需要注意：我们在新的行中显示了每条记录。实际上，所有记录都可以串联起来，而不需要用任何东西来表示一条记录的结束和另一条记录的开始。有时可能有理由用一些东西，如特殊字符或字符序列，来表示记录的结束。这样可以更快地浏览记录，也更容易检测和修复文件。

核心银行平台或其他任何复杂的现代平台都不太可能直接使用文件作为其数据库。使用文件作为数据库面临很多挑战——在前文案例中，需要处理账号中的空白，以及其他各种挑战。此外，应用程序必须知道数据存储方式的细节，因此更改数据库（例如，在记录中添加一个额外字段）时也需要更改应用程序，以适应新的记录长度，而且所有现有记录都必须重写以包含新字段。当然，也有简单的处理办法。例如，可以从一开始就在每条记录中填充空白字符，如果要添加新字段，就可以使用一些空白空间，直到新字段用完所有空白空间为止。

在文件中引入索引的概念可以解决这些难题。如一个文件包含两个条目的记录，这两个条目分别表示数据文件中可以找到该值对应记录的位置，如图 3.5 所示。因此，在本例中，我们将为账号创建一个索引文件。请注意我们是如何从数据文件中删除账号，并将其用作索引文件中的 ID 的。还请注意我们是如何跳过账号的——在本例中，账号 1000000003 和 1000000004 没有出现。使用索引文件还允许在相应的数据文件中使用长度可变的数据记录。

ID	位置
1000000001	0000000000
1000000002	0000000035
1000000005	0000000070
……	……
1000000982	0000020685
1000000983	0000020720
1000000984	0000020755
……	……

索引文件包含

100000000100000000050000000001000000002000000035100000000500000000070
100000098200000206851000000098300000207201000000984000020755

数据文件包含

ARIAS00011000000000120130410⊔⊔⊔⊔⊔⊔⊔⊔
CRFTD00011000000000220130410⊔20140409
CRFTD00011000000000420130410⊔20140409
…
ARFTD00261000000034720180829⊔⊔⊔⊔⊔⊔⊔⊔
XRIAS00081000009354420180829⊔20200105
CBFTD00061000000490020180829⊔20190828
…

图 3.5　索引文件的内容

20 世纪 50 年代和 20 世纪 60 年代，存储费用高，而且存储空间有限。第一个硬盘驱动器是 IBM 在 1956 年推出的 IBM 350 磁盘存储单元，可以容纳 500 万个 7 位字符，大约相当于 4.2 兆字节，大小与一台洗衣机差不多。到 20 世纪 60 年代初，已经出现了容量约为 200 兆字节的磁盘存储单元。任何实用的存储方法都必须考虑到硬盘本身的工作方式，索引顺序访问方法

（Indexed Sequential Access Method，ISAM）因此问世。硬盘驱动器将数据存储在涂覆有磁性材料的旋转盘上的同心磁道中，并有一个在旋转盘上径向移动的磁头来读写这些磁道，一般一次只能读写一个磁道。一个硬盘驱动器单元可以有几个磁盘，它们在同一个主轴上一起旋转，每个磁盘都有自己的磁头（这些磁头与所有其他磁头一起移动）。因此，可以设想每个磁道均是柱面的一部分，由此可以认为数据记录组被存储在不同的柱面上。ISAM 建立在前述索引文件的基础上，账户记录按照账号的顺序存储在每个柱面中，索引文件包含每个柱面中值最大的记录的 ID。例如，第一个柱面（编号为 0）可能包含账号在 1000000001 和 1000000130 之间的账户记录，如图 3.6 所示。因此，我们的 3 条样本记录（第一条记录的账号开头为 1000000982）存储在第七个柱面中。请注意，必须将 ID（即这些例子中的账号）与每条数据记录一起存储，因为索引文件不包含每个 ID，只包含每个柱面中值最大的记录的 ID。由于索引文件不包含每个 ID，因此索引文件要小得多。

ID	柱面
1000000130	000
1000000224	001
1000000398	002
……	……
1000000906	006
1000001016	007
……	……

索引文件包含
1000000130000010000002240011000000398002…
1000000906006100000101016007…

图 3.6　ISAM 索引文件的内容

通常情况下，每个柱面都留有一些空间用于插入记录，而无须更新索引文件。当一个柱面被写满时，要插入的记录会被写入溢出柱面（通常是同一硬盘存储单元的另一个柱面）。当查找特定记录时，ISAM 将首先检查索引文件所指示的柱面，如果没有找到记录，那么将搜索溢出柱面。随着时间的推移，越来越多的记录被包含在溢出柱面中，查找记录所花费的时间也会增加。因此，有必要定期重新组织存储系统中的记录，将记录从溢出柱面转移到主存储柱面中，以释放空间，并相应地更新索引文件。在这一过程中，数据库是不可用的（可能核心银行平台也是如此）。

许多 ISAM 通常以嵌入业务应用程序软件库的形式出现，其中一些业务应用程序至今仍然可用。根据我们可以确定的信息来看，IBM 在 20 世纪 60 年代首次使用 ISAM 这个术语并实现了这一技术，从而为大型计算机提供了管理存储在 IBM 存储设备上的 ISAM 数据集的程序。今天，ISAM 仍然可以在各种数据库管理系统中使用，因为它可以提供非常快速的读取访问，并能够非常迅速地插入新的记录，尽管它与磁盘存储系统的构造方式通常不太相关。

如果你知道账号，就可以很快找到特定的账户记录。但是，如果你想根据客户编号等其他信息查找记录，例如想查看一个客户有哪些账户，则应用程序必须搜索整个账户文件。这其实可以通过另一个索引文件来解决，该索引文件包含指示每个客户号的相应账户（即每个客户持有的账户）在账户文件中所处位置的记录。

现实中，大多数应用程序都有多个进程同时运行，这些进程可能都需要访问同一个数据库，因此必须编写应用程序来处理访问和更新相同文件时进程之间的读写争用问题。将数据文件的管理从读写数据的应用程序中分离出来，放入可以同时被多个进程和应用程序访问的独立数据库管理系统中，以此来处理对数据库的读写争用问题。同时，这样操作还有利于管理不同类型记录之间的关系（例如，哪些客户拥有哪些账户），以确保这些记录同步。在 20 世纪 60 年代前半期，查尔斯·巴赫曼（Charles Bachmann）为通用电气公司创建了集成数据存储（Integrated Data Storage，IDS），作为开发标准系统项目的一部分，IDS 被推广到通用电气公司的各个业务部门，以管理库存。IDS 作为一个独立的应用程序运行，其他应用程序会调用它来访问和更新它所管理的数据。在某种程度上，它对调用它的应用程序隐藏了数据的物理存储。IDS 还提供了将不同类型的记录关联起来的机制，因此在我们的银行系统的例子中，可以从一个客户记录中找到其拥有的所有的账户记录。值得注意的是，它允许记录之间有多对多的关系。举例来说，它支持多个客户拥有同一个银行账户。因此，它支持所谓的网络数据模型。

此外，在 20 世纪 60 年代，IBM 成功研发了一套自己的信息管理系统（Information Management System，IMS），其初衷是有效地管理阿波罗登月计划中土星五号火箭所需的材料清单。IMS 于 1969 年正式推出，与 IDS 一样，它是一个独立的应用程序。IMS 采用层次结构，能够巧妙地连接不同类型的记录，实现一个父记录关联多个子记录的灵活管理。以银行数据库为例，一个客户记录可以关联多个账户记录，但一个账户记录不能同时关联多个客户记录。虽然 IMS 的层次模型不如 IDS 支持的网络数据模型灵活，但它在处理速度上更为出色。IMS 在过去和现在都普遍用于管理超大型数据库，例如电话公司使用它来维护客户、线路和通话数据记录的详细信息。IBM 声称世界各地的银行都在使用 IMS（考虑到 20 世纪 60 年代许多大银行基于大型计算机建设银行平台的传统，这并不令我们奇怪）。举例来说，Fiducia & GAD IT 公司采用 IMS 来处理德国大众合作银行（Volksbanken）和农业信用合作银行（Raiffeisenbanken）近 1 亿个账户的数据。

20 世纪 60 年代，许多其他数据库管理系统也取得了成功，这些系统通常专注于为服务器平台提供服务。至今，许多产品仍在广泛使用这些系统。IDS 被移植到各种平台上，虽然最初的 IDS 产品现在已不再使用，但源自 IDS 的演化版本——集成数据库管理系统（CA Integrated Database Management System，CA-IDMS）仍然适用于多种平台。

随后被开发出来的数据库模型是关系型数据库。关系型数据库的概念最早由埃德加·弗兰克·科德（Edgar Frank Codd）在其 1970 年发表的一篇具有深远影响的论文中提出，而第一个商业化的关系型数据库管理系统在 20 世纪 70 年代后半期才面世。该系统将同一类型的记录存储在一个表中（例如，所有账户记录都存储在账户表中），并能够使用外键将不同类型的记录联系在一起。通过外键，一个表（例如，账户表）中的一个字段可以持有另一个表（例如，客户表）中的唯一标识。关系型数据库的设计目标是通过规范化的形式存储数据，这意味着通过建立表和表之间真实的关系能最大限度地降低数据的重复率。数据范式有不同的层次，具体细节可以参考相关教科书和其他资料的解释。这种系统可以使用中间表来链接任何记录，包括多对多关系中的记录。表的存储方式对调用应用程序来说是完全隐藏的，尽管许多关系型数据库最初使用的是 ISAM 的变体和扩展形式，并且可能仍将其作为一种选择。扩展数据模型（例如，在表中的每条记录中添加一个字段）通常并不需要改变调用的应用程序。应用程序使用结构化查询语言（Structured Query Language，SQL）来读取和更新数据库内的信息。

图 3.7 展示了一个非常简单的关系数据模型，用于存储客户和账户的信息。图 3.7 使用了所谓的乌鸦脚标记，表示客户可以拥有零到多个账户（用连接两个方框的线右端的符号表示），或者一个账户必须有一个或多个客户（用连接两个框的线左端的符号表示）。

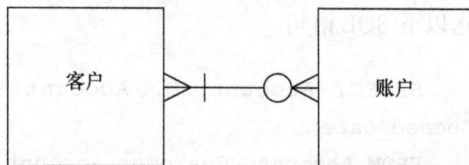

图 3.7　简单的关系数据模型

在关系型数据库管理系统（Relational Database Management System，RDBMS）中，关系数据模型可以转化为三张表，如表 3.1 ～表 3.3 所示。表 3.1 是客户表，一个客户记录包含六个字段（或列），即 ID、称谓、名、姓、出生日期和性别。ID 字段必须始终包含唯一值（即没有两个客户可以具有相同的 ID），不能为空，是客户表的主键。这意味着我们可以通过 ID 唯一地标识表中的任何行。表 3.3 是账户表。一个账户记录也包含六个字段——ID、状态、类型、产品版本、开户日期和销户日期。其中，ID 字段是主键。

表 3.2 为客户账户表，用于存储客户和账户的关联信息。每条记录都包含两个字段，即客户 ID 和账户 ID，它们分别是客户表和账户表的外键，这意味着它们必须分别包含来自两个表的主键的一个值，从而指向这两个表中的特定记录，当然也可能为空。从表 3.2 中的第二行数据来看，ID 为 1000020822 的客户持有 ID 为 1000000982 的账户。由表 3.1 ～表 3.2 可以得知，伊莉斯·王小姐持有一个对私定期存款账户。

表 3.1　客户表

ID	称谓	名	姓	出生日期	性别
1000020822	小姐	伊莉斯	王	1968 年 3 月 31 日	女
1000030444	先生	凯文	史密斯	1991 年 10 月 20 日	男
1000057934	夫人	汉娜	史密斯	1990 年 7 月 3 日	女

表 3.2　客户账户表

客户 ID	账户 ID
1000020822	1000000982
1000030444	1000000983
1000057934	1000000983

表 3.3　账户表

ID	状态	类型	产品版本	开户日期	销户日期
1000000982	A	RFTD	26	2018 年 8 月 29 日	
1000000983	X	RIAS	8	2018 年 8 月 29 日	2020 年 1 月 5 日

　　表 3.2 倒数第一和第二行数据显示，凯文·史密斯先生和汉娜·史密斯夫人共同持有一个对私活期存款账户。

　　因此，我们可以假设，根据核心银行平台的方法，通过输入客户 ID 来查询其未注销账户是可行的，比如使用伊莉斯·王小姐的 ID，即 1000020822。核心银行平台将向其 RDBMS 发送以下 SQL 语句。

```
SELECT Account.ID, Account.Type, Account.Product_Version, Account.
Opened_Date
FROM Account, Customer_Account
WHERE Customer_Account.Customer_ID=1000020822
AND Account.ID=Customer_Account.Account_ID
AND Account.Status="A"
```

　　根据上述语句，可以在关系型数据库客户账户表中查找到客户 ID 为 1000020822 的伊莉斯·王小姐的所有账户 ID，然后根据账户表加载满足条件的四个字段，该账户的 ID 存在且账户状态为 A（即激活）。关系型数据库将以下数据返回给核心银行平台。

```
1000000982, RFTD, 26, 2018 年 8 月 29 日
```

　　核心银行平台的显示方式对用户非常友好，这当然是我们所期望的。

　　一些 SQL 语句允许核心银行平台创建新记录、更新现有记录，以及删除记录。SQL 语句还可以用来创建、修改和删除数据库、表以及表中的列，这往往是由数据库管理员而不是访问关系型数据库的应用程序执行的操作。请注意，虽然各种 SQL 语句都有自己的标准，但实际上每个关系型数据库都可能发生变化并对标准进行补充，因此商业应用程序通常只支持少数的关系型数据库。

　　核心银行平台的关系型数据库能够管理大约一百个表（这基于一个非常简单的核心银行平台）到几千个表。这些表代表了基本的业务实体，如零售和对公客户、账户、产品和交易，以及它们之间的关系。

　　关系型数据库通常也提供存储过程。数据库管理程序在关系型数据库上运行，有时用专有语言（即每个关系型数据库特有的语言）编写，其中包括 SQL 的扩展版本。一些关系型数据库也支持通用编程语言，如用于存储过程的 JavaScript。当需要通过执行多个 SQL 语句来执行一部分业务流程时，通常会考虑使用存储过程。例如在贷款申请过程中，银行可能需要评估客户的信用额度，这可能涉及查询该客户的多个信息。直接在关系型数据库上执行这些查询比通过关系型数据库的应用程序发出多个 SQL 语句并返回记录更高效。存储过程的使用有利有弊，程序设计人员对何时应该、何时不应该在数据库中嵌入业务逻辑有着不同的看法。我们已经看到许多商业应用程序广泛使用存储过程，这导致这些应用程序通常需要在特定供应商的关系型数据库上执行，因为存储过程涉及的语法通常在不同的关系型数据库之间存在差异。

　　关系型数据库包括 IBM Db2、Microsoft SQL Server 和 Oracle RDBMS 等商业系统，以及

MariaDB、MySQL 和 PostgreSQL 等开源系统。

从 20 世纪 80 年代中期开始，银行业（可能还有其他行业）的许多复杂平台开始使用关系型数据库进行数据管理。主要原因在于关系型数据库具备灵活性，易于维护和更新，使用关系型数据库管理数据的应用程序开发速度较快，而且它们具有原子性、一致性、隔离性和持久性（Atomicity，Consistency，Isolation，Durability；ACID）等事务特性。

原子性是指当应用程序修改数据库中的信息（也就是所谓的事务，通常代表了业务流程中的一个步骤）时，这些修改要么全部完成，要么全部失败。例如，如果客户在两个账户之间进行转账，核心银行平台必须从一个账户中扣款（这意味着在保存所有银行交易的数据库表中写入一行），并将资金贷记到另一个账户（这意味着在保存所有银行交易的数据库表中写入另一行）。这两条记录必须同时写入，否则整个操作将被视为失败。例如我们不能只借记一个账户而不同时贷记另一个账户。

一致性是指当应用程序在数据库上执行事务（即更新、插入或删除数据库中的数据）时，数据库将只允许它按照数据模型的要求进行操作。这意味着只有有效的值才能被写入字段（例如，数据库只允许在用于保存日期的字段中写入有效的日期），并且必须维护实体之间的关系（因此在图 3.7 所示的简单关系数据模型中，每个账户必须至少有一个客户）。如果核心银行平台试图对数据库中的数据进行不符合数据模型的修改，关系型数据库将拒绝该事务。

隔离性指的是事务不会相互干扰的特性。核心银行平台可能有数百个访问用户，他们可以更新或插入记录等。每个事务都必须按指令独立进行，因此一个事务不可能看到另一个事务正在进行的任何中间更改。例如，当我们向客户发放贷款时，我们会认为是借记贷款账户，然后贷记客户的往来账户，数据库会将此作为单个事务处理。其他数据库用户不可能只看到贷款账户被借记，而看不到往来账户被贷记。

持久性是指保证事务完成后不会丢失的特性。这意味着数据库保存在硬盘驱动器等非易失性或永久性存储器中，而不是保存在易失性存储器中，如果数据库服务器崩溃，保存在易失性存储器中的数据就会丢失。

关系型数据库提供的特性对银行来说几乎是最理想的，因为银行通常需要使用这些特性，这样银行就知道数据是安全的。如果有一个十分可靠的单一来源系统，那么即使在系统出现故障的情况下，客户和银行也不会损失金钱。开发者、IT 架构师和业务分析师都会运用关系型数据库，这使他们可以清楚地知道企业的数据是否被安全地保存在关系型数据库中。然而，由于人们需要使用基于互联网的高可用性和高扩展性服务，当人们使用网络浏览器和智能手机应用程序访问这些服务时，关系型数据库的局限性暴露了出来。在 3.21 节中，我们将讨论关系型数据库的替代方案。

3.5 高可用平台

平台的可用性通常用正常运行时间占总时间的百分比表示，应明确规定其可用的时间段。

例如，在一年（按 365 天算）中可用性为 99% 的平台实际上指的是该平台在一年中至少有 361.35 天可用，也就是说，一年中其不可用的时间不应超过 87 小时 36 分。从理论上讲，尽管许多商业服务协议是按月计费的，但在一年中有三天以上的时间无法使用平台仍然可以达到其可用性目标，因此实际的最大停机时间大约是这个时间的十二分之一（每月略高于 7 小时）。但核心银行平台在这段时间内不能离线，如果出现故障，即使一天内可用性为 99% 也意味着可能有 14 分 24 秒的停机时间。让我们来仔细研究这个问题，假设你希望能够在任何时间从 ATM 上提取现金，即使个别 ATM 无法正常运行或现金已经用完，但你一定希望只要找到一个正常运行的 ATM，就可以顺利取款。核心银行平台必须能够授权提取现金，因此它（或至少是授权 ATM 取款的功能）必须是高度可用的。在现实中，银行通常将其核心银行平台设计为一年内可用性至少为 99.999%，这意味着每年的停机时间不超过 5 分 15.36 秒（尽管我们注意到，在实践中，一些银行每月都会有计划地停机，通常是在周日凌晨，但该操作往往只影响到部分功能，例如支付功能，而不是完全停机）。

请注意，当我们讨论平台某段时间的可用性设计时，实际上是在为该时期内平台不可用的最糟糕情况的持续时间做准备。另外，如果没有停机，平台最终的可用性可能是 100%。作为用户，通常我们并不过多关心平台停机的原因，无论是由于技术故障还是由于日常维护（例如更新服务器的操作系统或应用软件）。一般而言，可用性指标不包括计划内的停机时间，这种情况可以另行确定。

通常情况下，仅仅规定可用性是不够的，还需要规定平台恢复的速度以及恢复的时间点。数据恢复时间目标（Recovery Time Objective，RTO）是指平台需要多长时间恢复到可使用状态。我们可能希望核心银行平台在一年内有 99.999% 的可用性，如果 RTO 为 1 分钟，则意味着每年最多有 5 次停机，每次需要 1 分钟的时间来恢复。数据恢复点目标（Recovery Point Objective，RPO）是指平台可以恢复到正常工作状态的时间点，例如，在某些情况下，我们可以接受平台的 RPO 为 1 小时，也就是说，我们可以容忍在平台发生故障前 1 小时内的数据丢失。这对银行的财务平台来说可能是合适的，因为银行通常可以使用其他平台来恢复数据，并要求平台员工重做平台发生故障前 1 小时的工作。对于核心银行平台，我们希望 RPO 为零，这意味着没有数据丢失。账户之间的转账记录丢失会带来巨大损失，而这一点恰恰是我们无法接受的。银行如果依赖第三方运营的核心银行平台（或依赖其基础设施），就必须在合同中明确规定与上述指标有关的条款。

在设计一个平台或与第三方签订合同，由第三方提供或运营具有特定可用性、RTO 和 RPO 等指标的平台时，我们还必须考虑我们能允许出现哪些类型的故障和灾难，哪些类型的故障和灾难是我们要排除的。因此，我们需要具体说明在服务器故障、硬盘故障、影响数据中心的网络中断、数据中心断电、影响数据中心正常运行的洪水、飞机撞击数据中心等情况下应采取的应急措施。不过，我们可能会排除核战争、大型陨石撞击或超级火山爆发等可能会终结人类文明的不可抗力事件。此外，从故障或灾难中恢复业务不仅仅是让平台重新启动或修复故障的问题，确保银行员工仍能工作、客户仍能享受银行服务也同样重要。

在本节的后续部分，我们将探讨如何实现核心银行平台的高可用性。对于核心银行平台，实际上，在这里只需考虑图 3.8 所示的扩展，核心银行平台访问关系型数据库，关系型数据库将核心银行平台的数据存储在存储系统中，这可能是与关系型数据库相同的服务器中的一个或多个硬盘，也可能是关系型数据库快速访问的专用存储系统中的硬盘。这种存储系统通常被称为存储区域网络（Storage Area Network，SAN）。

此外，存储系统的配置应确保即使系统中的硬盘出现故障，也不会丢失任何数据。根据经验，硬盘驱动器（无论是磁性材料的原始旋转磁盘还是固态硬盘）确实会发生故障，所以这种方法是必要的。这种存储系统通常还支持在存储系统运行的同时更换出现故障或失效的硬盘（即所谓的热

图 3.8 核心银行平台扩展

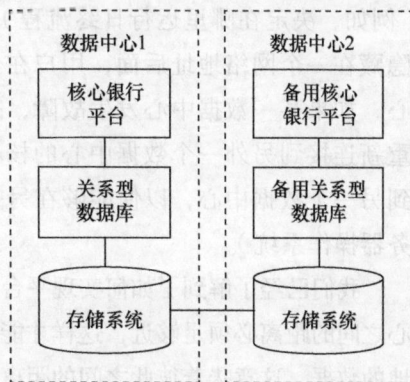

插拔），这意味着我们不必停止关系型数据库或核心银行平台的运行。最简单的方法是将数据的副本保存在与原始数据不同的硬盘上，在实际操作中，存储系统通常使用独立硬盘冗余阵列（Redundant Arrays of Inexpensive Disks，RAID）来达到这一目的。关系型数据库不需要知道数据复制或硬盘的管理方式，存储系统会自动完成这些。当核心银行平台执行一个事务时（例如，将资金从一个账户划拨到另一个账户），关系型数据库就会向存储系统发送指令，要求将数据的变化写入磁盘，然后存储系统在执行完成后进行回复。之后，关系型数据库就会向核心银行平台做出回复，声明写入数据更改的事务已经提交。

我们还希望核心银行平台所在的数据中心是具有弹性的，这就要求其具备两个独立的供电线路以及备用电池和发电机，以便在电力供应失效的情况下保持运转；同时，数据中心需要具备消防系统，应具有物理安全性，防止未经授权的访问，以及两个独立路由的网络或连接互联网。

然而，我们应该如何构建核心银行平台来处理数据中心的停机（例如，火灾、洪灾、飞机失事等造成的停机）呢？我们需要另一个数据中心。由图 3.9 可知，数据中心 1 的存储系统会自动将所有数据和数据更改的副本发送到数据中心 2 的存储系统。数据中心 2 有备用的关系型数据库和核心银行平台。如果数据中心 1 不可用，备用系统将被启用，核心银行平台的用户可以使用网络路由或其他设备自动重新连接数据中心 2。

有专门的计算机管理系统（通常被称为集群管理软件）自动完成这些工作。为了确保没有数据丢失，存储系统必须在两个数据中心都保存一份数据副本，然后才能向关系型数据库反馈数据已经被保存，这称为同步复制。在正常操作中，将数据从数据中心 1 发送至数据中心 2 然后再确认数据已保存所用的时间成为限制因素。理论上，最快的数据传输速度接近于光速，但实际上，使用光纤电缆进行传输的速度大约只是光速的 70%。这意味着，在两个相距 100 千米的数据中心之间，如果用专用光纤电缆连接，则数据往返及确认的时间不到 1 毫秒。

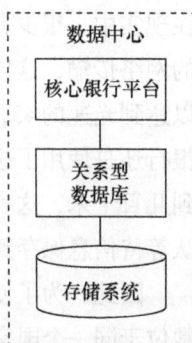

图 3.9 两个数据中心的核心银行平台

在现实中，很少有组织负担得起这样的专用连接的相关费用，因此数据将不得不通过电信公司的网络传输，这导致数据传输可能需要更长的时间。例如，通过互联网连接，传输速度大约可以达到光速的45%，这意味着数据在数据中心之间的往返及确认时间约为1.5毫秒。尽管如此，银行还是使用了这种技术，而且根据可接受的延迟时间，数据中心之间的实际距离为几十千米到几百千米，这表明关系型数据库（及其应用程序）的性能可能会受到影响，因为它必须将排队等待信息保存到两个数据中心中。

因此，为了使RPO为零，需要将核心银行平台安装在两个距离足够近的数据中心中，通常位于同一个国家。如果数据中心1有活跃的（或热的）核心银行平台和关系型数据库，这表示它们正在运行；如果数据中心2有不活跃的（或冷的）核心银行平台和关系型数据库，这说明它们没有运行，但已经被安装在数据中心2的服务器上了。这种设置下RTO不会为1分钟，因为只是检测故障、重新配置网络以及启动数据中心2中的关系型数据库和核心银行平台所需的时间就已经多达几分钟了。为了更快地恢复，数据中心2中的关系型数据库和核心银行平台必须已在运行，如果在故障转移场景下，必须手动使它们进入完全运行状态，则称为暖备；如果它们可以自动运行，则称为热备。这时，数据中心2的核心银行平台和关系型数据库需要知道它们在作为暖备系统或热备系统运行，这意味着它们必须被设计为满足上述要求。实际上，大多数企业级的关系型数据库支持这样的操作。

还有一种方法更有吸引力，那就是设计两个关系型数据库，使主关系型数据库和辅关系型数据库都是实时读写的，可以同时使用。这种方法也可以用在核心银行平台的设计上，这就是所谓的双活配置。根据经验，在这种配置中，两个关系型数据库必须直接进行通信，这比它们各自依靠共享存储系统来分享某些信息要快得多。这是因为两个关系型数据库之间直接共享信息比一个关系型数据库将信息写入共享存储系统，而另一个关系型数据库从共享存储系统中读取信息要快。然而，直接共享的信息可能会在数据中心停机时丢失，因为它没有被安全地写入存储系统。核心银行平台可能需要相互通信，或知道对方的情况（例如，决定在哪里运行日终流程）。通过网络技术（网络负载均衡技术）将两个数据中心隐藏在一个网络地址后面，用户在任何时候都不知道（或不关心）他们在访问哪个数据中心，如果某一数据中心发生故障，故障转移则是完全透明的；在最坏的情况下，用户可以重新连接到另外一个数据中心的核心银行应用程序。这种方法也能够手动将所有用户转移到另一个数据中心，以便能够在另一个数据中心开展工作（如更换故障的服务器和升级服务器操作系统）。

我们已经了解到了如何实现平台的高可用性，但现实中仍然存在一些限制。首先，数据中心之间的距离必须足够近，这样才能使存储系统在足够短的时间内（最多几毫秒）同步保存两地的数据，这意味着彼此之间的距离必须在数百千米之内。对一些组织来说，这仍然有较高的风险，例如，如果出现重大的自然灾害，则可能会破坏两个数据中心，或者重要的工作人员无法在其正常工作地点或通过远程操作在两个数据中心之间工作。在这种情况下，数据中心必须相隔更远（例如在大陆的两边，甚至在不同的大陆），但这又会导致数据不能同步写入两个数据中心。因此，RPO不可能是零，而可能是几秒，换句话说，我们可能会丢失发生故障前几秒的数据。在这种情况下，核心银行平台也不可能在实时配置中运行。其次，核心银行平台和关系型数据库必须在实时配置中运行，但实际上很多核心银行平台和关系型数据库没有这样设计，甚至没有设计成暖备系统。因此我们必须接受 RTO 会变得更长，基本上与启动备用核心银行平台（以及相关的关系型数据库）并让其达到可用状态的时间一样长。

在设计高可用平台时还需要考虑其他因素，其中成本可能是重要的因素。拥有两个实时关系型数据库和两个实时核心银行平台可能意味着软件许可成本翻倍；跨数据中心透明工作的存储系统往往价格很高；另外还有额外硬件的成本——在正常运行时，服务器只有不到 50% 的使用率，因为在故障转移情况下，必须要有足够的剩余能力来承担所有负载。此外，还需要能够测试故障转移和恢复正常运行，以及安全升级实时系统的方法。因此，在实践中，银行可能会需要另一套基础设施（第三个生产环境）来达到这些目的。我们曾经向一家金融服务机构就这方面提供建议，但由于额外的成本，这家机构还是决定不搭建第三个生产环境。表面上这似乎没有产生什么问题，直到该机构升级平台（该平台在两个数据中心均可实时配置，设计的年可用性为 99.999%）后，问题便逐渐显露出来了。数据中心 1 似乎正常升级，因此数据中心 2 也继续进行了升级。然后平台的两个组件都崩溃了。大约四个小时后（远远超出了 99.999% 的年可用性目标），该机构停止了升级并重新启动了两个数据中心。在几天之内，该机构决定在其现有的一个数据中心内创建第三个生产环境，该环境是另外两个环境的副本。在创建第三个生产环境后，该机构可以在第三个生产环境中进行平台升级，以进行全面的功能和非功能性测试。一旦满足要求，第三个生产环境就可以实时运行，并断开与第一个生产环境的连接，此时升级第一个生产环境并实时运行，同时断开与第二个生产环境的连接。第二个生产环境设置为暖备系统，先不对其进行升级，直到另外两个生产环境正常运行。另一个重要的考虑因素是，要选择、设计和操作高可用性的解决方案，需要丰富、深厚的技术积累，从而充分地把握存储系统、关系型数据库、集群管理软件、网络基础设施以及业务应用程序的高可用性特性。

规模较小的组织可能会发现其难以承担这种高可用平台的成本。虽然有一些方法的成本较低，但这些方法无法保证核心银行平台从重大故障中恢复的时间。例如，企业级关系型数据库通常提供在两个关系型数据库实例之间异步复制数据的功能，从而无须共享存储系统。这意味着即使是最小的 RPO 也是几秒，而不是零，因为如果主数据中心丢失，辅数据中心的关系型数据库可能无法接收停机时正在运行的数据。

关于高可用平台我们想说的最后一点是，根据我们的经验，最有可能发生故障的情况通常涉及某种变更，例如应用软件的升级或服务器、网络配置的调整。在引入这些变更之前进行测试，并确保有快速返回变更前状态的手段，是减小发生故障的风险的关键方法。

3.6　平台架构

在前文，我们已经介绍了数据库架构，在本节中，我们将介绍用户如何访问使用数据库的应用程序。

图 3.10 中，用户用连接到主机的终端（这些终端有时被称为绿屏终端，因为它们曾经在黑色背景上显示绿色文本）登录主机。终端的智能程度很低，它主要负责向主机发送按键信息并显示主机返回的信息。当用户登录时，主机会自动运行核心银行应用程序，例如，让终端屏幕显示菜单，用户可以通过该菜单来访问核心银行平台的各个部分。请注意，在实际操作中，核心银行平台通常由几个不同的程序组成（这些程序包括处理用户交互的程序，以及执行日终流程的程序，每个程序都负责特定的任务，例如计算利息、处理收款和付款等），这些程序会访问由数据库系统管理的银行数据库，并将它们的数据保存在存储系统中。

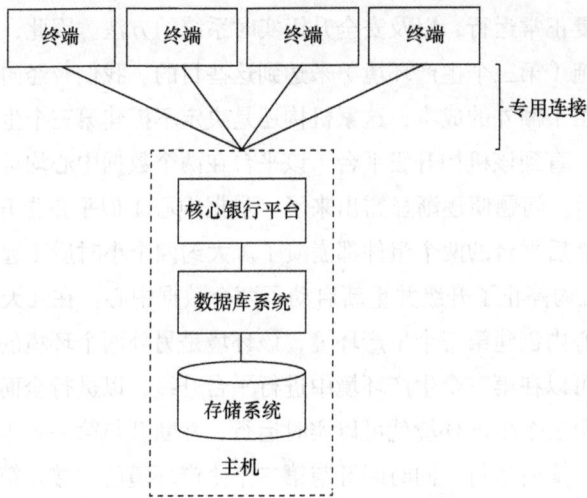

图 3.10　通过终端访问核心银行平台

尽管如今专用终端已经被 PC 上的终端模拟器所取代，但这种基本架构仍然在使用。终端模拟器通过企业网络连接到主机，如图 3.11 所示。

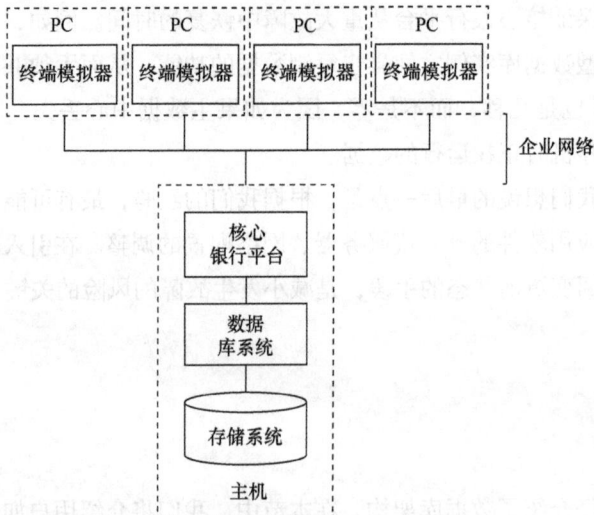

图 3.11　通过终端模拟器访问核心银行平台

通过简单的终端模拟器，PC 能够以窗口形式显示与终端几乎相同的内容。终端模拟器能够完全隐藏主机的屏幕视图，并展现出更现代化的用户界面。这是通过所谓的屏幕抓取实现的，即对终端屏幕所显示的内容进行解释，以使其能够在现代化的用户界面中呈现。同时，终端模拟器还能将用户通过鼠标选择和通过键盘输入的内容转换为主机能够理解的输入方式。

随着关系型数据库的兴起，客户端 / 服务器（Client/Server，C/S）架构也随之出现，如图 3.12 所示。在这种架构下，核心银行客户端被安装在用户的 PC 上。

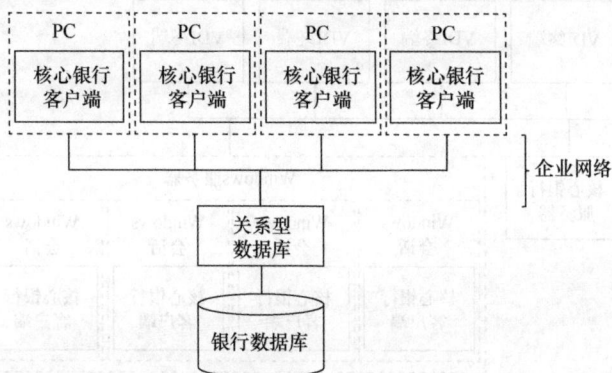

图 3.12　客户端 / 服务器架构

客户端 / 服务器架构为核心银行应用程序提供用户界面，通过企业网络连接到关系型数据库，并通过发送 SQL 查询语句和接收结果来与它互动。它包含大量的业务逻辑，属于重要软件。客户端 / 服务器架构有时候被称为胖客户端。

在实际应用中，这种设计并不足以支持核心银行平台的运行，因为核心银行平台还需要执行日终流程、提供 ATM 和借记卡授权，并支持日间支付计划。因此，我们希望运行一个具有核心银行服务器的客户端 / 服务器架构来执行这些功能，如图 3.13 所示。核心银行客户端通过企业网络向关系型数据库发送 SQL 查询语句，以读取和更新银行数据库，并接收查询结果。该架构会持续运行，提供 ATM 和借记卡的授权，同时也执行日终流程。

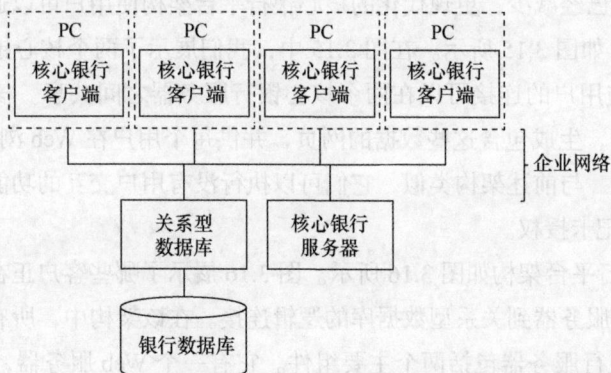

图 3.13　具有核心银行服务器的客户端 / 服务器架构

这种架构在 20 世纪 80 年代后半期到 21 世纪初相当典型，一系列的编程语言用于编写这种架构，这一系列编程语言通常被称为第四代语言（Fourth Generation Language，4GL），其中最引人注目的可能是 PowerBuilder（最初由 PowerSoft 开发，目前归思爱普所有）。然而，这种架构需要相对强大的 PC（以确保其安全并得到维护）和高带宽的网络，并且核心银行平台的更新必须更新到每台 PC。虚拟桌面基础架构（Virtual Desktop Infrastructure，VDI）是这种架构的一种变体，如图 3.14 所示，它提高了安全性，并简化了更新流程。

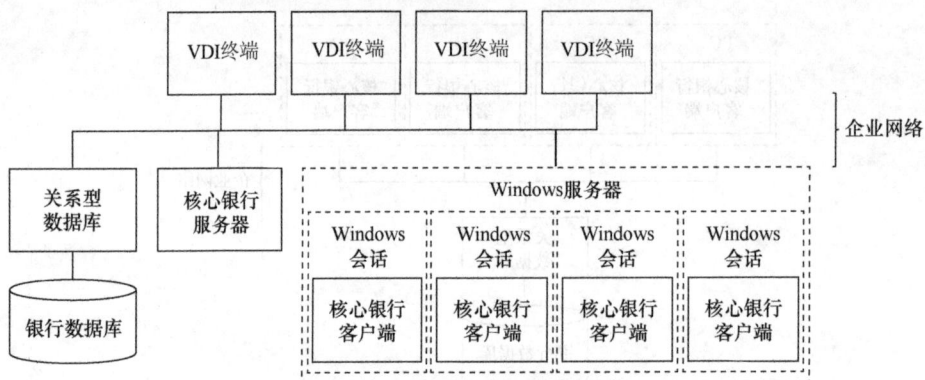

图 3.14　虚拟桌面基础架构

在虚拟桌面基础架构下，每个用户的办公桌上不再放置 PC，而是一个 VDI 终端——该终端包括一台连接显示器、键盘和鼠标的低功耗计算机，用于显示在数据中心的 Windows 服务器（或可能是一组 Windows 服务器）上实际运行的 Windows 会话。这些会话在数据中心的 Windows 服务器（或可能是一组 Windows 服务器）中运行。每一个正在使用 VDI 终端的用户，在 Windows 服务器上都有一个 Windows 会话。一些机构大规模实施了这种架构，因为完全没有必要向所有用户推广 PC 并对它们进行远程管理。在该架构下也可以实现远程工作，因为笔记本电脑、平板电脑甚至智能手机都可以用作 VDI 终端，这种情况很常见，思杰（Citrix）等供应商在这一领域就提供了许多解决方案。

胖客户端的使用已经减少，更现代化的核心银行平台架构使用户可以通过网络浏览器（即 Web 浏览器）访问，如图 3.15 所示。在图 3.15 中，我们展示了两个核心银行服务器，以提供更高的可用性——与用户的连接可以在两个核心银行服务器之间共享。核心银行服务器从银行数据库中检索数据，生成包含这些数据的网页，并供每个用户在 Web 浏览器中浏览。此外，它们还接收用户输入。与前述架构类似，它们可以执行没有用户交互的功能，例如执行日终流程、提供 ATM 及借记卡授权。

Web 1.0 核心银行平台架构如图 3.16 所示。图 3.16 展示了哪些客户正在使用哪些核心银行服务器，以及从应用服务器到关系型数据库的逻辑连接。在该架构中，所有连接都是通过企业网络进行的。核心银行服务器包括两个主要组件。它有一个 Web 服务器，通常是一个标准的平台，如 Apache 超文本传输协议服务器（Apache HTTP Server）或微软的互联网信息服务器，用于向用户的 Web 浏览器提供网页并接收来自 Web 浏览器的输入。网页通常会显示每个用户正在执行的与工作相关的特定信息，例如，用户可能正在与分支机构的客户交谈，并查看该客户的有关信息。应用服务器（核心银行服务器的另一个主要组件）的工作就是向 Web 服务器提供有关信息，通常是通过使用 SQL 查询语句在银行数据库中查找相关信息。

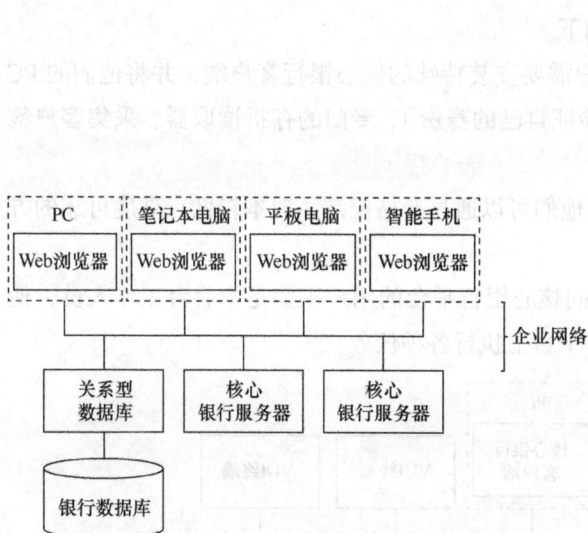

图 3.15　使用 Web 浏览器访问核心银行平台

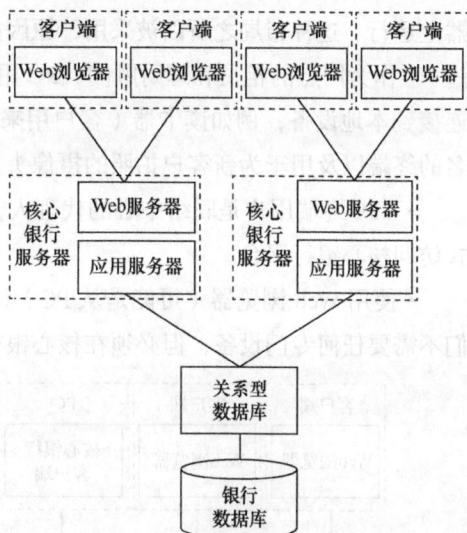

图 3.16　Web 1.0 核心银行平台架构

　　应用服务器这个术语可以指很多东西，其常指一组提供业务功能的程序，严格来讲其是提供一系列通用服务的环境，包括数据库访问、Web 服务器接口和与其他平台集成的方法，以及管理这些程序的工具。例如，应用服务器可以使每个程序的多个副本同时运行，在多个服务器之间实现负载平衡，处理程序故障并切换到其他服务器。这种服务器的一个著名的标准是 Java 平台企业版（Java EE），它定义了一整套服务和标准，目的是让应用服务器能够运行用 Java 编程语言编写的程序。符合 Java EE 不同版本和不同方面的著名应用服务器包括 IBM WebSphere 应用服务器、Oracle WebLogic 应用服务器和 SAP NetWeaver 应用服务器等商业产品，以及 Apache Tomcat、GlassFish、JBoss Enterprise Application Platform 和 Payara 等开源产品。

　　请注意，随着时间的推移，Web 服务器和应用服务器之间的界限已经变得模糊，一些应用服务器包含了网络服务功能，而一些 Web 服务器已经扩展到包含应用服务器功能。应用服务器这个术语也曾用于早期的产品，如 IBM 的用户信息控制系统（Customer Information Control System，CICS）和甲骨文公司的 BEA Tuxedo，这些产品最初被称为事务处理系统或事务处理监控器——它们为应用程序提供了一种跨多个数据库和其他数据源执行单个事务的方法，使事务处理功能可以分布在多个服务器上。CICS 是使用 IBM 主机的银行常用的一种技术，你可能会发现许多大型核心银行平台都是基于 IBM 主机的。

　　这些产品经过扩展，提供了与前面描述的应用服务器相同的一些功能。例如，CICS 能够展示由更古老的应用程序（如绿屏主机应用程序）动态创建的网页。我们将在 3.9 节对 CICS 进行详细介绍。

图 3.17 展示了一种混合架构，其中两个用户使用 Web 浏览器连接到核心银行服务器，两个用户使用核心银行客户端（即某种形式的胖客户端，可能直接与关系型数据库交互或可能与核心银行服务器对接），另外两个用户使用 VDI 终端，其中核心银行客户端在 Windows 服务器上运行。这种布局之所以被采用，原因如下。

• 作为网点的柜员和理财顾问，PC 用户需要安装特殊的核心银行客户端，并将他们的 PC 连接到本地设备，例如读卡器（客户用来验证自己的身份）、专门的存折读取器、采集客户签名的终端以及用于为新客户拍照的摄像头。

• VDI 终端用户是联络中心的代理人，他们可以通过严格控制、成本较低、高度可靠的方式访问核心银行平台。

• 使用 Web 浏览器（可能是从 PC）访问核心银行平台的用户主要是中后台工作人员，他们不需要任何专门设备，但必须在核心银行平台上执行各种任务。

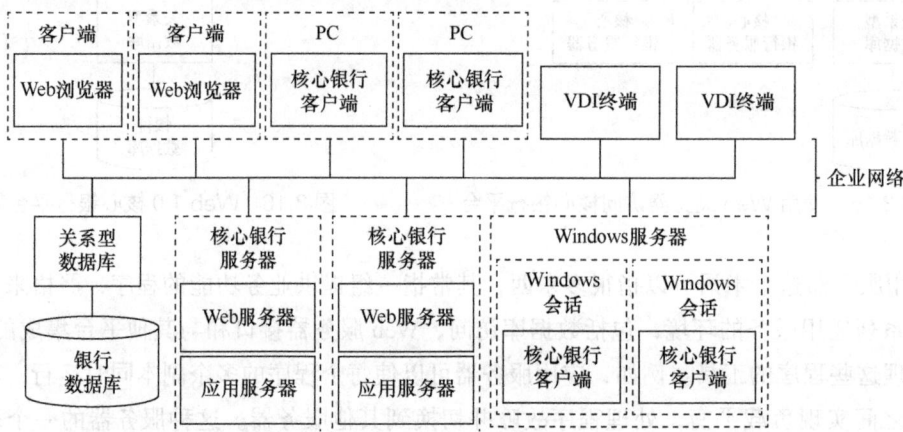

图 3.17　混合架构

3.7　简单银行模式扩展

现在假设我们的简单银行已经建立了几个分支机构，配备了 ATM，推出了借记卡和信用卡，并且已经拥有独立的资金管理平台和财务平台，不再需要依赖核心银行平台来执行上述功能。

因此，我们对简单银行模式进行了扩展，如图 3.18 所示。

在图 3.18 中，我们可以看到一个 ATM，我们假定这是银行卡支付前置机的一部分。银行卡支付前置机连接着

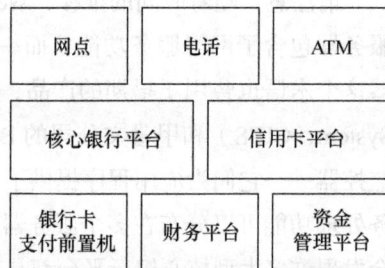

图 3.18　简单银行模式扩展

ATM、核心银行平台、信用卡平台，以及与银行卡和 ATM 相关的组织。

还要注意的是，核心银行平台和信用卡平台是完全独立的，客户信息往往在两个平台上都存在。本章后面将介绍如何整合这些信息。核心银行平台和信用卡平台生成日常财务报表，并将其传送到财务平台和资金管理平台。

我们还假设银行设置了某种形式的联络中心，这方面的技术将在 4.9 节进行讨论。

3.8 单一客户视图

现在，我们的银行拥有一个管理客户往来账户、存款账户和贷款账户的核心银行平台，以及一个独立的信用卡平台。其中两个显而易见的问题：银行如何全面了解客户的所有账户——通常通过单一客户视图（Single Customer View，SCV）访问，以及银行如何为客户的所有账户提供服务。一些银行忽视了这两个问题，将信用卡业务和其他银行业务分开经营，导致分行无法提供信用卡服务，也无法为信用卡和其他银行业务设立联络中心。因此，我们需要探索一种综合方法。

以下是可能面临的一些挑战。首先，核心银行平台和信用卡平台分别维护银行卡账户和信用卡账户对应的客户详细资料（即姓名、地址等信息）。有些客户可能同时拥有两类账户（例如，在核心银行平台上的结算账户和在信用卡平台上的信用卡账户）。如果客户来到网点或致电银行的联络中心，客服代表需要同时查看这两个平台，以了解客户拥有哪些产品。如果客户更改了地址，两个平台都必须进行更新。从营销的角度来看，银行肯定不希望向已经拥有这些产品的客户推销相同的产品，因此理想情况下，银行需要知道每位客户已经拥有哪些产品。当一家银行拥有更多的带有产品和账户的平台时，这些挑战就变得更加复杂。在大型银行中，将抵押贷款账户与结算账户、存款账户和无抵押贷款账户分别放在各自独立的平台上是很常见的。对企业客户而言，涉及的平台可能更多，这反映了银行向企业提供的产品范围更广。

我们先来看看在银行拥有多个平台的情况下，如何获取单一客户视图。获取单一客户视图的简化方法如图 3.19 所示。

在这种情况下，核心银行平台（包括核心银行应用程序和银行数据库）和信用卡平台（包括信用卡应用程序和信用卡数据库）都有客户的详细资料。这在大型银行是很正常的，因为银行业务、信用卡业务与平台是分开运营的，而且每个部门都直接向潜在客户营销产品。为了随时了解客户拥有的产品类型，核心银行平台和信用卡平台会在每天结束时发送一个文件，其中包

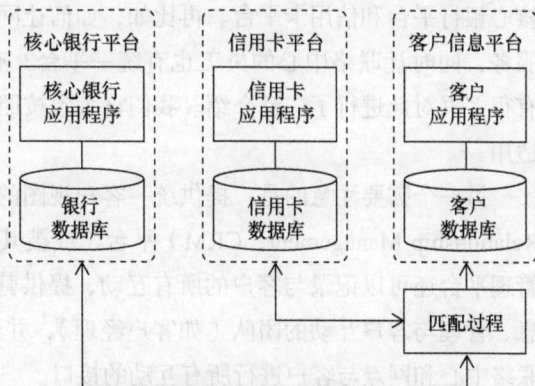

图 3.19 获取单一客户视图的简化方法

括新客户或老客户的新产品和账户清单。银行需要对这些文件进行匹配，目的是确保客户信息平台不会重复创建客户记录。例如，假设银行的一个长期客户有一个结算账户，在客户信息平台上就会有该客户的一条记录，显示其结算账户的详情。如果该客户随后开通了信用卡账户，信用卡平台就会匹配他的详细资料。如果客户提供了一个唯一的ID（例如，身份证号或护照号），而该ID已存储在客户信息平台上，那么客户信息平台就会将相关信息发送给匹配程序，确定信息是否匹配。然而，如果仅仅对姓氏和地址进行匹配，那么结果就具有不确定性（例如，父母和子女的姓氏相同，住在同一地址）。所以，通常情况下，对于不确定的匹配，必须进行人工审查。如果客户更改了在产品平台上维护的产品，那么在客户信息平台上首次建立新客户信息或确定匹配关系后，明智的做法是将该客户记录的唯一ID发送回其所来自的产品平台——这就是在核心银行平台和信用卡平台与匹配过程之间连线的两端都使用箭头的原因。

图3.19中的执行过程并不太理想，因为它不能做到完全自动化，但我们还是在一家大型银行中看到过这种方式。它很适合这家银行，因为这家银行的产品部门相对独立，有自己的联络中心和互联网产品。该银行的网点只提供银行产品（即核心银行平台上的或与之密切相关的产品）和其他产品的营销（例如，信用卡的宣传册和申请表）服务。也有一些例外，如果你告诉网点工作人员你的信用卡被盗，网点工作人员能做的也就是转告信用卡部门（例如向信用卡部门发送电子邮件）。而在另一家大型银行，我们看到了不同的流程。如果你去网点申请某个产品，银行首先会在客户信息平台上为你建立一条记录（如果你已经是该银行的客户，系统也会检索并检查关于你的在客户信息平台上的记录），然后才能完成产品申请。即便如此，客户信息还是要从一个平台手动复制到另一个平台。在后台，仍然必须有一个机制，即从每个产品平台检索客户已经使用了哪些新产品和新账户，由于网点已经为潜在客户建立了客户记录和唯一的ID，匹配就更加容易。有两种方法可以妥善解决这个问题：要么银行有一个统一平台来维护所有的产品和客户记录；要么银行就从零开始构建平台以解决这个问题，在一个平台维护和管理客户记录，并与需要客户信息的其他平台共享。

如何为拥有多个平台产品的客户提供联合服务？例如，如何让客户通过智能手机App来访问结算账户和信用卡账户？要做到这一点，该App必须访问三个平台——客户信息平台、核心银行平台和信用卡平台。再比如，如何让网点员工都有统一平台，为来到网点的客户提供服务，同时让联络中心的员工也有统一平台？有很多方法可以解决这一问题，几十年来已经有很多书对此进行了广泛介绍。我们将大致按照时间顺序介绍几种方法，这些方法在今天仍然适用。

另一个需要注意的是：提供统一客户视图的平台往往已经扩展为客户关系管理（Customer Relationship Management，CRM）平台（或被其替代）。除了提供单一客户视图外，客户关系管理平台还可以记录与客户的所有互动、提供营销和活动管理功能（见4.15节）、更新客户信息、管理与客户互动的团队（如客户经理），并延伸到申请处理（见3.19节）方面，甚至作为联络中心和网点与客户进行所有互动的接口。

3.9　CICS

CICS 是 IBM 专有的商业产品，具有悠久的历史。它最初于 1968 年推出，并发展至今。根据我们的经验，许多大型银行都在使用 CICS，并使用它构建了基于大型机的平台，包括大型银行自己研发的核心银行平台和几个可商业化使用的核心银行平台，如今这些平台在某些情况下仍然在使用。一些现代的集成方法中也采用了 CICS 中的许多理念，同时 CICS 也受到了现代技术的影响。

大型机最初主要用于批处理。CICS 使得向 IBM 绿屏终端（这种终端的最初型号是 IBM 3270）的用户提供运行在 IBM 大型机上的交互式商业应用程序变得相对简单。这些应用程序能够处理存储在业务数据库（例如 IMS、VSAM 和 IBM Db2 等，这些数据库都可以在 IBM 主机上使用）中的事务，在其中新建、更新、删除和读取记录。CICS 管理硬件、操作系统和数据库平台，因此，它常被用于展示信息、收集用户输入的信息或处理用户输入命令的业务逻辑。CICS 还充分利用大型机操作系统提供的底层安全机制，确保只有经过认证的用户才能够访问应用程序（通常每个用户都有唯一的登录 ID 和密码），并且只能执行被授权执行的交易（通常每个用户被分配有一个或多个角色，被允许访问特定的程序）。应用程序通常包含数十个到数千个独立的程序，这些程序根据每个用户在应用程序中的角色进行组合。例如，如果用户在菜单中选择某个项目，则可能会执行该菜单项目的对应程序。每个程序的多个副本可以同时独立运行，因此，许多用户（在某些情况下，可能是上千个用户）可以同时使用同一个应用程序。设计合理的 CICS 可以提高大型机的处理能力，同样的应用程序可以安装在多台大型机上，以获得更大的事务吞吐量和更高的可用性。

举个例子，假设我们有一个简单的应用程序，可以查看、编辑、删除和添加客户记录。用户坐在终端前，登录并启动应用程序（或者在登录后，应用程序可能会自动启动）。这时会出现一个界面，允许用户输入已有的客户号。用户可查看、编辑或删除客户记录；用户也可以选择添加一条新的客户记录，而无须输入客户号；用户还可以随时退出应用程序。如果用户决定查看、编辑、删除或添加客户记录，就会出现第二个界面，显示用户在第一个界面中输入的客户详细信息，或者显示新客户记录的空白字段。一旦用户查看、编辑、删除客户记录或者为新客户记录添加数据，应用程序就会将更新后的信息写入客户数据库，并返回第一个界面。

由图 3.20 可知，为了实现这一功能，我们需要定义一些界面和程序。这两个界面必须适合 IBM 绿屏终端上的字符个数为 80×24 字符显示屏。每个界

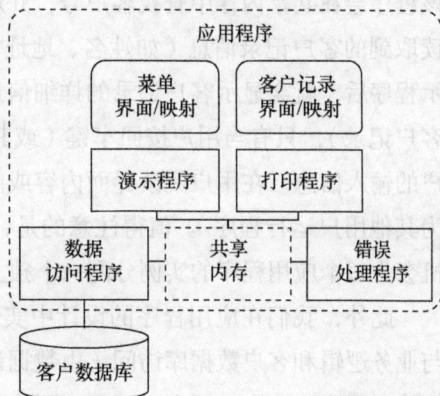

图 3.20　使用 CICS 的简单客户信息平台

面显示称为映射，应用程序的所有映射通常被放入一个文件，称为映射集。映射定义了界面的布局、每个字段的内容（例如，客户的姓氏将显示在一个字段中，可以将该字段设置为最多可容纳 20 个字符），以及用户是否可以编辑每个字段。

此外，我们还需要各种程序，这些程序通常使用 COBOL（Common Business-Oriented Language）编写，这是早期在大型机和小型机上广泛使用的编程语言。其中一个程序显示具有适当标题的界面，负责调整哪些字段只能显示，哪些字段可以由用户编辑，并解释用户的输入，这就是图 3.20 中的演示程序。另一个程序用来从客户数据库中读取客户记录，同时将新增或更新的客户记录保存在客户数据库，或删除客户数据库中的客户记录。需要注意的是，这个程序并不负责显示这些信息（因为显示相关信息是演示程序的功能），这就是图 3.20 中的数据访问程序。另外，我们还需要一个额外的程序来处理任何可能发生的程序异常结束（这通常被大型机程序员或系统管理员称为 "abend"），这个程序的任务是告知用户发生的错误，并记录这些错误信息，以便系统管理员日后进行检查。我们还需要可以提供打印客户记录功能的程序（例如，在显示客户记录的界面上提供相关选项）和针对所有用户程序的共享内存（在 IBM 的术语中，"COMMAREA" 是指一个用于在不同程序或模块之间传递数据的特定区域。这个区域允许不同的程序或模块之间进行通信和数据传输，以便它们能够共享信息。后来 IBM 引入了 "channel"，它也用于数据传输和通信，但其范围通常比 COMMAREA 大，能够处理更复杂的数据交换需求。通常，这两者都是在 IBM 的主机和中间件系统中用于支持不同应用程序或组件之间的通信和数据传输的工具）。

因此，要编辑一条现有的客户记录，需要按照图 3.21 所展示的流程进行。在图 3.21 中，每个箭头表示控制权返回到 CICS，然后 CICS 会启动下一个程序。对那些习惯编写单一大型应用程序的程序员而言，这种程序之间的跳转可能有些奇怪，但正是这种设计才使得主机能够在每秒处理数千个事务、服务数千名用户。每个程序都被设计为在不需要用户交互的情况下完成一定的任务，然后退出。当用户编辑现有的客户记录时，演示程序就会将客户号放置在共享内存中，然后通过一个指向数据访问程序的链接退出。CICS 环境随后会启动数据访问程序，该程序会在共享内存中查找客户号，并从客户数据库中读取相应的客户记录。数据访问程序将读取到的客户记录信息（如姓名、地址等）放置在共享内存中然后退出，当 CICS 重新启动演示程序后，就会显示客户记录的详细信息。这时，用户会与界面上显示的内容进行交互（编辑客户记录），只有当用户按回车键（或其他被设置为提交的键）时，程序才会被触发以处理用户的输入信息。在用户阅读界面内容或向终端输入数据的时候，主机可以处理其他任务（例如为其他用户运行程序）。值得注意的是，为了实现这一点，当不同的用户运行应用程序时，主机会为每个应用程序的实例分配一个独立的共享内存。

此外，我们在应用程序的设计中实现了界面显示和用户键盘输入处理（由演示程序负责）与业务逻辑和客户数据库访问（由数据访问程序负责）的分离。也可以编写其他程序，通过数据访问程序来读取、写入、更新、删除客户记录。

在介绍了 CICS 的基本工作原理之后，让我们来看看这对集成我们的核心银行平台和信用卡平台意味着什么。我们设想这两个平台都运行在 CICS 上，但它们可能处于主机的不同逻辑分区（Logical Partition，LPAR）中，是各自独立的虚拟机，与每个分区内运行的应用程序都是相互独立的。

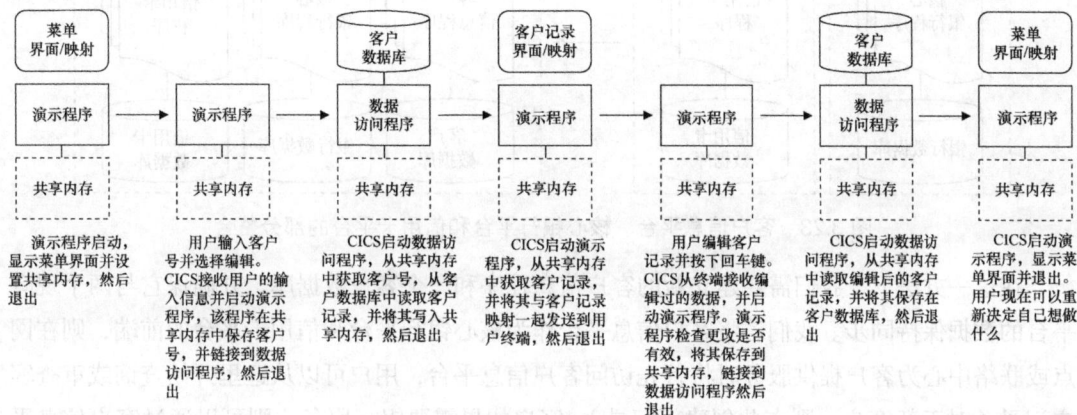

图 3.21　编辑客户记录的流程

我们的主要目标如下。

- 了解客户拥有哪些产品和账户。
- 在网点和联络中心提供联合服务。
- 为所有产品和账户提供统一的互联网服务平台。
- 为所有产品和账户开发统一的移动应用程序。

我们可以通过采取不同的策略来实现这些目标。首先，我们可以全面整合客户信息平台、核心银行平台和信用卡平台，形成一个包含独立数据存储系统的统一平台，如图 3.22 所示。

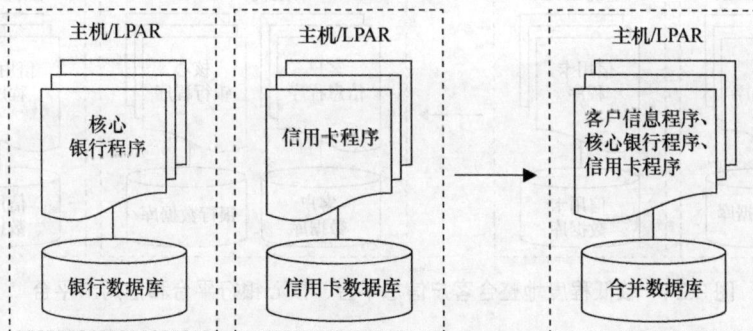

图 3.22　全面整合客户信息平台、核心银行平台、信用卡平台

在这个过程中，我们会将原有平台上的客户记录整合到一个文件、表或数据库中。考虑到每个应用程序都由许多程序组成，我们会发现许多程序无须更改。同样，我们可能会发现，每个数据存储系统中的各种元素（例如表或文件）在新的组合数据存储系统中基本上可以保持不变。

一种整合程度相对较低的方法是将核心银行平台和信用卡平台安装在同一台主机上，甚至在同一逻辑分区内，然后编写新的 CICS 程序来实现所有功能，并提供在平台间进行导航的方式，具体情况如图 3.23 所示。

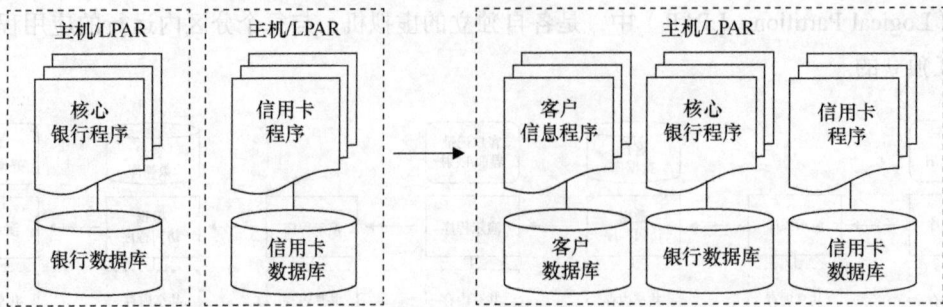

图 3.23　客户信息平台、核心银行平台和信用卡平台的部分整合

在这一方法下，我们需要建立新的客户信息程序和一个客户数据库，并确保它与两个现有平台的数据保持同步。我们若将客户信息平台作为核心银行平台和信用卡平台的前端，则在网点或联络中心为客户提供服务时将首先访问客户信息平台，用户可以从这里开始查询或审查客户记录（对于新客户，则在此创建新记录）。客户如果需要银行服务，则可以通过客户信息平台提供的菜单选项进入核心银行平台；客户若需要信用卡服务，则可以通过客户信息平台的菜单选项进入信用卡平台。此外，我们可能还需要确保检查核心银行平台和信用卡平台中客户记录的程序与客户信息平台同步，尤其是有一个独立的信用卡部门，且该部门仅使用信用卡平台时。

另一种整合程度更低的方法是，让核心银行平台和信用卡平台在不同的主机或独立的逻辑分区内运行，并构建一个全新的客户信息平台。这个新的客户信息平台可能与核心银行平台位于同一台主机或同一个逻辑分区，并拥有自己的数据库，详细情况如图 3.24 所示。

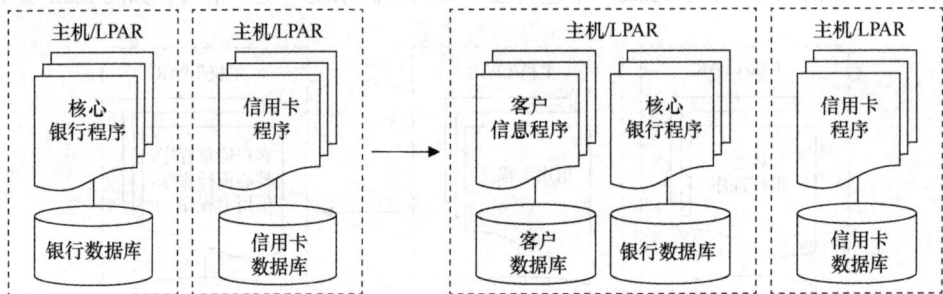

图 3.24　较低程度地整合客户信息平台、核心银行平台和信用卡平台

新的客户信息程序可以与另一台主机上或另一个逻辑分区内的信用卡平台进行交互，这是通过 CICS 实现的远程平台程序调用（这被称为分布式程序连接和分布式交易处理功能）。如前面提到的方法，客户信息平台可以作为访问核心银行平台和信用卡平台的入口，我们可能还需要让检查核心银行平台和信用卡平台中客户记录的程序与客户信息平台保持同步。如果银行有独立的信用卡业务，并希望将核心银行平台和信用卡平台严格分离，那么这种方法可能更为合适。使用这种方法，银行工作人员可以使用的信用卡功能可能会较少，甚至可能没有。比如，银行工作人员仅可确认客户是否拥有信用卡。我们希望你也能考虑将这一功能扩展以处理多种不同的产品平台。一家大型银行可能拥有数十个不同的平台，用于管理各种类型的客户

账户。

若采用上述整合方法，需要关注以下因素。

• 实施成本和时间。一般来说，3 种方法中，第一种方法的成本较高，耗时较长，因为它涉及对两个现有平台的大规模改造，以将它们整合为一个平台。相比之下，第三种方法实施速度最快，成本最低。

• IT 成本。大型机的 IT 成本很高，包括电力消耗成本（可能是 IT 成本中占比最小的一部分）、系统管理员的管理成本以及软件许可成本等，这些成本通常由每台大型机的处理能力而不是实际使用情况决定。将处理任务集中在更少的大型机上通常可以提高处理效率、降低软件许可成本、减少对系统管理员的需求。

• 运营成本。一个全面整合的平台可以加强客户服务的一致性，从而提高员工的工作效率（尤其是在联络中心）。因此，第一种方法的运营成本较低。

• 客户体验。通常情况下，幅度更大的整合可以使银行更清楚地了解客户持有的产品，帮助银行提供更加精准和有价值的服务，从而带来更优质的客户体验。

• 用户培训和专业知识。在实际操作中，由于对所有用户都做更大范围的培训是不可行的，银行可能无法通过进一步整合平台来降低运营成本或提升客户体验。银行必须根据平台的不同功能将用户分为不同的群体，这是出于监管的需要或其他原因，例如通过分离不同方面的责任和权限来降低内部欺诈风险。根据我们的经验，将用户分成不同的组，每个组具有特定功能或负责特定任务，有助于提高银行的效率、客户服务质量和合规性。这对大多数银行来说都是必要的，尤其是在复杂的银行机构中。

• 敏捷性。与相对独立的平台相比，过度整合的平台可能会降低银行的敏捷性。更大、更综合的平台可能变得更加复杂，银行适应变化所需的时间也可能会更长。银行在发布新版本前需要对整个平台进行测试，功能越多，测试所需时间也越长。因此，过度整合平台可能导致银行发布客户端产品 / 业务的周期延长。前面讨论的第一种方法可能不如第三种方法灵活，第三种方法的平台整合程度较低，只需适当整合两个平台，银行就能独立地针对每个平台进行开发。

• 软件所有权。银行可能无法获得核心银行平台或信用卡平台的所有权，因此银行可能无法获取这些平台的源代码或无法对其进行更新，这可能导致两个平台无法全面整合。

以前的方法基本上都基于银行内部用户使用绿屏终端访问平台，这是 CICS 推出时的常见做法。然而，在现代银行中，这种情况已经罕见了。随着技术的发展，用户可以通过 PC 上的终端模拟器访问 IBM 主机。这种软件在窗口中模拟显示绿色屏幕，对主机而言，用户仍然使用的是绿屏终端，因此无须修改程序。

20 世纪 90 年代，IBM 已经开始在主机上运行 Web 服务器。Web 服务器能够访问本地主机上的 CICS 程序，如图 3.25 所示，并通过 CICS 调用其他主机上的 CICS 程序。

需要注意的是，在实际操作中，Web 服务器和现有 CICS 程序之间可能还需要通过其他组件来实现某些功能，例如将用户在 Web 浏览器中输入的数据转换为各种 CICS 程序所需的格式（然后再转换回来），以及将网页内容映射到 CICS 程序。

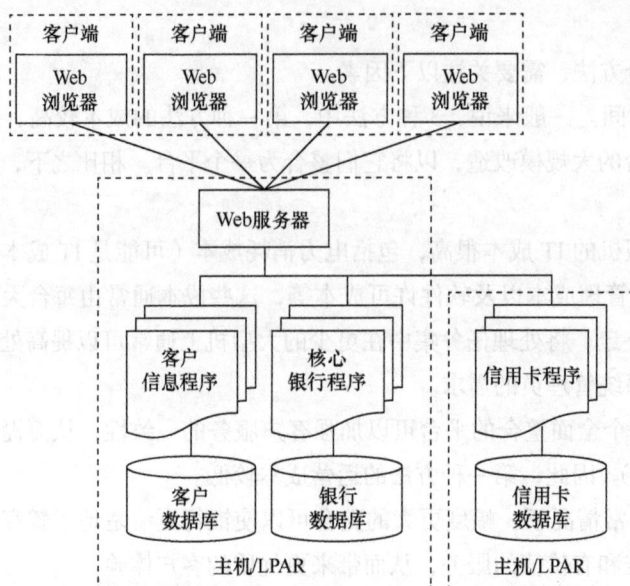

图 3.25　通过 Web 服务器访问 CICS 程序

　　另一种常见的做法是在另一平台上运行 Web 服务器和应用服务器，如图 3.26 所示。在这一做法下，Web 服务器位于主机和使用 Web 浏览器（无论是 PC 还是其他设备）的用户之间。

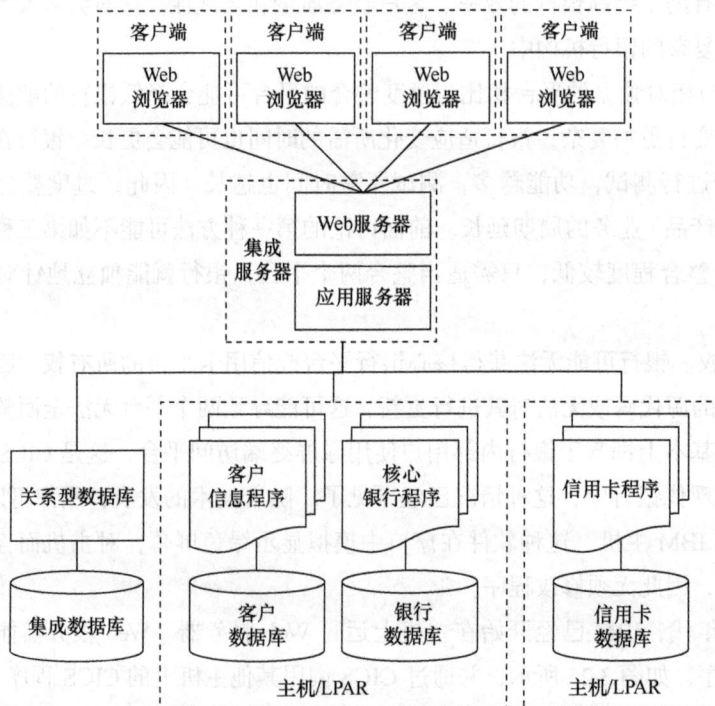

图 3.26　通过 Web 服务器和应用服务器访问 CICS 程序

图 3.26 展示了一个额外的数据库——集成数据库，其用于存储集成服务器上在应用服务

器中运行的程序所使用的新数据。例如，银行可以让用户自定义他们所看到的内容，例如账户显示的顺序，而这些用户偏好设置就会被存储在集成数据库中。

图 3.26 并没有解释应用服务器是如何链接主机和主机上的程序的。IBM 主机和 CICS 提供了多种链接选项。

首先，在应用服务器中运行的程序可以模拟一组绿屏终端，解析主机发送给每个终端的数据，并将响应格式化后返回给主机，这种做法与在终端上进行操作一样。这种技术被称为终端模拟器技术，更通俗地说，就是屏幕抓取技术。IBM 至少提供了三种方法来支持这一技术，包括 IBM 的 WebSphere 应用服务器的程序插件——主机应用程序转换服务（Host Access Transformation Services，HATS）。

其次，应用服务器中的程序可以通过网络向 IBM 主机发起调用，并接收响应。实现这一功能的方法有多种，包括使用各种标准的 Web 服务（如基于 HTTP 的 REST 和 SOAP）、不同的消息格式（如 JSON 和 XML）、远程过程调用（使用 ONC 和 DCE RPC 协议）以及通过消息队列（使用 IBM 的 WebSphere MQ 产品）来发送和接收消息。

最后，IBM 为多种编程语言，包括 Java（包括用于 JEE 应用服务器的连接器）、C 和 C# 等，提供了各种插件，使应用程序能够与主机上的 CICS 程序进行跨网络通信（实际上这也是一种远程过程调用的形式）。这些应用程序甚至可以在主机上的应用服务器上运行，从而为银行提供可能需要的其他类型的集成方法。

总的来说，有许多方法可以用来构建新的应用程序，大部分新应用程序可以重复使用现有的主机程序。对互联网银行服务的需求往往是驱动这类服务发展的主要因素，这也引出了下一节内容。

3.10　互联网银行

互联网银行平台使得客户能够通过 Web 浏览器访问银行的各项服务，并通过互联网连接到银行，如图 3.27 所示。互联网银行平台使用 Web 服务器和应用服务器构建，并配备了自己的数据库，用于存储那些无法在其他地方存放的数据。

应用服务器上运行的一个或多个程序构成了互联网银行应用程序。为什么将互联网银行应用程序拆分成多个程序可能更合理呢？假设有一个程序提供互联网银行的功能，并与银行的其他平台进行通信，当用户通过 Web 浏览器连接到互联网银行时，应用服务器会为每个用户启动一个新的程序副本，以处理与用户的交互；用户退出登录后，该程序副本也会随之结束。

然而，运行这种大型单体程序会面临一些挑战。首先，它可能无法高效利用计算资源，因为用户每次登录都需要加载所有功能，即使只是为了检查账户余额，这就需要更多的计算资源来支持平台的扩展。其次，由于开发人员众多，业务领域广泛，且需要访问多个其他平台，银行对程序的维护将变得更加困难。互联网银行应用程序通常由若干独立运行且具有明确接口的程序组成，这类程序通常被称为组件。组件的接口则定义了访问组件及其功能的方式，只要接口保持不变，每个组件就可以由不同的团队维护；如果接口改变，就需要通知那些使用该接口的组件的开发人员，更改他们的组件以适应新接口。设计组件时，一个组件一般代表一个业务实体，如客户或银行账户，并明确该组件具有什么功能。这些组件通常被称为对象，并在其中存储业务实体的详细信息。比如，可以将银行客户的详细信息存储在客户对象中。从概念上讲，以下组件和对象能构建一个简单的互联网银行平台，如图 3.28 所示。

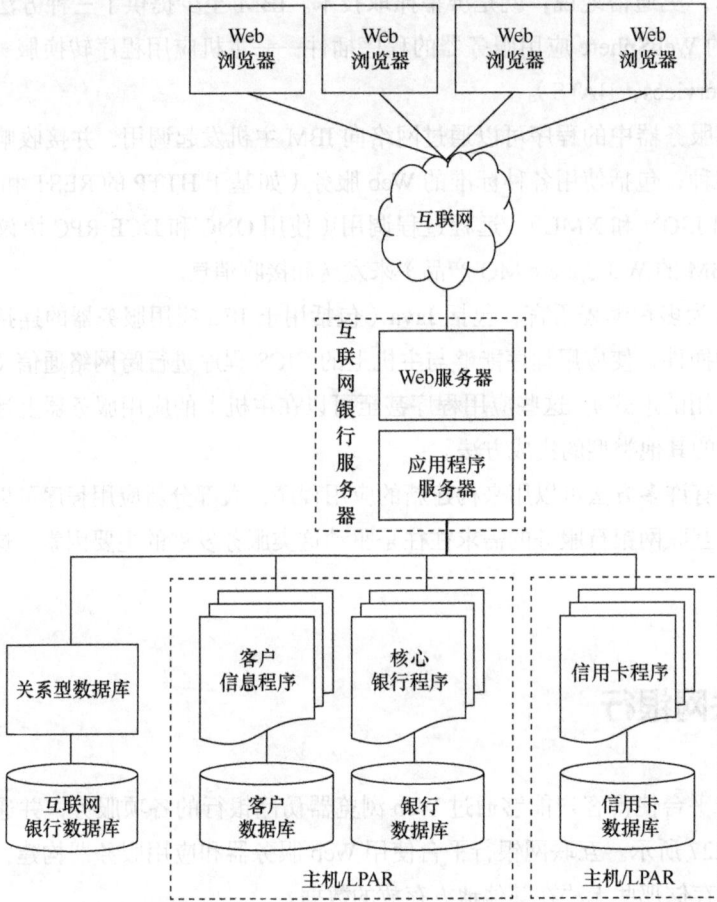

图 3.27　通过 Web 服务器和应用程序服务器访问 CICS 程序

• 互联网银行组件，通过 Web 浏览器接收客户的请求，负责调用其他所有对象并将信息反馈给客户。

• 用户对象，代表互联网银行的用户。这个对象的一个重要功能是获取一组凭据，如用户名和密码，并确认其是否正确，以决定用户是否能够登录互联网银行。

• 客户对象，代表银行的客户。它保存客户的详细信息，如姓名和地址，以及客户在银行拥有的产品和账户。要获取这些信息，这个对象就需要与客户信息平台进行交互。需要注意，客户与用户不同，客户可能是一个企业，而该企业可以有多个用户。

• 银行账户对象，代表银行账户。这个对象与核心银行平台交互，提供银行账户信息，如账号和交易记录。

- 信用卡账户对象，代表信用卡账户。这个对象与信用卡平台交互。
- 支付对象，提供收款人清单，并创建和提交对外支付指令。这个对象与核心银行平台交互。

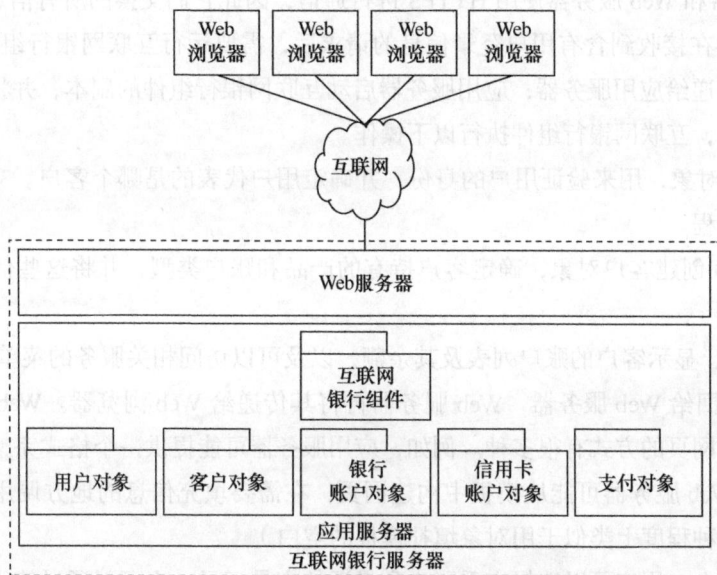

图 3.28　简单互联网银行平台的架构

上面提到的每项功能都基于应用服务器，也就是说，这些功能都在应用服务器上运行。正如我们已经提到的，应用服务器提供了大量的功能、程序（包括组件和对象），例如，应用服务器可以通过标准化的方法与同一应用服务器或网络上的其他程序、组件和对象进行通信，也可以访问数据库，还可以与 Web 服务器交互。此外，应用服务器还负责控制程序、组件和对象的生命周期，它可以控制每个程序、组件和对象运行的副本数量，以及这些副本被哪些程序、组件、对象或 Web 服务器使用。应用服务器可以运行在多个系统上，以提高可伸缩性和弹性。

现在，我们来看看如何使用这种架构。首先，客户使用 Web 浏览器输入互联网银行平台的网址，或单击银行官网链接；Web 浏览器随后向网站发送超文本传输安全协议（Hypertext Transfer Protocol Secure，HTTPS）请求，请求获取登录页面。HTTPS 是一种基于 Web 浏览器和 Web 服务器的互联网通信协议，在通信过程中信息是加密的。

银行的内部系统与互联网之间设置有防火墙，但图 3.28 并未显示防火墙。防火墙是一种专门的网络设备，只允许某些特定的网络信息流进出银行，以防止银行系统遭受互联网黑客的攻击。例如，防火墙可能仅允许通过 TCP/IP 443 端口（HTTPS 信息的标准端口号）的 HTTPS 信息进入银行系统。此外，出于对服务弹性和可扩展性的考虑，银行很可能部署了多个 Web 服务器来提供互联网银行服务，但银行对外仅公布一个统一资源定位器（Uniform Resource Locator，URL），对客户来说，互联网银行平台的网址就只有这一个。网络负载平衡器接收 URL 的请求，并将其分配到不同的 Web 服务器上，同样，这一点也未在图 3.28 中展示出来。

银行的互联网银行平台的一个 Web 服务器收到 HTTPS 请求，处理请求的登录页面，它收集此页面的内容（可能是基于 Web 服务器所访问的文件），并将其发回客户的 Web 浏览器，Web 浏览器再将页面展示给客户。用户在浏览器的登录页面上输入登录信息，并单击提交按钮登录。然后，Web 浏览器向 Web 服务器发送另一个包含用户登录信息的 HTTPS 请求。请注意，由于 Web 浏览器和 Web 服务器使用 HTTPS 进行通信，因此它们交换的所有信息都是加密的。

Web 服务器在接收到含有用户登录信息的请求后，需要运行互联网银行组件的一个副本，并将这些信息传递给应用服务器；应用服务器启动互联网银行组件的副本，并将用户登录信息传递给它，然后，互联网银行组件执行以下操作。

· 创建用户对象，用来验证用户的身份，并确定用户代表的是哪个客户。3.11 节将详细探讨该身份认证过程。

· 用客户 ID 创建客户对象，确定客户持有的产品和账户类型，并将这些信息反馈给互联网银行组件。

· 创建网页，显示客户的账户列表及其余额，以及可以访问相关服务的菜单。

· 将网页返回给 Web 服务器，Web 服务器再将其传递给 Web 浏览器。Web 服务器和应用服务器交互创建网页的方式有很多种。例如，应用服务器可能提供一个格式完整的网页给 Web 服务器，或者 Web 服务器可能从模板中构建网页，在需要填充信息的地方调用应用服务器中的对象（这在某种程度上类似于用对象填补模板的空白）。

在这个页面上，用户可以选择查看账户和最近的交易记录，也可以通过使用支付对象从银行账户中进行支付，还可以进行注销操作。当然，一个真正的互联网银行会有更多功能，比如管理定期付款、安排未来付款、处理直接借记、访问对账单、报告信用卡丢失或被盗事件，以及使用安全的信息传输服务。

值得注意的是，似乎有两种类型的组件或对象——一种是互联网银行组件，它负责处理用户输入信息（如选择账户），创建和调用其他对象以获取信息，将收集到的信息以网页形式呈现给用户，并在用户登录期间跟踪用户的互联网银行会话；另一种是其他对象，它们专注于一个业务实体，并不直接处理用户输入信息。

3.11　用户认证

互联网银行组件在用户登录时首先要做的，就是利用保存在互联网银行数据库中的用户名和密码，来验证用户是否有权登录。因此，它会创建一个用户对象，并将用户名和密码传递给该对象，接着，用户对象会检查用户名和密码，并把验证结果反馈给互联网银行组件。这个过程如图 3.29 所示。

接下来，让我们看看用户对象是如何核实用户登录信息的。任何银行都不应该在任何地方存储用户的原始密码。银行不应将用户的原始密码存储在互联网银行数据库（或任何其他数据库或文件）中，以防止系统管理员获取这些密码。但银行显然需要验证登录信息，而实现这一点有多种方法。我们将介绍一种验证登录信息的方法，以说明其中的挑战。如果你需要设计或建立这样的系统，建议你听取专业意见，因为信息安全标准会随着各种算法和技术的漏洞不断演进。

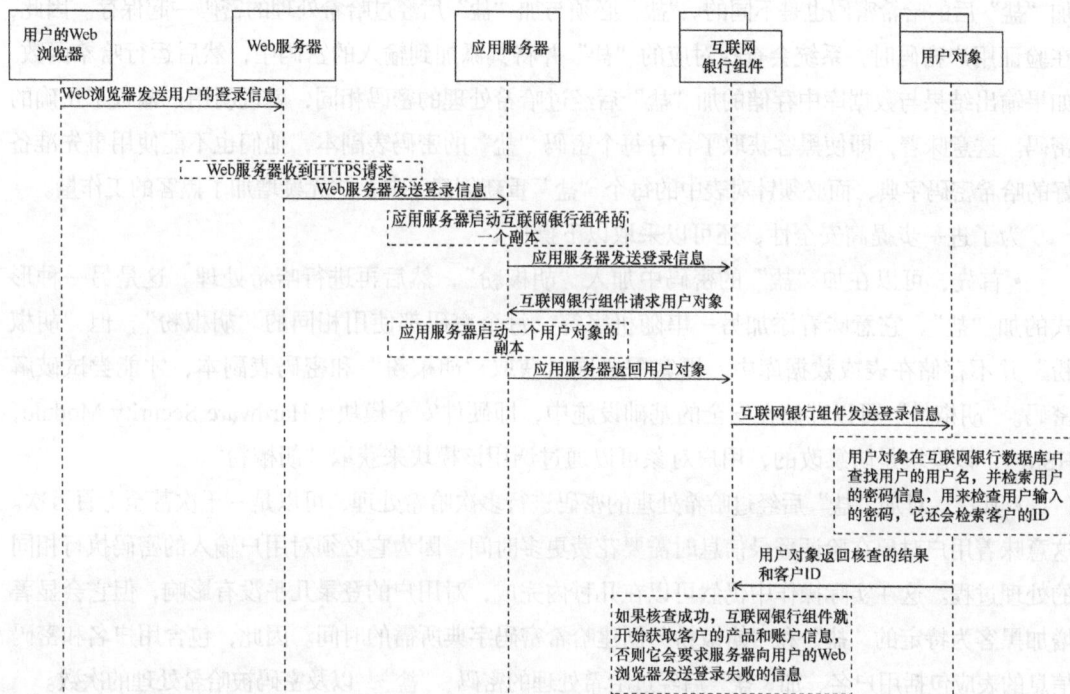

图 3.29　用户登录的身份检核过程

　　假设每位用户在注册互联网银行服务时，银行都会为其分配一个唯一的用户名。互联网银行数据库中有一个表，存储了每个用户的用户名和密码等信息。我们可以考虑对密码进行加密，并使用同一个密钥进行解密。但这还不够，因为任何拥有密钥和用户名 / 密码表副本的人都能解密。此外，即使没有密钥，也可以查看是否有用户使用相同的密码，这样也会降低安全性。为了避免这个问题，通常使用所谓的哈希函数（Hash Function），将每个密码转换为一个长度固定、看似随机的字符串，即密码的哈希值（Hash Value），也叫哈希密码。哈希函数是一种不可逆的软件实现算法，这意味着其他人不可能根据哈希密码推算出原始密码，哈希函数产生的哈希密码的长度都相同，其他人无法知道原始密码的长度。不同密码的哈希密码相同的概率非常低。然而，我们发现两个曾经常用的哈希函数 MD5 和 SHA-1 无法达到这种标准，因此不应该使用这两个函数。相同的密码会产生相同的哈希密码，所以即使使用哈希密码，仍有可能看出是否有人使用相同的密码。这正是黑客利用的漏洞，他们通过入侵能够访问这些密码的服务器[1]，获取哈希密码列表。

　　人们经常使用常见单词作为密码，并在其中加入数字或符号，黑客通过对字典中的每个单词添加数字或符号，甚至将某些字母替换为数字（例如，将字母 l 替换为数字 1）来创建大量的哈希密码。因此，为了加大黑客破解密码的难度，建议在利用哈希函数加密前先进行加“盐”

1　例如，在各种版本的 UNIX 中（大约在 20 世纪 90 年代中期之前），系统的所有用户都可以访问包含用户名和哈希密码的文件。各种对公共网站的黑客攻击都可以访问包含用户名和哈希密码的文件，并使用字典方法来获取原始密码。

处理。加"盐"是指在密码中添加一串随机字符（即"盐"），"盐"可以放在密码的开头、结尾，或以某种方式与密码混合。每个用户的"盐"都应该是唯一的，这样即使两个用户有相同的密码，加"盐"后的哈希密码也是不同的。"盐"必须与加"盐"后经过哈希处理的密码一起保存。因此，在验证用户密码时，系统会查找对应的"盐"并将其添加到输入的密码中，然后运行哈希函数。如果输出结果与数据库中存储的加"盐"后经过哈希处理的密码相同，就说明用户输入了正确的密码。这意味着，即使黑客获取了含有每个密码"盐"的密码表副本，他们也不能使用事先准备好的哈希密码字典，而必须针对表中的每个"盐"重新创建字典，这无疑增加了黑客的工作量。

为了进一步提高安全性，还可以采取以下操作。

·首先，可以在加"盐"的密码中加入"胡椒粉"，然后再进行哈希处理。这是另一种形式的加"盐"，它意味着添加另一串随机字符，每个密码都使用相同的"胡椒粉"，但"胡椒粉"并不存储在表或数据库中。黑客需要同时获取"胡椒粉"和密码表副本，才能尝试破解密码。"胡椒粉"可以存储在安全的基础设施中，即硬件安全模块（Hardware Security Module, HSM），该模块是防篡改的，用户对象可以通过调用该模块来获取"胡椒粉"。

·其次，对加"盐"后经过哈希处理的密码进行多次哈希处理，可以是一千次甚至上百万次。这意味着用户对象在验证登录信息时需要花费更多时间，因为它必须对用户输入的密码执行相同的处理过程。这在实际操作中仍然可以在几秒内完成，对用户的登录几乎没有影响，但它会显著增加黑客为特定的"盐"和"胡椒粉"创建哈希密码字典所需的时间。因此，包含用户名和密码信息的表应包括用户名、加"盐"后经过哈希处理的密码、"盐"，以及密码被哈希处理的次数。

·最后，密码表本身应加密，并且访问应受到严格控制（例如仅限特定程序访问），并进行访问记录。关系型数据库管理系统通常能够做到这一点。有时还需要结合硬件安全模块来安全存储加密密钥。对表进行加密意味着即使关系型数据库使用的硬盘被盗，里面的数据也无法被使用。对用户对象而言，这一过程是透明的，所以它无须进行任何额外处理即可读取该表。

此外，在设计互联网银行平台时，我们还需要考虑未来是否能够对密码验证程序进行更改。如前文所述，密码被哈希处理的次数应存储在数据库的每一行中，以便在必要时增加哈希处理次数。变更"胡椒粉"（即干扰值）也是一个可行的选择，因此，表示每个用户密码所用的"胡椒粉"的信息也应存储在数据库的每一行中，而不是存储"胡椒粉"本身。我们可能需要更换哈希算法，但由于现有的哈希密码通常无法重新进行哈希处理，只能在用户登录时使用新算法重新对密码进行哈希处理，因此新旧算法必须共存。在数据库表的每条记录中存储一些关于算法的信息是合理的，但不应存储算法的实际名称，否则可能会助长黑客的行为。

我们注意到一些银行要求提供两种类型的密码——一种由字母、数字和符号组成，另一种通常是由四到六位数字组成的密码中的两到三位数字的验证码。在这种情况下，银行必须在不进行哈希处理的情况下存储密码本身，因为哈希函数要求输入完整的原始密码，或者银行可以为所选数字的每种可能组合存储一个哈希密码，例如从包含六个不同数字的密码中选择三个数就会有120种排列方式。使用这两种密码至少有两个原因。首先，其提供了一定的保护措施，能防止他人监视用户登录并重复使用密码，因为不是所有的密码数字都会被捕获。其次，其有助于减轻拒绝特定类型服务攻击的影响。用户对象首先检查输入的数字是否正确，如果不正确，则不会进一步检查密码，这减少了计算成本。如果不这样做，黑客可能会通过用户名和密码的组合攻击银行的互联网银行平台，导致其陷入瘫痪状态。

此外，我们还注意到，一些银行在登录过程中会显示用户选择的图片、短语或某些个人信息，如出生日期。这有助于减小网络钓鱼攻击的风险，即用户被诱导在看起来像银行网站的页面上输入登录信息。这种提示信息可以帮助用户确认他们正在访问的网站确实是银行的官方网站。[1] 显然，如果它只在用户登录后出现，则用处不大，因此这种提示信息应在用户输入用户名后且输入密码前显示，或者在输入验证码和密码之间显示。

在许多市场上，已经有组织开始采用双因素身份认证来降低密码被黑客盗取的风险。双因素身份认证通常意味着用户有一个密码（这是两个因素之一，是用户知道的）和一个用于身份认证的设备（这是另一个因素，是用户实际拥有的）。这种设备通常有两种形式：一种是用户的手机，银行在用户登录时向其发送一条包含随机验证码的短信，用户必须正确输入该验证码才能继续登录，一些银行还通过语音应答设备呼叫用户并说出验证码；另一种是验证码生成器，它显示的验证码通常每分钟变化一次。

RSA SecurID 令牌可能是双因素身份认证设备中比较出名的一种。在许多组织中，当员工需要访问公司的网络或特定平台时，都会使用这种令牌进行身份认证。例如，汇丰银行曾向其英国的客户发放过图 3.30 所示的设备。

此外，还有一些身份认证设备，如图 3.31 所示，要求用户插入借记卡并输入卡的个人识别号码（Personal Identification Number，PIN），从而生成一次性代码，这是基于 EMV 芯片和 PIN 卡标准的功能。还有一些智能手机应用可以生成这种代码，而国际互联网工程任务组（Internet Engineering Task Force，IETF）的 RFC 6238 文档则定义了基于时间的一次性密码（Time-Based One-Time Password，TOTP）算法，这种算法通常被这类应用所使用。

图 3.30　汇丰银行的认证设备　　　　　　　图 3.31　EMV 认证设备

我们注意到，很少有银行向客户发放这类设备，可能是由于设备成本和管理成本较高。此外，对客户而言，使用这类设备也可能不太方便。因此，许多银行选择使用短信来进行验证，这样互联网银行平台的用户对象就可以被扩展为任何形式的双因素身份认证。

1　不宜在用户刚输入用户名后就显示，有时用户名只是电子邮件地址，一旦黑客知道用户的电子邮件地址，图片、短语或某些个人信息将很容易被获取。同样，银行分配的用户名也是可预测的。

3.12 远程过程调用

接下来谈谈远程过程调用。我们假设客户对象已经确认用户获得了登录授权，并将这一信息返回给互联网银行组件。同时，我们假设用户对象还确定了用户所代表的客户（也应存储在互联网银行数据库中），并将客户 ID 返回给互联网银行组件。互联网银行组件需要创建并访问客户对象，以确定客户拥有哪些产品或账户，客户对象必须与客户信息平台进行通信。如果是在 20 世纪 90 年代开发互联网银行平台，可能会使用终端模拟器技术（也就是屏幕抓取技术，这在 3.9 节讨论过）、远程过程调用或 WebSphere MQ 消息队列来直接访问大型机。

远程过程调用（Remote Procedure Call，RPC）是一个程序对另一个程序进行调用的方法，无论这两个程序在何处运行，比如在同一个系统上，或者在通过网络连接的不同系统上，都可以得到回应。这是分布式环境中的一个基本概念和需求，也就是说，在分布式环境中，程序在不同的系统上运行，并且它们之间需要互相通信。基本的 RPC 如图 3.32 所示，计算机 A 上的调用程序（或客户端程序）发起 RPC，通常会将一些信息传递给同样运行在计算机 A 上的 RPC 客户端，RPC 客户端是 RPC 软件的一部分。RPC 客户端会对信息进行打包，确定服务器的位置，并通过网络向计算机 B 发送这些信息。

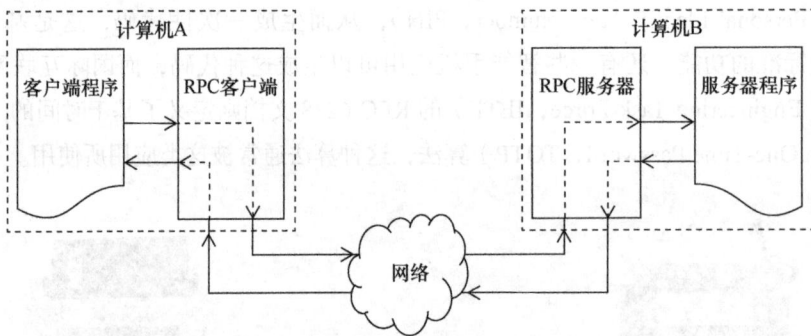

图 3.32　基本的 RPC

计算机 B 上运行的 RPC 服务器负责侦听此类信息，当它从网络上收到信息时，将对信息进行解包并传递给服务器程序，然后服务器程序会发回一些信息（即使只是一个确认信息）。通常情况下，客户端程序在发起 RPC 并等待响应的过程中不会进行其他任何操作，这种类型的 RPC 被称为同步 RPC。还有异步 RPC，其允许客户端程序在等待响应的同时继续进行其他工作，并在响应返回时进行处理，或者允许客户端程序定期检查是否收到响应。

RPC 有许多不同的实现方式，其中开放式网络计算（Open Network Computing，ONC）和分布式计算环境（Distributed Computing Environment，DCE）的实现方式十分出名。ONC RPC 由 Sun Microsystems（已被甲骨文公司收购）开发，并在 IETF 的 RFC 5531 中有明确规定。DCE RPC 由开放软件基金会定义，并由国际开放标准组织维护。更现代的实现方法包括使用 Apache Thrift 框架、谷歌的 gRPC 框架和 X 的 Finagle 框架，以及许多其他具有特定目的的方法。

RPC 目前仍是现代软件和系统开发的重要组成部分。

除了图 3.32 所示的过程外，某些工具还通过目录服务为 RPC 提供查找服务器位置的方法。由图 3.33 可知，RPC 的过程是类似的，但是计算机 A 上的 RPC 客户端可以通过 RPC 目录服务来发现服务器程序的运行位置。这样可以同时运行大量的服务器副本，为众多客户提供服务。值得注意的是，计算机 B 上的 RPC 服务器必须向 RPC 目录服务通报其运行状态，以便服务器程序可以被找到并使用。RPC 目录服务还可以用于验证进行 RPC 的程序，确保只有被授权的程序才能够访问特定的 RPC 服务。

使用 RPC 访问 CICS 程序的客户对象如图 3.34 所示。在互联网银行平台中，客户对象通过在应用服务器上运行的 RPC 适配器，向在主机上运行的客户信息平台发出 RPC，主机上的 CICS 环境配备了服务器控制器，它接收所有的 RPC，并通过激活另一个程序（被称为别名事务）来处理这一特定请求，并确定需要调用的 CICS 程序。别名事务还负责向 CICS 程序提供访问的共享内存，填入客户 ID 和随调用发送的任何其他信息。在图 3.34 中，有产品查询程序，它根据客户对象提供的客户 ID 在客户数据库中查找客户记录。这个程序是主机上客户应用程序的一部分，它将客户的产品信息（即客户持有的产品）填入共享内存，然后结束运行，使控制权返回别名事务，别名事务随后将信息送回给客户对象。在主机端，可能还有其他程序参与处理，例如，对 RPC 及其响应的数据进行解码和编码的程序。

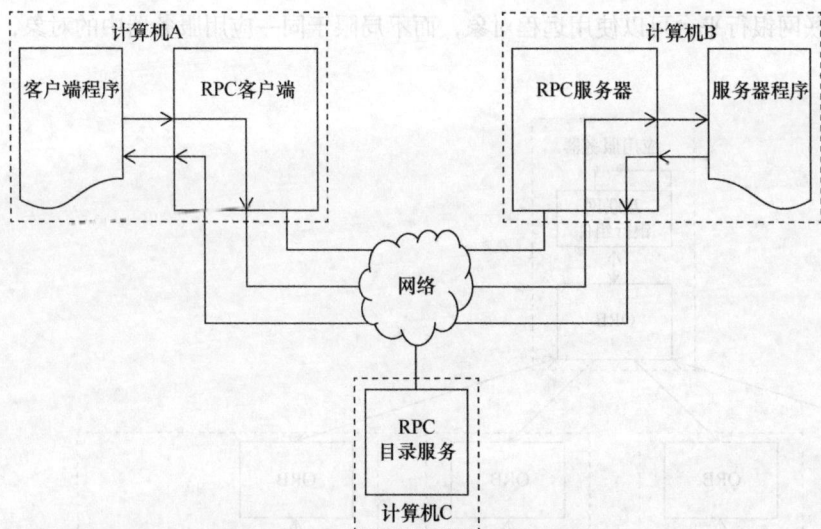

图 3.33　RPC 目录服务

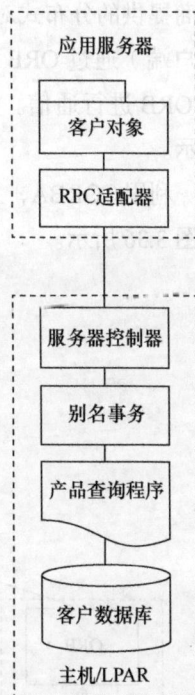

图 3.34　使用 RPC 访问 CICS 程序的客户对象

银行账户对象和信用卡账户对象的工作方式与之前描述的客户对象类似，它们也会对 CICS 程序发起 RPC。然而，支付对象的工作方式有所不同，它通过消息传递方式发送支付指令，而不是使用 RPC，我们将在 7.9 节对此进行探讨。

在实施 RPC 时需要考虑的一个重要问题是如何处理调用过程中可能出现的故障。假如客户端已经发起了一个 RPC 并正在等待响应，但此时发生了故障，客户端可能无法确定服务器是已经执行了 RPC 只是响应未能返回，还是 RPC 根本没有成功到达服务器。一种解决方法是让客户端重新发起同一 RPC，即使这会导致服务器收到多次相同的 RPC。为此，服务器需要具有幂等性，即多次执行相同操作的结果应与执行一次相同，这对使用 RPC 与其他平台通信的平台设计开发人员来说，是一个需要重点考虑的因素。

3.13　分布式对象和 CORBA

将 RPC 的概念扩展到对象（程序或对象可以访问在网络上运行的对象）上是一种进步。1991 年，技术行业发布了第一版通用对象请求代理体系结构（Common Object Request Broker Architecture，CORBA）标准。在这种体系结构下，两个对象可以进行通信，每台计算机都有一个对象请求代理（Object Request Broker，ORB），它是软件供应商提供的分布式对象框架的一部分。调用程序（或客户端）通过 ORB 请求服务，并与服务器程序提供的 ORB 进行通信。与分布式对象进行通信如图 3.35 所示。

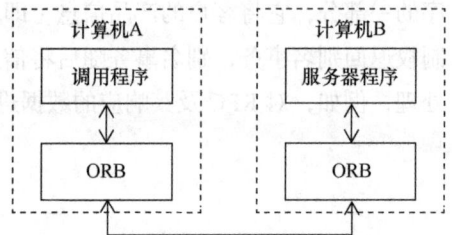

图 3.35　与分布式对象进行通信

利用 CORBA，互联网银行平台可以使用远程对象，而不局限于同一应用服务器中的对象，如图 3.36 所示。

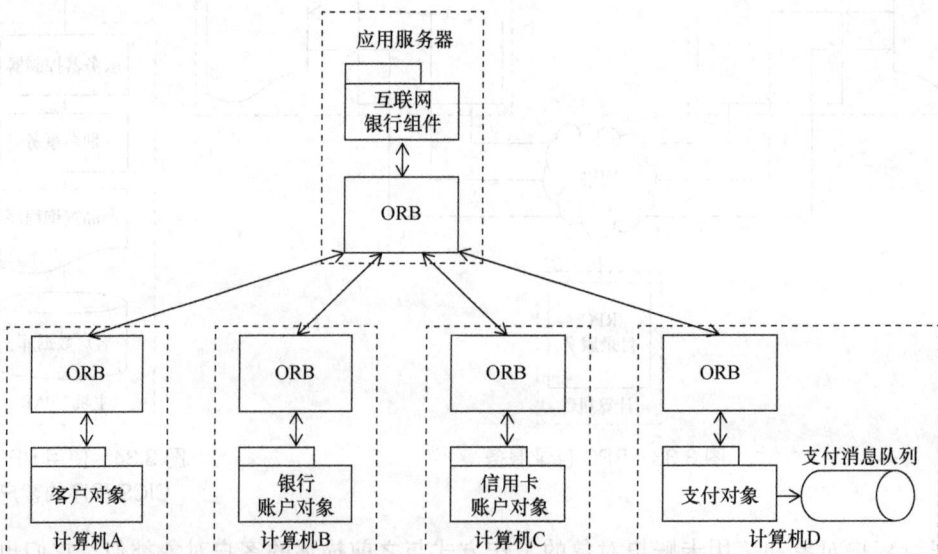

图 3.36　使用 CORBA 的互联网银行平台

这种体系结构的潜在优势是银行可以开发多种不同的平台来使用这些对象及其功能，而无须针对每个平台重新开发这些功能。因此，无论是网点柜面、联络中心平台还是互联网银行平台，都可以使用相对轻量级的应用程序，专注于与用户的交互，而不是与其他平台或银行对象的业务功能集成，所有这些平台都能利用分布式对象，并且这些对象只需要开发一次。

在 20 世纪 90 年代末，银行业中出现了一些使用 CORBA 的案例，部分可能至今仍在运行。当时的银行业尝试利用 CORBA 和 WebSphere MQ 构建全新的银行系统，但因为性能问题最终放弃了 CORBA。CORBA 及其实现方法复杂性高（对设计者和开发者是一大挑战）、可操作性低、软件许可成本高、缺乏内置的安全支持（即限制特定用户或程序的访问）、大量未压缩数据通过网络传输导致性能低下、缺乏对版本控制的支持使得更新对象的版本变得困难、企业防火墙通常会阻止网络协议等。随着 Java、可扩展标记语言（Extensible Markup Language，XML）和网络服务的兴起，CORBA 实际上已经不再适用，到 2005 年左右，对主流软件开发而言，CORBA 已经过时了。微软还开发了一种叫作分布式组件对象模型（Distributed Component Object Model，DCOM）的远程对象技术，但该技术没有在企业中获得广泛认可。如果现在还有人使用这些技术来构建或重建互联网银行平台，我们会感到相当意外。

3.14 服务

在我们的生活中，几乎每件为他人做的事情都可以被理解为一项服务，只要我们能够明确定义这项服务的启动条件和潜在结果。比如，银行柜员接受现金存款就可以看作一种服务。首先，客户需要表明自己的需求，把现金交给柜员，并提供银行账户等相关信息（比如填写好的存款凭条），然后柜员会拿走现金，启动这项服务，更新客户的账户余额并告知客户服务执行结果。我们通常不需要知道柜员具体是如何操作的，但我们希望他们通过核心银行平台来清点现金、增加账户余额。当然，也可能出现意外情况，例如，现金是假币导致银行不接受，或者系统暂时不可用，这时存款就无法完成。

显然，只有在服务能够被重复使用的情况下，定义服务才真正有用。换句话说，服务不仅要能够由多个人启动（例如，任何银行客户都能在柜台存款），还要能够由多个人同时提供（例如，多个柜员可以同时接待不同的客户）。

服务的提供有时还需要依赖其他服务，比如银行的国内支付服务就涉及多个组织，如付款银行、收款银行，还可能涉及中央支付系统和中央银行。对客户来说，他们看到的是一个支付服务，但实际上这个服务可能涉及多个不同的服务和组织。首先银行需要向中央支付系统发送支付信息，然后该中央支付系统再将这条信息传送给收款银行，并要求中央银行在银行账户和收款银行在中央银行的账户之间转移资金，从而完成支付结算。换句话说，一项服务是基于多个服务的。

此外，服务这个词也可以表示一系列相关活动的集合。例如，在银行提供柜员服务时，意味着客户可以要求银行的柜员执行多种不同的活动，比如接受支票存款、从账户中取款、办理支付账单或申请新的支票簿等。这些都是不同的服务，它们共同构成了银行提供的柜员服务的服务清单。

在技术领域，服务通常指的是一种程序，其他程序可以通过定义明确的接口来调用它。这意味着服务的接口定义了必须传递给服务的信息，以便启动服务。服务是可重用的，通常可以同时执行多个服务副本，而且其他程序都可以调用这些副本。就像银行柜员服务，当我们走进银行时，可能会看到多个柜员同时提供服务，但如果所有柜员都在忙，我们就需要等待，直到有柜员空闲。这反映了服务的可重用性，即能够同时执行多个服务副本，但实际运行数量最终会受计算机处理能力的限制。

服务可以相互调用，因为它们都是具有明确定义接口的程序。一个服务可能是多个服务的集合，在这种情况下，它对每个单独的服务（至少在名义上）都有一个接口。调用服务的程序或服务并不需要知道被调用服务的具体实现方式，正如客户不需要知道柜员具体是如何处理现金存款的。因此，服务通常被描述为一个黑盒子。然而，服务的接口定义是非常关键的，因为它规定了服务之间应如何交互和通信。

服务和对象的区别主要在于它们各自的功能和存在方式。对象主要用于维护特定业务实体（如客户或银行账户）的信息，并能对这些信息进行操作（比如更新客户地址或获取账户的交易明细）。对象通常会在用户访问平台的整个会话期间持续存在，与用户进行交互，并维护会话期间的状态信息，最后将信息安全地存储至数据库或类似的存储系统。

相对而言，服务的运行时间则可能更长，并在运行期间为许多用户提供服务。服务通常是一次性的，即作为用户，你向服务发送一些信息，服务处理这些信息后，就会忘记这个请求，并准备处理下一个用户的请求。虽然服务在理论上可以保持信息状态从一个调用到另一个调用，但为了实现较高的可扩展性，通常建议避免这样做。从软件开发的角度看，对象往往与使用它们的程序紧密耦合，因为对象通常是被程序创建（在面向对象编程中称为实例化）并最终由程序结束的，这要求其遵循严格定义的、通常是同步的接口。与之相比，服务则为松耦合，它通常独立于其他程序，并以特定的消息格式响应访问它的程序，这些接口是可扩展的[1]，并通常基于异步通信，即接收一条消息并响应一条消息。在实践中，对象和服务之间的界限并不是十分清晰的。尽管分布式对象平台在某种程度上可能被视为过时的技术[2]，但多种形式的服务技术不仅在现有的平台上得到广泛应用，也在新的平台上展现出活力。

3.15 Web 服务

万维网联盟（World Wide Web Consortium，W3C）对 Web 服务的定义如下。

Web 服务是一种软件系统，旨在支持网络上机器与机器之间的交互操作。Web 服务的接

---

1 我们所说的可扩展，是指这种消息格式允许在消息中放入额外的值，如果服务不理解这些值，通常会忽略它们，从而使服务松耦合。

2 请注意，这是对分布式对象平台（如 CORBA 和 DCOM）的评论，而不是对面向对象编程语言的评论，如 C++、C#、Java、Python、Scala 和许多其他语言。面向对象编程语言被广泛使用，且具有许多不同的使用目的。

口采用机器能理解和处理的格式，特别是采用万维网服务描述语言（Web Service Description Language，WSDL）定义的。其他系统通过使用简单对象访问协议（Simple Object Access Protocol，SOAP），以规定的方式与网络服务进行交互，这通常涉及使用 HTTP、XML 序列化以及其他网络标准来进行数据传输。

根据该定义，Web 服务通常是指那些可以通过网络进行调用的服务，它们使用一种叫作 SOAP（最初代表简单对象访问协议，现在也代表面向服务的架构协议）的特定类型的消息传递协议，同时定义了消息格式和必须处理消息的方式。但在实际运用中，Web 服务还包括了那些可以通过 HTTP 或 HTTPS 来调用的服务，并且支持多种消息格式（包括万维网上常用的格式，常见的是 XML 和轻量级的数据交换格式）。

接下来，让我们来看看如何围绕 Web 服务的使用来设计我们的互联网银行平台。在图 3.37 中，互联网银行平台包括一个 Web 服务器和一个应用服务器（如前所述），以及一个由应用服务器托管的互联网银行组件。当用户试图登录互联网银行时，应用服务器就会启动一个互联网银行组件副本，该副本在会话期间专门服务于该用户。

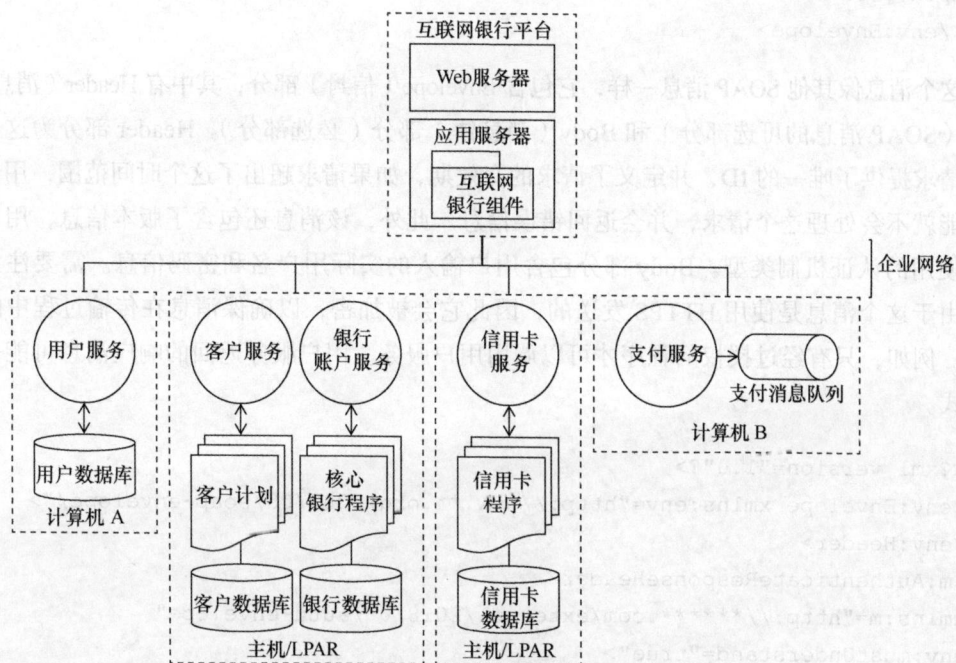

图 3.37　互联网银行平台使用其他平台公开的服务

互联网银行组件首先对用户服务进行 Web 服务调用，以验证用户的登录信息，并获取用户的客户 ID。我们将依次介绍关于 Web 服务调用的各种格式，在此过程中，我们假设调用是通过企业网络并使用 HTTPS 进行的（XML 代码中的网址为虚拟的，一个 * 代表一个字符，下同）。

先来看使用 SOAP 传递的消息看起来是什么样子。

```
<?xml version="1.0"?>
<env:Envelope xmlns:env="http://www.**.org/2003/05/soap-envelope/">
```

```
<env:Header>
<m:AuthenticateHeader
xmlns:m="http://******.com/external/2018/06/auth-envelope"
env:mustUnderstand="true">
<m:requestID>bdf06ef8-37e9-4864-b7d4-c6a10efd0fa9</m:requestID>
<m:expires>2020-06-20T14:56:51</m:expires>
<m:version>0301</m:version>
</m:AuthenticateHeader>
</env:Header>
<env:Body>
<p:AuthenticateExternalUser
xmlns:p="http://mybank.com/external/2018/06/auth-body">
<p:username>4424194648</p:username>
<p:password>FgBdnJvi8b</p:password>
</p:AuthenticateExternalUser>
</env:Body>
</env:Envelope>
```

这个消息像其他 SOAP 消息一样，它包含 Envelope（信封）部分，其中有 Header（消息头）部分（SOAP 消息的可选部分）和 Body（消息体）部分（必选部分）。Header 部分为这个特定的请求提供了唯一的 ID，并定义了请求的有效期，如果请求超出了这个时间范围，用户服务可能就不会处理这个请求，并会返回错误信息。此外，该消息还包含了版本信息，用以说明所使用的认证机制类型。Body 部分包含用户输入的实际用户名和密码信息。需要注意的是，由于这个消息是使用 HTTPS 发送的，因此它会被加密，以确保消息在传输过程中的安全性。例如，只有经过授权的程序才可以调用用户服务。用户服务返回的响应消息可能是如下格式。

```
<?xml version="1.0"?>
<env:Envelope xmlns:env="http://www.**.org/2003/05/soap-envelope/">
<env:Header>
<m:AuthenticateResponseHeader
xmlns:m="http://******.com/external/2018/06/auth-envelope"
env:mustUnderstand="true">
<m:requestID>bdf06ef8-37e9-4864-b7d4-c6a10efd0fa9</m:requestID>
</m:AuthenticateResponseHeader>
</env:Header>
<env:Body>
<p:AuthenticateExternalUserResponse
xmlns:p="http://******.com/external/2018/06/auth-body">
<p.result>true</p.result>
<p.customerID>519510405149</p.customerID>
<p.token>de10efb3-4d0b-456d-b12c-ad07aba62e4f</p.token>
```

```
</p:AuthenticateExternalUserResponse>
</env:Body>
</env:Envelope>
```

响应消息的 Header 部分会包括与请求相同的请求 ID，这样就能确保响应可以与请求相对应。响应消息的 Body 部分则会包括检查的结果（在本例中为"真"，这意味着用户验证成功）、用户的客户 ID 和代表用户登录会话的令牌（token）。

有时候，这些调用可能会使用不符合 SOAP 的 XML，通常被称为 POX（Plain Old XML，旧式 XML）。请求消息可能如下。

```
<?xml version="1.0"?>
<AuthenticateExternalUserRequest
xmlns="http://******.com/external/2018/06/auth">
<requestID>bdf06ef8-37e9-4864-b7d4-c6a10efd0fa9</requestID>
<expires>2020-06-20T14:56:51</expires>
<version>0301</version>
<username>4424194648</username>
<password>FgBdnJvi8b</password>
</AuthenticateExternalUserRequest>
```

响应消息如下。

```
<?xml version="1.0"?>
<AuthenticateExternalUserResponse
xmlns="http://******.com/external/2018/06/auth">
<requestID>bdf06ef8-37e9-4864-b7d4-c6a10efd0fa9</requestID>
<result>true</result>
<customerID>519510405149</customerID>
<token>de10efb3-4d0b-456d-b12c-ad07aba62e4f</token>
</AuthenticateExternalUserResponse>
```

JSON 请求消息如下（注意，为了提高可读性，我们在这里添加了换行符，但实际上传输的消息可能是一个长字符串）。

```
{AuthenticateExternalUserRequest:
{
requestID:"bdf06ef8-37e9-4864-b7d4-c6a10efd0fa9",
expires:"2020-06-20T14:56:51",
version:"0301",
username:"4424194648",
password:"FgBdnJvi8b"
}}
```

响应消息如下。

```
{AuthenticateExternalUserResponse:
{
requestID:"bdf06ef8-37e9-4864-b7d4-c6a10efd0fa9",
result:"true",
customerID:"519510405149",
token:"de10efb3-4d0b-456d-b12c-ad07aba62e4f"
}}
```

各种格式的消息都具备可读性，冗长的 SOAP 消息和简洁的 JSON 消息各有特点。在处理这些消息时，不同格式并无绝对的优劣之分。

SOAP 不仅定义了消息格式，还定义了应该如何处理消息、路由方式以及如何定义不同类型的消息格式。同时还有一系列相关标准，诸如保障 SOAP 消息安全、查找基于 SOAP 的网络服务以及确保消息传递可靠等。这使 SOAP 成为构成企业级集成应用的基础，许多银行和大型机构也确实已经在内部开始使用 SOAP 来实现相关服务。JSON 仅仅是一种简单的数据封装格式，它的规范度相较于 SOAP 要低很多，且不涉及消息的处理或路由方式。而 XML 则是一种功能更强大的数据封装格式，它在需要精确且稳健地定义数据时被广泛使用，但它也并不涉及消息传输。

随着技术的发展，许多大型网站发现使用基于 XML 的格式对处理能力或网络带宽的要求较高，因此在对内使用时，这些大型网站开始转向使用 JSON 或其他更为紧凑的消息格式，如谷歌的 Protocol Buffers。据谷歌称，Protocol Buffers 的消息比 XML 消息小很多，而处理速度可以快 20 ～ 100 倍。

在图 3.37 中，客户、银行账户和信用卡账户服务都已在主机上实现，并通过调用 CICS 来构建客户、核心银行和信用卡平台。支付服务是独立构建的，它具有为特定客户提供收款人列表、发送支付消息两大功能，详见 7.9 节。

3.16　RESTful Web 服务

RESTful Web 服务是一种新的软件架构服务，REST（Representational State Transfer）代表描述性状态转移，这一概念由罗伊·菲尔丁（Roy Fielding）在他的博士论文中定义。REST 是一个涉及访问内容、功能或更广泛资源的技术术语，正式定义了万维网架构、URI 和 HTTP 1.1 版本。RESTful Web 服务是通过 HTTP 或 HTTPS 访问的服务，这些服务使用 URI（例如网页地址），支持 HTTP 中的多种命令（例如 GET，浏览器想要从网站获取网页时，在发送的 HTTP 请求中会使用它），并在其响应中提供访问链接资源的信息（如网页包含的指向其他网页的超链接）。

RESTful Web 服务并没有一个标准，但有一些被广泛接受的特征。

• 使用 HTTP/HTTPS 命令（或动词），包括使用 GET、PUT、POST 和 DELETE 命令来表示消息的意图。HTTP/HTTPS 命令集中有些命令是安全的，因为它们不改变资源的状态（例如，使用 GET 命令来获取资源信息，只是读取信息而不会改变任何数据），而有些命令则是不安全的，因为它们可能会改变一个或多个资源的状态（例如，POST 命令可能会创建诸如客户号记录的新资源，DELETE 命令可能会删除客户记录资源）。相比之下，HTTP/HTTPS 命令集并不真正用于上一节中提到的 SOAP、POX 或 JSON 消息（SOAP 消息通常使用 POST 命令发送，而不特别区分消息的意图是什么）。

• 使用 HTTP/HTTPS 状态码。比如，当访问一个不存在的网页时，你可能会遇到 404（页面未找到）错误。这些状态码是在 HTTP/HTTPS 标准中定义的，并在 RESTful Web 服务中用于表示服务的状态。如果一个程序尝试通过 GET 命令访问不存在的资源（例如，程序请求访问具有特定客户 ID 的客户信息，但该客户记录并不存在），服务器将返回 404 状态码。而与此相对，请求如果执行成功通常会返回 200 状态码。对于 SOAP、POX 或 JSON Web 服务，请求的结果通常在消息正文中传达，而在 POX 或 JSON 中，并没有标准化的状态码（在 SOAP 的响应消息中，有预定义机制来表达通信错误）。

• 使用 URI 来定位资源。例如，可以通过一个特定的 URL 访问特定客户的信息。

• 在响应消息中使用超文本链接，指导请求者如何浏览或操作资源。例如，如果一个程序通过 GET 命令请求特定客户的信息，响应消息不仅会提供客户信息，还会附上一系列 URL，解释说明这些信息的用途。对特定客户信息的访问请求，服务器会返回一个结果，提供客户的姓名和其他个人信息，同时提供相关信息的超文本链接，例如链接到客户的默认地址、银行账户列表等。这种方式促进了系统的松耦合，因为请求程序无须预先知道具体的地址即可访问或操作资源（当然，对如何进行访问必须有一定的共识）。

• RESTful Web 服务是无状态的，即服务器不保留请求之间的任何上下文信息。这意味着每次请求都需要携带全部必要信息。这种无状态性使得 RESTful Web 服务易于扩展和更有弹性（例如，如果一个服务器死机，其他任何服务器都可以接管并处理请求）。

• RESTful Web 服务对 HTTP/HTTPS 消息的正文格式不做严格要求，常用的格式包括 XML 和 JSON 等。

在某些方面，RESTful Web 服务的这些特征是对 SOAP 的复杂性和僵化性的一种回应，它降低了对处理能力的需求并提高了可扩展性。如果你正在建立高度可扩展的公共网站（或网上银行），需要向互联网上的大量用户提供资源信息，则 RESTful Web 服务可以作为一种好选择。在英国，开放银行读写应用程序接口（Application Programming Interface，API）规范定义了主要的 RESTful 接口，以便第三方服务提供商能访问银行账户信息。在银行内部，RESTful Web 服务、SOAP Web 服务或其他方法，在不同的原因和场景下可能都是有效的。多数大型银行已经采用 Web 服务作为整合各种平台，提供网上银行和其他互联网服务、移动应用程序及众多内部应用的手段。同样，大多数现代的第三方平台也都提供了某种形式的 Web 服务接口，并通常在内部采用网络服务架构来实现 Web 服务。

3.17　SOA

我们已经讨论了程序间通过网络通信的不同方式，也阐述了将这些服务整合起来提供业务平台 IT 服务的概念。例如，一个简单的互联网银行平台可能会整合多个服务，让用户能登录、访问并管理自己的银行账户，以及进行转账支付等操作。在整合了这些服务之后，人们自然希望能在其他平台上复用这些服务，并将服务的构建及访问方式进行标准化。这正是 SOA 的驱动因素之一，SOA 为构建、部署和访问服务提供了一个整体框架。SOA 的另一个驱动因素是需要整合通过并购等各种方式获得的平台或替换传统平台。

许多大型银行最终都使用了多种不同技术、采用了多种集成方法和技术构建自己的技术平台。根据我们的经验，只有处于初创期的银行才可能有相对单一的技术栈。一家我们接触过的初创银行，在成立 10 年内就已经拥有了至少三种产品平台和五种不同的集成技术。SOA 通常使银行能够将这些不同的技术和平台整合在一起，这一点对其他许多行业企业也同样适用。因此，在 21 世纪初，SOA 成了企业 IT 开发的主导概念。尽管如此，SOA 并没有一个标准定义。基于业界的共识，SOA 包括以下几个关键组成部分。

（1）应用程序前端。应用程序前端是用户（包括客户、第三方和内部用户）与互联网银行网站、手机银行应用程序、客服座席应用程序、网点应用程序等交互的用户界面，包括提供给第三方的 API（如英国的开放银行 API），其为多种服务提供了统一的编程前端接口。

（2）服务。服务是应用程序前端和其他服务使用的程序，通常每个服务代表一个单一的业务域或都提供日志记录、安全性管理或消息转换等技术服务。

（3）服务目录、知识库或清单。服务目录、知识库或清单是服务的注册表或目录，其提供了服务和应用程序前端可以使用的技术信息，例如，其可以帮助定位特定服务（例如，确定服务特定版本所在服务器的网络地址），还可以提供可读的信息，例如服务所有者、出于内部计费目的的使用服务的名义费用、服务级别的详细信息以及关于服务的技术文档。根据经验，服务目录通常是不完整的、过时的，而且往往没有覆盖整个企业。

（4）企业服务总线（Enterprise Service Bus，ESB）。企业服务总线是一项将服务彼此连接以及将服务连接到应用程序前端的技术。ESB 不仅连接服务，还提供技术服务（如日志记录、安全性管理和消息转换等），并提供服务目录，是构建完整的 SOA 的基本组件。通常，ESB 在内部使用标准的数据格式（如 XML）来转换传入和传出的消息，使得各种服务和程序可以使用不同的数据格式进行交互。ESB 还具有业务流程管理功能，允许业务分析员定义和部署跨多个服务的业务流程。例如，客户在线申请贷款时就会启动业务流程，这种流程在 ESB 上运行，在这种场景下，业务流程包括通过服务来确定客户的信用等级，批准贷款申请（包括在必要时将其提交给人工审查），创建新的贷款账户，并将资金发放到客户账户，以及通过电子邮件通知客户贷款已发放。

市场上有许多功能齐全的第三方 ESB 平台，由包括 IBM、Microsoft、MuleSoft、Oracle、Software AG 和 TIBCO 等在内的技术公司提供，销售市场非常活跃。同时，还有一些开源的

ESB，例如 Apache Synapse 和其他基于 Java 企业版应用服务器的 ESB。此外，一些企业资源规划平台（如 SAP 和 Workday）和核心银行平台（包括思爱普的银行平台和飞思创的 Fusion Essence）也配备了集成服务总线，以便与其他平台整合，为银行在使用平台构建自己的业务流程时提供便利。通常大型银行拥有来自不同供应商的多个 ESB，由银行内部的不同团队在不同时间实施完成。

在大多数实施方案中，银行内部部门（通常是 IT 架构部门）通常会为用于每个组件的技术和解决方案制定标准，并进一步将这些标准细分为不同的类别，例如，通过互联网交付的应用程序前端应使用 x、y 和 z 技术构建，内部应用程序前端应使用 u、v 和 z 技术构建，服务必须使用编程语言 a、b 和 c，等等。这通常伴随着对不同项目的治理（通常针对 IT 项目），以强制项目遵循这些标准，同时也有利于在需要时改进和调整标准，以应对实际情况的需要。

3.18　银行的新模式

现代银行通常支持互联网、网点、联络中心和 ATM 等多种服务渠道，采用 SOA 来集成各种运营平台（如核心银行平台、客户信息平台和信用卡平台），并为用户提供各种应用程序。银行通过四个主要渠道——ATM、网点、联络中心和互联网为客户提供服务，如图 3.38 所示。ATM 通常由专门的管理平台控制，并通过卡支付转接来发送和接收支付信息（详见 4.5 节）。通常情况下，ATM 不直接使用 ESB 或通过它访问服务，尽管现代 ATM 实际上是 PC，可以通过它来提供一些创新服务。网点柜面运行在 PC 上，直接与网点设备（例如柜员尾箱）通信，并通过 ESB 访问核心银行服务、客户信息服务、信用卡服务和支付服务。联络中心平台也运行在 PC 上，与联络中心设备（如 IP PBX）直接通信，并使用 ESB 访问各种服务。互联网银行平台提供网络访问服务，它在应用服务器上运行，并同样使用 ESB 来访问核心银行服务和其他服务。此外，我们假设互联网银行平台所需的用户身份验证功能是作为另一项客户服务提供的。

在渠道层下面，我们设计了一个抽象的路由器层，主要由 ESB 构成，它负责在银行的各个渠道与服务之间进行消息路由。卡支付转接也放在这一层，它在渠道（如 ATM）与核心银行服务、信用卡服务等之间传递信息。然而，需要注意的是，卡支付转接采用的是特定领域的消息传递方式，并直接连接到相应服务，而不是使用 ESB，这是因为 ESB 通常无法满足卡支付信息所需的亚秒级响应时间要求。

在路由器层之下，是一个抽象的服务层，代表了一系列基于标准接口的服务（例如 SOAP Web 服务）。这些服务连接到业务运营平台，业务运营平台包括核心银行平台、客户信息平台、信用卡平台以及支付平台（将在 7.9 节中讨论）等。这些服务可能是直接建立在业务运营平台上的，如在 IBM 主机上运行的 CICS 提供的 Web 服务功能；也可能直接在服务器上运行。

在示例架构中，我们有一套后台办公平台，包括财务平台、资金管理平台、监管报告平台、人力资源平台等。这些平台通常直接从业务运营平台获取信息。我们将在第 8 章中详细探讨财务平台、资金管理平台和监管报告平台。

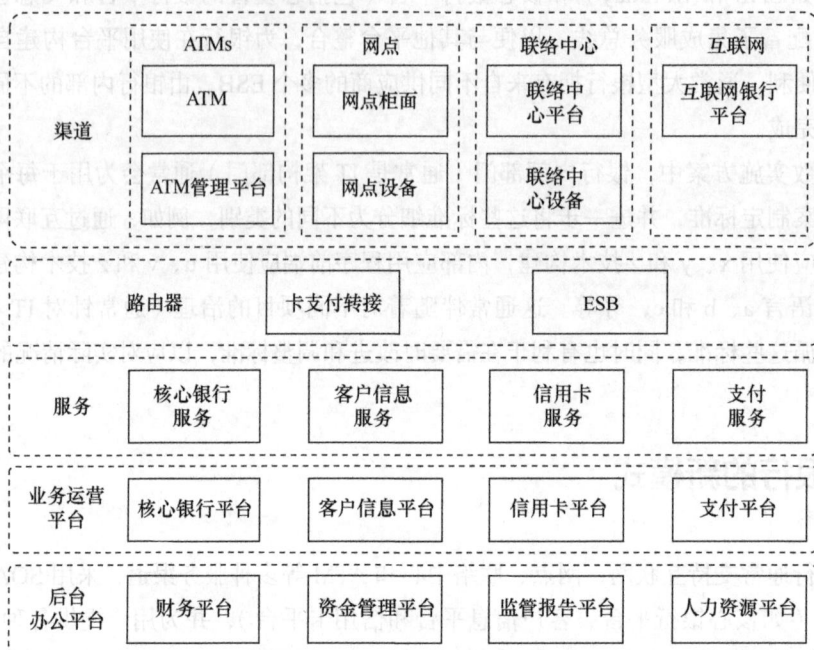

图 3.38　银行的 SOA

　　实际上，在大多数银行中，SOA 往往是不完整的，可能同时存在直接访问业务运营平台的传统应用程序和使用服务的现代应用程序。对传统应用程序来说，利用现代的集成方法进行重新设计的业务案例非常少见。

3.19　处理客户申请

　　随着银行业务覆盖更多渠道和更多银行产品，我们需要考虑如何处理客户的产品申请。开立结算账户的过程通常包括获取客户信息、核实客户身份、进行信用调查、确定可向客户提供何种账户类型以及有哪些约束条件（例如透支限额）、获得客户对条款和条件的同意、在系统上开立账户、发放定制的银行卡、设置客户登录信息以及向客户介绍如何使用账户。理想情况下，这些步骤可以在一次会话中完成，客户可以通过 Web 浏览器、移动应用程序、网点或电话完成操作。理想情况下，客户可以从一个渠道开始申请，如果遇到问题可以无缝地在另一个渠道继续申请。开立抵押贷款账户则涉及更多步骤，从最初的实地调查到原则上的贷款核准，再到具体资产的抵押贷款确定以及资金的转移，完成整个过程可能需要数周甚至数月。对许多银行产品来说，提供产品时所收集和使用的信息以及有关产品的条款需要在产品的整个生命周期内保留；而对于抵押贷款，相关信息则可能要保留数十年。银行应存储应用程序的状态和相关信息，以便未来在不同渠道继续处理。此外，每个渠道都需要提供应用程序的用户界面。对大型银行来说，这是一个挑战，因为它们的产品申请通常限于单一渠道，或者即使能通过多个渠道提供，客户在申请过程中也难以转换渠道。然而，对于现代银行，它们通常能提供跨渠道重复使用服务的应用程序，从而使整个过程更加便利。

从概念上来讲，需要一个数据存储库来保存申请的状态和信息；每种产品类型也需要一个服务来访问数据存储库和特定渠道的用户界面。处理特定产品申请的服务需要做出一些决策（例如设置贷款利率、贷款占抵押品价值的最高比例、信用卡额度），甚至需要决定是否向客户提供产品或是否应提交审查。在某些情况下，可能需要一个复杂的决策引擎，有些公司就将此类决策引擎作为服务提供给银行。申请处理还通常需要访问第三方信息源，以核查客户的身份和信用状况。有些服务可以通过政府颁发的带照片的身份证明文件来核实个人的身份，这将在5.6.1 小节中介绍。

3.20　微服务

传统银行通常拥有几个主要平台，如核心银行平台、客户信息平台等，利用不同时代的技术整合，为新的渠道、产品和服务提供支持。虽然这些基于大型机的平台由众多小程序组成，但对大多数用户而言，它们是一个一体化的、不透明的系统。这些平台通常还依赖于大型数据库，这些数据库也是相对封闭的系统。不仅整个技术栈极其复杂，而且每个主要平台自身的复杂性也不容小觑。通常，每个平台都有一个专门的团队负责维护相关软件，包括开发、测试和发布新功能。此外，通常还有团队负责管理 SOA 的 ESB，以及负责各个渠道（如互联网银行平台团队）的用户界面。

举例来说，发布一个新的银行产品可能涉及多个团队协同工作，包括核心银行平台团队、ESB 团队、互联网银行平台团队、网点柜面团队和联络中心平台团队等。其中任何一个团队出现问题，整个产品的发布都可能延迟。此外，对于平台的任何修改都需要进行全面测试，以确保改动不会影响平台的其他部分。因此，即使是简单的变更，也是一项重大工作，因此银行通常会设定一个固定的发布窗口，所有的变更都必须在此期间进行。

在许多大型银行中，技术部门被整合成一个庞大的共享服务组织，为多个业务部门提供服务，这提高了管理的复杂性。实际上，业务部门无法直接控制技术变革也不承担相应责任，而是依赖技术部门实施变革。我们曾为一家大型国际银行工作，在此期间我们观察到在该银行中，业务部门向技术部门提出了大量的新需求，但技术部门却因资源不足而难以满足这些需求，导致技术实施延迟或质量不佳，最终责任由技术部门承担。在一些大型银行的技术外包中，也出现了类似的问题，业务部门与外包商的关系紧张，常因交付质量不佳或成本过高而产生争议（在某些情况下成本确实非常高）。随着越来越多的银行开始采用敏捷开发方法，并将应用开发团队与业务部门紧密结合，技术变革的控制权逐渐转移至业务部门。即便如此，由于应用开发团队仍需依赖银行内部的其他技术团队，因此项目的交付速度较缓慢，成本也相对较高。

然而，大约在 2010 年到 2020 年，软件开发和架构领域经历了一场重大变革，即微服务架构的兴起。这是针对软件和平台变得过于庞大和复杂带来的问题的一种反应，它建立在以下两个关键发展基础上。首先，自 2000 年左右开始逐渐普及的敏捷开发方法（尽管其在之前的十年里就已经有了根基），特别是其在互联网和移动应用程序开发领域的兴起，在大型银行中逐渐成为主流。其次，微服务借鉴了 SOA 的理念，尤其是清晰定义服务接口的概念，但同时避免了 SOA 中的某些问题，如依赖单一 ESB 进行服务和平台集成的做法（通常由技术团队维护，然后所有人都依赖于该团队）。

我们在萨姆·纽曼（Sam Newman）的《构建微服务》一书中找到了微服务的简短定义：微服务是一系列可以协同工作的小型自主服务。

当然，这个定义留下了很多解释空间。微服务方法的核心是按照业务需求构建明确功能边界的服务平台，而不是构建覆盖多个业务领域的单一庞大代码库平台。例如，一些核心银行平台被设计成一个一站式银行——几乎具有所需的所有功能。这些单体平台的问题在于，随着时间的推移和业务的发展，进行任何变革都将变得越来越困难。尽管最初的设计很可能是有序的、结构化的代码库，但随着时间的推移，代码库由于迅速扩展功能而变得复杂且难以管理（通常是由于快速提供新功能的压力而没有足够的时间来做正确的设计，而且代码库太大，没有人能全面了解它的结构），导致系统愈加脆弱，甚至进行简单的变更也可能需要对整个平台进行重新测试，所以增加或改变功能需要的时间越来越长，成本也越来越高。而采用微服务架构，则意味着这些大型平台应拆分为多个独立的服务，每个服务具有一项具体功能。比如，核心银行平台的核心可能是一个负责处理账户交易的分类账，可以单独构建一个微服务来完成这一功能。实际上，一个核心银行平台（简化的）可以由以下微服务组成。

• 创建银行交易并将其记录在正确账户中的服务。为了提高处理能力和系统的可扩展性，这项服务可以多次部署，以便同时处理不同的事务。

• 创建银行账户的服务（或者创建各种类型银行账户的不同服务）。

• 处理入账支付的服务。

• 接收支付指令的服务。

• 处理即时付款指令的服务。

• 执行日终流程的服务。这项服务可能会调用其他服务，如计算和扣除利息、费用，处理批量入账和出账支付，发布交易到财务核算平台等。

每项服务都可以独立部署在自己的服务器上，并且为了提高弹性和扩大规模，每项服务可以有多个副本。微服务的关键驱动力之一是容器技术的发展。微服务通常部署在容器中，对微服务来说，容器就像一个独立的服务器。现代操作系统的硬件服务器可以承载多个容器，并实现让它们相互独立。在容器中运行的微服务可以通过网络与其他微服务通信，即使它们部署在同一台服务器上的不同容器中，它们也是相互独立的，无法查看彼此的容器。使用网络进行通信意味着不同的微服务既可以部署在同一台服务器上（在不同的容器中），也可以部署在不同的服务器上，无须进行任何更改，提高了平台的可扩展性。

容器技术的使用意味着微服务可以独立部署，而不会干扰其他微服务，这与传统的单体应用程序截然不同，在单体应用程序中，即便是小的更改也可能需要重新安装整个应用程序。微服务还特别适合于敏捷开发和 DevOps 流程，即利用自动化工具快速或连续地将新功能部署到生产环境，这在传统的大型单体应用程序中往往难以做到。这些优势使得银行可以同时尝试同一微服务的不同版本并实现灵活按需扩展（有可能只扩展那些需要扩展的服务，而不是整个单体应用程序）、弹性（同时运行微服务的多个副本，如果一个副本失败了，其他副本可以继续运行）和快速部署变更（如果需要，很容易退回到以前的版本）。

微服务经常通过消息传递通信。举个例子，一个微服务更新了一些信息（比如创建了一个新的客户记录），它会发布一条消息，其他微服务可以订阅并读取这条消息来执行相应的操作。例如，一个微服务可能会读取这条消息并为每个新客户生成并发送欢迎邮件。在未来，我们可以添加更多服务，比如一个服务读取这类消息后为新客户分配一个客户经理，从而增强平台的功能性和可扩展性。这种消息传递方式的一个优势是，通过记录这些消息，我们可以追踪发生的事件，并在需要时重播这些事件。这种方法是流处理的基础，并得到了如 Apache Kafka 等产品的支持。与传统的将全部数据放在数据库中的方法相比，这种方法不仅提高了系统的可扩展性，还可以生成事件的完整历史记录，这对分析和创建不同的信息视图非常有用，从而可以构建一个全渠道的银行平台。然而，这种方法的不利一面是，银行业和财务团队普遍习惯使用关系型数据库来存储和展示数据，因此，当将流处理和消息传递作为数据管理方法时，团队人员可能会有抵触情绪。例如银行的财务部门更倾向于使用传统的数据库管理系统，因为它更加符合其使用习惯和需求，有时候甚至直接使用系统平台提供的数据即可。马丁·克莱普曼（Martin Kleppmann）在《理解流式处理》（*Making Sense of Stream Processing*）一书中，对流处理进行了较好的、相对容易理解的描述。

微服务的其他优势：能够为每个服务选用合适的技术或技术栈（如编程语言），以及允许技术团队围绕业务需求组织自身的潜在能力，从而更紧密地与业务团队合作。

微服务虽然在某些方面具有优势，但也存在一些缺点。大规模实施微服务需要复杂的工具和规则，以及严格的开发、测试、部署和系统监控流程。有些组织可能会误解敏捷开发，在没有文档和充分测试支持的情况下快速编码和部署代码；而实际上，敏捷开发同其他方法一样需要严格的规范和沟通，甚至可能需要更多的管理。如果一个组织不能有效地管理敏捷开发，那么它也很难有效地实施和维护微服务架构。此外，在传统银行中，将整个技术体系重新设计为微服务架构是不现实的。因此，微服务的使用可能只限于前端开发，并且仍然依赖于其他团队维护传统的后端平台。微服务架构本质上是一个分布式系统，可能具有难以调试和理解的复杂行为。微服务之间的跨网络通信与单体应用程序在同一服务器上的进程间通信相比，速度会慢一个到几个数量级（可能慢 10、100、1 000、10 000 或更多），并且跨网络通信也不是完全可靠的，这可能导致性能问题和响应速度下降。微服务的优点则可以在其他良好设计的架构中找到。

常常有一些微服务方法的推崇者称，旧方法（尤其是 SOA）是完全错误的，而新方法适用于所有情况。实际上，微服务方法融合了许多从早期软件工程方法中吸取的关键经验教训，它们在特定情况下可能非常有用。例如，一些新型银行，如德国的 N26 和澳大利亚的 Volt 银行，选择使用第三方核心银行平台，而英国的 Monzo 等银行则决定采用微服务方法。对一家新建立的银行来说，采用微服务是合理的选择，但对于那些想解决复杂遗留问题的大型银行，微服务的应用可能会受到限制。

3.21 现代数据库

在研究 RDBMS 及其高可用性解决方案时（详见 3.5 节），我们认识到关系型数据库或底层存储系统在本质上存在单点故障的风险。为了降低这种风险，我们通常会采用高速或同步复制的复杂冗余存储系统等。然而，关系型数据库在提升解决方案的能力（比如支持的并发用户数量、每秒事务处理量等）和更改应用程序的速度方面存在局限性，主要原因如下。

（1）关系型数据库需要隔离事务以保证数据的一致性，这通常意味着事务至少在某种程度上需要按顺序执行，从而限制了关系型数据库更新数据的速度。

（2）虽然关系型数据库通过规范化减少数据重复来优化数据存储，但这并不意味着其能够优化数据的写入、更改或添加操作。这可能成为关系型数据库更新数据速度的瓶颈。

（3）如果关系型数据库的应用程序频繁地通过数据库访问来获取网页所需的数据，那么大量的读取请求可能会使关系型数据库不堪重负。这个问题可以通过在应用程序端缓存常用且不经常变化的数据来缓解，但这样做又会导致在确实需要更改这些缓存数据时需要重新缓存，使操作更复杂。

（4）单一数据库限制了使用数据库对应用程序进行更新和优化的速度，因为对数据库的更改必须经过测试并推广到生产平台，而一年内能够进行更改的次数是有限的。

（5）关于关系型数据库，一种常见的批评是它们非常适合表示当前时间点的状态（如银行账户的当前余额和客户的当前地址），但在保存历史数据方面则存在劣势（因为保留大量的历史数据可能会降低关系型数据库的性能）。尽管关系型数据库可以被设计为保存所需的任何信息，但在保存历史数据方面，它们的效率通常不如其他类型的数据库。

企业级关系型数据库通过提供各种机制来运行多个关系型数据库实例，支持更多的同步用户，并通常与存储系统复制技术一起使用，以此来应对一些性能和扩展性方面的挑战。虽然关系型数据库供应商可能会宣称其产品几乎可以无限扩展，但实际上，商业关系型数据库的成本以及支持这些系统的基础设施可能非常昂贵。

我们还遇到过这样的架构：在面临扩展性方面的挑战时，选择将数据在多个关系型数据库中进行分区。例如，我们曾参与的一个国家医疗记录平台拥有超过 1 亿份医疗记录。当时，没有一个关系型数据库可以扩展到该平台所需的规模或处理如此大量的查询，因此相关人员决定将数据分布到两个数据库中。在这种情况下，应用程序需要避免在两个数据库中为同一个人创建相同的记录，并需要确保两个数据库处理的查询量相似，以便在出现分歧时能够保持平衡。

因此，国际性和全球性网站通常不使用 RDBMS 来处理其庞大的数据。这些网站倾向于使用所谓的 NoSQL（Not Only SQL，泛指非关系型的数据库）。

键值存储。这种方法在本质上是对 20 世纪 50 年代和 60 年代开发的索引文件技术的现代化应用。利用该技术，可以通过数据库管理系统的索引值（键）来定位和检索数据文件中的记录（值）。这里的记录可以是任何大小的数据，比如一个文件（该文件与简单的基于文件的数据库不同，记录往往具有固定长度或特定格式）。由于通过索引值能快速定位记录，因此查询操作非常迅速。数据库可以轻松地分布在多个服务器上，每个服务器处理一定范围的索引值，从而实现高度的可扩展性。Apache Kafka 就是一个应用于事件流处理的键值存储系统。

宽列存储。从概念上讲，宽列存储是键值存储的二维扩展。因此，可以通过索引值访问表中的行（类似于键值存储）。但不同的是，每一行的字段并不固定，也不必与其他行的字段相同。每一行包含多个键值对，行内的键作为字段名，对应的值就是这些字段的值。这种存储方式比键值存储更加灵活，同时在速度和可扩展性方面保持了与键值存储类似的优势。

文件存储。这是一种特殊类型的键值存储，其中的值是以结构化格式存储的（不一定是固定长度），比如 JSON 或 XML 文件（见 3.15 节中的例子）。这些文件不一定是固定长度的，但包含了结构化的数据记录。文件存储具备键值存储的速度和可扩展性优势以及宽列存储的数据存储灵活性。这种类型的存储方式在银行哪些应用场景适用呢？我们认为文件存储可以应用于贷款核销（尤其是商业贷款核销）场景中，在这个场景中，通常需要在一个区域内保存多种格式的信息（如财务账目的副本等）。我们已经看到了将关系型数据库和文件存储系统结合使用的案例，两者分别用于标准化数据和存储多种格式的信息。然而，将文件存储作为单一存储解决方案可能更加合适，例如，将所有相关信息保存在同一个地方以方便管理和检索。此外，文件存储系统也适用于保存与每位客户的所有互动记录，包括通信副本、聊天记录、音频和视频通话记录等，从而构建一个完整的客户接触历史记录。这样的系统可以快速适应新的互动类型，并且能够高效地扩展到数百万条记录，支持银行业务的大规模运营。

图存储。从概念上讲，图存储是一种专门的数据库类型，它保存的信息包括实体（称为节点，通常代表业务实体，比如客户、银行账户等）、实体之间的关系（有时称为边，例如客户和账户之间的持有关系），以及节点和边的属性。虽然听起来与关系型数据库有些类似，但本质区别在于，在关系型数据库中，实体之间的关系是建立在用于实现数据库的数据模型之上的，但是图存储允许动态存储实体之间的关系及其属性，而不需要更改整个数据模型。这种灵活性使得图存储能够更好地应对现实世界的复杂性，让我们可以动态地建立和使用实体之间的关系。从技术上讲，图存储通常采用固定长度的记录文件和键值存储来保存信息。图存储特别适合用于银行业中的欺诈分析，因为其可以快速识别数据集之间的共同方面和关系。例如，在过去的支付卡欺诈行为中，一些商店店员会在顾客购物时盗用或复制信用卡上的详细信息，然后使用卡上的详细信息进行购物。当我们处理这一欺诈行为时，面临的主要挑战是需要查找所有受影响持卡人的交易，找出他们在哪些共同的商店消费过。图存储能够简化这一过程，而如果使用关系型数据库，这会是一项复杂且耗时的工作。

我们并不认为 NoSQL 会取代 RDBMS，但由于 NoSQL 在某些应用场景下能提供更优异的性能，它们在这些场景中具有较好的应用前景。我们已经看到了关于 NoSQL 不支持 ACID 事务的各种争论，根据我们的经验，NoSQL 实际上可以提供 ACID 事务支持，但在一些特别的情况下（尤其是在大规模的、数据在跨站点甚至在世界各地复制的情况下），不同地点的数据视图可能存在一定的延迟。这种数据复制的挑战在关系型数据库中也存在，因为物理距离限制了数据的同步速度。

更为复杂的是，现在有些 NoSQL 提供 SQL 接口，使得它们在使用上类似于关系型数据库（尽管可能有一些限制），而一些 SQL 数据库也开始提供 NoSQL 功能。这种技术的交叉使得数据库的选择更加丰富，但同时也更加复杂。

在数据库技术的发展中，内存数据库（包括 SQL 数据库和 NoSQL）的兴起尤为值得关注。这类数据库提供了更快的数据访问速度，被一些供应商认为能够显著提高批处理速度，例如，缩短企业（包括银行）在月末生成财务账目所需的时间。然而，内存数据库的主要风险是，如果服务器发生故障，未持久化存储的数据可能会丢失。因此，在实际应用中，内存数据库技术往往被用来补充传统数据库，一旦数据被更新，它会被立即写入硬盘或固态硬盘中进行永久存储，而正在分析和未更新的数据则保留在内存中，以便用户更快地访问。

3.22 数据分析和报表

传统上，业务运营平台（如核心银行平台、信用卡平台和客户信息平台）与分析及报表平台在技术架构上是分离的。这样做的一个主要原因是确保执行非紧急分析操作或运行报表的过程不会影响业务运营平台的性能，但还有一些其他原因。

首先，操作型数据库和分析型数据库存储的信息类型不同。操作型数据库记录当前业务状态的信息，如银行客户的账户信息、银行有哪些客户以及他们的姓名和地址等。尽管这些数据库可能会保留一定量的历史交易数据（如过去两年每个账户的交易情况），但通常不会保存全部历史信息（比如客户以前的地址）。而分析型数据库则需要保存全部历史信息，以便在不同时期之间进行比较分析，观察趋势变化。

其次，操作型数据库需要支持高频率的读写操作，因为它需要处理日常业务流程中的查询和更新。相对地，分析型数据库通常定期写入新数据，然后在其他时间进行集中查询，因此它们被设计为能快速响应这些查询。换句话说，操作型数据库主要用于执行业务流程，而分析型数据库则用于评估和分析已经执行的业务流程。由于这两种数据库在使用方式上存在不同，它们背后的数据库管理系统和数据存储方式也不同。

通常，用于分析数据和运行报表的数据库称为数据集市。

3.22.1 分析型数据模型

正如我们在 3.4 节中所解释的，基于 RDBMS 的操作型数据库通常采用规范化的数据模型，该模型定义了各种实体之间的关系（例如客户与账户之间的关系，其中一个客户可能拥有零个或多个账户，而一个账户可能归属于一个或多个客户），并最大限度地减少（通常旨在完全避免）数据重复。数据集市通常采用所谓的维度模式。例如，银行可能需要一份报告，显示去年每个网点不同账户类型的新账户数量。这份报告应该根据特定时间段（比如"去年"这一时间维度）和每个网点的账户类型（作为另一个维度）来提供数据，即新账户数量。用户从数据集市中提取报告的时候，数据集市包含了一个事实表，这个表通常有很多行数据，每行都包含账户类型标识符、网点标识符、日期标识符以及该网点在该日期开立该类型账户的数量。

实际应用中，我们可能还希望能够筛选出开立每个账户的银行员工，因此员工信息也会成为每一行中的数据。所以，数据集市中的事实表行数多到可以对应银行产生的详细报表中的每一行数据。除此之外，还有几个维度表，包含了银行希望在报表中使用的各种维度（或筛选器）的详细信息。在我们的例子中，可能会有几个维度表：一个包含员工信息，一个包含产品信息，一个包含日期信息。事实表中的每个维度都通过外键与相应的维度表连接。维度表通常不包含太多数据，例如，网点表可能只包含所有网点的列表（包括已经关闭的）。事实表位于中心，周围环绕着四个维度表（从左上方开始顺时针方向分别是网点表、员工表、日期表和产品表），如图 3.39 所示。为了简洁，每个表只展示了表中的前四行数据。事实表与每个维度表之间的连线表示事实表中的每个维度外键在相应维度表中都有对应的条目。具体来说，事实表中的每一行都记录了在特定日期（由日期外键 Date_FK 标示），由某网点（由网点外键 Branch_FK 标示）的特定员工（由员工外键 Employee_FK 标示）开立的某种类型产品（由产品外键 Product_FK 标示）的数量。例如，事实表中的一行数据可能表明，在 2020 年 7 月 13 日，李·威廉姆斯在哈默·史密斯网点开立了 6 个零售即时存取版本 1 的账户。

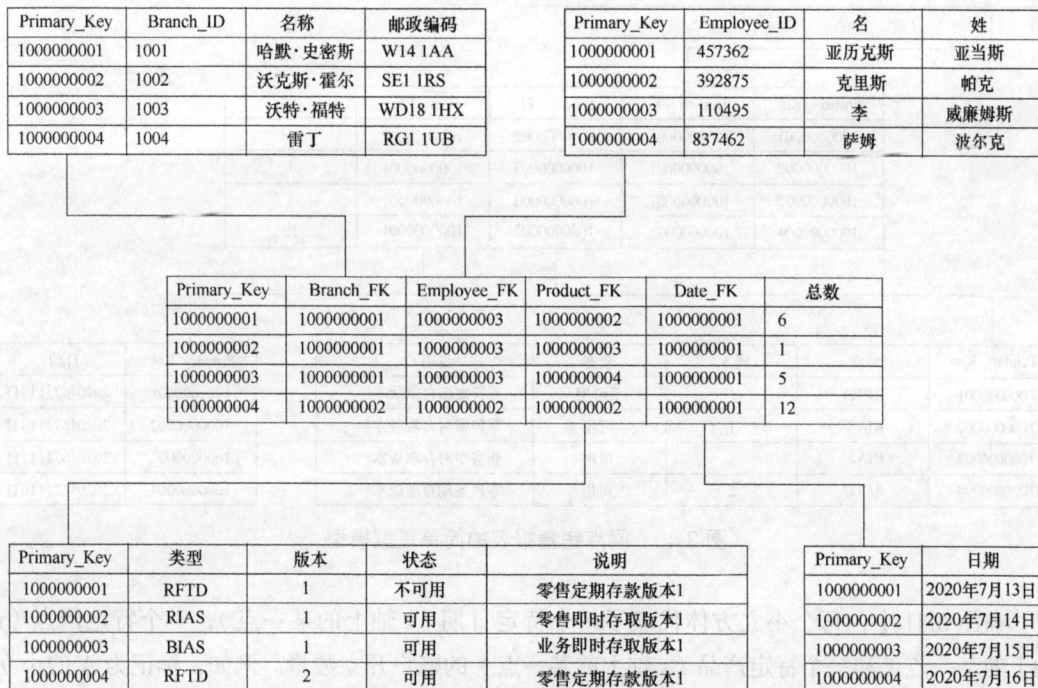

Primary_Key	Branch_ID	名称	邮政编码
1000000001	1001	哈默·史密斯	W14 1AA
1000000002	1002	沃克斯·霍尔	SE1 1RS
1000000003	1003	沃特·福特	WD18 1HX
1000000004	1004	雷丁	RG1 1UB

Primary_Key	Employee_ID	名	姓
1000000001	457362	亚历克斯	亚当斯
1000000002	392875	克里斯	帕克
1000000003	110495	李	威廉姆斯
1000000004	837462	萨姆	波尔克

Primary_Key	Branch_FK	Employee_FK	Product_FK	Date_FK	总数
1000000001	1000000001	1000000003	1000000002	1000000001	6
1000000002	1000000001	1000000003	1000000003	1000000001	1
1000000003	1000000001	1000000003	1000000004	1000000001	5
1000000004	1000000002	1000000002	1000000002	1000000001	12

Primary_Key	类型	版本	状态	说明
1000000001	RFTD	1	不可用	零售定期存款版本1
1000000002	RIAS	1	可用	零售即时存取版本1
1000000003	BIAS	1	可用	业务即时存取版本1
1000000004	RFTD	2	可用	零售定期存款版本1

Primary_Key	日期
1000000001	2020年7月13日
1000000002	2020年7月14日
1000000003	2020年7月15日
1000000004	2020年7月16日

图 3.39　网点销售报表的事实表和维度表

这种数据模型被称为星型模型，因为在这一模型中，中心的事实表被多个维度表环绕，通过主键和外键关系相连接，形态看来起来类似星星。在某些情况下，这种数据模型可能更加复杂，维度表可能还有子表，这时该模型通常被称为雪花模型（尽管在很多情况下它仍被归类为星型模型）。根据图 3.39 所示的星型模型可以生成各种类型的报表，例如，显示过去一年每个网点每月所有产品的开户数量的报表，更详细地显示每个月每个网点每种产品的开户数量的报表，或者一周中的某一天所有网点每种产品开户数量的报表，这一报表有助于安排网点的人员配置（例如，网点在周末对银行业务专家的需求可能较少）。但这一数据模型无法生成关于一天中具体时间段开户数量的报表，因为数据没有那么细。虽然源系统可能记录了每个账户的具体开设时间，但要在数据集市中反映这些信息，就需要对现有的星型模型进行调整或添加新的星型模型。

数据分析中另一个常用术语是数据立方体（通常简称为立方体或 cube）。假设我们有一个用于报告产品销售情况的简单数据模型，如图 3.40 所示，我们需要关注的是每个网点每天开立的每种类型账户的数量（这里我们去掉了员工维度）。现在，我们可以将图 3.40 所示的事实表想象为一个由许多小立方体组成的大立方体，其中大立方体的三个坐标轴（x、y 和 z 或从左到右、从前到后和从下到上）分别代表日期、网点和产品，如图 3.41 所示。

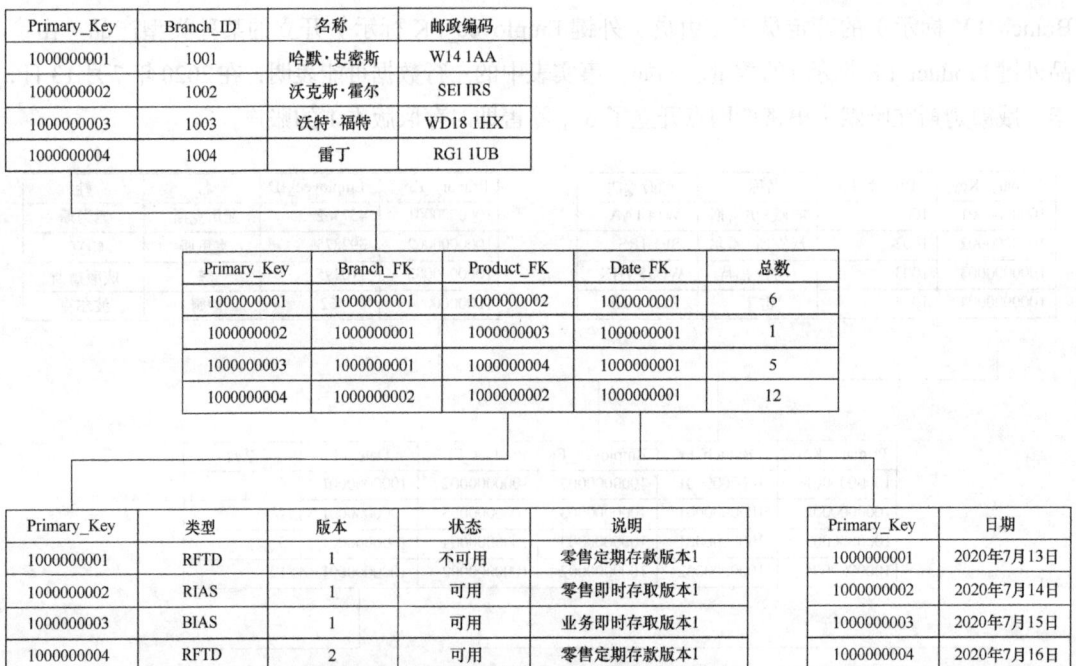

Primary_Key	Branch_ID	名称	邮政编码
1000000001	1001	哈默·史密斯	W14 1AA
1000000002	1002	沃克斯·霍尔	SEI IRS
1000000003	1003	沃特·福特	WD18 1HX
1000000004	1004	雷丁	RG1 1UB

Primary_Key	Branch_FK	Product_FK	Date_FK	总数
1000000001	1000000001	1000000002	1000000001	6
1000000002	1000000001	1000000003	1000000001	1
1000000003	1000000001	1000000004	1000000001	5
1000000004	1000000002	1000000002	1000000001	12

Primary_Key	类型	版本	状态	说明
1000000001	RFTD	1	不可用	零售定期存款版本1
1000000002	RIAS	1	可用	零售即时存取版本1
1000000003	BIAS	1	可用	业务即时存取版本1
1000000004	RFTD	2	可用	零售定期存款版本1

Primary_Key	日期
1000000001	2020年7月13日
1000000002	2020年7月14日
1000000003	2020年7月15日
1000000004	2020年7月16日

图 3.40 网点销售报表的简单星型模型

在图 3.41 中，每个小立方体代表了一个特定日期（x 轴上的某一点），一个特定网点（y 轴上的某一点）和一个特定产品（z 轴上的某一点）的账户开立数量。例如，标记为 A 的小立方体表示 2020 年 7 月 13 日哈默·史密斯网点开设的零售定期存款版本 1 账户的数量。这个大立方体代表了日期、网点和产品每种可能的组合数据。为了简化示意，图 3.41 依旧只展示了每个维度的前四个数值，但实际的大立方体会扩展到包括所有维度的所有值。数据立方体也说明了数据分析中的"切片"概念。例如，可以对图 3.41 所示的大立方体进行垂直切片，该大立方体包括第一列的小立方体（即所有日期为 2020 年 7 月 13 日的立方体），如果将这个切片中所有小立方体的数值相加，就可以得到所有网点在该日期开立的所有类型账户的总数。

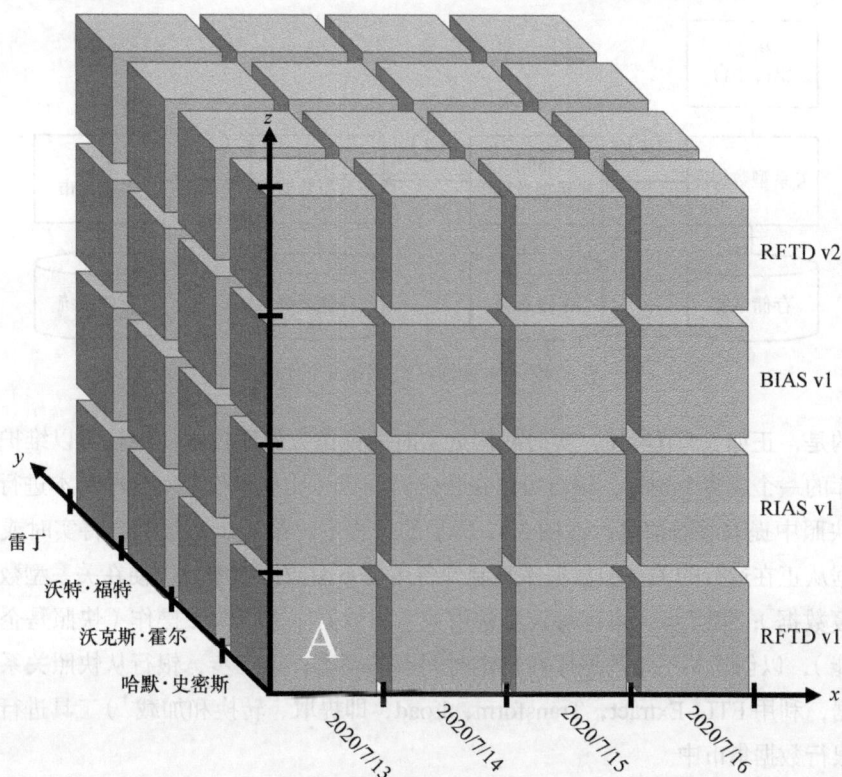

图 3.41　简单的数据立方体

　　现在，如果我们想进一步对员工维度进行可视化分析，就需要在大立方体中引入第四个维度，从而形成一个四维的超立方体。虽然这种四维结构难以表示，但其概念是清晰的。数据立方体通常有多个维度，便于进行复杂的多维度分析。

　　数据集市中通常有多个星型模型，以支持各种不同的报表需求。通常，需要从操作型数据库中提取大量数据，将其转换为数据集市的正确格式，并将其加载到数据集市中，这个过程需要高效地执行，并尽量减少对操作型数据库性能的影响。我们将在接下来的章节探讨实现这一过程的方法。

3.22.2　数据分析架构

一直以来，每日批量生成的日常和定期报表（以及其他批量处理任务）都是完全在核心银行平台内部执行的。但是，这类报表仅能利用核心银行平台数据库中的数据，且由于每天的批处理时间有限，某些需要深加工的报表可能无法及时生成。此外，随着互联网银行平台的普及和为了达成 7 天 ×24 小时实时银行业务的目标，有必要将报表生成任务从核心银行平台和其他业务运营平台中独立出来。这就意味着需要从操作平台中提取所需的数据，并最终将数据加载到一个或多个数据集市中。加载银行数据集市的过程如图 3.42 所示。

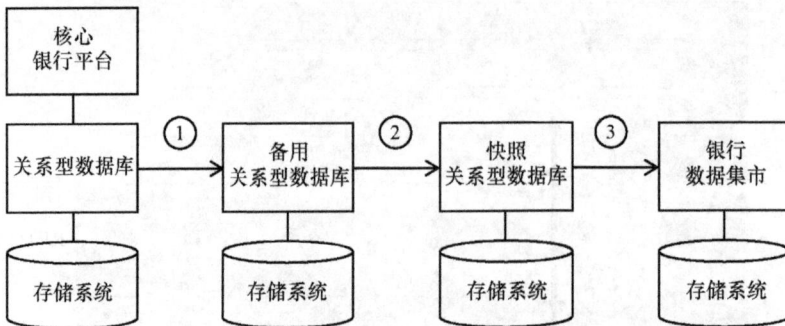

图 3.42　加载银行数据集市的过程

幸运的是，正如 3.5 节所述，实时或接近实时的镜像数据库技术使银行可以维护核心银行平台数据库的一个或多个副本，银行可以在特定时间点（比如午夜）对这些副本进行快照，然后从这些快照中提取所需信息。在图 3.42 所示的过程中，第一步，银行会将实时或接近实时更新的数据从正在运行的关系型数据库复制到备用关系型数据库中，以便在关系型数据库发生故障时恢复数据）；第二步，银行每天对备用关系型数据库进行快照操作（快照是企业数据库具备的功能），以创建关系型数据库在特定时间点的副本；第三步，银行从快照关系型数据库中提取数据，利用 ETL（Extract，Transform，Load，即提取、转换和加载[1]）工具进行转换并将其加载到银行数据集市中。

在银行仅有一个业务运营平台，即仅有核心银行平台的情况下，这种建立数据集市的方法是可行的。事实上，一些核心银行平台的供应商和一些第三方供应商提供了现成的银行数据集市产品，这些产品可以轻松与核心银行平台集成，并提供一系列标准报表，同时还支持报表的定制和扩展。

然而，当银行有多个业务运营平台，如拥有核心银行平台、信用卡平台、客户信息平台和支付平台时，虽然同样的数据集市建立方法可以应用于每个业务运营平台，但这样做的缺点是，无法轻松地创建跨平台的综合报表。实际上，银行的不同部门可能需要从各个业务运营平

1　有时这些步骤的顺序是提取、加载和转换（ELT），指的是从一个平台提取数据，将数据加载到数据库（如数据仓库），然后进行转换。因为数据库通常有很多有用的功能和工具来转换数据，所以将数据加载到目标数据库后再进行转换是有意义的。

台获取信息以满足其报表需求。因此，通常情况下，一个常见的做法是从各个业务运营平台将数据提取到所谓的企业数据仓库中，然后再根据业务需求创建相应的数据集市，如图 3.43 所示。关于企业数据仓库架构的设计，业界存在两种主要观点：一种是比尔·英曼（Bill Inmon）提倡的使用关系数据模型的企业信息工厂架构；另一种是拉尔夫·金博尔（Ralph Kimball）提倡的使用基于星型模型的维度数据仓库架构。根据后一种观点，数据集市可以托管在数据仓库中。而在实际应用中，许多银行可能会混用这两种方法。

根据这两种观点，无论采取何种企业数据仓库架构，其核心通常都会包含来自业务运营平台的最低级别数据，以确保可以满足未来各种分析和报表需求，避免因业务需求变更而重新设计和执行 ETL。显然，这会导致企业数据仓库存储大量数据。

需要注意的是，客户匹配流程也可以使用企业数据仓库中的数据来执行。

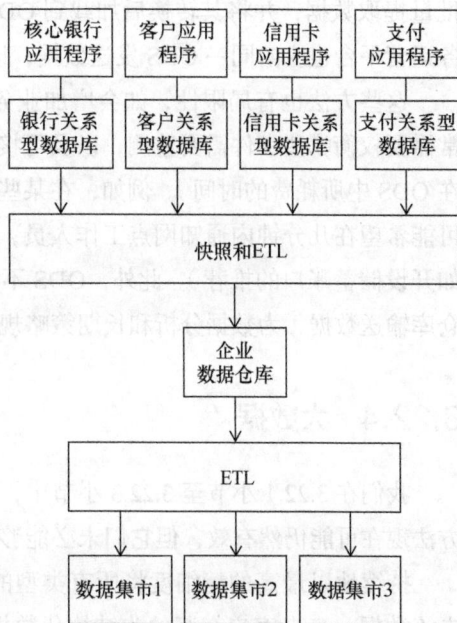

图 3.43　企业数据仓库架构

3.22.3　业务数据存储

上一小节所述的构建数据分析架构，面临的一个挑战是如何缩短从操作事件发生到它们被纳入分析和报表的时间。如果从业务运营平台提取数据，通常会存在至少一个夜晚的延迟，虽然这在许多应用场景中是可以接受的，但银行可能需要对某些事件进行实时或接近实时的监控。业务运营平台通常可以提供直接的警报，而操作型数据仓储（Operational Data Store，ODS）能够提供跨多个业务运营平台的综合视图，实时提供事件和当天的趋势信息。基本方法是每个业务运营平台实时地将事件数据发送到 ODS，如图 3.44 所示，ODS 将这些实时数据加载到数据库中并提供当日报表。业务运营平台可以通过多种方式将事件数据发送到 ODS。第一种方法，每当有重要事件发生时，应用程序直接将事件数据发送到 ODS（图 3.44 中的①）。在这种情况下，必须对核心银行平台进行编程或配置，以便正确地将事件数据发送到 ODS。第二种方法（图 3.44 中的②），在银行数据库中设置触发器。这是 RDBMS 具有的一种功能，可以配置触发器以在数据库表中发生插入、删除或更新记录时执行特定的存储过程（见 3.4 节）。然后，这些存储过程可以将事件的详细信

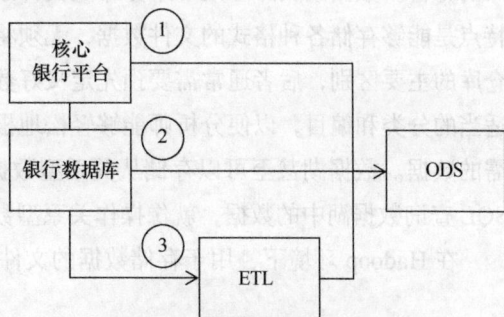

图 3.44　将事件数据发送到 ODS

息发送到 ODS。第三种方法（图 3.44 中的③），每隔一段时间（如每五分钟）从银行数据库中批量提取数据，并将其转换后加载到 ODS 中。需要注意的是，不仅是核心银行平台，其他业务运营平台也应向同一 ODS 发送数据，以确保信息的全面性。

这些方法也有局限性，如会增加业务运营平台的负载和复杂性。因此，设计 ODS 时，通常需要权衡哪些事件需要监测，以及可接受的数据延迟程度（即从事件发生到相关数据被保存在 ODS 中所耗费的时间）。例如，在某些营销场景中，如果客户账户中收到一大笔资金，银行可能希望在几分钟内通知网点工作人员，或者当客户登录官网或移动银行时生成优惠信息（比如开设储蓄账户的推荐）。此外，ODS 不仅可以为即时业务决策提供支持，也可以向企业数据仓库输送数据，为数据分析和长期策略规划提供数据支撑。

3.22.4　大数据

我们在 3.22.1 小节至 3.22.3 小节中，介绍了多种适用于银行的数据管理和分析方法。这些方法现在可能仍然有效，但它们未必能够满足银行所有的潜在需求。

持续地以最高的精细度将所有类型的数据（包括交易数据、互联网和移动银行服务的点击流数据、来自客户交互的非结构化数据、发票和系统访问记录等）存储在企业数据仓库中是不现实的。因为提取、转换和加载后分析处理如此大量的数据所需的计算能力、维持高可用性基础设施的成本、扩大存储区域网络覆盖范围和数据库软件许可成本等是难以承受的。此外，数据仓库通常只存储来自运营系统关系型数据库的结构化数据，而不存储诸如客户反馈等非结构化数据，且在加载数据前需要先定义好数据模式。大数据技术能够提供不同的处理方法，帮助分析大量复杂数据，例如识别欺诈模式、衡量客户倾向、分析客户使用互联网银行和移动银行的行为、进行信用风险评估和合规性分析，以及模拟各种情况对银行财务状况的影响。

在这个背景下，谷歌推出名为 Hadoop 的开源平台及相关工具，因能够利用通用服务器和存储空间处理大规模数据而受到关注。与传统数据处理方法相比，Hadoop 可以显著降低基础设施和软件成本。使用通用服务器还意味着银行可以利用云计算服务。在这种方法中，银行数据被置于数据湖 [1] 中，只需进行极少量的处理或无须进行转换处理，以便后续进行更灵活和深入的分析。数据湖实际上是一个分布式文件系统，可以部署在数千甚至更多的服务器上。它的特点是能够存储各种格式的文件数据，无须将数据转换为特定格式或模式。这是数据湖与数据仓库的主要区别，后者通常需要预先定义好数据格式和模式。当然，数据湖中的数据需要进行适当的分类和编目，以便分析师能够轻松地根据数据的来源、日期、时间和类型等信息找到所需的数据。数据湖甚至可以存储从关系型数据库中提取的数据，Apache Hive 等工具允许使用 SQL 查询数据湖中的数据，就像操作关系型数据库一样。

在 Hadoop 环境下，用于存储数据的文件系统通常配置为存储每个文件的多个副本，并将

1　Pentaho 的首席技术官詹姆斯·狄克逊（James Dixon）于 2010 年 10 月首次提出了"数据湖"这个词。

文件拆分为位于不同服务器上的多个块。这意味着即便某些服务器发生故障（对成千上万台服务器来说，故障经常发生），数据仍然可以通过相关副本恢复。同时，可以并行地在不同服务器的数据副本上进行相同数据的不同处理任务，从而提高效率。还可以在所有服务器上并行进行分析任务，每个服务器都处理本地数据，然后将结果汇总组合起来。因此，基于 Hadoop 的数据湖极适合分析大量重复的非结构化和结构化数据（无论是网站的点击流数据、社交媒体数据、大型国际银行的分账记录、数百万张卡的交易数据，还是由微服务产生的事件消息等）。

其中很重要的一点是，业务用户（或业务分析师）可以直接访问数据湖中的内容，而无须依赖技术部门。还有其他相关术语，如数据水坑（指供单个项目或单一目的使用的数据集，相对独立于数据湖）、数据池（多个数据水坑的集合，但仍保持各自的独立性）和数据海洋（允许业务用户自助访问企业所有数据库的大型数据集），以及数据沼泽（指那些对业务毫无用处的数据湖）。

我们很难想象银行有哪些电子格式的数据不适用数据湖，虽然几乎所有格式的电子数据都可以存储于数据湖，但某些数据格式可能更便于分析。例如，数字化音频文件的客户通话记录相对于文本形式的通话记录而言更难分析；扫描件相比于经 OCR 技术转换成的文本文件而言也更难处理。

大数据的目标之一是广泛地提供数据访问权限，尽量减少对数据访问的限制，使得分析工作能够利用尽可能大的数据集进行深入分析。这与传统的企业数据仓库有显著差异，后者通常需要得到每个数据所有部门的许可才能访问和使用数据。存入数据湖的数据需要经过一种民主化过程，使得银行内的所有数据和业务分析师都能自由地使用这些数据。这可能涉及对客户数据进行脱敏处理，或对数据进行分类，明确指出哪些数据是有访问限制的。值得注意的是，数据的民主化在实施时可能会遇到阻力，因为某些部门可能不愿意在未经许可的情况下将数据分享给其他部门。通常情况下，中小型银行在数据民主化方面做得更好，而大型银行可能更倾向于设立特定功能的数据湖（有时被称作数据水坑），每个职能部门（如财务、采购、人力资源部门）只能访问和使用自己部门的数据。然而，银行面对的挑战是如何清楚了解自己拥有的数据，以及如何在不泄露客户隐私和违反法律法规的前提下进行数据的脱敏处理，从而实现真正意义上的数据民主化。

3.22.5 操作仪表盘和流处理

在银行的众多部门中，实时或接近实时地监控流程和平台是至关重要的。比如，联络中心需要实时监控来电量，以便在超过处理能力范围时及时调整；同时，对资金流动情况的监控也十分必要，以避免耗尽结算准备金；对银行卡支付授权的监控可以预防授权失败率上升和出现意外的高风险交易等情况。尽管业务运营平台通常能提供相关的警报，但将不同平台上的事件关联起来、实时地提供运营仪表盘、实时测量并显示关键绩效指标（Key Performance Index，KPI）则要困难得多。从历史上看，高管层所依赖的 KPI，尤其是财务指标，通常只有在每晚或每月末等固定时段才能提供。

多年来，对银行基础设施、系统和平台健康状况的监控一直在进行。因为这些基础设施和软件经常会记录各类技术事件，一般会被分类为通知、警告和错误，严重事件甚至会被直接发送到监控平台上[1]。当然，这种监控机制同样适用于运营仪表盘的创建，即让业务运营平台将重要事件发送到监控平台，由后者显示相关仪表盘并监控 KPI。在 3.22.3 小节中，我们提到 ODS 有潜力成为近乎实时的运营仪表盘数据源。然而，如 3.20 节所讨论的，采用微服务架构可以提供更强大的功能。每个微服务执行特定的角色，主要通过消息传递与其他微服务进行交互。比如，一个微服务负责为客户开立账户，当账户开立完成后，它会发布包含账户信息的消息。这个消息可能会被用来触发用于发送确认邮件或信件请求的其他微服务。同样的消息也可以被操作仪表盘服务用来实时显示近一小时内开立的账户数量。

当然，一个拥有数百个微服务的银行在其日常业务过程中会产生大量的消息。这些服务间的消息作为数据副本，会被存储在文件系统中（通常会有多个副本，以确保数据的安全性）。它们共同构成了一个数据湖，可以利用 Hadoop 等工具进行大规模分析。这就是微服务架构的另一个显著优势——由微服务构建的操作平台自然形成了一个数据湖，银行可以利用这一资源进行广泛的数据分析，挖掘业务洞察、优化客户体验、提升运营效率等。

---

1   简单网络管理协议可用来收集基于 IP 的网络上的基础设施信息。

第 4 章

银行渠道业务

4.1 引言

在我们详细探讨银行渠道业务这个话题之前，我们先明确一下渠道的含义。渠道是银行与客户沟通的桥梁，既包括传统的实体途径（比如银行网点），也包括现代的数字手段（比如互联网银行）。

本章将围绕银行可用的各种渠道，讨论每种渠道面临的挑战与机遇，以及这些渠道的技术支持。

早期，银行业务几乎都是通过面对面的方式进行的，无论是在市场摊位、客户家中、办公室，还是网点，客户大多通过去现场与银行工作人员会面来进行存款、取款、开设账户、贷款或其他银行业务。这种面对面的沟通方式是客户与银行交流的主要手段。对很多客户而言，当地的银行经理或代理人是他们与银行联系的唯一途径。

正如第 2 章所述，分支机构网络的建立在一定程度上降低了面对面沟通的局限性。实际上，网点已经成为银行业务的核心部分，许多现代银行的核心平台仍基于网点模式运作。例如，在英国，清算代码（一种处理国内支付的系统）对应网点，而一些银行的核心平台甚至直接将网点概念内置于其软件中（包括财务报告）。从技术平台来看，分支机构网络就是银行业的基石。

尽管实体网点仍是银行业务的重要部分并影响着银行的运营，但当代，银行网点已不是唯一的沟通渠道。随着通信技术的发展，银行业已经能够支持多种渠道，包括手机银行、互联网银行和电话银行等。

早在 20 世纪 50 年代末，银行就开始使用电话提供账户余额查询等基本的银行服务，到 1989 年，第一家纯电话银行成立。随着 20 世纪末和 21 世纪初通信技术的快速发展，更多的直销银行业务和模式应运而生。自 20 世纪 90 年代以来，互联网的普及和智能手机及平板电脑的发展，进一步扩展了银行业务的渠道。

除了上述的双向通信媒介外，数据的传输还有一些单向推送渠道，比如印刷媒体、广播和电视，它们已经存在了很多年，这些单向渠道对提升银行及其产品的知名度也起着至关重要的作用。尽管现在社交媒体在营销中占据了重要地位，但这些传统的单向渠道依旧有其特有的价值。

在当今社会，银行可用的渠道数量在持续增长。现代银行用来吸引客户的手段愈发多样，而部署、管理和维护这些渠道，需要精湛的技术和有针对性的策略。

4.2　银行分支机构

银行设立分支机构主要基于两个原因：一来分支机构是客户与银行沟通的重要桥梁，例如办理贷款或存款等业务通常需要在实体网点进行；二来它提供一个安全的环境让客户存放现金和其他贵重物品。同时，银行拥有常设机构也会增加客户的安全感，从而让客户更可能把钱（或其他贵重物品）存放在银行。因此，为了吸引客户并扩大业务范围，银行建设显眼且便捷的分支机构是十分有必要的，分支机构的增加也直接关系到客户量的增加。然而，在电子货币和互联网银行普及的今天，银行传统网点的重要性有所减弱。客户与特定分支机构的联系不再像过去那么密切，尤其是在线上就可以开户的情况下（不需要去任何特定的分支机构办理）。

事实上，许多银行已经不再将客户与任何特定网点挂钩。正如第 2 章所提到的，自 2010 年以来，发达市场的银行网点数量似乎在持续减少。我们也注意到，由于数字化的发展以及社会开始向无现金和无支票社会转型，在 20 世纪 60 年代末，我们就预测网点的存在会变得冗余。虽然如此，实体网点仍然有其存在的必要性，比如一些小企业的存款、取现，或零售客户希望得到面对面的服务，尤其是抵押贷款等复杂产品仍然需要在分支机构进行当面办理。尽管实体网点面临数字化转型的挑战，但它们依旧是银行营销策略的一部分。各国政府对金融普惠性的关注也需要银行设立分支机构，现金对某些社会群体，尤其是并不富裕的人来说，仍然非常重要，因此关闭分支机构和撤销 ATM 可能会受到政府和监管机构的审查。现代分支机构的运营环境复杂且成本高，随着数字银行的兴起，其面临的威胁日益增加，但其在某些领域的重要性仍然存在。

在未受到监管机构或政府干预的情况下，传统银行有两种处理分支机构的方法：一是关闭经营效益不佳的分支机构，仅保留那些对营销有用或能带来足够收入的分支机构；二是对分支机构进行改造创新，提升其经济效益以维持运行。显然，为了适应 21 世纪的需求，必须对分支机构进行改革。以英国为例，不少银行正在探索传统分支机构的现代化方案。首都银行（Metro Bank）便是其中一家率先尝试激活网点新生命力的银行，其通过增加客户服务（比如一周营业七天）、快速开户、即时提供支付卡和支票簿、设立保险箱（这在英国的大型银行中几乎已消失）、免费硬币计数服务（因为其他大型银行通常不鼓励客户存硬币），以及利用技术提高客户参与度，例如，平板电脑消除了受限于台式计算机和显示器而横在员工与客户之间的障碍。很多人认为首都银行成功的关键在于其分支机构的技术，这种想法不完全正确，实际上，以客户为中心的文化在满足客户需求方面发挥着同样重要的作用（首都银行的内部目标是超越客户预期），正是通过文化、流程和技术的结合，首都银行才能在竞争中脱颖而出。

在英国繁华商业区，设立人员齐备的网点并非银行的唯一尝试。其他银行也通过引入技术，使其分支机构更加数字化，从而更好地满足客户需求。例如，国民威斯敏斯特银行推出的数字化网点，就配备了免费 Wi-Fi、视频通话设施、iPad 和技术支持人员。同时，有些银行试图将网点转变为客户休闲的场所。比如维珍理财在 2012 年推出了银行休息室概念，重点在于提供一个舒适的空间让客户放松，而不局限于办理传统银行业务。这些休息室类似于机场的旅客休息室，给客户提供了一种全新的体验。另外，一个有趣的现象是巴克莱银行、劳埃德银行和国民威斯敏斯特银行三家银行在 2019 年 3 月宣布推出共享的迷你网点。这种合作方式也体现了银行业对客户服务模式的不断创新。

当然，英国并非唯一出现技术创新的地方。在美国，摩根大通和美洲银行都在积极推进银行网点创新。例如，摩根大通于 2019 年在纽约哈勒姆区开设了新网点，举办社区活动，覆盖财务管理、求职技能和小企业发展等多个领域。而美洲银行则于 2017 年在明尼阿波利斯和丹佛推出了无人值守的机器人网点。多年来，泰国的银行也一直在尝试部署多元化网点，针对不同收入的客户提供不同的服务和环境。例如，针对较富裕客户的网点通常会安排更大的空间、更多的工作人员、更舒适的家具以及更优质的茶点。这样看来，网点似乎并没有逐渐走向消亡，而是随着时代的变化进行相应的演变。

尽管有各种新型的网点模式出现，但是到底哪种能成功还有待市场检验。不过有一点是确定的：任何一种模式要想成功，关键都在于执行。银行网点业务成功的关键在于将创新技术、合格人员以及高效流程结合起来，以支持银行各分支机构实现其业务目标。许多新型银行倾向于数字化优先策略，这可能相对容易实施。然而，传统分支机构需要采用更全面的策略，这包括发展先进技术、全面培训员工、整合多元文化和精心选址，这样才可以最大限度地提高银行的投资回报。正如首都银行在新设立分支机构的选址策略中，将客流量作为关键考量因素。

4.3　银行网点使用的技术

从历史来看，银行客户的账户信息通常存放在客户所在分行的账本中，这些账本被称为分类账。当账户信息首次被存入计算机时，这些计算机通常位于网点之外的独立建筑内，并未直接与网点连接。网点工作人员需要将交易数据手动输入一台设备，并将数据记录在纸带或磁带上，随后将其送至计算机中心，或通过电话线发送到计算机中心。随着技术的进步，网点的终端设备可以直接通过电话线连接到总部的计算机中心，这意味着一些银行能够在网点内部设立较轻便和经济的计算机，这些计算机可存储该网点的账户信息。网点内部因此形成了以有多个绿屏终端为特征的布局，这些终端直接连接到运行各种业务应用的微型计算机，如图 4.1 所示。

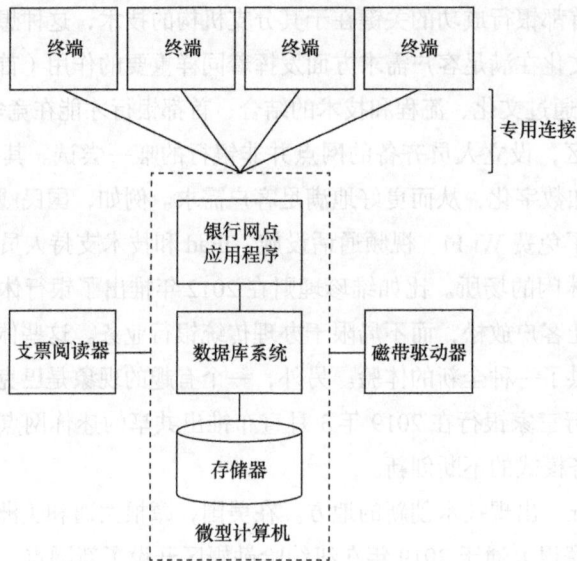

图 4.1　连接到微型计算机的终端

　　微型计算机配备了磁带驱动器，主要用于复制账户信息，并将这些信息发送至中央数据中心进行整合，以便形成整个银行的账户记录。对于付款信息，特别是涉及其他分支行或其他银行的情况（如本分支行的客户支付给其他机构的账单），需要进行适当的信息交换和记录。通常，银行会每天安排专车来回运送磁带，一方面是将本分支行的数据带送往中央数据中心，另一方面是带回包含付款信息（例如，来自其他银行机构或分支行的付款信息）的磁带。除了数据交换，这些磁带驱动器也用于更新信息（如分支行的机构编号和地址变更），或者是将新的软件和应用程序加载更新到分支行的微型计算机中。

　　分支机构还用于处理从其机构账户开出的支票。在某些国家，法律曾经（有一些司法管辖区可能现在仍然如此）要求支票必须实际返回给开户行，由于账户是在开户行维护的，这样做开户行就能够验证每一张支票，并确保账户中有足够的资金进行支付，这种规定有助于维护交易的安全性和有效性。图 4.1 中的支票阅读器可以读取支票上的可读文本。当时，网点利用支票阅读器读取支票上的磁墨水字符识别代码（这一技术能自动提取支票上的重要信息，如银行、分支机构和账户的详细信息），从而使支票处理过程部分自动化。然而，网点柜员仍需人工核对签名、日期并输入支票金额，确保账户有足够资金兑现支票。通常情况下，如果支票未能通过验证（如签名不符）或账户资金不足，支票会被退回到收款方的银行，以便通知收款人支票无法兑现。若支票验证无误并确认可以兑现，则资金会被转移到另一家银行。

　　由于客户前往开户行以外的其他网点进行交易，则那里的工作人员通常需要联系客户的开户行来查询其账户余额，并在客户提取现金时实时更新这一余额。在较小的卫星网点，可能会有通过调制解调器和拨号连接的终端，它们与较大网点的微型计算机连接，以实现数据传输和通信，如图 4.2 所示。这些网点的设备可能还包括专用的存折打印机，用于记录和更新柜台现金交易，以及跟踪柜员尾箱内的现金量（这对管理现金流和决定何时需要更多现金或将现金从网点送出至关重要）。

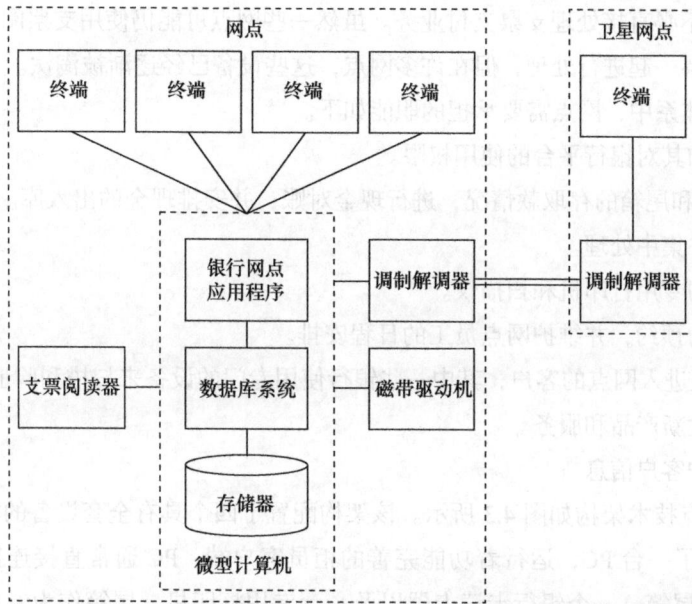

图 4.2　连接到较大网点的卫星网点

网点日终时会执行日终流程，包括批量支付处理、非现场现金交易处理、对网点持有现金进行对账，以及生成网点活动报告（包括交易量和交易额等重要数据）。

随着时间推移，银行开始为其网点引入网络连接。起初，网点使用调制解调器进行拨号连接，随后逐步升级到用综合业务数字网（Integrated Service Digital Network，ISDN）[1] 或租赁线路连接，再到现在普遍使用的宽带连接。技术进步消除了物理运输磁带的需求，同时也减少了维护本地网点的相关成本。在现代银行体系中，客户的账户信息几乎全部存入集中式的核心银行平台上。尽管如此，一些银行机构仍然根据需要（例如，客户的产品经理在某网点工作）将客户与特定网点关联，与网点相关的日终处理任务（如现金对账等）仍需执行。现代核心银行平台已经能够提供传统网点平台的所有功能，或者银行也可以通过建立专门的、集中运营的网点来处理这些任务。

随着核心银行平台的集中化，支票不必再送回每个开户行（除非法律明确要求），银行设立了集中的支票处理中心。这意味着，除了在柜台实际接收支票以及根据需要打印支票和银行

1　ISDN 是通信公司提供的一种技术，它存在两种形式。首先，家庭或小型企业客户可以从当地通信公司购买 ISDN 线路，即所谓的基本速率接口（Basic Rate Interface，BRI）服务。ISDN 连接重新使用从交换机或街道机柜到家庭或企业的现有铜质电话线，并提供一个或两个信道，可用于拨打和接听电话或发送和接收数据，每个信道的最大保证速率为 64kbit/s。对于 ISDN 变体，16kbit/s 的信道可以用于发送和接收信号信息（例如，使用其他信道进行呼叫的呼叫显示和被呼叫号码识别服务信息）。这意味着，用户通过现有的铜质电话线，可以获得两条电话线或一条电话线和一个保证带宽的互联网连接（尽管最大保证速率只有 64kbit/s）。随着非对称数字用户线的出现，用户可以在不影响电话语音通话的情况下，通过同一根铜质电话线获得高达 20Mbit/s 的带宽速度，在某些市场上这种 ISDN 的使用率很低或者根本没人使用。然而，在一些市场上，BRI ISDN 被一些企业普遍使用，例如，用来将银行网点与中央数据中心连接起来。然而，随着宽带连接提供了更高的带宽和更高的灵活性，BRI ISDN 的使用可能会逐渐减少。其次，ISDN 也可以用于中继线连接，这是连接电话交换机与电话交换机或连接电话交换机与企业数据网络的一种方式，可以承载多个语音呼叫或数据传输信道。这些中继线负责将企业网络跨站点连接起来，常用于大型企业和组织，以确保不同地点之间的通信和数据传输。

汇票之外，网点不必直接处理支票支付业务。虽然一些网点可能仍使用支票阅读机来读取账户信息并将其与支票一起进行处理，但在许多网点，这些设备已经逐渐被淘汰。

在现代银行体系中，网点需要承担的职能如下。

- 管理柜员和其对银行平台的使用权限。
- 监控 ATM 和尾箱的存取款情况，进行现金对账，并安排现金的出入库。
- 接受支票并集中处理。
- 管理网点的专用打印机和扫描仪。
- 处理客户的预约，并维护网点员工的日程安排。
- 识别和验证进入网点的客户，其中一些银行使用专门的设备来扫描和验证身份证明文件。
- 为客户开发新产品和服务。
- 更新和维护客户信息。

现代银行网点技术架构如图 4.3 所示。该架构配置了四个具有全套设备的柜员工作台，每个工作台都配备了一台 PC，运行着功能完善的柜员客户端，PC 通常直接连接（也可能使用 USB 连接）一个尾箱、一个银行卡读卡器以及一台专用打印机。尾箱作为专用设备，负责对投入其中的纸币进行验证、清点、分类等。尾箱由柜员客户端控制，自动执行点钞和出钞任务。这也是一种安全措施，因为尾箱实际上是一个存放现金的保险箱，而且可以设置出钞上限，这样在发生抢劫时，银行的现金损失就是有限的。银行卡读卡器则适配芯片卡和密码卡，并设有键盘让客户输入密码以确认身份；它还能与 PC 上的柜员客户端通信。至于专用打印机，不仅能用于打印银行汇票、收据等，如果银行仍在使用存折，它也能够打印存折。

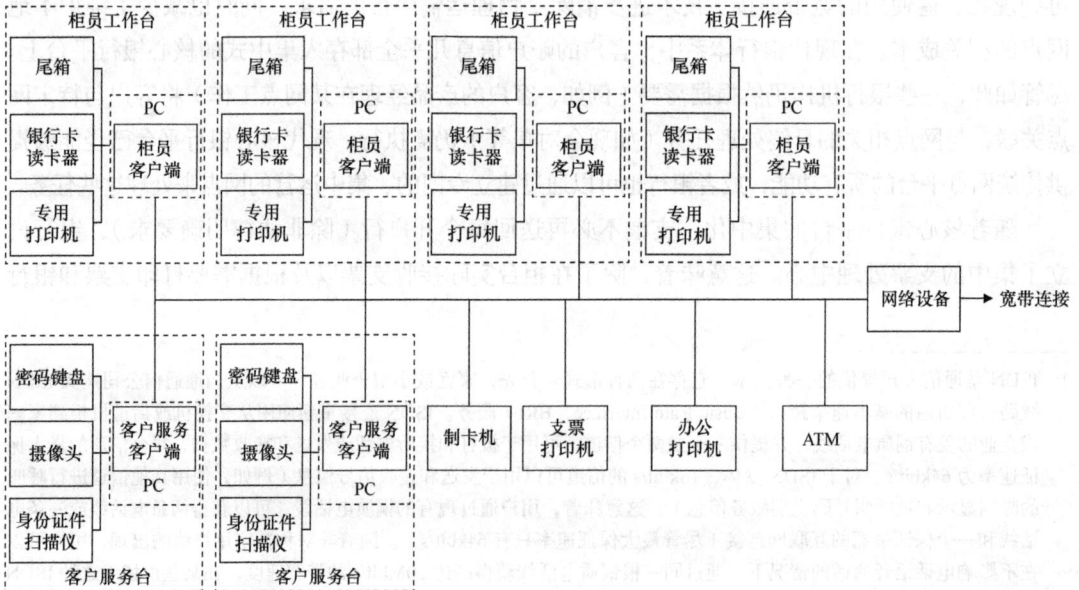

图 4.3　现代银行网点技术架构

图 4.3 中还设有两个客户服务台，以便客户可以与网点工作人员面对面交流。通过客户服务台，客户不仅可以开立账户，还可以享受其他多种服务。客户服务台配备了安装有客户服务

客户端的 PC，PC 通过 USB 连接一系列专用设备：一个用于输入 PIN 的密码键盘（带有读卡器功能）、一个摄像头以及一台专用的身份证件扫描仪。这些设备均用于开户等操作。例如，如果有客户想要开立一个活期账户，网点工作人员将利用这些设备完成客户身份验证、资料录入等一系列开户过程中的关键步骤。

- 扫描和检查客户的正式身份证件。使用高精度身份证件扫描仪捕捉身份证件的图像，并验证文件中的安全特征（如全息图等）。利用 OCR 技术、身份证件扫描仪或客户端程序自动读取客户的个人信息，并将这些信息导入新的客户记录。
- 给客户拍照。客户服务台配备的摄像头会拍摄客户照片并保存在银行记录中，方便未来银行工作人员验证客户身份。
- 安全地获取 PIN。通过密码键盘，客户可以在银行工作人员的协助下，安全地获取或设置他们的支付卡密码。为了客户的便利和安全，银行也可以将密码邮寄给客户。
- 打印支票簿和制卡。网点里有一些共享的专业设备，包括制卡机和支票打印机，可以用于制作新卡和支票簿。制卡机采用空白塑料卡，能在卡片正反面打印所需信息，并在上面压印卡号、发行日期、到期日以及持卡人姓名。同时，制卡机还能将相关信息编码至磁条和芯片，并在签名栏上刻录持卡人验证值。此外，银行也可以将集中制作的支票簿和银行卡通过邮寄的方式发送给客户。

网点还配备办公打印机和 ATM，同时还安装了通过宽带连接总行网络的网络设备，以及连接数据中心平台的系统。为了保障网络的稳定性和安全性，银行可以配备不止一套网络设备和双路宽带连接，以防止任何一套设备出现故障影响银行运营。

此外，除了图 4.3 展示的设备外，某些网点还会安装录像机等安全设施，一些网点还设有硬币计数器。

如果银行网点配齐了上述专业设备，则其无疑是一个配置成本较高的网点。在实际情况中，鲜少有银行会配齐上述设备。例如，尾箱可能作为独立设备存在，需要银行工作人员在客户端和尾箱上分别手动输入现金金额。随着技术的发展，很多银行也逐渐放弃使用专用打印机（如存折或需要特殊墨水的打印设备），转而采用普通的办公打印机来满足各种文档打印需求。

4.4　邮政系统

邮政银行产品曾一度广受欢迎，其账户管理主要通过邮政系统进行。截至 2020 年 7 月，英国国民储蓄和投资（National Savings and Investments）公司还通过邮政系统运作着大量业务，服务约 2500 万名客户（几乎占英国人口的 40%）。现代邮政银行产品不局限于单一渠道，而是采用多种方式服务客户，以提高吸引力。邮政账户的客户群体通常比较特殊，主要包括那些不太接触或对现代数字渠道不感兴趣的人群，这些客户通常比较有耐心。

与数字系统相比，邮政系统的一个优势是其操作相对复杂，因此不鼓励频繁提款。对银行而言，这些不经常进行提款的账户往往可以成为黏性账户，账户更加稳定。同时，为了克服客户存款的障碍，许多邮政储蓄产品提供了有竞争力的利率和定期存款功能，如常年订单存款等，以吸引和维持客户。邮政系统的另一个优势是其平台功能相当基础，不需要 7 天 × 24 小时运行，相关功能主要由银行工作人员手动提供，这可通过培训来解决问题，并不会降低客户服务质量。然而，随着数字渠道和联络中心的兴起，邮政系统的这些特点和优势正在逐渐改变。

从历史上看，客户通常会通过邮件与银行分支机构通信，分支机构接收到邮件后，根据内容需要进行回复，这是日常银行业务的一部分。然而，在现代银行业，往来邮件的处理往往是集中进行的。银行可能设有不同的邮件处理地址，以应对不同类型的邮件，如存款支票邮寄、支付请求（例如银行直接转账支付）、客户投诉、常规客户信件、申请表及商业银行授权书等。虽然有些邮件可能仍由网点柜员处理，但这需要相应的技术支持。现代银行常常会将收到的信件进行扫描，并以电子形式存档，通过工作流程系统分发至相关团队或个人进行审查和回复。随着技术的发展，一些银行开始采用 OCR 技术来处理客户填写的申请表。同时，随着越来越多的银行鼓励客户使用在线方式提交申请，通过邮件提交申请表的情况显著减少。

银行的外发信件服务（如打印和邮寄服务）通常由专业的第三方机构负责完成，银行月度对账单就是一个常见的例子。为了发送这些信件，银行通常会与供应商约定一个标准模板，然后提供含有必要数据的文件（包括客户的姓名和地址、交易数据和营销信息等）。银行的核心平台通常能生成这类文件。之后，供应商负责将这类文件打印到信纸上，装入信封并进行邮寄。为了降低运营成本，特别是邮寄成本，银行鼓励客户采用无纸化对账单，通过互联网银行或移动银行接收对账单。

4.5　ATM

大多数人对 ATM 的基本功能都不陌生：插入银行卡后，可以进行现金提取、余额查询、修改密码以及执行其他简单操作。最初，银行的 ATM 主要是为本行客户服务的，功能相对有限。最初的 ATM 并未连接银行的任何其他系统，需要人工收集每台机器每日的交易记录，并将这些记录手动录入账户。

随着技术的发展，ATM 的功能大幅增强，除了基本的取款和查询余额外，其还支持磁条卡、带芯片的密码卡、非接触式卡，甚至可以通过智能手机和二维码进行授权。一些先进的 ATM 甚至支持开户（通过扫描文件）、视频通话、生物识别认证（包括面部识别）等。

4.5.1　银行 ATM 的基本设置

随着电话线路的普及，ATM 的功能也变得更加复杂和多样。到了 20 世纪 70 年代，ATM 开始广泛地与核心银行平台连接，其基本设置如图 4.4 所示。每位客户通常都会拥有一张带有磁条的 ATM 卡。

在图 4.4 中，银行的每台 ATM 都通过电话线与银行数据中心内的 ATM 主机连接。当客户进行取款或查询交易等操作时，ATM 会通过电话线连接银行的数据中心，以验证客户的 ATM

卡和密码，并检查账户的可用余额。由于核心银行平台通常在日终时处理当天所有的账户交易并更新账户余额（即是批处理的），因此 ATM 主机需要在当天开始时获取所有账户的最新余额，以确保交易时信息的准确性。图 4.5 展示了客户在 ATM 提取现金的整个流程。

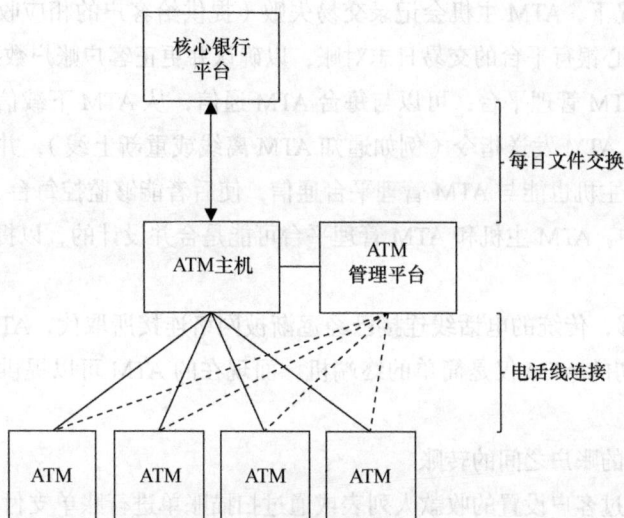

图 4.4　ATM 的基本设置

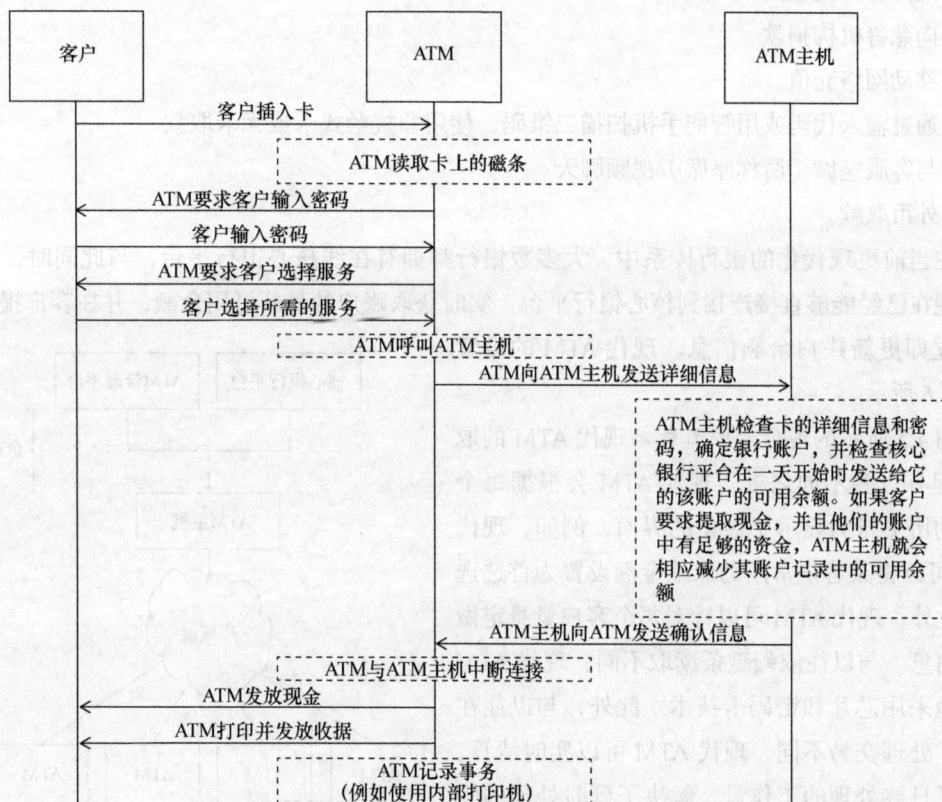

图 4.5　在 ATM 取款的流程

在每天结束时，ATM主机会向核心银行平台发送一份包含当天所有ATM取款交易的文件，使这些交易数据被纳入银行日终的批处理中。当客户在ATM提取现金时，ATM只需连接一次ATM主机就可以完成交易并发放现金。但有时，由于机器故障或其他物理问题，可能无法成功提款，在这种情况下，ATM主机会记录交易失败（提供给客户的相应收据也会显示交易失败），等待日终与核心银行平台的交易日志对账，以确认并更正客户账户数据。

图4.4所示的ATM管理平台，可以与每台ATM通信，从ATM下载信息（例如剩余现金量、交易记录），给ATM发送指令（例如通知ATM离线或重新上线），并将屏幕和软件更新上传到ATM。ATM主机也能与ATM管理平台通信，使后者能够监控每台ATM的状态和交易情况。在某些系统中，ATM主机和ATM管理平台可能是合并设计的，以提高效率和简化监控管理工作。

随着时间的推移，传统的电话线连接已经逐渐被网络连接所取代，ATM的功能也变得更加先进和多样，最初的ATM仅是简单的终端机，而现在的ATM可以提供如下一系列广泛的服务。

- 同一客户持有的账户之间的转账。
- 账单支付（通过客户设置的收款人列表或通过扫描账单进行账单支付）。
- 现金和支票存款。
- 允许客户更改其PIN。
- 向慈善机构捐款。
- 移动网络充值。
- 通过输入代码或用智能手机扫描二维码，使用非接触式卡或无卡取款。
- 与客服座席（简称座席）视频聊天。
- 外币取款。

在当前更现代化的银行体系中，大多数银行都拥有在线核心银行平台，与此同时，ATM主机现在已经能够直接连接到核心银行平台，实时获取账户的最新可用余额，并在客户提取现金后立即更新账户余额信息。现代ATM的设置如图4.6所示。

图4.5所示的现金提取流程与现代ATM的取款流程有一些不同之处。现代ATM会根据每个客户的历史行为显示个性化的界面，例如，现代ATM可以将某客户常用的取款金额设置为首选选项。此外，现代ATM可以针对每个客户量身定做营销信息。与以往依赖磁条读取不同，现代ATM更多地采用芯片和密码卡技术。此外，与以往在日终才处理交易不同，现代ATM可以实时清算，减少了日终处理的工作量，解决了延时处理的问题，确保了账户信息的即时更新。

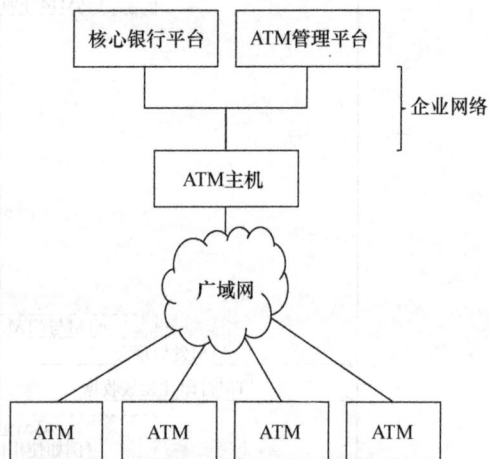

图4.6 现代ATM的设置

4.5.2　ATM 的硬件、软件和信息格式

ATM 内部通常包括如下基本模块。

- ATM 计算机。
- 屏幕（通常是触摸屏）。
- 加密 PIN 键盘（包括专门的加密硬件，在将 PIN 传输到 ATM 计算机之前对其进行加密）。
- 音频插座（供视力受损的用户通过耳机获得音频指导）。
- 电动读卡器，可读取现代支付卡中的芯片，还能够读取无芯片卡的磁条，并保留被吞掉的卡或被标记为被盗 / 丢失的卡。
- 出钞模块（能检测和扣留破损纸币并清点纸币）。
- 钞箱。
- 流水打印机和凭条打印机（用于出具收据）。
- 用于连接银行广域网的网络设备（有些 ATM 可以进行移动连接或宽带连接）。
- 管理员模块（例如，允许 ATM 重置、装入现金等）。

除了基本模块，ATM 还可能包含以下模块。

- 扫描仪（从条形码或二维码扫描仪到能处理支票或文件的扫描仪）。
- 信封分发器。
- 存款模块。
- 可安全储存存款的存款箱。
- 非接触式读卡器。
- 摄像头（用于视频通话和安全监控）。
- 日志打印机（用于记录交易）。
- 生物识别设备（如指纹扫描仪）。
- 备用电池。

有些 ATM 已经配备了存款模块，功能类似银行网点柜员的尾箱。有些 ATM 还装有多种安全装置以保护设备和存储的现金不被盗窃，这些安全装置可能包括锁、用于检测非法移动或入侵的传感器、警报系统，以及一旦钞箱被盗，会自动喷洒不褪色墨水的设备。

正如前文所述，ATM 最初是作为专用终端而设计的，拥有专有的硬件和软件。但现代的 ATM 往往使用标准的 PC 硬件制造，并运行 Microsoft Windows 的变体或不太常见的 Linux 系统。例如，2014 年，NCR（National Cash Register）公司的营销总监罗伯特·约翰斯顿（Robert Johnston）曾声称，95% 的 ATM 都在运行 Windows XP 系统。ATM 内部的计算机还需运行特定软件以便与其他组件及 ATM 管理平台通信，从而确保整个系统顺畅运作。

首先，运行 Microsoft Windows 操作系统的 ATM，有一个名为金融服务扩展（Extensions for Financial Services，XFS）的标准平台。这一平台由欧洲标准化委员会定义，旨在为 ATM 提供一个统一的应用程序接口和服务架构。

在这种架构下，ATM 主要由制造商或供应商编写的 Windows 应用程序控制，如图 4.7 所

示。这个应用程序会使用扩展文件系统（Extent File System，XFS）应用程序接口与 XFS 管理器进行通信，而欧洲标准化委员会提供了 XFS 管理器的示范代码。XFS 管理器负责与多个服务提供者接口进行通信，这些服务提供者也是软件组件，每个组件提供 ATM 内的一个特定模块（例如打印机模块）所需要的服务，并与该模块通信。实际上，一个模块可能包含多项服务。

其次，除了基于 Microsoft Windows 的 XFS 平台，还有一种类似的 ATM 计算机平台，叫作 J/XFS。这个平台也是由欧洲标准化委员会定义的，并不局限于 Microsoft Windows，而是可以在任何支持 Java 应用程序的系统上运行，例如 Linux。基于 J/XFS 平台的 ATM 如图 4.8 所示。

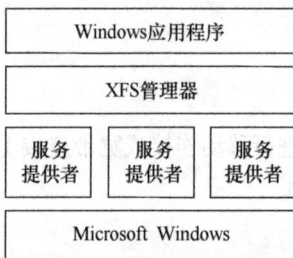

| Windows应用程序 |
| XFS管理器 |
| 服务提供者 / 服务提供者 / 服务提供者 |
| Microsoft Windows |

图 4.7　基于 XFS 平台的 ATM

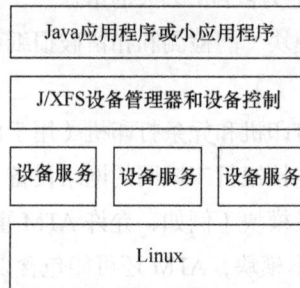

| Java应用程序或小应用程序 |
| J/XFS设备管理器和设备控制 |
| 设备服务 / 设备服务 / 设备服务 |
| Linux |

图 4.8　基于 J/XFS 平台的 ATM

在 J/XFS 平台下，用 Java 编写的 ATM 应用程序通过设备服务（概念上类似于 XFS 的服务提供者）与 ATM 内部的模块进行交互。一些供应商声称，基于 Linux 构建的 ATM 可以在 Windows 版本结束支持服务时避免迁移到新的 Windows 版本所面临的挑战。需要注意的是，各种 Linux 发行版的安全更新同样也只在一定年限内提供。

最后，还有一种基于 Xpeak 系统的方法。Xpeak 系统为 ATM 内不同类型的模块定义了标准的 XML 信息格式。这个系统不特定于任何操作系统、编程语言或通信协议，提供了不同的构建 ATM 的方式。虽然它具有一定的灵活性，但使用 Xpeak 构建高效的 ATM 可能相对烦琐。

这些标准不仅适用于 ATM，还广泛适用于其他设备，例如 POS 机和柜员尾箱等。柜员前端程序或客服前端程序可能会使用这些标准。

ATM 的应用程序需要与 ATM 主机和 ATM 管理平台通信。这种通信通常采用每个 ATM 制造商专有的信息格式，例如，由 NCR 提供的 NDC 和 NDC+ 格式、由迪堡（Diebold）提供的 DDC 911 和 DDC 912，以及 IBM 的 ATM 信息格式等。这些格式有助于各制造商的 ATM 设备更容易地配置和整合到现有系统中。为了统一这些通信标准，Nexo 标准公司启动了一项倡议，即基于 ISO 20022 标准，改进和标准化 ATM 的信息传递。

银行或 ATM 运营商可能会面对一组异构的 ATM，这组 ATM 使用不同的信息格式，原因可能是它们是在不同时间购置的或是并购后遗留下来的。ATM 主机通常能够处理各种 ATM 信息格式，但要有效管理不同的 ATM 设备（例如，统一屏幕设计等）可能较为复杂。为了解决这一问题，一些独立供应商提供了基于 XFS 和 J/XFS 平台的 ATM 应用软件和管理平台。这些软件和平台能够兼容多种类型的 ATM，为有效管理不同类型的 ATM 设备提供了解决方案。

4.5.3 ATM 网络

自 20 世纪 80 年代起，各个银行开始将 ATM 网络[1]与其他银行联网，使一系列银行客户能够使用联网范围内的任何 ATM。这促进了国家级 ATM 网络的发展，例如英国的 LINK、美国的 PLUS、葡萄牙的 Multibanco、西班牙的 ServiRed 以及德国的 Eurocheque 等。图 4.9 展示了两家银行通过 ATM 网络连接，图中一家银行的客户能在另一家银行的 ATM 上提取现金。

在图 4.9 中，标有"ATM 网络交换机"的方框代表了由 ATM 网络操作的平台，它负责将成员银行的 ATM 交换机连接起来，成员银行如图中的 A 银行和 B 银行。请注意，这里我们使用了"ATM 交换机"一词，它与单个银行的 ATM 主机在功能上大致相同，但 ATM 交换机一词更准确地描述了其在网络中的角色——在客户使用自己银行的 ATM 或使用另一家银行的 ATM 时，ATM 交换机都能够正确地将交易信息切换（或路由）到适当的目的地，这一点我们将在后文解释。

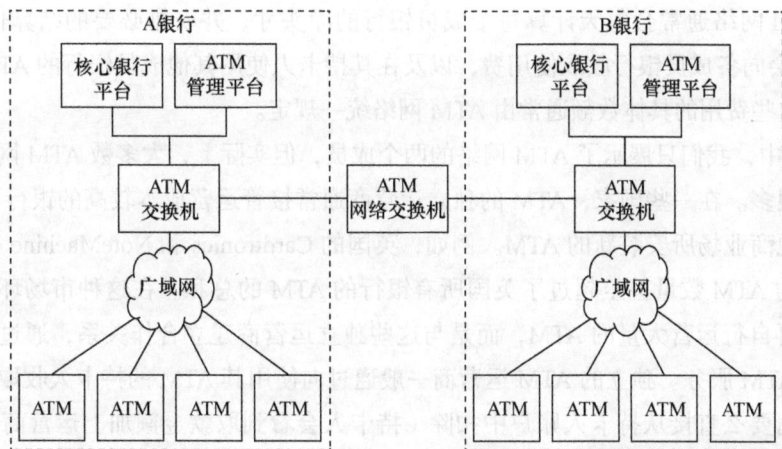

图 4.9 ATM 的基本网络

让我们看看当 A 银行的账户持有人使用自己的 ATM 卡在 A 银行的 ATM 上提取现金时会发生什么。首先，ATM 通过识别卡号前几位（即发卡机构唯一数字），或通过检查卡上的芯片信息，确认这是否是 A 银行发行的卡片。这样的交易被称为内部交易，ATM 将展示该银行客户特有的界面信息，并可能提供更多功能（例如访问和操作多个账户、在不同账户间转账、存款等）。接着，ATM 将交易信息发送给 A 银行的 ATM 交换机；ATM 交换机识别出这是内部交易后，会在核心银行平台上检查并更新账户的可用余额。一旦完成这些步骤，ATM 交换机将反馈信息给 ATM，然后 ATM 发放现金给客户。

现在，假如 B 银行的客户使用 ATM 卡在 A 银行的 ATM 上进行操作，ATM 首先会识别出这张卡并不是由 A 银行发行的，而是由 ATM 网络中其他成员银行发行的卡片。这意味着 ATM 将显示适当的屏幕信息，这些信息通常由 ATM 网络统一规定，比起 A 银行自己客户的

---

1 请注意，当我们谈论 ATM 网络时，我们指的是自动柜员机网络，因为 ATM 网络也可以指使用一种叫作异步传输模式的技术的数据网络，这是完全不同的概念。

专属屏幕信息，这些信息往往更通用且有限。接下来，ATM 将包含卡号、到期日、密码、取款金额等各种信息的交易请求发送至 A 银行的 ATM 交换机。A 银行的 ATM 交换机检查卡号后，确认这张卡是由 ATM 网络中的其他成员银行发行的。因此，A 银行的 ATM 交换机将重新格式化交易信息，并将其发送至 ATM 网络交换机处理。通常，ATM 交换机需要将信息从 ATM 的专有格式转换成 ATM 网络规定的格式，该格式通常基于 ISO 8583 标准的某个版本（见第 6 章）。ATM 网络交换机首先检查并确定交易信息，确定由哪个成员银行负责处理这次操作。然后，信息被发送到 B 银行的 ATM 交换机。B 银行的 ATM 交换机收到信息后，会验证其有效性，并与银行的核心银行平台联合检查客户账户是否有足够的可用余额、卡片是否被盗或丢失、密码是否正确等。一旦确认一切正常，B 银行的 ATM 交换机会通过 ATM 网络交换机回复 A 银行的 ATM 交换机，授权提款操作。A 银行的 ATM 随后根据相关授权发放现金给客户。

因为现金已经由 A 银行的 ATM 发放给了 B 银行的客户，B 银行需要向 A 银行支付相应的现金。ATM 网络通常会每天计算每个成员银行的净头寸，并安排必要的结算付款。此外，ATM 网络还会向各成员银行收取使用费，以及在其持卡人使用其他成员银行的 ATM 时可能产生的费用。这些费用的具体数额通常由 ATM 网络统一规定。

在图 4.9 中，我们只展示了 ATM 网络的两个成员，但实际上，大多数 ATM 网络的成员数量会比这多很多。在一些国家，ATM 的独立运营商通常接管运营成本较高的银行 ATM，或者在商店和其他商业场所安装新的 ATM。例如，英国的 Cardtronics 和 NoteMachine 等独立 ATM 运营商经营的 ATM 数量甚至超过了英国所有银行的 ATM 的总和。在这种市场环境下，银行可能选择不再自行运营大量的 ATM，而是与这些独立运营商建立合作关系，通过品牌合作方式继续提供 ATM 服务。独立的 ATM 运营商一般通过向使用其 ATM 的持卡人收取手续费来获利。这些费用要么直接从持卡人账户中扣除（持卡人会看到取款金额加上运营商的手续费），要么通过 ATM 网络向持卡人的开户银行收取。

这就产生了一个全国性的 ATM 环境，如图 4.10 所示。左上角的收单行并不拥有自己的 ATM，因此其需要向其他银行请求授权来处理 ATM 交易。对于一些银行，比如图 4.10 中的 C 银行，可能会依赖这样的收单行服务，特别是当它们自身的平台无法维护实时账户余额时，而实时账户余额是授权 ATM 取款和借记卡消费功能的关键信息。为此，C 银行在每天开始或结束时，会将所有账户的余额信息发送给收单行，由收单行维护这些账户的日内余额，并授权相应的 ATM 取款功能。收单行为了执行这些任务，需要拥有自己的在线核心银行平台。每日结束时，收单行（或计划）将所有交易的详细信息发送回 C 银行，以便 C 银行更新自身的账户平台。

有时候，即便银行的核心银行平台可以用来授权 ATM 取款和借记卡消费功能，如图 4.10 中的 D 银行仍可能选择使用收单行。这种选择可能基于几个原因：首先，自身平台可能无法 24 小时提供服务（就像 C 银行那样，需要与收单行交换账户余额信息以保持交易的持续进行）；其次，收单行可能提供一些自身核心银行平台不具备的附加服务，例如卡片管理（包括发卡、处理丢失和被盗卡等）、交易欺诈检测、与卡和结算计划相关的客户服务等；最后，可能是出于节省投资成本的考虑，或是缺乏或不愿了解开发和运营这些复杂平台的专业知识。

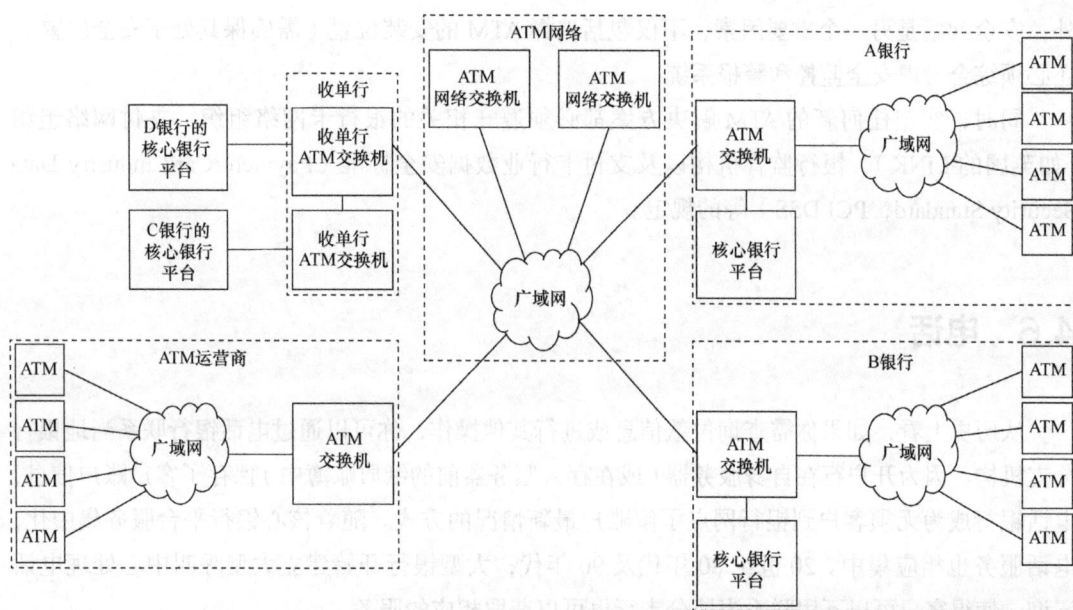

图 4.10　全国 ATM 网络

　　银行、收单行以及 ATM 运营商可能同时参与多个 ATM 网络。例如，一个银行或 ATM 运营商可能是英国 LINK 这样的全国性 ATM 网络的成员，同时也能在其 ATM 上接受万事达、维萨等国际支付网络的卡片。这意味着这些银行或 ATM 运营商的 ATM 交换机需要连接到每个相关联的网络[1]，并根据各网络的要求转发交易信息。同时，ATM 也将根据不同网络的要求，按照约定显示相应的屏幕信息，收单行则不得不加入客户所参与的所有网络，以确保服务的连贯性和覆盖性。

　　与此同时，传统的 ATM 卡已在很大程度上被具有芯片和 PIN 的借记卡所取代。这些现代卡片依赖于芯片进行交易，而不是仅靠磁条（虽然在芯片出现问题或在不支持芯片和 PIN 交易的地区，磁条仍然被应用）。部分 ATM 甚至支持非接触式取款，取款金额最高可为非接触式交易允许的最大值。

4.5.4　部署 ATM 时的注意事项

　　实施和运行一个 ATM 网络远非简单地插上电源。通常，ATM 需要运行在独立的物理或虚拟网络上，这是为了保护敏感的卡数据不被非法获取。此外，还需定期维护和升级 ATM 的操作系统（这些操作系统通常是 Microsoft Windows 的某个版本）。同时，ATM 的屏幕显示也需要根据客户行为和服务提供商需求的变化而不时更新。除了这些技术需求，ATM 其他方面的管理和维护也十分重要，包括监控设备、补充凭条用的纸张和墨水以及现金的管理和维护。此

1　一些 ATM 网络也可以转到其他网络，因此银行有可能只连接到全国性 ATM 网络，该网络会根据需要将交易转到万事达或维萨等国际支付网络。银行仍然必须是所有网络的成员，从而使得交易能够路由到这些网络中。

外，安全问题是另一个重要因素，不仅包括选择 ATM 的安装位置（需确保其处于安全位置），还必须综合考虑安全监控和警报系统。

　　同时，实施任何新的 ATM 解决方案都必须遵守相关的银行卡网络组织、支付网络组织（如英国的 LINK）、银行监管机构以及支付卡行业数据安全标准（Payment Card Industry Data Security Standard，PCI DSS）等的规定。

4.6　电话

　　从历史上看，如果你需查询付款信息或进行其他操作，你可以通过电话银行联系当地银行分支机构。因为开户行在自身服务器（或在存入服务器前的纸质账簿中）保存了客户账户信息，电话银行成为无须客户到银行网点了解账户最新情况的方式。随着核心银行平台服务集中化，电话服务也相应集中。20 世纪 80 年代及 90 年代，大型银行开始建立大型呼叫中心处理电话咨询，使得客户可以不用联系当地分支行也可以获取相应的服务。

　　此处所说的电话银行，实际上是通过固定电话或移动电话发起的，由语音应答设备自动处理或由呼叫中心及联络中心客服人员手动处理的电话呼叫。呼叫中心与联络中心的区别为，呼叫中心只处理电话咨询，而联络中心则管理多种联络方式，包括电话、视频电话、在线聊天、电子邮件及信件等。

4.7　在线聊天

　　在线聊天（通常称为聊天）指的是通过互联网交换私人文本信息（专指私下交流的信息，不包括公共社交媒体消息）。对银行而言，客户身份认证是一个关键问题，因此大多数银行选择在客户登录其互联网银行或移动银行后才提供聊天服务。当然，也有银行为了满足一般性查询而提供无须登录的聊天服务，服务对象可能是现有客户或潜在客户。

　　处理在线聊天请求是联络中心功能的自然延伸。同时，银行也在考虑技术解决方案，以处理更多常见的查询，例如使用商业上可用的聊天机器人（有时称作机器人）。这些机器人通常利用文本匹配和复杂的决策树来尝试理解客户的需求，更高级的版本则采用人工智能和自然语言理解技术，以支持更复杂的沟通。

　　然而，对于那些需要人工交互的聊天服务，对想要在现有联络中心引入聊天处理功能的银行来说，一个关键考虑因素是人员配置及其所需技能。似乎在技术层面引入聊天处理功能并不复杂，然而，许多银行花费数十年时间招聘联络中心员工，但他们看重的是员工与客户的口头交流与互动能力，而非书面表达技能。快速且准确地写出清晰、连贯的句子是一种与交谈不同的技能，回复客户的聊天消息并不像与客户口头交流那样令人兴奋。在推出此类服务之前，银行必须确保找到具备适当书面沟通技能的员工，这一点至关重要。

4.8 视频通话

随着技术进步，特别是带宽的提高和网络延迟的改善，视频通话业务成为一个受到关注的领域，并变得更加可行。虽然目前还不普遍，但已有一些零售银行开始尝试视频通话业务。例如，在英国，巴克莱银行和 NatWest 部署了视频通话解决方案；在美国，爱达荷州西南部的先锋联邦信用社（Pioneer Federal Credit Union）自 2015 年起实施了 ATM 视频通话业务。实施视频通话业务确实给银行带来了一些额外问题。首先，必须有方法验证客户身份，银行可能通过配备具有视频通话功能的 ATM 进行验证（使用支付卡和 PIN 验证）或通过登录移动应用程序、互联网银行进行验证。与基于聊天的解决方案一样，人员配置是银行需要解决的问题之一。在只用电话的联络中心，既看不到聊天的背景，也看不到工作人员，视频通话显然没有这种情况。视频通话中展示的环境应该是专业的，并且某些视频通话平台可以通过隐藏或改变背景来解决通话环境方面的问题。此外，处理视频通话的员工必须出现在视频中，并以最佳形象代表公司形象。

4.9 多媒体呼叫中心

在本节中，我们将先介绍处理电话呼叫的技术，随后探讨现代多媒体联络处理技术。

4.9.1 呼叫中心平台

图 4.11 展示了一个呼叫中心架构的简化模型。这一架构是在 20 世纪 90 年代至 21 世纪初使用的。

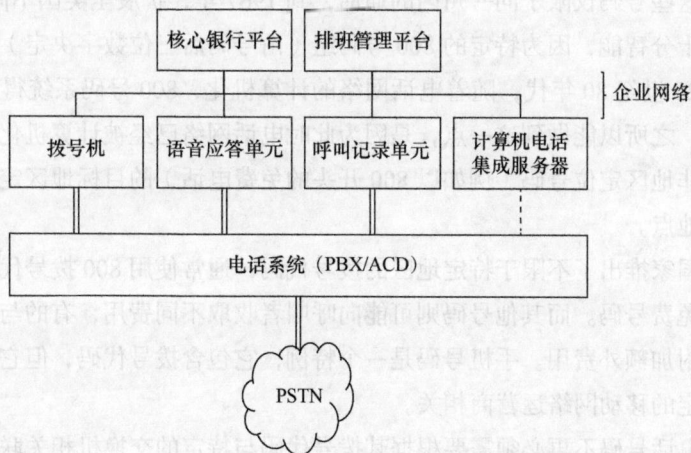

图 4.11 呼叫中心架构的简化模型

图 4.11 中，当客户给银行打电话时，通话是通过公用电话交换网（Public Switched Telephone

Network，PSTN）进行的，该网络在图 4.11 中以云形和电话线（双线）表示。电话通过 PSTN 进入呼叫中心的电话系统，该系统最初被称为专用小交换机（Private Branch Exchange，PBX）。银行内部的电话通过专用线路与 PBX 连接（出于简化，图中未展示银行内部的电话）。PBX 的主要作用是实现银行内部电话间的通话，并使员工能拨打和接听外线电话。更多内部电话线将银行的 PBX 与拨号器（用于自动拨打外线电话）、语音应答单元（向客户提供自动通话服务）和呼叫记录单元（记录通话质量检查结果和提供审计跟踪）连接。这些平台也连接到银行的企业网络上，在图 4.11 中以单实线表示，并与银行的其他平台相连。

计算机电话集成（Computertelephony Integration，CTI）服务器通常通过专用的物理连接与 PBX 相连，在图 4.11 中用虚线表示。这种连接可能是串行或 RS-232 连接，这是一种于 1960 年首次推出的用于计算机设备短距离通信的技术。PBX 会向 CTI 服务器报告其正在处理的每个呼叫的状态，而 CTI 服务器则可以向 PBX 发送指令，如结束一个呼叫或将其转接到另一个特定的内部分机。现代的 PBX 可以直接接入网络，并通过网络与 CTI 服务器通信（在 20 世纪 90 年代末期，仍有新型的 PBX 和 CTI 服务器使用 RS-232 连接）。

4.9.2　智能网络

从历史上看，呼叫中心会被分配一个带有特定拨号代码（也称为电话区号）的地区定位号码，这个号码对应呼叫中心所在的具体区域。这一做法源于电话系统严格依据拨号代码进行路由，最初是由人工管理，相关工作人员了解每个拨号代码的含义并能设置长途电话。随后，电话通过机电设备基于拨号代码自动路由。这意味着每个拨号代码都对应一个实际的交换机，因此如果你有一根电话线，电话号码会包含一个拨号代码，你可以通过这个代码联系当地的交换机。

1966 年，美国电话电报公司（AT&T）推出了对呼叫者免费的电话（拨号代码为 800）号码服务。最初，这些号码仅限于同一州内的通话，到 1967 年，扩展至美国不同州之间的通话。当时的系统并不十分智能，因为特定的 800 号码组（由号码后三位数字决定）与特定的地理拨号代码相关联。20 世纪 80 年代，随着电话网络的计算机化，800 号码系统得到了改进，可以在任何地方设置。之所以能做到这一点，是因为此时电话网络已经被计算机化，电话网络能够在数据库中查找非地区定位号码（例如以 800 开头的免费电话）的目标地区定位号码，并将电话路由到正确的地点。

随后，许多国家推出了不限于特定地区的拨号代码，通常使用 800 拨号代码（或等同的全国性代码）作为免费号码。而其他号码则可能向呼叫者收取不同费用，有的与地区定位号码费用相同，有的还附加额外费用。手机号码是一个特例，它包含拨号代码，但它不与特定地区关联，而通常与特定的移动网络运营商相关。

换句话说，电话号码不再必须需要根据其拨号代码与特定的交换机相关联。当你拨打电话时，电话网络可以通过查询决定如何物理路由你的电话，目标可以是动态变化的，如向一个手机号码拨打电话时，相关手机可能位于世界上的任何地方。

这种查询电话号码以决定路由的能力，是国际电信联盟发布的智能网络标准中定义的一项功能。该标准本质上规定了公共电话系统的架构，对基本电话服务（即线路、交换机以及连接交换机的中继线）的电话控制功能进行了分离。因此，当你拨打一个号码时，智能网络首先查询你所拨打的号码，确定如何转接电话，并检查你是否有足够话费进行此次通话。

将呼叫路由从基础电话系统中分离出来的逻辑，使得通信公司能提供多种不同类型的服务，这些服务不仅面向个人客户，也面向企业客户。

对呼叫中心的运营而言，一个组织可以将其呼叫中心分布在不同地点，并以智能方式将呼叫路由至每个地方。可以运行智能网络，让呼叫依次路由到不同的呼叫中心，或在特定时间内路由到某个地点，然后在其他时间段内路由到另一地点（如处于不同时区的地点）。运营多地点呼叫中心的组织可以向智能网络提供每个地点的座席可用性信息，确保呼叫仅被路由到有可用座席的地点，这些设置都可以实时完成。

请注意，每条固定电话线路（与移动电话不同）通常仍与一个地区定位号码相关联。智能网络能决定向任何号码（无论是地区定位号码还是非地区定位号码，例如免费号码）的电话呼叫能被路由到哪里。虽然这种情况随时间有所改善，但在不同国家拨打非地区定位号码可能并不总是有效的。因此，银行通常会同时提供非地区定位号码和地区定位号码，这两个号码经常出现在借记卡和信用卡的背面，用于报告卡的丢失或被盗。

智能网络还能让每个银行看起来像是都有一个本地电话号码，例如，它可以将本地电话号码上的呼叫转接到完全不同地点的呼叫中心。

4.9.3 在呼叫中心处理呼叫

让我们来了解一下如何处理呼叫：客户拨打银行的某个客户服务号码后，PSTN 决定呼叫的路由并将其发送至银行呼叫中心的 PBX 或电话系统（或其呼叫中心之一）。

电话一旦到达呼叫中心，当地的 PBX 便开始决定如何处理该呼叫。PSTN 不仅将呼叫转接至 PBX，还传递包括被转接号码的信息［即被呼叫号码识别服务（Dialed Number Identification Service，DNIS）信息］和呼叫者的号码［若未隐藏，称为呼叫显示或主叫线识别（Calling Line Identification，CLI[1]）］等。实现这些功能的方法有多种，全球使用的标准也不少，例如七号信令系统。随后，PBX 便可利用 DNIS 和 CLI 的信息来确定如何处理呼叫。

银行可能设有多个客服电话号码，例如，专门为普通零售客户、高级零售客户、小企业客户、新开账户的零售客户以及一般查询等服务设置不同的号码。PBX 接收的 DNIS 信息使其能够确定呼叫者号码、客户类型或呼叫原因。DNIS 告诉 PBX 呼叫被路由到哪个特定的呼入号码。尽管这听起来有些奇怪，但实际上 PBX 可以处理多个呼入号码，它们共享同一组进入 PBX 的电话线。也就是说，PBX 接到电话时，并不知道这个电话是打给哪个号码的，除非电话网络提供这一信息，这正是 DNIS 的用途。DNIS 通常反映呼叫被路由到的地区定位号码，而不是

---

1 它也被称为 ANI（Automatic Number Identification，自动号码识别）。然而，CLI 和 ANI 的定义是不同的，ANI 包括服务类别（例如，由呼叫者拨打的普通电话或由接线员代表呼叫者拨打的电话）和计费的呼叫者号码。我们只使用 CLI。

客户实际拨打的非地区定位号码。

当拨打常规零售客户服务号码时，PBX 往往被设置为将电话转接到语音应答单元（Voice Response Unit，VRU）。VRU 能提供多种服务，例如允许客户查询账户余额和向收款人发起付款。VRU 通常首先验证呼叫者身份，要求输入客户号和 PIN。验证后，VRU 会询问需要哪项服务。对于余额查询，VRU 需要从核心银行平台获取当前余额信息，然后播报给呼叫者。

如果呼叫者想要与座席通话，他们通常会选择 VRU 提供的相应选项。此后，VRU 会将呼叫转回电话系统，电话系统则将呼叫置于等待队列，直至有座席空闲。

电话系统会对每个呼叫进行排队，直到有客服人员空闲时，才将呼叫转接给该客服人员。这种排队功能历史上被称为自动呼叫分配，通常由 PBX 提供，或在某些情况下由 PBX 附带的另一个系统提供，该系统通常称为自动呼叫分配（Automated Call Distributor，ACD）系统。通过 ACD，银行能够为不同目的设置不同队列，例如，为普通客户、高级客户以及处理特定服务（如销户、产品申请等）设置不同队列。当座席可用时，ACD 会根据座席技能（通常被称为基于技能的路由选择）或分配给座席的服务或队列，将呼叫者从某个队列路由到座席。因此，ACD 必须跟踪服务人员的在岗情况及其各自的技能或专长。此外，不同类型的电话或客户可以被赋予不同优先级。例如，根据银行政策，高级客户的电话可能会被优先处理，ACD 在决定如何将电话分配给服务人员时，必须充分考虑这一点。

联络中心的人员配备是一门技术，特别是对于大型联络中心，通常依赖排班管理平台。该平台详细记录了所有座席人员及其技能信息，以及在 ACD 上设置的所有队列信息。它还会收集和利用过去的呼叫量和呼叫持续时间信息（联络中心中，平均呼叫持续时间被称为平均处理时间），以确定需要多少座席人员才能及时接听电话。平台据此为座席人员创建排班表，标明每个人的值班时间和预计上班时间。

跟踪并维护座席人员技能的更新对确保客户从专业的座席人员那里获得适当服务非常重要，尤其是当联络中心提供受监管的服务时。例如，只有经过适当认证的座席人员才能处理抵押贷款申请和查询，因此相关电话只能转接给这些人员。

联络中心通过多种方式衡量座席人员的表现。大多数联络中心设有接听电话百分比的目标，如 90% 的电话需在 30 秒内接听。这些目标可能因呼叫者或服务类型而异，ACD 中的每个队列通常都有自己的目标。同样，ACD 和排班管理平台也需要理解这些目标，以便适当地安排呼叫路由和创建座席排班。

4.9.4　排班调度

联络中心的排班管理平台采用排队理论这一数学理论来计算为达到预期服务水平所需的联络座席数量。预期服务水平通常定义为在特定时间内应答电话的百分比，例如 90% 的电话在 20 秒内应答。阿格纳·克拉鲁普·埃尔朗（Agner Krarup Erlang）在 1909 年发表了他关于此主题的首篇论文，并随后发表了其他论文。这些论文中建立的公式包括计算电话交换机和其他电话网络所需电话线数量的方法，这可用于计算基于特定平均时间内电话用户等待线路空闲的数量。同样，所谓的埃尔朗公式用于计算实现基于呼叫数量和平均呼叫处理时间的不同服务水平所需的座席数量。当座席服务于多个队列并具有不同技能水平时，计算变得更加复杂。现代排班管理平台可利用各种建模技术确定所需人员配置水平，但所有这些模型都基于 Erlang 分布及其相关的统计学原理。

4.9.5　计算机电话集成

图 4.11 展示了计算机电话集成服务器，它是跟踪和交流每个电话信息的重要系统。当电话到达 PBX 时，如 DNIS 和 CLI 等信息会同时通过 PSTN 传递给 PBX。PBX 将这些信息及呼叫的唯一标识符（即唯一号码）传递给 CTI 服务器。每当呼叫状态发生变化（如被路由到 VRU、加入 ACD 队列或转接到座席），PBX 都会通知 CTI 服务器。请记住，只要呼叫在进行，它就会流经 PBX，因此 PBX 知道呼叫连接到哪些端点（例如电话机、VRU 线路等），也知道呼叫者是否挂断电话。CTI 服务器了解哪些连接到 PBX 的内部电话线与哪些网络地址相关。例如，当 PBX 将呼叫路由给座席时，CTI 服务器知道该座席使用的 PC 的地址（这是因为座席在 PC 上登录了与 CTI 服务器通信的应用程序），CTI 服务器随后可以将呼叫的信息（包括 CLI 和 DNIS）传递给座席的 PC 上的应用程序。

CTI 服务器的核心功能是提供一种方式，用于将正在进行的电话呼叫信息传递给各个接收方（如代理人、VRU 等），并随着呼叫的进行更新这些信息。同时，CTI 服务器还为应用程序对座席电话分机的控制提供便利，包括拨号、转移呼叫、挂断呼叫等操作。为实现这些功能，座席人员的 PC 需要安装由 CTI 服务器供应商提供的软件，这个软件与计算机上的应用程序集成，并通过网络与 CTI 服务器双向通信。CTI 服务器据此向 PBX 发送指令，如挂断电话、转接电话等。

鉴于 CTI 服务器能向 PBX 发送指令，因此在 CTI 服务器上开发控制呼叫路由的功能尤为重要。最初，PBX 负责做出将呼叫路由至何处的决策，随后再由 ACD、VRU、座席等做出更进一步的决定。CTI 服务器控制呼叫路由，意味着可以从一个中心点全面控制呼叫路由，这通常比 PBX 和其他专有系统更灵活、更易于维护。此外，开发 CTI 服务器功能也是为了便于与智能网络通信，并与银行其他呼叫中心站点协作。这样，智能网络就能将呼入电话路由至特定时间点可用性最高的呼叫中心。这意味着银行可以在不同地点设立多个呼叫中心，即便这些呼叫中心可能使用不同的 PBX（常见于兼并、收购等情况），CTI 服务器也能将它们虚拟合并成一个大型的呼叫中心。这增强了业务的弹性（例如，一个站点出现了故障，其他站点可接管呼叫）、提升了座席利用率（大规模座席在保质保量的前提下，运营效率更高），并使处理不同时区和高峰时段的呼叫变得更加灵活和成本更低。

4.9.6　交互式语音应答

在 4.9.3 小节中我们介绍了 VRU 或称为交互式语音应答（Interactive Voice Response，IVR）

的基础功能，其功能会随着时间的推移而进化。20世纪90年代的电话银行业务经常包含IVR服务，客户可以使用按键电话获得基本的账户服务。当客户在通话中按下电话按键时，电话会发出双音多频（Dual-Tone Multifrequency，DTMF）的声音，即两个不同频率的同步音调（例如，按1会产生697赫兹和1209赫兹的同步声音）。这种音调标准由国际电信联盟（International Telecommunication Union，ITU）制定。VRU能识别这些音调，从而确定客户按下了电话上的哪个键。如今，DTMF技术仍被广泛应用，客户按键时，智能手机等设备会发出相应的音调。基于DTMF的IVR系统通常设计为决策树，客户根据提示进行选择，从而进行"如果这样，那么那样"的场景操作。

自那时以来，许多机构已经采用了能够识别口语单词和短语的IVR系统。然而，客户经常会发现这些平台在处理复杂内容时表现平平，且客户也往往不确定如何简洁明确地提出问题。在这种情况下，简化操作往往效果更佳，传统的DTMF虽然功能有限，但在准确性和速度上往往更胜一筹。

历史上，VRU通常是用专用语言编程的高度专业化的程序，与许多领域一样，已经出现了对它们进行编程的标准，其中VoiceXML成了一个流行的语言，用于指定VRU操作的流程。VoiceXML脚本示例如下。

```
<vxml version="2.1" xmlns="http://www.**.org/2001/vxml">
  <form>
<block>
      <prompt>
        Welcome
      </prompt>
</block>
  </form>
</vxml>
```

这段脚本的作用是对呼叫者表示欢迎。事实上，VRU通过解释VoiceXML脚本来向呼叫者播放信息并接受语音和DTMF输入，这与Web浏览器通过解释HTML脚本来在浏览器中显示信息并接受键盘和鼠标输入一样。因此，VRU有时也被称作语音浏览器。

IVR是一个在许多方面已经被互联网和移动银行取代的领域，新成立的银行可能很少提供IVR功能。尽管IVR一直存在争议，但许多老牌银行过去在此领域进行了大量投资，且仍有相当数量的客户在使用IVR。许多大型银行依赖这一平台来引导呼叫者，并提供基本服务功能，如查询账户余额。然而，许多客户的IVR使用体验并不好，因为他们打电话给银行通常是想要与人交流，解决问题，而不是与机器互动。

IVR有一个独特的功能，那就是处理来电客户的身份认证，这是其他方式难以实现的。假设客户直接致电银行并与联络中心座席通话，座席需要确认客户的身份。在这种情况下，客服可能会要求客户提供一些个人信息，例如出生日期、出生地、密码中的特定字符等。一些银行利用IVR收集和核对这些信息，从而在客户与座席通话之前完成一部分安全验证。对于无法使用 IVR 的客户，这意味着座席无法获知客户的安全信息，因此这些客户需要通过其他方式进行人工身份认证。

为了改进这一流程，一些银行开始采用语音识别技术作为验证呼叫者身份的方法，例如，汇丰银行于 2016 年在英国推出了此类服务。这种技术有望提升客户体验，因为客户无须记忆烦琐的客户 ID 或密码。然而，这项技术并非完美无缺。2017 年，有媒体报道了一项关于两个异卵双胞胎的调查，其中一个成功地使用了另一个的银行账户。这表明语音识别技术基于说话人是其客户的概率，不能保证完全正确。

当客户通过 VRU 验证后，他们会被转接给座席。此时，座席的计算机屏幕会自动显示客户信息，从而省去了查找的步骤。这不仅提高了效率，还增强了信息安全。最近，银行采用了一种新方法，允许客户通过已登录的银行移动应用程序发起呼叫。这些呼叫是 IP 语音呼叫（我们会在后文中进行解释），应用程序可以在呼叫开始时安全地将客户 ID 传递给银行，由于这种方式不需要 IVR，因此没有实施 VRU。

4.9.7　可视化 IVR

可视化 IVR（Visual IVR）是一项将 VRU 脚本转换为网页或移动应用程序的技术，如果这些脚本是用 VoiceXML 编写的，转换过程会更加容易。例如，传统的 IVR 菜单项，如按 1 查询账户余额、按 2 付款、按 3 在账户间转账和按 4 与座席通话等，可以在网页上显示为一个包含 4 个选项的简单列表。

（1）查询账户余额。

（2）付款。

（3）在账户间转账。

（4）与座席通话。

客户只需点击列表中的选项即可访问相关页面。当银行在投资建设电话银行平台时，其可能会希望建立网站或快速推出移动应用程序，这时可视化 IVR 技术相对更有吸引力。但对大多数银行而言，这项技术可能已经过时了。实施可视化 IVR 技术并非仅仅将 VRU 脚本转化成视觉形式，它需要将口语转换成文本，并且还涉及客户身份验证、处理与座席通话的请求（可以给客户回电话或启动在线聊天），以及与银行的其他平台进行协调。IVR 应用程序通常没有银行网站那样丰富的功能，银行网站通常具有下载账单或查看几个月的交易记录等功能，而这些是 VRU 做不到的。因此，在实际运营中，银行客户不太可能用到可视化 IVR 技术，也不太可能觉得有必要采用此技术。

4.9.8　呼叫记录

使用呼叫记录单元记录所有通话内容，在业界是常见的做法。在过去，这项任务通常由一台配备大量存储空间的专用计算机完成，以保存所有的呼叫记录。除了通话录音本身，呼叫记录单元还会保存呼叫的日期和时长、识别处理呼叫的代理人员信息，以及其他便于快速检索录音的信息（如客户号码）。这将为银行提供每次呼叫的详细记录，以备不时之需（如解决争议或处理投诉）。同时，联络中心管理人员能够聆听通话内容，确保座席按照银行的标准和政策为客户提供服务。呼叫记录单元还可以从 CTI 服务器获取每次呼叫的详细信息，并将这些信息与通话录音一起存储，便于未来的检索和审核。例如，如果客户对服务进行投诉，CTI 服务器可能会将客户号码传递给呼叫记录单元，以检索与该客户相关的所有通话记录。

呼叫记录单元提供的另一项关键功能是质量检查管理。在呼叫中心，这意味着对通话质量的评估，确保座席提供恰当的服务。通常，管理人员会定期抽查每个座席的通话记录，基于这些抽样来判断座席是否需要接受特定的培训（无论是作为团队还是作为个体）。这在受监管的环境中尤为重要，例如，座席可能需要在通话中说明某些特定内容，如提醒来电者注意特定的条款，呼叫记录单元使管理人员能够检查这些政策的执行情况。此外，座席可以标记他们接听的电话，当遇到无法为客户提供适当的服务、遇到客户恶语相向或座席认为存在欺诈风险等情况时，呼叫中心管理人员可以与座席一起复盘，以改进服务或处理特定问题。

呼叫记录必须考虑将通话的敏感部分予以标记或根本不记录这些部分的各种需求。例如，大多数情况下，不应记录支付卡信息，以防这些信息日后被访问或滥用。在需要录入支付信息的通话流程中，座席应暂停录音，并在事后编辑数据。这可以通过 CTI 客户端或座席计算机上的通话录音控制应用程序来实现。

呼叫记录技术已发展到能够理解通话中说话者的语气和语言，甚至能分析和比较成千上万通电话中说话者的情绪，从而确定哪些服务行为可以改善客户体验。这种技术的应用至少可以部分替代呼叫中心管理人员和经理的人工质量监控工作，提高服务质量和效率。

4.9.9　外呼系统

前文的大部分内容主要是从呼叫中心处理来电的视角出发进行阐述的，然而，呼叫中心也经常需要主动拨出电话。在银行中，拨出电话常见的例子是催收部门联系客户以催收逾期贷款。当外呼系统接收到电话号码列表后，它便开始拨打这些号码，并且它还知道哪些座席可以接听电话（座席的计算机的桌面应用程序能与外呼系统通信，告知他们何时可以接听电话）。如果电话被人接听（而非电话答录机、传真机或调制解调器，后两者现在已极为少见），外呼系统会自动将电话转接给可用的座席。同时，外呼系统从其加载的呼叫列表中将呼叫的相关信息（如客户号）发送到座席的计算机上，这些信息可以直接发送到座席计算机的应用程序中，或通过 CTI 服务器传递；这样，座席计算机上的应用程序就可以向座席展示相关信息。

外呼系统面临的一大挑战是如何确保成功呼叫（即人工接听的电话）的数量与可用座席数相匹配。渐进式拨号是一种保守的方法，即允许外呼系统仅拨打与可用座席数相等的电话。这种方法的优点是可以在电话接通前就将其分配给可用座席，使座席能够在介绍自己前查看相关的客户信息。然而，由于大多数电话是无人接听的（通常超过 50%），渐进式拨号这种方法会导致座席利用率低下。预测性拨号则采取了一种更积极的策略，外呼系统会尝试预测成功呼叫的比例，以便使成功呼叫数与座席数相匹配。这种方法虽然可以提高座席利用率，但也存在不确定性，有时可能导致成功呼叫的数量多于座席能处理的数量。当这种情况发生时，外呼系统可以采取若干措施，包括挂断电话、播放信息请求接听人等待，或什么都不说（即成为所谓的沉默呼叫者）。如果所有座席都忙碌，外呼系统可能会决定是否放弃当前所有正在拨打的电话，即便这些电话还未被接听。这是一个较为敏感和有争议的领域，因为该银行可能因此被认为是在打骚扰电话。因此，监管机构和政府通常会在此领域内制定标准或规范，以禁止或限制主动掉线的情况。

外呼系统最初是与 PBX 通过电话线连接的专有计算机系统，有时甚至直接连接到 PSTN。但随着时间推移，随着 PBX 开放对外部的控制，外呼系统不再需要电话线连接，而是可以直接控制 PBX 拨打电话，并在座席可用时将电话转接给座席。

4.9.10　现代联络中心技术

到目前为止，我们所介绍的呼叫中心技术主要基于 20 世纪 90 年代至 21 世纪前十年的技术平台。这些平台都是昂贵的基础设施，需要在呼叫中心的同一地点进行运行和维护，往往涉及专业且专有的计算机系统，因为它们需处理电话线路（如 PBX、VRU、ACD）以及其他呼叫中心相关技术。它们不仅需要大量的前期投入，而且每个座席或每条电话线往往都涉及高额的许可费用。此外，这些系统使用专有工具和语言进行编程，很多时候缺乏灵活性或有功能限制（特别是 PBX）。银行一旦投资这些系统，财务和技术便与特定供应商（或一组供应商）紧密绑定。然而，要成立联络中心的新银行出于多种原因很少采购这类系统。现代银行需要处理的不仅是电话，还包括即时通信、视频通话、电子邮件等多种通信方式。根据我们的经验，银行可能会选择其中某些方式与客户互动。尽管电话交流对与客户沟通来说仍然不可或缺，但我们之前建立的一家银行，其最初与客户的所有接触都是通过客户智能手机上的应用程序进行的（当然，考虑到早期客户主要是朋友和家人，他们实际上可以直接电话联系首席运营官来解决问题）。此外，很多电话设备已经被基于 IP 的语音电话所取代（即使是客户仍在使用传统电话线拨入电话）。事实上，我们猜测在许多市场上，传统的 PBX 已经很难买到了。企业级 IP 语音电话技术是基于标准的开放式电话技术，这意味着它们可以在不同供应商间实现互操作。如今，这些服务可以在云端实现，也就是说，它们可以通过专业供应商或主要通信公司远程使用，通常基于使用量来定价。因此，相较于传统电话系统，使用现代联络中心技术的资金投入可以大大减少。

现代联络中心的架构与以往大不相同，如图 4.12 所示。现在，假设现代联络中心技术仍然由银行自行托管而不在云端，与以往相比，主要的不同点有两个：首先，传统的 PBX 已经被 PSTN 网关和 IP PBX 取代，除了电话线连接 PSTN 和 PSTN 网关之外，其他所有通话都通过本地数据网络进行；其次，所有电话机都连接到同一个本地网络，并不直接与 IP PBX 连接。这些电话机要么是互联网电话（Voice over Internet Protocol，VoIP），要么是带有适配器的传统电话机，后者可以接入企业网络。

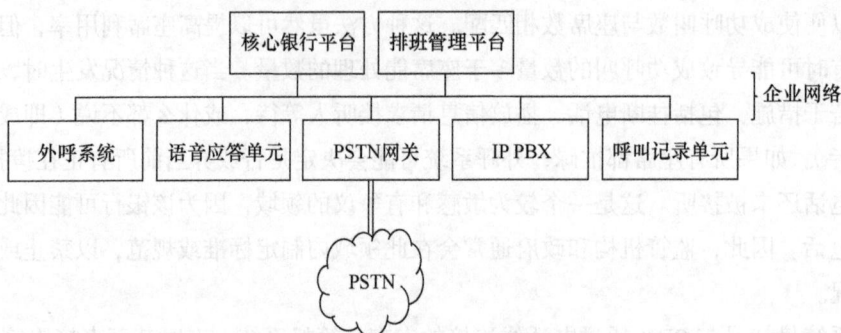

图 4.12　现代联络中心架构

请注意，在实际操作中，不同供应商可能会对这些平台使用与图 4.12 所示不同的名称和功能描述。例如，你可能会发现某家供应商提供的 IP PBX 与 PSTN 网关（可能有不同的名称）相结合的联络中心平台（可能包括基于技能的路由选择、联络队列、排队管理和外呼功能）是分开的，而另一家供应商可能会将这些功能整合到一个平台中。

IP 是互联网及几乎所有企业网络上所有数据流的标准传输协议，大型机的数据中心可能使用较早的通信协议（尽管这种情况越来越少）。VoIP 是通过基于 IP 的网络（包括互联网和企业网络）传输语音电话的技术，现在也用于视频通话、文本消息和其他媒体类型。虽然实现大多数 VoIP 通常使用一些标准（我们将在下文中详细介绍），但仍有许多方面需要做出选择（幸运的是，这通常对客户来说是不可见的）。

例如，其中一种选择是如何将模拟语音呼叫转换成可在网络上传输的数字流（同时也能进行反向转换），我们通常使用的软件叫编解码器。人们已经对语音的数字化进行了大量研究，目前有许多算法，不同的算法对网络带宽的需求、提供的质量水平以及进行编码和解码所需的处理能力各不相同。

一个问题是如何拨打电话，也就是说，应该用什么信息来代表 VoIP 的对应电话号码，以便联系到接收者？一种方法是使用接收者的电子邮件地址，另一种是使用接收者的电话号码，因为这两者都是可以识别个人或企业的信息。对银行而言，如果客户通过电话联系，银行需要使用电话号码进行回拨，即使电话实际上是通过 VoIP 打的。此外，银行也可以通过智能手机应用拨打 VoIP，这样客户就无须知道银行的具体地址或电话号码。

另一个要考虑的方面是如何确定接收者的实际位置以及他们在本地网络或互联网上的位置。实际操作中，接收者需要用他们在本地网络或互联网上的地址来更新服务器，当有人想给他们打 VoIP 时，电话将确定使用哪个服务器来查询接收者的位置，然后将 VoIP 路由到相应的地址。这是 IP PBX 的功能之一，它维护呼叫路由信息，以便将通话正确地连接到每个在 PBX 上注册的接收者。因此，联络中心的座席必须告知 IP PBX 他们已经登录并准备接听电话，这可以通过 VoIP 或计算机应用程序来完成。

你可能已经使用过各种智能手机和计算机应用程序进行消费者级的 VoIP 通话，例如 FaceTime、Skype、Telegram、微信、WhatsApp 等。这些应用通常使用不同（并且可能是专有的）的方式处理 VoIP，它们通常是栅栏式封闭的，不能从一个应用打电话到另一个应用（比如，不能用 Skype 打电话给使用 WhatsApp 的人）。这些应用通常要求你的每个联系人允许你给他们打电话或接收他们的电话，并维护联系人名单。因此，这些应用处理 VoIP 的具体过程对客户而言通常是不可见的。

我们现在来看一下客户使用传统固定电话线向基于标准 VoIP 的银行联络中心打电话的情况。首先，客户拨打银行的电话，智能网络会决定如何路由这个呼叫。正如之前所讨论的，由于银行可能拥有多个联络中心站点，智能网络可能需要决定将电话转接到哪一个站点。然后，呼叫到达了图 4.12 所示的 PSTN 网关，并被转换为 VoIP 呼叫。此时对客户来说，电话处于等待接听状态；对 PSTN 来说，呼叫已经被路由到预定的目的地，但还没有人接听。PSTN 将呼叫的 CLI 和 DNIS 信息告知 PSTN 网关（就像传递给 PBX 一样）。然后 PSTN 网关通过银行网络与 IP PBX 通信，实际上是告诉 IP PBX 有一个呼叫已到达，其目的地是 DNIS 信息中的电话号码。在这个例子中，PSTN 网关使用的网络协议是会话起始协议（Session Initiation Protocol，SIP），当然还有其他协议可以使用，比如 H.323。

4.9.11　SIP 和处理 VoIP 呼叫

SIP 是一个标准的互联网协议，由国际互联网工程任务组（Internet Engineering Task Force，IETF）在 RFC 3261 文档中定义，并在后续的 RFC[1] 文档中进行了各种扩展。该协议允许两台计算机在网络上交换信息，以建立、维护和终止 VoIP 会话（同时也支持视频、文本聊天等其他形式的媒体）。这些消息是人类可读的文本。因此，在客户给银行打电话的场景中，一旦 PSTN 网关接收到呼叫，它就需要与 IP PBX 交换 SIP 消息，以将呼叫路由到正确的终端。在这个过程中，会发生信息交换。建立 VoIP 呼叫的 SIP 消息如图 4.13 所示。

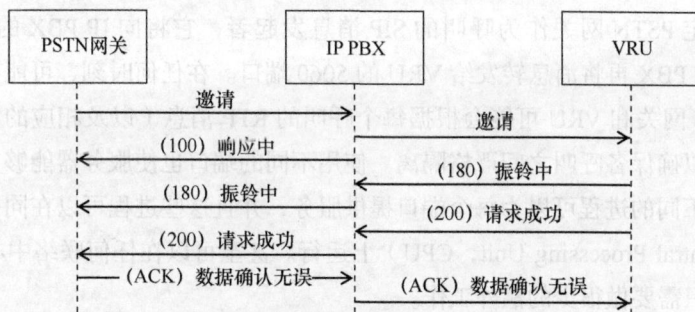

图 4.13　建立 VoIP 呼叫的 SIP 消息

请注意，根据 RFC 3261 中的定义，IP PBX 在这里充当代理服务器的角色，负责检查、修改和路由 SIP 消息。将从 PSTN 网关到 IP PBX 的第一条消息标为 INVITE。

当从 PSTN 网关收到 INVITE 消息时，IP PBX 会根据目标号码决定呼叫的路由。它使用地址簿来查找消息中指定的目标号码，该号码与地址簿中的 VRU 的网络地址关联（因为设置联络中心的人会配置该地址）。随后，IP PBX 创建一个新的 INVITE 消息，复制许多相同的细节，

1　RFC 是征求意见稿（Request for Comments）的缩写，是用于指定与互联网有关的标准和技术信息的文件的统称。

并将其发送给 VRU。

随后，VRU 和 PSTN 网关之间通过 IP PBX 交换消息，以确定将使用的音频格式及实时传输协议（Real-time Transport Protocol，RTP）通道在 PSTN 网关和 VRU 上使用的端口号。一旦 PSTN 网关从 IP PBX 收到 200 OK 消息并发送肯定应答（Acknowledgement，ACK）消息，呼叫将停止振铃，PSTN 网关将开始直接向 VRU 发送 RTP 消息。同时，一旦 VRU 收到 ACK 消息，它将开始向 PSTN 网关发送 RTP 消息，从而完成呼叫者与 VRU 的连接。值得注意的是，这些 RTP 消息不经过 IP PBX。

与 RTP 通道同时建立的还有一个通道，用于在 PSTN 网关与 VRU 之间发送实时传输控制协议（Real-time Transport Control Protocol，RTCP）消息。RTCP 与 RTP 在同一个 IETF RFC 文档（RFC 3550）中定义，RTCP 的用途是交换 RTP 通信质量信息，例如 RTP 消息遍历网络所需的时间。PSTN 网关和 VRU 可以利用这些信息来协商在网络负载较低时使用不同的编解码器（在呼叫开始时双方都同意的编解码器之外）。例如，PSTN 网关指定它将在端口 11014（在这个例子中随机挑选了这个端口号）接收 RTP 消息。默认情况下，RTCP 消息会发送到比相应 RTP 通道端口高一级的端口，所以 PSTN 网关预期在端口 11015 接收 RTCP 消息。RTCP 比 RTP 更为复杂，但在此不详细展开讨论。

因此，一旦建立了呼叫，实际上就使用了三个网络通道，如图 4.14 所示。图 4.14 显示了到目前为止我们已经介绍的端口号。我们还未提及 VRU 决定在哪个端口接收 RTP 消息和 RTCP 消息的细节，这将在对 INVITE 消息的响应中指定。通常，呼叫使用的端口号与 PSTN 网关上的端口号可能不同（如果它们相同也是偶然的）。同时，假设 PSTN 网关使用与接收 RTP 消息和 RTCP 消息相同的端口（分别是 11014 和 11015）来发送这些消息。这不是强制的，但是这是 IETF 在 RFC 4961 中推荐的做法。SIP 消息通常在 5060 端口接收（但不一定要从该端口发送），假定 PSTN 网关作为呼叫的 SIP 消息发起者，它将向 IP PBX 的 5060 端口发送 INVITE 消息，IP PBX 再将消息转发给 VRU 的 5060 端口。在任何时刻，可能有数百个呼叫在同时进行，PSTN 网关和 VRU 可能会根据每个呼叫的 RTP 消息（以及相应的 RTCP 消息）使用不同的端口，以确保各呼叫之间严格隔离。使用不同的端口也使服务器能够支持成百上千的同时呼叫，因为不同的进程可以为每个端口提供服务，并且这些进程可以在同一服务器的不同中央处理器（Central Processing Unit，CPU）上运行。甚至可以在任何联络中心平台上使用多台服务器，而这只需要做很少的额外工作。

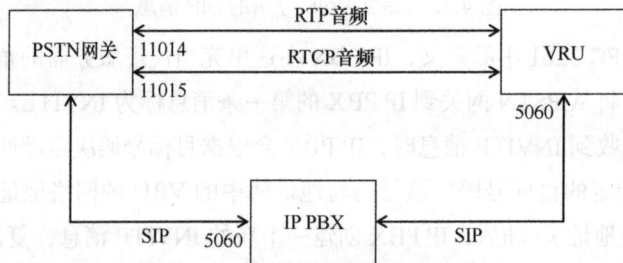

图 4.14　VoIP 通话时的网络通道

如果呼叫者通过 VRU 完成了所有事情，他们或 VRU 将结束通话，这会触发更多的 SIP 消息通过 IP PBX 来终止呼叫。但如果呼叫者需要与联络中心的座席通话，则 VRU 需将呼叫转移到队列中，以便座席接听。然而，在 VoIP 联络中心中，还没有 ACD 这个功能。IP PBX 或 VRU 可以提供 ACD 功能，包括播放等待音乐以及保留呼叫在队列中的当前位置信息。如果 VRU 提供这一功能，呼叫就无须被转移，PSTN 网关和 IP PBX 可能完全不知道呼叫现在正处于队列中。但更好的做法是，即使呼叫还在 VRU 上，VRU 也应（使用 SIP 消息）通知 IP PBX 呼叫应被转移到队列中，并由 IP PBX 确定呼叫在队列中的具体位置。这意味着 IP PBX 将继续了解和控制呼叫的情况，并且知道哪些座席在线并已连接，进而知道何时可以将呼叫转接给座席。通过这种方式，联络中心管理者可以从 IP PBX 获得呼叫的全面概况，而无须检查每个独立的平台。

关于 SIP，我们要指出的是，SIP 的名称存在误导性，因为它不仅用于发起通信会话，还用于管理（例如在接收者之间转移）和结束会话。

前文详细介绍了现代联络中心处理呼叫的过程，这是一个技术复杂且内容丰富的领域，涉及许多正在使用的标准和协议。除了已经提到的标准，还有更多的标准用于处理其他类型的媒体信息，如视频通话和文本消息，以及加密和验证 VoIP 通信。还有更多的 RFC 文档提供了关于如何使用 SIP、会话描述协议（Session Description Protocol，SDP）、RTP、RTCP 和其他相关协议的详细指导，并提供了进一步的解释。这些标准文档的篇幅长达数千页，发展历史已经有大约 20 年，与 SIP 相关的 RFC 文档非常多，以至于有一个专门的 RFC 文档（RFC 5411）来阐述每一个文档的内容，但 SIP 在不断发展，因此这个文档目前仍然是不完整的。

虽然我们已经介绍了现代联络中心处理呼叫的主要技术和过程，但它的其他功能也需要描述和理解。

4.9.12　使用 VoIP 的联络记录

在 PSTN 呼入电话案例中，通过协商，音频直接在 PSTN 网关与 VRU 之间路由；若需转接至联络中心座席，则在 PSTN 网关与座席耳机间路由。大多数银行联络中心都希望对通话进行录音。传统呼叫中心通常通过 PBX 监听电话线实现录音，也就是通过将一对电话线连接到通过 PBX 承载呼叫的电话线上，并将另一电话线从监听点连接到呼叫记录单元来实现。而在现代 IP 联络中心，系统通过扫描并保存网络上的所有 RTP 消息来录音，但这将给重建任何单个呼叫带来挑战，此时 SIP 消息中的多种标签和唯一 ID 会提供帮助，我们知道部分供应商已采用这种方法。如果信息被加密，则可能无法重建通话。另外一种用于记录呼叫和其他媒体通话的 IETF 标准被称为会话记录协议，定义于 RFC 7866 中。其基本方法是至少有一台参与 RTP 消息交换的计算机，将其发送和接收的所有消息副本发送至呼叫记录单元。

实现联络记录有多种方式。PSTN 网关参与所有外部呼叫，能够复制通过 RTP 消息传输的媒体内容，如图 4.15 所示。这可能是基于我们当前描述的最简单的解决方案，也是一些供应商采用的方法。

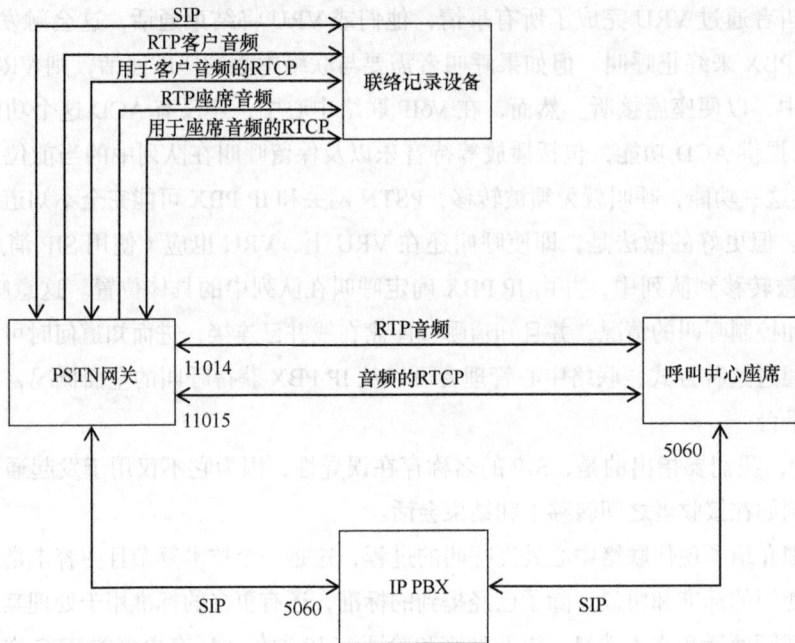

图 4.15　VoIP 通话录音时使用的网络通道

请注意，PSTN 网关能够简化音频流向联络记录设备的过程。例如，它可以将两个音频通道（一个来自客户，另一个来自座席）合并为一个通道。此外，它还能将音频重新编码为单一格式的音频编解码器，使得联络记录设备上的所有录音都采用相同格式。同时，也需注意到 RTP 音频只从 PSTN 网关流向联络记录设备，而不能双向流动，因为联络记录设备不产生任何音频，它只接收音频以便进行录制。

这种联络记录方法有一个明显的问题，是如何将客户 ID 等信息与联络记录一起存储，以便于检索特定客户的一系列联络记录。有一种机制可以解决这一问题：在联络过程中，涉及的各平台间发送的 SIP 消息还包含关于通话的附加数据。在多个 IETF RFC 文档（如 RFC 7865）中，这些数据被称为元数据，包括所有通话参与者发送的任何信息。因此，在音频通话场景中，一旦 VRU 识别出客户，它就会向 IP PBX 发送包含客户 ID 元数据的 SIP 消息。随后，IP PBX 将这些信息附加到发送至 PSTN 网关的 SIP 消息中，而 PSTN 网关又会将这些信息纳入发往联络记录设备的 SIP 消息内。

4.9.13　计算机电话与 VoIP 的集成

在现代的联络中心中，尚未整合 CTI 服务器。在传统呼叫中心，CTI 服务器的作用是追踪每个呼叫的信息，向所有涉及该呼叫的平台提供信息，并从这些平台接收数据和指令（比如来自 VRU 的客户 ID 和来自座席的结束呼叫指令）。这一过程是必要的，因为呼叫是通过电话线进行的，而 CTI 服务器维护的与呼叫相关的信息则是通过银行的数据网络传输的。CTI 服务器是唯一能够实时查看每个呼叫状态并处理呼叫指令的平台，因为它直接连接到 PBX 和银行的数据网络。然而，在基于 VoIP 的现代联络中心，IP PBX 本身就维护了包括语音呼叫、视频呼叫在内的所有联络的路由信息，能控制这些联络的路由，并且它也位于银行的数据网络中。但与传统 PBX 不同的是，联系人并不是通过 IP PBX 直接进行联络的。

在实际操作中，我们发现一些 VoIP 联络中心平台的供应商依然提供 CTI 模块，这主要有两个原因。首先，VoIP 联络中心平台需要服务于那些还需与传统电话设备（如 VRU 或联络记录设备）或传统业务应用程序连接的呼叫中心。其次，在现代联络中心中，通过 SIP 消息传递的数据通常由 CTI 服务器提供给座席，这是因为座席桌面设备与座席使用的电话或耳机是相连的。但在实际情况中，座席使用的可能是独立的 VoIP 和核心银行平台客户端的独立桌面。为了让核心银行平台客户端了解正在呼叫的联络人及其数据（如客户 ID），必须要有相关机制来将这些数据与核心银行平台客户端连接起来。连接至 IP PBX 接口的 CTI 模块可以实现这一点，CTI 模块也可以直接集成到 IP PBX 中，以提供更加顺畅的数据传递和更好的通信体验。

4.9.14　SIP 中继线和联络中心平台

到目前为止，我们介绍的场景通常是通过 PSTN 接收呼叫，然后在 PSTN 网关被转换为VoIP 呼叫，并通过银行的内部网络传输。在许多国家，已经有了一种更现代的替代机制来连接电话网络，即 SIP 中继线。SIP 中继线意味着电话以 VoIP 通过互联网到达，不需要任何电话线连接到 PSTN，只需互联网连接。实际上，提供 SIP 中继线的通信公司已将电话转换为VoIP 呼叫。现代通信公司主要基于 IP 流量进行网络传输，不进行更改，因此 SIP 中继线实际上避免了解码阶段，即将通信公司 IP 网络上的 VoIP 电话转换为传统的 PSTN 电话，然后再由PSTN 网关转换回 VoIP 电话。SIP 中继线可能成为将企业电话网络与 PSTN 连接的主流方法。在一些国家，PSTN 将逐渐被基于 IP 的网络取代，只有家庭和小型企业的电话线仍然使用传统铜线技术。随着技术的发展，可以使用光纤连接相关设备，铜线将逐步被淘汰。届时，电话（即 VoIP 电话）将不再依赖传统的线路系统。

因此，有了 SIP 中继线之后，就不再需要 PSTN 网关了，但仍然需要保护银行网络，防止其被垃圾 SIP 呼叫淹没。这是因为，任何连接到互联网的人都能向银行发送 SIP 呼叫，而且无须承担任何成本（类似于发送垃圾邮件对发件人来说是免费的）。对于处理常规的互联网流量（例如网页浏览），通常使用防火墙来实现安全防护；而对于 SIP 中继线连接，需要使用会话边界控制器（Session Border Controller，SBC）这类设备来进行保护。

由于不再依赖物理电话线路，联络中心平台可以通过高速互联网进行托管，云服务也能提供类似的功能。联络中心平台如图 4.16 所示。

在图 4.16 中，呼叫通过 SIP 中继线在 PSTN 和云端之间传输。同时，SIP 和 RTP 流量在云供应商与联络中心座席之间流动。需要注意的是，不同的云供应商可能会将多种功能集成到一台服务器（这台服务器通常是 IP PBX）中，而且其会为不同的服务器起不同的名字，因此，很难比较不同云供应商提供的产品。此外，市面上还存在一些开源的 VoIP 平台。

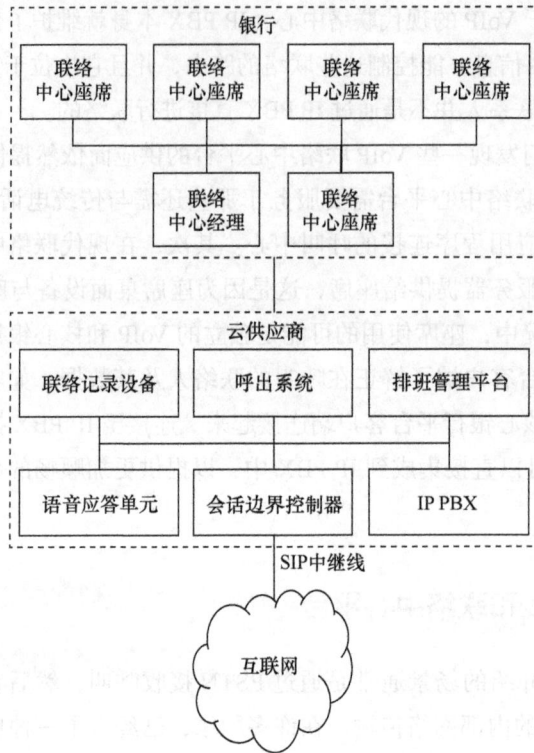

图 4.16　联络中心平台

4.9.15　其他联络媒体类型

在前面的场景中，我们已经描述了 VoIP 音频呼叫的过程，包括音频是如何通过 RTP 消息进行编码、解码和发送的。实际上，SIP、SDP、RTP、RTCP 及其他相关协议都是为处理各种媒体类型而设计的。例如，假设银行正在接受互联网上的视频通话，在实际应用中，银行可能希望通过客户自己的智能手机应用程序来实现通话，以确保能够通过加密通信和验证呼叫者身份来保证通话安全性，控制通话所使用的协议（包括视频的编码方式），这种情况下需要确保客户使用的是兼容的智能手机。此外，银行还可以通过其互联网银行系统提供这项服务。这种情况下，客户需要使用配备了摄像头、扬声器和话筒的 PC 或其他设备进行访问，或者通过具有视频通话功能的 ATM 来接入银行的视频通话服务。

首先，来谈谈如何确保视频通话的安全性。由于视频通话是通过互联网进行的，必须对其进行加密，使窃听者无法获取通信内容，并实现身份认证，这样呼叫者和银行就能相互验证身份。要做到这一点，不应使用未加密的 SIP 消息，而且，呼叫者的智能手机应用程序应首先与银行的会话边界控制器建立一个传输层安全协议（Transport Layer Security，TLS）会话，然后通过这个会话交换 SIP 消息。这种结合 TLS 和 SIP 消息的方式被称为安全会话发起协议（Secure Session Initiation Protocol，SIPS），这与 Web 浏览器使用 HTTPS（基于 TLS 的 HTTP）而非普通的 HTTP 连接类似。除了定义视频通话中使用的音频和视频格式外，SIP 消息还用于对传输

音频和视频流的 RTP 消息以及 RTCP 消息进行加密，即分别将它们转换为安全实时传输协议
（Secure Real-time Transport Protocol，SRTP）消息和安全实时传输控制协议（Secure Real-time
Transport Control Protocol，SRTCP）消息。

我们现在来探讨如何在 SIP 消息中指定视频呼叫。在音频呼叫中，INVITE 消息的 SDP 消息
体包含一行指示呼叫包含音频的信息，形式为"m=audio 11014 RTP/AVP 8 0 18 96"。对于视频呼叫，
INVITE 消息同样会包含一个音频行，可能类似于"m=audio 11014 RTP/SAVP 8 0 18"，其中 RTP/
SAVP（Secure Attribute-Value Pair）表示使用安全的 RTP/AVP（Attribute-Value Pair）配置文件（沿
用 RTP/AVP 的有效载荷格式）。这里去除了配置文件编号 96，因为在视频呼叫中使用 DTMF 的
可能性较低。INVITE 消息的 SDP 消息还包括几行指定可用视频编解码器的信息，示例如下。

```
m=video 11016 RTP/SAVP 97 96
a=rtpmap:97 H264/90000
a=rtpmap:96 H263-2000/90000
```

也就是说，在视频编码方面，可以采用 H.264 或 H.263-2000 进行编码，这两种都是国际
电信联盟定义的视频编码标准。在实际应用中，SIP 消息中可能包含多种视频编码配置文件，
这些配置是在视频质量、分辨率、带宽需求和处理能力要求之间进行权衡后的结果。此外，还
可能有其他视频编码方法的附加参数，这些参数用于调整分辨率、视频质量、带宽需求和处理
能力要求。一旦通话建立，音频和视频数据将通过 SRTP 消息进行交换。

最后，需要指出的是，来自银行的智能手机应用程序发起的视频呼叫将直接通过互联网路
由到银行的会话边界控制器，而不太可能通过电话系统的 SIP 中继线路由。

我们已经介绍了如何使用音频和视频媒体流来设置 VoIP 呼叫。除此之外，还有其他媒体
类型可以用于 VoIP 呼叫，包括但不限于以下内容。

（1）文本。文本的一个主要用途是作为视频流的同步字幕。通常，基于文本的信息，如聊
天会话，是通过 RTP 进行交换的。

（2）消息。消息主要用于即时通信。它通过消息会话中继协议（在 RFC 4975 中定义，不
同于 RTP）来发送文本消息。值得注意的是，许多能即时通信的智能手机应用程序是专有的，
它们之间无法互通，并且很可能使用不同的协议。

（3）应用程序。应用程序允许交换各种形式的信息。它被作为其他媒体类型的补充，用于
纠正错误和重新传输丢失的 RTP 信息，以及实现屏幕共享和输入（通过鼠标或键盘）。在银行
环境中，屏幕共享十分有用，它可以帮助客户完成申请流程，或指导他们使用网上银行或银行
应用程序，但这可能对信息安全造成一定的影响。

我们还观察到，一些 VoIP 平台和软件供应商定义了自己的媒体类型，包括用于电话会议
等场合的屏幕共享媒体类型。

因此，同一联络中心平台可以支持多种联络类型，包括音频呼叫、视频呼叫、聊天会话和
屏幕共享。联络记录设备可以存储这些会话的 RTP 消息副本，同时保留与客户互动的完整历
史记录。当然，随着联络类型的增加，客服座席的组织和管理也需要相应地调整。

4.9.16 现代多媒体联络中心

图 4.17 展示了一个现代多媒体联络中心。该联络中心包括四个视频工作站（由客服座席使用，他们能够接受包括视频电话在内的所有类型的联络方式）和四个语音工作站（由客服座席使用，可接受除视频电话外的所有类型的联络方式）。实际应用中，联络中心可能拥有更多的工作站。每个工作站都配备了安装有联络中心客户端的 PC。这种客户端通常被称作"胖客户端"，它具有两大功能：一是处理 VoIP 联络；二是提供访问银行平台的接口，使客服座席能够为客户提供服务。现代多媒体联络中心通过宽带与银行的其他网络相连，这些网络可能位于不同的地点。此外，现代多媒体联络中心也与技术提供商保持连接。

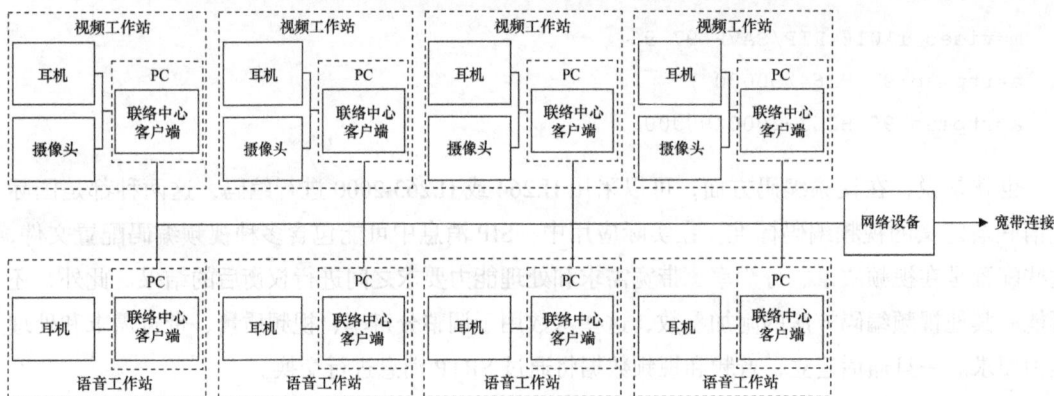

图 4.17 现代多媒体联络中心

4.9.17 H.323 协议

H.323 是一种可用于管理 VoIP 电话的协议，它可以作为 SIP 的替代方案。H.323 也有一系列庞大的标准文件，这些文件由国际电信联盟发布。H.323 曾是管理企业视频会议的主要协议，并被广泛用于企业内部的 VoIP 呼叫。然而，目前 SIP 已成为企业 VoIP 通信的主流标准，并且预计会继续保持这一地位。这两种协议各有优缺点，但在本书中我们不打算深入讨论。值得注意的是，无论是采用 H.323 还是 SIP 建立的 VoIP 呼叫，都使用 RTP 作为传输协议，在呼叫者之间实际传输语音数据（以及其他媒体类型的数据）。

4.9.18 联络处理的注意事项

合规性，即遵守法律和法规，越来越受到重视。尤其是在 2008 年金融危机之后，监管机构不再仅仅满足于接受相关的合规性声明，而是要求银行证明其已将合规性纳入日常运营中。在联络中心的环境里，联络记录成了合规性的关键部分，它不仅能用于调查问题，也能用于主动审查客服座席的表现。此外，联络中心还需要提供合规性培训，并记录客服座席的工作情况。

从英国的首都银行到蒙佐银行，再到欧洲的 N26，以及美国的已经倒闭的 Moven 银行，这些现代银行都强调文化的重要性。文化体现在银行的业务运作方式、如何吸引客户、如何吸引员工，以及许多其他方面。在日益数字化的环境中，联络中心常常成为客户真正体验银行企业文化的唯一渠道，因此，在每次互动中体现银行企业文化至关重要。同时，激发联络中心员工的热情也非常关键。这正是联络记录发挥作用的地方，它能确保每次客户互动体验的一致性和质量。我们认为，新成立的银行在这方面具有优势——它们可以从一开始就建立期望的企业文化，并且能够让客户与员工和高级管理层之间直接进行交流，共同形成团队文化。

优质的联络中心环境应为员工提供一个愉悦的工作空间，这包括限制声音传播和减少背景噪声的影响，同时保证空间的安全性。安全方面的考虑包括控制进入联络中心的人员、防止信息被窃听，以及预防欺诈行为。相关措施通常包括对新员工进行背景调查和信用检查、禁止在联络中心内使用手机和纸张，以及限制电子邮件和互联网的使用。

新联络中心的选址在决策过程中占有重要地位。它直接影响工资和租金等成本，同时也与当地的发展激励措施和再生计划福利有直接关系。地理位置还会影响可用技能资源，尤其是语言和口音方面。在某些地区，根据法律规定，必须提供特定语言服务（如威尔士的威尔士语服务），而且口音的影响同样重要，口音不仅影响客户理解内容，还可能影响客户对联络中心的整体看法。

在核心系统的可用性方面，如果联络中心提供全天候服务，那么银行的平台（包括联络中心平台）也必须能够实现全天候运行，以保持服务的连续性。同样，如果银行提供多种途径供客户访问他们的账户，那么这些途径所显示的数据必须与联络中心座席看到的数据同步。从客户的视角出发，如果客户在网上看到的数据与联络中心的数据不一致，将会产生非常糟糕的体验。如果交易和余额信息的更新存在延迟，则可能会存在发生欺诈行为的机会，或对弱势群体产生不利影响。

4.10　短信服务

短消息服务（Short Message Service，SMS），即短信服务，最初是指通过移动网络在手机之间发送简短文本信息的功能，自 1992 年在移动电话上首次出现以来，银行便开始利用 SMS。银行通过 SMS 实现客户认证（如发送一次性验证码用于互联网银行登录）、通知客户账户的各种交易情况，以及核实交易是否存在欺诈行为等。SMS 的信息传递方式简单，几乎不需要人工干预；但由于短信格式限制和发送短信的费用相对高昂，SMS 的使用存在一定限制（例如，银行发送短信的单价通常从几便士或几分开始，随着发送数量的增加单价降低）。有些银行选择使用基于应用程序的消息服务而非 SMS，这可能是为了降低成本。随着应用程序内消息的日益普及，SMS 的使用率可能会逐渐下降。甚至 M-Pesa——最初的基于 SMS 的倡导者之一——也转向了基于应用程序的服务，而非继续使用 SMS。

从技术层面来看，多家供应商为银行提供了发送和接收短信的服务。这通常涉及一种专门用于 SMS 的协议，即短消息对等协议（Short Message Peer to Peer，SMPP），该协议既可以在互联网上使用（采用适当的加密措施），也可以通过租赁线路与 SMS 供应商建立联系，或者通过互联网上的 RESTful 接口（见 3.16 节）进行通信。银行平台可以通过这些方式向客户发送包含详细信息的短信（包括他们的手机号码）。同样的服务也可以用于接收客户的回复。如果通过 RESTful 接口，可以使用与发送短信相同的 SMPP 连接，也可以将信息发送到银行的 Web 服务器。在某些情况下，银行还可以选择通过文本地址（例如银行名称）而不是手机号码来发送消息。类似的 RESTful 接口也适用于消息应用程序，而且可能找到能够同时处理短信和消息应用程序的供应商。可以通过 SMS 或消息应用程序进行聊天会话，就像在线聊天一样由银行的联络中心处理。

4.11　互联网银行

　　互联网和手机已成为银行与客户沟通的主要渠道。实际上，互联网银行和移动银行的发展被认为是导致银行网点使用率下降的关键因素。互联网银行平台为客户提供了丰富的功能，包括查询余额、交易分析、新增收款人和支付账号、账单下载，以及账户开设服务等。客户通常也可以在互联网银行平台上更改个人详细资料。

　　数据表明，互联网银行使用人数的增加通常伴随银行网点使用的减少，这种现象背后的原因值得深究。显然，互联网银行让远程管理银行业务变得更加便捷，同时也形成了一个良好的现象，即许多大型银行正在大力投资，鼓励客户从银行网点转向更经济的互联网银行。无论如何，互联网银行都是许多传统银行要关注的关键因素，但对一些新型银行而言，情况可能并非如此。例如，采用新型业务模式的银行，如英国的蒙佐银行、史达琳银行，美国的 Moven 银行和澳大利亚的数字银行 86400 等，都放弃了传统的互联网银行，转而选择了仅使用移动银行的解决方案。

　　有关支持互联网银行的技术，可以参考 3.10 节的详细介绍。

4.12　电子邮件

　　尽管互联网使电子邮件成为广泛使用的通信工具，但银行和零售客户间的沟通往往更像是单向的推送，就像广播广告和传单一样。电子邮件的一个优势是可以为每个客户提供定制化的内容。银行通常将入站的客户通信限制在一般咨询和投诉，而出站电子邮件则用于营销、警报和通知。这是因为互联网上的电子邮件一直存在安全问题，2020 年这一情况仍未得到根本改善。从历史上来看，互联网上的电子邮件并不加密，这意味着任何人在 Wi-Fi 或有线网络上使用数据包嗅探器都能读取电子邮件内容。尽管大多数电子邮件服务会对客户端（如 PC、平板电脑或智能手机上的电子邮件应用程序）和电子邮件服务器之间的电子邮件（双向）进行加密，也通常会对服务器间的电子邮件进行加密，但无法确保出站电子邮件在离开电子邮件服务器发送给收件人后和入站电子邮件在到达最终服务器之前会被加密；而且即使一封电子邮件在整个传输路径上被加密，但由于路径上的每个服务器都会对电子邮件进行解密和重新加密，因此任何入侵或访问这些服务器的人都有可能访问到这些电子邮件。此外，电子邮件服务器本身通常也能访问这些电子邮件。[1]

当然，银行通常会提供安全的信息传递设施，作为其互联网银行或移动银行服务的一部分，这些服务并不依赖于互联网电子邮件协议。这种设施通常由能够支持电话、聊天和其他多媒体联络方式的联络中心来处理。

在提供 CRM 服务时，包括私人银行和商业银行在内，互联网上的电子邮件的使用相对更加频繁，但大多数银行通常仅允许使用电子邮件处理行政性事务（如安排面对面的预约）。

在使用电子邮件作为沟通渠道时，需要考虑将电子邮件平台与其他 CRM 平台进行一定程度的集成。这样做的目的是确保客户的查询和投诉能够被正确记录到特定客户的资料中，并得到妥善处理。

4.13　移动银行

移动银行是银行业务领域中的一个热点话题。在市场中取得重大成功的智能手机——2007 年发布的 iPhone——对我们的生活方式产生了革命性的影响，银行业务也因此发生了巨大变化。智能手机之所以取得巨大成功，与其说是因为它的电话功能，不如说是因为它支持各种应用程序。

尽管苹果在推动手机革命方面贡献巨大，但在移动银行业务的创新上，它并非先驱。第一个在移动银行业务领域取得成功的是 M-Pesa。M-Pesa 是 Safaricom 于 2007 年在肯尼亚推出的一项汇款服务，我们在第 2 章中已经提到过。虽然现在 M-Pesa 主要由应用程序驱动，但其最初的成功要归功于对 SMS 的有效利用。

毫无疑问，移动银行业务目前规模庞大。例如，根据 CACI 公司的分析师描述，在 2019 年，超过一半的英国银行客户通过移动应用程序来管理他们的账户。而在互联网上搜索，可以发现，其他国家报告的移动银行使用率甚至更高。

移动银行之所以受欢迎，有几个原因。从客户的角度来看，只要手机信号足够好，移动银行就能提供一种简单且方便的理财方式；从金融服务提供商的角度来看，由于智能手机内置了如生物识别认证等高级功能，移动银行的安全级别通常高于互联网银行。此外，通过各种应用程序商店，移动银行可以轻松地被部署到大量客户的设备上（尽管可能需要至少两个不同的应用程序来支持两种流行的智能手机操作系统）。同时，移动银行也大大减少了对传统且人力密集的渠道（如实体网点和联络中心）的依赖。

1　有一些高级电子邮件服务，如 ProtonMail，无法在收到邮件后立即访问其内容，因为这些邮件在其服务器上是加密的，只有最终接收者才能解密。

移动银行应用程序的提供基本上有三种方法，这些方法适用于不同的目标设备，无论是智能手机还是平板电脑，也无论它们运行的是何种操作系统。

第一种方法是为智能手机或平板电脑提供一个适合 Web 浏览器和触摸屏的网站。利用所谓的响应式设计技术，甚至可以创建一个单独的网站，根据屏幕大小和用户输入方式（例如，键盘和鼠标或带屏幕键盘的触摸屏）进行自适应调整，从而在智能手机或平板电脑上提供互联网银行服务。这种方法的架构类似于图 3.36 所示的模式，互联网银行组件和网页必须设计得很复杂，以适应不同大小的屏幕。在实际操作中，银行可能不得不采用这种方法，因为有些客户会通过智能手机、平板电脑的 Web 浏览器访问互联网银行。随着现代 Web 浏览器中所谓的服务工作者（Service Workers）的出现，通过 Web 浏览器提供的渐进式网络应用程序能够提供一些本地应用程序的功能，包括发送通知、提供应用程序图标，以及在设备离线时依然可以使用该应用程序。实际上，这种独立脚本被安装在设备上，并通过 Web 浏览器的服务工作者在后台运行。

第二种方法是提供具有银行网站功能的 App。该方法被称为"混合方法"，即用户启动应用程序时，应用程序可能会首先展示一个内置的登录界面，随后显示互联网银行的相关网页，通常这些网页是通过设备的内置网页浏览功能展现的。如果银行希望在苹果或谷歌的应用商店中占有一席之地，并想向市场推广其银行应用程序，则可以采用这种方法，以相对快速地实现这一目标。这种做法是合理的，因为银行应用程序通常仅展示账户和交易细节，而不会将数据存储或复制到移动设备上。换句话说，移动设备必须处于在线状态，才能提供银行服务。根据经验，许多银行确实采取了这种方法（可能现在也是如此）。Apache Cordova 是一个开源的跨平台开发环境，专门用于编写这类混合应用程序，此外还有一个商业开发平台叫作 Adobe PhoneGap。

第三种方法是提供一个本地 App。这种应用程序的主要任务是从银行检索数据（通常通过 Web 服务调用），然后对数据进行格式化并展示给用户。采用这种方法至少有两个优势。首先，与接收完整网页相比，从银行检索数据的工作量通常较小，这意味着应用程序的响应速度更快，同时消耗的移动数据也更少。其次，用户界面可以更好地利用操作系统的特性并提供更多功能，例如发送通知、使用设备的指纹识别器进行登录、视频通话以及离线功能（比如显示账户余额和最后一次使用应用程序时的交易详情）。这种方法的缺点在于，银行需要具备开发、测试和支持应用程序的能力。通常情况下，银行至少需要为两种操作系统（谷歌的安卓和苹果的 iOS）开发应用程序。而且，随着操作系统和移动设备可用功能的不断发展，开发本地移动应用程序的方法也在持续变化中。

银行可以利用一些第三方数字银行平台的产品。这些产品可以根据银行在外观和体验方面的具体要求进行定制，并与银行的核心业务平台进行整合。例如，Backbase 公司的数字银行、Crealogix 公司的数字银行产品系列、Finastra 公司的 Fusion 数字渠道、甲骨文公司的银行数字体验、Sandstone Technology 公司的数字银行，以及 Temenos 公司的 Infinity 和 Quantum（原名 Kony DBX）等，但是需要注意这些产品及其名称可能频繁变化。这些产品的优点在于它们能提供覆盖零售、中小企业和其他企业银行业务的广泛功能，包括多渠道服务和跨渠道整合。这些产品可以托管在云端，避免了在基础设施上的前期资本支出。它们的缺点可能包括无法提供银行所需的特定功能、外观或对银行产品的相应支持，而且潜在的许可成本可能较高。对于那些不打算自建数字平台或缺乏相关专业知识的银行来说，这类产品可能是一个不错的选择。

4.14　社交媒体

社交媒体在大众中极受欢迎。人们出于各种原因，在 X、Instagram、Snapchat、微信、微博等众多社交媒体上与成千上万的人分享他们的想法。这对任何行业的营销人员来说，既是一个巨大的机遇，也是一个挑战。机遇在于，通过社交媒体可以触及庞大的消费者群体。挑战在于，要在社交媒体上识别特定的个人并与之互动是相当困难的。当消费者在各个社交媒体上抱怨糟糕的服务或系统崩溃时，问题变得尤为突出。企业中的营销部门（而非客户服务部门）通常倾向于监测社交媒体，并且对批评反应较为敏感，其往往能为了消费者利益推动问题迅速解决。

社交媒体可能会向银行提供一个新的渠道，通过这个渠道，银行可以在社交媒体网站或应用程序上提供服务。这样做的理由是，让客户留在社交媒体上，而不是流失到其他网站或应用程序。随着欧盟和英国推动开放银行业务，社交媒体甚至有可能自行建立银行服务界面。然而，客户是否会对此感兴趣，或者是否会担心他们的财务数据流入社交媒体等还有待观察。

许多社交媒体提供私人信息服务，但这些服务通常是"围墙花园"，即它们使用专有协议，无法与其他系统互操作。银行需要决定出于何种目的支持哪些服务。银行可以利用各种接口来接收和发送私人信息，这些接口可以被集成到银行的联络中心平台中，以提高效率和客户服务质量。

4.15　市场营销

从历史上看，市场营销主要是通过广告来实现的，广告一般出现在广告牌、印刷媒体和广播媒体上。市场营销的另一种方法是针对特定个人进行直接邮寄和电话营销。随着计算机技术的发展，银行现在能够通过复杂的数据分析，根据现有客户数据生成精准的营销名单。

图 4.18 展示了进行营销分析和管理营销活动所需的传统营销架构。这个架构建立在第 3 章提到的平台架构基础上，银行拥有多种平台，每个平台都配备了自己的数据库。ETL 工具（该图未展示）每日可以从这些数据库中提取新增和更新的数据。ETL 工具会将数据加载到数据仓库中，而数据仓库通常采用 RDBMS，并具有专门设计的模式，使得针对数据属性的搜索非常快速。数据仓库可用于多种目的，例如识别欺诈行为、报告客户群和产品的整体趋势，以及为营销目的识别特定客户群体。此外，银行还会使用各种专业的数据分析工具来支持这些类

型的分析，这些工具通常由银行内部的专家团队操作。通过这种分析得出的营销数据将被加载到营销数据集市（这个集市可能是数据仓库中的一个独立区域）中，或者被加载到一个单独的数据仓库中。在该架构中，可以进一步分析数据，将数据划分成目标客户群、活动名单等不同的类别。营销自动化平台可以用来管理各类活动，包括生成邮件和电话号码清单以支持电话营销活动，还可以按需向业务运营平台提供营销信息，比如在客户登录互联网银行平台时，营销自动化平台能够提供营销提示。通常，营销自动化平台还支持多种活动管理功能，例如测试活动、A/B 营销活动等。

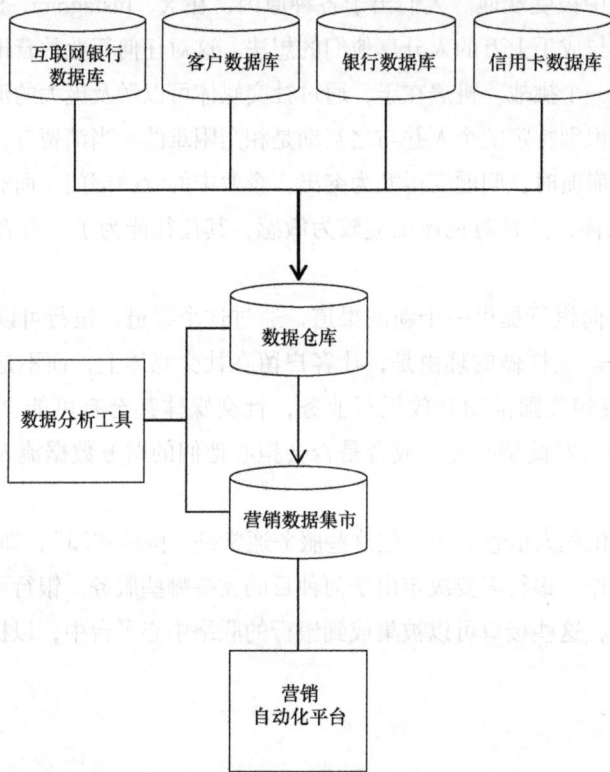

图 4.18　传统营销架构

随着互联网和社交媒体的发展，银行在使用相关功能时，必须在遵守法律的前提下做出决策。

4.16　跨渠道关键要素思考

4.16.1　一致性

许多银行的终极目标是为客户提供真正的全渠道体验，使客户能够通过任意渠道与银行接触，也可以在不同渠道间切换，并获得一致且统一的体验。随着在线 ATM 的推出，银行需要维持跨渠道（即网点和 ATM）的日间可用余额的一致性；而且，借记卡和互联网银行的引入使这一需求更为迫切。实际上，银行不得不推出实时的银行业务功能，即使在许多情况下其记录系统仍基于批处理。此外，许多人都经历过这样的情形：在一个渠道（例如互联网银行）申请产品，遇到问题后不得不在另一渠道（如电话银行或网点）重新启动整个过程，而此时银行的客服座席对客户之前提供的信息一无所知。对大型传统银行来说，由于各渠道各异，消除这一情形颇具挑战。然而，新型银行可以从一开始就考虑这一点，以统一的方式记录所有客户互动信息，并向所有客户服务人员提供关于这些互动的历史记录。

4.16.2　业务可用性和弹性

历史上，银行的核心平台通常会在网点营业时间之外进行停机维护和日终处理。在同一地区内存在多个时区的情况下，可用于维护的时间相对短暂。联络中心的引入对这一情况的影响不大，因为联络中心的营业时间通常只比网点的营业时间略长一些。然而，互联网是 24 小时不间断的，这意味着客户期望能够随时使用互联网银行和移动银行服务，同时希望随时能够从 ATM 中提取现金。因此，客户不再能接受每天的停机时间，这对银行平台提出了明确的要求。特别需要注意的是，无论是批处理还是实时处理，都必须尽量减少系统故障的发生。例如，在批处理中，如果系统出现故障，批处理通常会在备用系统上重新进行（时钟被调回批处理周期的早期阶段）。然而，在实时处理中，已经完成的交易（例如出境付款）无法重新执行。

从经验看，服务的稳定性通常通过使用服务器集群来实现，这些服务器集群中的多台服务器共同服务于一个单一目的，而通过多站点实现的弹性将在第一个站点出现故障时，切换到第二个站点。然而，这种方法成本较高，银行必须评估使用这种方法的投资额。在微服务和云计算时代，实现平台的高可用性变得更加容易且成本较低。凭借能够自动启动新服务的容器化、自修复系统，银行可以以极小的增量成本构建极其可靠的服务。奈飞公司提供了高可用的服务，并因此而闻名，这不仅因为其服务的正常运行时间水平，也因为它实现这一目标所采用的方法。大约在 2011 年，奈飞公司提出了混沌工程（Chaos Engineering）的概念，这是一种故意迫使服务失败的方法，用以测试系统是否能自动处理失败。这种方法发展出了 "混沌猴"（Chaos Monkey）的概念，其作用是强制其他服务随机发生故障。"混沌猴" 在奈飞公司的生产环境中运行，迫使其软件工程师在开发过程中的每一步都必须考虑到稳健性和弹性。奈飞公司还开发了一整套名为 "猿猴军团" 的工具，这些工具在测试奈飞公司的服务时扮演着不同的角色，例如在云中引入 "混沌金刚"（Chaos Kong）——可以摧毁承载奈飞公司服务的整个数据中心，以及随机引入的 "延迟猴"（Latency Monkey）。

值得注意的是，即使是设计得最好的银行平台，也偶尔会遇到计划外的停机（这通常是由软件错误或在更新平台时的人为错误造成的）。此外，银行平台可能还需要进行某种形式的维护或升级，这要求系统必须暂时离线。另外，在日终处理期间，银行服务也可能会受到一些限制。在这些情况下，银行通常会通过设计让其平台能够从容应对这些情况，并且在适当的时候提前通知客户。

4.16.3 安全性

在银行仅有分支机构网络，且主要交易媒介为现金的时代，安全问题主要涉及现金的安全。然而，随着 ATM、电话银行、互联网银行和移动银行的出现，黑客攻击的范围扩大了许多。现在，不仅会有黑客对银行的实体财产（如网点、ATM、数据中心和运营中心）进行攻击，任何连接到互联网的人都可能从全球任何地方发起攻击。银行卡欺诈、授权推送支付欺诈等是常见的针对银行的攻击（更多有关信息请参阅第 5 章～第 7 章）。

在银行业中，欺诈行为导致的财务损失是一项巨大开支。为了防范欺诈，银行运营的每个渠道都必须在账户开立过程中以及每次登录时，恰当地运用身份识别和验证技术。我们将在 5.6.1 小节中介绍客户身份验证，但银行还需要关注客户设备的安全性，包括使用先进的生物识别技术（不仅是指纹识别，还包括手势识别等）时。

对任何在金融服务领域（或其他行业）运营的企业来说，应该在每个公认的安全控制类别中制定更全面的安全措施。

· 行政控制：涉及政策和流程的制定，包括制定安全政策、标准和操作指南，员工筛选和培训，以及实施变更控制等。

· 物理控制：涉及对物理环境的访问，比如锁定计算机硬件和对物理空间的监控（包括警报系统）。

· 技术控制：包括控制对 IT 系统的访问（通过身份访问管理系统及基于角色的访问控制），执行密码和其他安全策略，应用安全设备和软件，如防火墙、防病毒软件、入侵预防和检测系统、安全信息和事件管理（Security Information and Event Management，SIEM）系统，以及对传输中和静态的数据进行加密。

不采取这些措施的后果可能是非常严重的。

4.16.4 异构终端

银行在过去能够完全控制自己的服务渠道，但当 ATM 供应商改变了 ATM 使用的信息格式后（例如 IBM 在 1970 年所做的改变），银行面临了巨大的挑战。在线渠道的迅猛增长同样带来了终端设备种类的激增，而银行除了能决定是否支持这些终端外，对这些终端几乎没有控制权。如今，客户可以使用各种版本的 Web 浏览器（如 Chrome、Edge、Firefox、Opera、Safari 等）和几乎任何分辨率的屏幕访问银行服务，而且两种主流移动操作系统具有多个版本。在面对平台和版本的多样性时，银行能采取的措施是有限的。支持过多的客户端软件不仅成本高，而且很快就会面临收益递减的问题。一个简单的方法是聚焦于覆盖市场的主要部分。例如，根据 Statcounter 的数据，截至 2020 年 5 月，仅支持六种安卓系统的版本就可以覆盖 80%

的安卓用户。在许多情况下，一旦银行应用程序在一个版本上运行良好，它很有可能在部分或所有其他版本上也能运行，但这需要进行测试。测试有多种不同的解决方案，从购买一批有代表性的智能手机进行简单测试，到使用云测试解决方案，甚至可以外包给第三方测试专家。

4.16.5　可访问性

作为与客户接触的前端，渠道的可访问性是一个重要的考虑因素。渠道具有可访问性是一种良好的实践，甚至在许多地区是法律要求的。在进行界面设计时，应当考虑到语言问题和残障人士的使用需求。

可访问性设计有多种形式，通常被视为用户体验（User Experience，UE）和用户界面（User Interface，UI）设计这两个领域的成果之一。这两个领域经常被混淆，但实际上是有所区别的。用户界面是指用户与渠道之间的界面，它可能包括吸引用户的界面元素，或者是在 IVR 会话和聊天中使用的语音或回复。而用户体验则涵盖了用户在使用渠道过程中的整体体验，可能包括界面的流程或顺序，或者用户到达想要访问的地方的速度。这两个领域虽然相互关联，但又有所不同，对于它们，需要单独进行考虑。如果处理得当，它们可以为用户提供卓越的使用体验。

第 5 章

银行业务运营

如今，在银行业中非常受瞩目的领域便是渠道领域，这涉及银行与客户之间的接触方式。尽管人们对传统的网点柜台已司空见惯，但现在，人们对数字渠道的普及以及随之而来的网点的减少，却表现出了空前的关注和认可。这一现象已经成为众人热议的话题，尤其是在讨论新型银行时。

然而，银行业的主要工作是在业务领域执行的，这才是银行的核心。抛开银行那些光鲜亮丽的数字界面和后台办公室（包括财务部门等重要部门），银行的动力源泉在于其业务领域。为什么这么说呢？因为业务领域是提高客户忠诚度和确保银行安全运行的关键所在，它能解决许多技术手段难以解决的问题，尤其是在出现异常时。不幸的是，尽管业务运营部门对银行业务的成功至关重要，但它常常被忽视。而对银行业务运营的深入了解是银行业务成功的不可或缺的一环。

本章将继续探讨第 1 章所介绍的银行运营模式层面的多个领域，着重讨论那些复杂、引人入胜或需要深入探讨的问题，主要围绕支付业务、现金管理、信贷业务、催收和清收，以及反欺诈等领域展开讨论。

5.1 联络中心

第 4 章详细地介绍了联络中心的运作情况，从管理和监督方面而言，联络中心通常被视为银行运营的一部分。联络中心的员工不仅需要与客户进行交流，解答他们的疑问，还要发现并处理各种问题，安抚情绪激动的客户，并防范欺诈行为。

联络中心的效率很大程度上依赖于员工的能力和他们所接受的培训，以及电话系统和 CRM 平台的支持。

5.2 支付业务

支付业务团队是银行日常业务中最关键的团队之一。对大多数客户来说，支付业务至关重要，因此必须确保支付流程的顺畅进行，并且能有效地发现及处理任何与支付相关的问题。支付业务团队的常规工作包括发起支付、追踪支付状态、解决支付问题以及支付对账。

首先，支付业务团队在某些情况下会代表客户发起支付。这项工作曾是支付业务的重要部分，但随着互联网银行和移动银行的发展，以及账号的国际标准化——这能让客户轻松自行设置支付——这一职能逐渐被削弱。在处理国际支付时，尤其是目的地特殊的国际支付，可能需要手动设置支付路线，包括选择使用哪些代理银行。虽然大多数支付在启动时都是自动处理的，但如果支付平台无法处理某笔支付，该支付指令就会排队，等待支付业务团队处理。此外，支付发起过程中还包括对大额或异常支付的审核，有时还需进一步从发起客户处对这类支付进行确认。

其次，支付业务团队经常需要追踪支付的状态。尽管许多支付是即时完成的，但仍有许多支付方案和情况是非即时的，客户因此常会询问他们所付款项的去向。在国际支付领域，这一问题尤为显著，因为国际付款可能需要几天时间才能到达预定收款人指定的账户。支付业务团队的职责是追踪延迟和丢失的付款，必要时解决可能导致付款延迟或丢失的问题，或至少向联络中心提供付款在网络中的位置信息，以便通知客户。支付业务团队还可能需要提供已完成付款的证据，或联系处理付款被扣留的银行，以便解决问题。

然后，支付业务团队还需处理收款和付款中遇到的问题。这些问题有可能发生在一次性支付时，但更可能发生在直接借记和预设标准支付指令的部分。汇款可能因无效的账号或其他问题而无法直接入账。在这种情况下，支付平台会把这类汇款发送到一个队列中，由人工审核，而这些审核工作最终将由支付业务团队的成员来完成。无法直接入账的汇款通常会被暂时记入一个特定账户，同时支付业务团队的成员对其中的每笔款项进行分析，决定如何处理。根据错误的汇款进入流程的阶段，将确定客户账户是否已经被扣款，以及该笔款项是被记入付款行的临时账户，还是已经被转移到支付组织或代理银行。支付平台通常设有多个队列，用于处理不同类型的支付失败或延误问题。

在管理直接借记和预设标准支付指令时，支付链的两端都可能出现问题。例如，如果预设标准支付指令的接收账户已经关闭，那么资金应退还给付款人。对接收直接借记款项的银行来说，存在许多异常代码，这些代码能解释为何付款人未能成功转账（如账户关闭或资金不足等原因）。接收方需要了解这些代码，以决定如何应对。这常导致接收方向其银行提出疑问，而在这种情况下，支付业务团队需要提供相应的支持。第 7 章将详细介绍直接借记的流程。

在实施新的支付平台时，需要考虑如何管理那些无法立即记入账户的付款。通常，应将付款金额存入暂记账户，直到对支付数据进行分析并决定如何处理为止。所有我们了解的银行和支付平台都设有各种队列，用以处理各类失败或卡住的支付。在使用第三方银行或支付平台时，支付业务团队必须清楚已配置了哪些队列以及如何管理这些队列。有案例显示，银行未能意识到某些队列的存在，结果导致汇款在队列中消失数周甚至数月。

最后，支付对账是银行业务和支付流程的基础环节。支付业务团队的责任是确保银行的所有支付记录与外部世界，包括支付系统、银行使用的清算行（如有）以及代理银行的记录保持一致。这个过程并不像看起来那么简单，因为汇款可能会出现丢失、重复或延迟的情况，而这些情况常在客户质疑过程中或在对账过程中发现。

当然，这些都需要技术支持，技术运作越有效，支付业务团队的工作效率就越高。依赖第三方（包括聚合支付机构和清算行）进行支付处理的小型银行可能会面临更多的限制，如支付窗口时间减少、支付有最高限额、支付延迟、结算头寸降低的不可见性，或技术问题的不可见性和意外停机等，这通常会影响其对支付方案的控制力。在英国设立银行时，我们惊讶地发现，部分清算银行和聚合支付机构在提供的服务水平、功能和可见性方面存在很大差异，这通常是因为这些银行和机构依赖于各种受限的传统技术。因此，了解这些方面所运用的技术、遵守的信息传递协议和标准、施加的约束限制（以及原因）、提供哪些数据以及何时提供数据等，是非常重要的。

对银行的支付业务团队来说，除了管理银行自身的支付系统外，能够在必要时（例如，追踪支付状态和解决问题时）访问合作伙伴或供应商的系统同样重要。这一点在银行使用聚合支付机构或清算行的服务时尤为关键，特别是在银行并未直接连接支付组织网络的情况下。

5.3　现金管理

银行业务的许多领域是完全数字化的，不涉及实物现金，然而，如果银行拥有 ATM 或柜员机，那么通常需要专门的现金管理功能。值得注意的是，这里提到的现金管理指的是对实物现金的直接管理，而不是第 8 章中提及的财务和资金管理职能中的现金管理。

银行的一个重要职责是确保每个地点的库存现金数额与银行记录中的数额相匹配。例如，一些核心银行平台会跟踪每个柜员现金尾箱中的现金数额，并在柜员下班时将其与实际数额进行核对。除了这类对账活动，银行的现金管理工作还包括物流，即管理整个银行的现金供应和回收，以及向商业客户提供服务。这涉及确保各种面值的纸币和硬币库存充足、从中央银行领取更多现金、处理损坏或过时的纸币和硬币以防流通，以及联系安全的现金运输和接收服务商。需要注意的是，政府或监管机构为了促进金融普惠性或打击洗钱，经常会关注某些面值纸币的供应情况，这可能影响 ATM 中存放的纸币面值。在一些市场中，专业的第三方服务商负责接收、清点、回收和交付银行及商业客户的现金，包括为 ATM 备钞。这些服务商与银行的合作使得在实物现金到达银行前的几小时内就可以将款项贷记到客户账户中。

显然，现金及处理现金的银行工作人员的安全至关重要，因此应采取适当的安全措施，包括使用安全摄像头、监控进入处理现金的安全区域的人员。

5.4　信贷业务

信贷业务的核心任务是在考虑产品选择和风险偏好的情况下，确保贷款业务的风险在一个可接受的范围。这意味着贷款决策需要得到妥善的管理和审查,以保证企业在贷款时充分理解相关风险并进行适当的管理。当然,发放贷款仅仅是整个过程的一部分,信贷业务团队还需要密切监控,确保借出的资金能够连本带利地收回。

从历史上看,信贷业务团队主要依靠人工操作来处理信贷决策,但这一过程已经变得更加自动化和系统化。然而,在这个过程中,仍然会出现许多例外情况(例如客户可能会因感觉被不合理地拒绝贷款而投诉),这些情况就需要信贷业务团队的介入。

5.4.1　零售信贷申请流程

收集零售客户信贷决策所需数据的有效途径是通过征信机构收集。不同国家和地区对征信机构有不同的称呼(如美国称其为消费者报告机构,澳大利亚称其为信用报告机构,印度称其为信用信息公司等),例如艾可菲和益博睿,两者在许多国家提供资信调查服务。然而,随着开放银行和开放数据的发展,这一格局开始发生变化,银行业务能够利用更广泛的数据来支持决策。例如,开放银行使客户能够分享其银行账户详情,包括所有交易,以便放款人能更详细地了解客户的财务状况和还款能力。开放数据还可以让放款人了解特定地区的人流量,从而帮助放款人决定是否向希望扩大业务的零售商提供贷款。

图 5.1 概述了典型的零售信贷申请流程。值得注意的是,这一流程因不同机构和客户申请的贷款类型而有所不同。例如,如果客户申请的是汽车贷款等抵押贷款,那么该流程将包括对抵押品(汽车)价值的评估,还会考虑预期的车辆折旧。

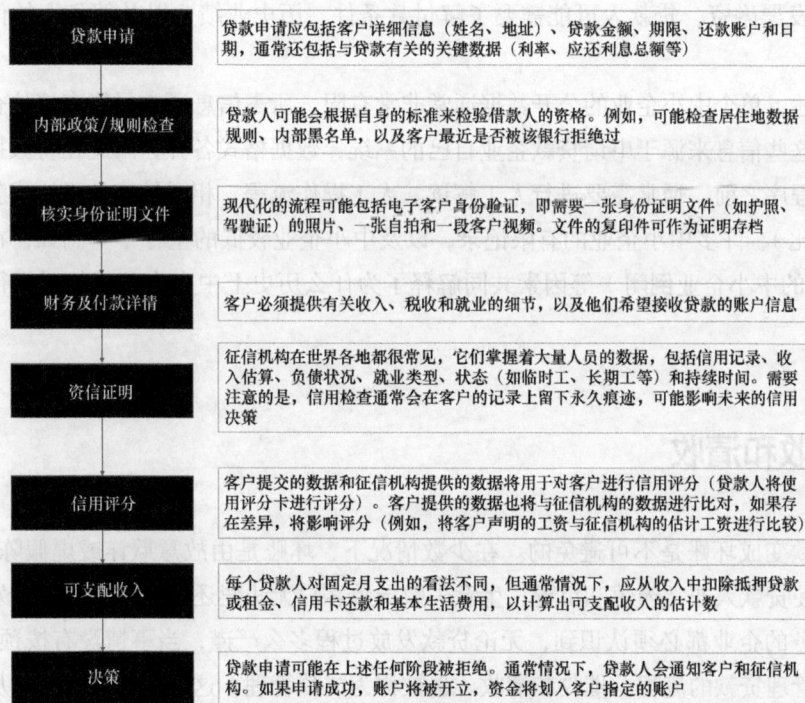

图 5.1　零售信贷申请流程

5.4.2　中小企业信贷申请流程

企业的信贷决策对象通常至少分为三个类别，有时甚至更多。这些类别包括：个体经营者，其贷款通常基于个人而非企业进行评估；中小企业（Small and Medium-sized Enterprise，SME）；大型企业，其贷款通常（但不总是）基于信用评级机构或商业数据提供商（如邓白氏、穆迪和标准普尔）提供的数据进行评估。

由于中小企业规模较小，公开可获得的数据有限，因此评估这类企业是很困难的，过去主要依赖贷款人内部进行大量的人工数据收集和决策。但现在，情况正在改变，市场上有越来越多的工具来支持决策过程，包括会计系统插件，这样中小企业就能与贷款人和开放银行共享数据。

中小企业信贷申请流程与图 5.1 所示的零售信贷申请流程没有本质区别，例如，在申请贷款时，申请企业仍需确定借款金额、借款期限和还款方式。但在包含的数据和流程方面，一些步骤有着完全不同的特点。

首先，企业的客户身份识别（Know Your Customer，KYC）流程就有很大不同。正如 5.6.1 小节描述的那样，KYC 要求识别企业，并识别关键员工（如董事）和最终借款人的身份。

其次，在数据采集方面会有所差异。根据贷款人的决策标准，贷款人可能需要获取财务信息（如现金流、盈利能力、过去几年的财务报表等）、业务数据（包括公司规模、员工人数等）、所有债权人（包括信贷条款等）和债务人信息（包括债务条款和未偿还金额等）。

最后，在贷款目的方面，可能需要收集与贷款具体内容相关的额外数据。例如，如果企业客户寻求发票融资，贷款人可能需要了解付款条件、历史业绩，以及债务人的信用度和可靠性。

如前所述，单个中小企业的公开数据通常非常有限，所需信息通常只能直接从企业运营中采集。由于这些信息来源于申请贷款企业自己的系统，数据格式各异，因此在将数据输入贷款机构的决策程序之前，通常需要进行人工解读。人工操作流程、相对较小的平均贷款规模（与大型企业相比）、许多中小企业的有限记录，以及中小企业较低的生存率（例如，在英国，每年约有 10% 的中小企业倒闭）等因素共同解释了为什么历史上中小企业贷款对银行来说并不太有吸引力。

5.5　催收和清收

部分贷款变成坏账是不可避免的。在少数情况下，坏账是由故意欺诈或虚假陈述造成的，但通常，即使贷款人非常谨慎和负责，生意失败导致客户无法偿还贷款的情况仍会发生。任何提供贷款服务的企业都必须认识到，无论贷款发放过程多么严谨，当事情没有按预期发展时，必须有一套管理贷款的流程。催收和清收（也被称为欠款管理）这两个术语涵盖了从贷款开始出现问题（即拖欠）到流程结束的全过程。尽管这两个术语常被一起使用，但实际上它们适用于不同的情况。

一旦还款逾期，贷款人将尝试收回所有未付款项（这一阶段称为催收），并努力使贷款恢复到客户按时还款的状态（这可能包括商定新的还款计划）。在逾期的早期阶段，客户的信用记录可能还不会受到影响，但如果逾期超过 30 天，贷款人可能会对客户处以罚款，加大催收力度，并向信贷机构报告。催收逾期还款的工作通常由贷款人内部的催收团队承担。

管理已逾期的贷款是一项敏感工作。大多数监管机构都有关于贷款人应如何对待逾期的零售客户的规定，以及对违反这些规定的机构的处罚措施。

从技术角度来看，在催收过程中需解决以下几个关键问题。

• 贷款还款跟踪。信贷业务和合规团队首先应确定贷款何时出现拖欠，通常情况下，此处的贷款指的是未支付的贷款。信贷业务和合规团队必须制定合适的流程，以处理贷款拖欠的情况。

• 重新安排时间。如果是直接借记贷款还款失败，可以再次尝试还款，这取决于当地支付组织的特点。同时，贷款人也可要求客户选择一次性付款来弥补欠款。

• 一次性付款。客户如果选择一次性付款，则可能会考虑使用支付卡。大多数负责任的机构不允许使用信用卡支付（因为从低息贷款转为高息信用卡贷款通常不符合客户最佳利益），但使用借记卡支付通常是可行的。

• 制订还款计划。如果上述方法均无效，信贷业务和合规团队需要与客户联系，制订适合他们的还款计划。现代组织的催收计划应当有统一的原则作为指导，确保每个客户得到一致的处理，同时根据他们的具体情况制定个性化还款步骤。从技术角度看这会带来一定的挑战，因为这意味着贷款人的平台必须足够灵活，以适应相关变化，特别是在支付方式、利息计算和付款宽限期等方面。

• 催收 CRM。催收 CRM 比日常 CRM 更为敏感。贷款机构的 CRM 平台必须支持催收过程，并能够提供所有按时间顺序排列的、不可更改的、经过审计的通话记录。

一旦贷款逾期超过 90 天（或根据贷款人的贷款政策规定的其他期限），贷款人很可能会停止催收并将贷款转入清收阶段。在大多数情况下，进入清收阶段的贷款会被出售给第三方清收机构，而剩余的未偿还债务则由贷款人在其账簿上进行核销。

贷款进入清收程序时，决定处理方式的关键是贷款是否有担保。对于有担保的贷款（例如资产担保贷款），抵押品可能会被清收机构收回并出售。在贷款人和清收机构的成本得到补偿后，剩余的资金将返还给客户。对于无担保贷款，清收机构会尽力从债务人那里收回尽可能多的资金，一般通过直接与客户接触进行，但如果必要，也可能通过法律途径进行。

大多数信贷机构在合同中都设有一个互惠条款，要求贷款人在贷款变成问题贷款时通知它们。这样操作不仅有助于建立客户的信用评级，还可以与其他机构提供的关于该客户的数据汇集在一起，以评估客户的整体财务健康状况。未来，这些数据将越来越多地用于动态监测客户的财务状况，并在客户违约前识别出他们可能发生的债务偿还困难。

同时，这些数据对贷款人也极具价值，因为它们可以用于信贷承销（帮助建模和改进未来的信贷决策过程）、风险评估（评估和管理企业自身风险）以及财务处理（用于报告和支持损益预期）。

因此，从技术角度看，贷款解决方案不仅要适应贷款的发起和支付流程，还要能应对所有可能的不利情况及其对应的决策。例如，如果客户在逾期 65 天后开始偿还贷款，会发生什么？这对未付款项有何影响？未付款项是否应包括利息或罚款？这些问题都需要在贷款解决方案中得到妥善处理。

5.6　反欺诈

针对银行的欺诈行为多种多样，欺诈可能发生在业务运营的每一个渠道上，甚至有欺诈者专门从事特定形式的金融犯罪，例如银行卡欺诈。欺诈者可能采取多种手段开立账户或提取资金。

• 物理网点。首都银行在英国成立时，立即成为欺诈者的攻击目标。其中一个诈骗团伙在网点外碰头（可以被监控到），其中一人前去开户，通常使用护照。此人每次尝试开户时，总会被发现有疑点，客户经理会将此人赶走。然后，此人会与同伙会合，讨论为什么存在疑点；讨论结束后，诈骗团队会派出另一名成员尝试采用不同的方法，以避免前一次的失败。

• 联络中心。当银行遭遇重大 IT 故障时，联络中心经常被电话淹没。工作人员在努力帮助客户的同时，大量的电话和故障对客户日常生活的影响，为欺诈者提供了机会。银行工作人员本能地热衷于帮助受影响的客户取回他们的资金，而欺诈者也清楚这一点。有多起欺诈者利用银行系统故障给联络中心打电话并成功获取客户资金和账户信息的案例。

• 客户。欺诈者经常冒充银行工作人员，要求客户提供其账户的关键信息或转移资金以"保护账户"（这种方式被称为授权推送支付欺诈）。这种欺诈通过电子邮件、电话甚至上门服务的形式进行。与联络中心的欺诈类似，这种欺诈在客户处于紧张状态时更易成功，例如在银行遭遇系统故障时。

• 网络。欺诈者在数字领域试图进行广泛的攻击。这些攻击可能针对互联网银行平台和数字应用程序，包括使用盗用的身份信息开立账户，以及针对真实客户的代理人进行攻击。

上述例子仅覆盖了银行业务中常见的一小部分欺诈攻击类型。我们只在授权推送支付欺诈方面做了简单介绍，还有许多其他形式的金融犯罪，例如洗钱和信用卡诈骗等。有关欺诈的更多详细信息，请参阅第 6 章和第 7 章。

为了打击欺诈者，现代银行的反欺诈团队配备了一系列工具。然而，仅拥有这些工具并不足以防范欺诈，还必须有效地部署这些工具，并持续监控，以在长时间内限制欺诈行为。欺诈者总在寻找新的方法打破银行的防御，因此银行的所有反欺诈策略也必须随时间变化而调整。需要注意的是，虽然有限制欺诈行为的方法，但目前还没有方法能够将欺诈行为从零售银行环境中根除。银行很清楚这一点，这就是为什么许多银行不愿公开与业务欺诈相关的数据，因为银行担心公开相关数据会使现有的或潜在的客户产生顾虑。

在后续章节中，我们将详细探讨银行发现和打击欺诈行为的关键途径。

5.6.1 客户身份验证及风险评估

KYC 是所有银行在接纳新的零售和商业客户过程中的一个关键环节，这些检查通常符合监管和法律要求，并被广泛接受。KYC 不仅有助于降低银行风险，也有助于降低整个行业和普通民众的风险。

1. 个人 KYC

个人 KYC 通常适用于个人或联名账户，或由个人拥有和经营的小型企业，其主要目的是确认客户的真实身份。这种形式的 KYC 容易出错和被滥用。开展客户个人 KYC，客户需要携带带有照片的身份证明文件，如护照、身份证或驾驶证，以及一些显示客户地址的近期账单到当地银行分行。在那里，客户服务顾问甚至银行经理会在客户开设任何类型账户之前引导客户完成相关流程。银行员工负责验证客户的身份，判断客户提交的文件是否有效，以及确认客户是否真的是其所声称的身份。在之前，银行员工与潜在客户面对面接触很常见，这使得客户身份识别相对容易。随着人口的增长和银行网点数量的减少，技术正在被频繁地用来解决身份识别中的薄弱环节，并实现客户身份的自动化识别。

银行网点可以部署电子文件阅读器来辅助银行员工检查文件。坦白说，大多数普通人（包括银行网点的工作人员）都无法准确辨别真的护照和假的护照，因此使用技术来验证文件是否真实有效、是否遭到篡改是非常有必要的。

无论是手工检查还是用电子方式验证证件，所有证据都应该作为客户记录的一部分，记录在银行的 CRM 平台上。该平台应具备存储图像和员工手写注记的功能，以便合规团队在日后进行抽查或对某些事件进行跟进处理时检查。

现在市场上有大量（而且数量还在不断增加）数字文件检查软件供应商，提供所谓的 eKYC 服务。相关软件通常会要求客户使用其智能手机摄像头拍摄身份证明文件和本人照片。然后，软件会利用这两张图像，首先验证身份证明文件的有效性和是否遭到篡改，其次确认客户的照片与身份证明文件上的照片是否一致。这些软件变得越来越复杂，甚至具备检查客户照片或视频是否真实的附加功能。截至 2020 年，已有多家能够在全球范围内运营的 eKYC 服务提供商，如 IDnow、Jumio 和 Onfido 等。许多服务提供商（尽管不是全部）能够验证来自多个国家的身份证明文件。

选择 eKYC 服务带来的一些影响如下。

（1）eKYC 服务在很大程度上依赖于客户。客户及其文件的照片和视频需要在适当的照明条件下拍摄，以确保不出现反光，并且客户的脸部要清晰可见。因为，经常会出现要求客户重新拍摄照片或视频的情况，即便如此，新拍摄的照片或视频也可能不符合 eKYC 系统的要求。这可能会让客户感到烦躁，此时银行的客户服务部门必须准备好介入并协助客户。

（2）eKYC 服务无法识别出所有的欺诈行为。尽管这可能让人担忧，但我们必须认识到没有绝对完美的解决方案。实际上，人工流程更容易出错，也更容易遭受内部欺诈的威胁。

（3）eKYC 服务存在误报的情况，因此银行必须准备好处理客户对该过程的疑问和投诉。这可能需要银行客户服务团队推翻机器生成的结果，这一过程需要严格控制，以最大限度地降低内部欺诈风险。

（4）有时 eKYC 系统在无法得出确切结论时会产生异常（例如，可能是身份证明文件的 OCR 读取出现问题）。在这种情况下，eKYC 服务偶尔会将结果退回给银行，原因可能是对判断结果不够确定。此时，将由银行的运营团队对证件的有效性做出决策。

第（1）、（3）和（4）点强调了运营团队需要查看与账户相关的文件图像、照片以及 eKYC 服务的结果。这一功能应由 CRM 平台提供，同时也需要审查者对相关信息进行记录和决策。必须让合规团队参与进来，以确保整个流程正确、一致地遵循监管和法律要求。

无论 eKYC 服务的结果如何，都应以可审计的格式记录下来。如果存在对客户身份的质疑（例如作为欺诈事件审查的一部分），或者银行的合规团队进行了抽查，银行需要回溯验证过程，并证明已经遵循了适当程序，而且结果是正确的。

在设计接管流程时，银行应牢记上述第（4）点。在这个阶段出现延迟是常见的，不能假设新用户引导流程总能顺利进行。银行可以考虑在接收过程中设置暂停点，以应对延迟情况。即便是最优秀的新用户数字化引导流程，也不是每次都能顺利完成的。一个企业能否脱颖而出，取决于它管理客户的方式是否达到了期望的结果，以及是否妥善处理了例外情况。

2. 企业 KYC

企业 KYC 比个人 KYC 要复杂得多。需要注意的是，企业 KYC 不仅针对企业本身，还涉及任何由多人拥有或经营的实体，如慈善机构和合伙企业。当执行企业 KYC 流程以开立新的业务账户时，银行需要识别以下几个方面。

• 企业身份。银行需要确保该企业是一个合法的商业实体，并在相应的机构进行了注册（如适用）。例如，在英国，公司注册处保存了许多不同类型商业实体的记录，但并不涵盖所有类型。比如，个体经营者不必在公司注册处注册其业务，而慈善机构则需要在慈善委员会进行注册。

• 开户代表。银行需要了解代表企业开户的人是谁，以及他们是否有权这样做。

• 授权持有人。银行需要确认所有在账户运营管理中发挥作用的企业代表。

• 企业董事。银行需要确认企业的所有董事。

• 最终受益人（Ultimate Beneficial Owner，UBO）。通常情况下，UBO 是在企业中拥有重大财务利益的任何人。这方面的规则因地而异，但通常涉及确定所有在企业中拥有超过一定比例所有权的实体。这一比例的具体数值由当前法律法规和银行的政策决定。

在某些国家，确认企业详细信息、董事以及所有权结构的过程相对简单（除非该企业是结构复杂的集团或拥有复杂的所有权结构）。例如，在英国，公司注册处会确认企业的名称和业务活动、董事以及任何相关文件（如公司章程、财务报表等）。然而，在许多国家，这个过程可能并不那么简单。在确实需要注册的情况下，现有的软件解决方案可以较容易地执行搜索。

可以提供企业数据的机构包括英国的公司注册处（在许多其他发达国家也有类似的公共登记处）、毕威迪（Bureau van Dijk）（根据其网站 2020 年中期的数据，全球有 3.75 亿家公司）、DueDil、邓白氏（Dun & Bradstreet）和埃信华迈（IHS Markit）。当然，全球还有许多其他企业提供企业数据。在考虑与这些企业合作时，重要的是要考虑它们的业务覆盖范围、可提供的数据元素、接口规范、数据更新频率以及每次搜索的成本。举例来说，在英国，可以从公司注册处免费获得许多基本的企业数据。

任何提供企业数据的企业都应该从定期更新的数据库中在线提供这些信息。由于企业数据变化非常频繁，除非查询者访问的是定期更新的数据库，否则获取的搜索结果不可能是最新的。此外，由于未来的业务关系将基于获得的企业数据，因此正在使用的数据是最新数据非常重要。

在前文讨论的所有 KYC 案例中，都涉及了客户的身份证明文件，这些文件必须被充分保护。这些文件的图像副本的存储必须是安全的，并且要记录所有的访问记录。合规团队应定期审查 KYC 过程、存储的文件样本以及文件存储的访问日志，以确保安全和合规。

5.6.2　欺诈数据库

许多国家都拥有自己的欺诈数据库。例如，在英国，国家欺诈数据库提供全面的欺诈数据，由信用行业欺诈防范体系（Credit Industry Fraud Avoidance System，CIFAS）负责维护。这个数据库包含了数以千计的欺诈案件相关数据。欺诈数据库是一种重要的参考工具，用于在欺诈者开户或获取其他服务之前进行识别和阻止。这类数据库通常基于互惠原则，使用该数据库的机构也应向数据库的托管实体报告欺诈案件，以确保数据库的信息实时更新。

5.6.3　持续监控

任何客户登录流程都无法完全避免风险。总有一些欺诈者会设法进行欺诈。此外，欺诈者的攻击手段并不总是明显的，他们可能会尝试接管真实客户的账户、贿赂客户，甚至通过勒索或欺骗手段让客户进行通常不会做出的交易。因此，银行必须持续监控关于账户的可疑活动。

在监控账户时，可能被视为可疑活动的范围很广，风险与合规团队需要确定与具体业务领域相关的活动，至少应考虑以下几个方面。

• 登录情况。在客户账户发生任何变化之前，监控客户的登录情况可以提供重要的线索。例如，客户是否从通常的互联网地址登录，是否使用同一地点和设备，他们使用设备的方式是否与平常一致（比如手势识别）。与正常行为相比存在差异可能表示出现了问题，应通过监控系统发出警报。然而，与正常情况的偏差并不总意味着有问题，因此可能需要进行某种程度的交叉验证。比如，如果登录地点为以前未使用过的地点，同时客户试图在该时段创建一个新的收款人和进行高额付款，这可能被视为高度可疑，需要额外的安全措施活动才能获得批准。值得注意的是，越来越多的软件供应商能够提供生物识别工具，这些工具不仅可以评估基本的生物识别特征（如虹膜和指纹），还能评估手势（例如对屏幕的压力、手的移动方式等），以确认互联网另一端的人是否为他们所声称的人。

• 访问时间。客户通常在什么时间使用银行应用程序或访问互联网银行服务，是在午夜还是在平时不常登录的时间段进行登录。

• 访问频率。客户上一次登录账户是何时，账户是否已经处于长期休眠状态。创建睡眠账户是欺诈者常用的手段，这类账户往往不会引起银行的过多注意，但如果账户在长时间不活跃之后突然活跃起来，银行就应该警觉起来。

• 密码重置。客户最近是否重置了密码。如果客户最近重置了密码，那么尝试设置新的收款人（尤其是不常见的收款人）或尝试进行大额转账可能被视为可疑行为。

• 账户行为是否正常。对账户进行长期的适当监控，可以帮助识别出客户使用账户的模式（例如付款的类型和金额、付款地点等）。这些行为的变化可以作为一个基准，以此判断是否需要采取措施来保护账户和客户的安全。

5.6.4 交易监控和反洗钱

银行业一直努力维持整个行业的有效交易监控，尽管个别银行可能已经建立了有效的监控机制（许多情况下，甚至对这一假设的真实性都存在疑问），但整个行业的效率还是相对较低的。尤其是当犯罪组织在不同司法管辖区的多个银行间转移大笔资金时，这种情况更为明显。例如，联合国估计，每年全球 GDP 的 2% ~ 5% 源自洗钱活动。

当然，全球银行业无法作为一个统一整体采取有效行动，这并非总是由于技术、后勤或管理效率不足。

此外，由于并非所有银行都像人们希望的那样正直，犯罪分子总能找到办法将资金存入银行。银行面临的挑战是如何识别这些情况并采取适当行动，但当这些个体将资金以其他人、空壳公司等的名义存入银行时，这一任务变得非常困难。

无论如何，这并不能成为银行未能适当跟踪和监控其平台上账户和付款行为的借口，它只是强调了解决这一问题的难度。

交易监控有多种形式，这里列举如下几种。

• 恐怖主义和犯罪融资以及洗钱监控。犯罪分子会出于各种原因使用银行账户。开设账户的可能是犯罪分子中的代表，也可能是普通民众或表面上信誉良好的企业。通常情况下，识别账户是否可疑的唯一方法是审查账户的行为模式。账户内是否有大量现金交易，是否频繁进行大额海外付款，是否没有定期的小额支出，或者是否存在大量可疑的低价值交易。当然，这些行为也可能是有信誉的社会成员或企业的正常活动。因此，监测恐怖主义、犯罪融资和洗钱活动时需要进行细致的分析，同时需要银行人员（包括前台和后台）保持高度敏锐，这样才能有效识别此类不法行为。

• 可疑活动识别。可疑活动有多种形式。它可能表现为在账户间大量转移极小的金额，也可能是以一种引人注意的方式进行较大金额的转移。有时，这些活动是由"钱骡"（指那些受雇于欺诈者，用于开设账户和转移资金以获取经济回报的人，这类人通常不完全明白自己的行为意味着什么，只是按照指示行动）操作的。可疑活动通常通过事件关联性来识别，即银行识别出一些可疑交易（例如银行卡支付），然后寻找共同的来源。关于这方面的典型案例，建议读者参考 Monzo 银行在 2018 年如何发现 Ticketmaster 的重大违规行为，而当时 Ticketmaster 及其银行尚未意识到存在的问题。

• 欺诈监测。例如，授权推送支付欺诈是一种常见且令人担忧的现象，欺诈者通过欺骗手段说服易受攻击的目标将部分或全部资金转移到另一个账户。尽管整个银行业都在努力解决针对银行客户的特定形式的攻击（如英国实施的收款人确认措施），但这并不能杜绝这种攻击。银行必须保持高度警惕，准备在客户进行任何异常活动时采取额外的措施来保护他们。

一旦检测到问题，银行就必须对相关账户进行标记，并实施由反欺诈与合规团队在法规指导下确定的适当反制措施。但需要注意的是，在许多国家，通知可疑账户的所有者他们正在被调查是违法行为，这一点将在 5.6.6 小节中详细讨论。

5.6.5 报告可疑活动

当在一个账户或更广泛层面上发现可疑活动时，金融机构有责任向有关部门报告。大多数司法管辖区都提供了关于如何报告可疑活动的明确指导，通常采用一种通用术语描述这种报告，即可疑活动报告（Suspicious Activity Report，SAR）。这类报告通常由洗钱报告官员团队负责完成，并提交给有关部门。

报告和相应的支持证据必须保存在安全隔离区。从技术角度看，设置这样的安全隔离区是提交 SAR 的重要措施。

5.6.6 通风报信

在识别、处理和报告可疑活动的过程中，银行应特别注意避免通风报信的行为。如果不妥善处理通风报信行为，可能会导致违法行为产生。

简单来说，通风报信指的是向某人告知其正在被调查。通风报信的具体定义因司法管辖区而异。可疑活动通常与银行业务有关。一旦发现可疑活动，银行应立即提交 SAR，但具体如何处理则取决于当地的相关法律。对可疑活动的自然反应是冻结账户并暂停任何进一步的付款，但这种做法可能被视为通风报信。

第 6 章

支付卡业务

支付卡是一种广泛使用的塑料卡产品，涵盖了从简单的储值卡（如礼品卡）到银行发行的借记卡和信用卡等各式各样的卡种。这些卡片运用了类似的技术，被广泛用于零售和商业领域。

支付卡在全球范围内的普及速度是缓慢的。直到今天，包括一些发达国家在内，很多国家对支付卡的接受程度依然有限。这种情况的原因可能包括文化上的抵触、对现金的偏好和信任，以及基础设施的不足或商户不愿意投资支付卡所需的基础设施和无力承担相关费用。

6.1 支付卡的类型

全球范围内发行的支付卡种类众多，以下类型十分常见。

6.1.1 借记卡

借记卡是直接与银行账户关联的支付工具，使用时会直接从账户余额中扣除相应金额。对很多人而言，借记卡是一种既安全又方便的支付选择，主要因为借记卡通常与支付工资的活期账户挂钩。借记卡的持有人不会面临因余额不足而无法偿还的风险，但借记卡的使用可能会导致账户余额耗尽，给持有人带来一定的经济压力。

6.1.2 预付卡

预付卡在功能上与借记卡相似，它同样与一个账户关联，并且在购买商品或服务时会减少账户余额。不过，这种账户通常是电子货币账户，而非银行的全功能账户。其主要区别在于，这类账户必须始终保持贷记状态。电子货币账户不是银行运营的，通常不受存款保险制度的保护（尽管电子货币机构必须将客户资金单独存放）。在某些情况下，预付卡可能与特定的个人无关。预付卡通常不能透支，也不支持离线交易。在某些特定情况下，预授权（即商户锁定账户中的一定金额以备日后支付）可能无法使用。发卡机构可能会限制这种卡的使用范围。有些情况下可能会发生混淆，例如，某些发卡机构推出的所谓的预付卡，卡支付组织实际上将其归类为借记卡，这类卡一般都带有借记卡的标识。

6.1.3　信用卡

信用卡的运作方式与前述的借记卡和预付卡有所不同。使用信用卡的客户会在发卡机构设定的信用额度内累积短期债务。客户在定期（通常为月度）收到账单后的规定时间内，必须支付最低还款额，直至偿还全部贷款。如果信用卡持有人未能全额偿还贷款，通常会产生利息。信用卡产品通常被视为循环信贷产品，因为借出的金额在一个不确定的期限内按周期（通常是月度）变化，这与必须在固定期限内偿还的贷款不同。

6.1.4　签账卡

签账卡（例如美国运通卡和大莱卡）的功能与信用卡相似，但有一个关键区别：签账卡持有人必须在账单到期日前偿还全部贷款。这类卡的信用额度通常比信用卡高（有些甚至宣称无信用额度上限），并且常与旅游、娱乐等支出相关联。有时，这类卡也被称为延迟借记卡。

6.1.5　其他支付卡

在公共交通支付卡中，香港的八达通卡是比较知名的一种。这种卡的使用范围不局限于交通，还包括许多零售商的小额支付。八达通卡通常是非接触式卡（见 2.5.13 小节），具备储值功能，使用时无须通过相关账户的会计平台授权。这种设计保证了客户在进出车站、上下电车或公交车时能够迅速通过旋转栅门。

加油卡是专门用于在加油站购买燃料及其他商品的一种支付卡。这类卡的特点是，商户会收集相关信息并传递给发卡机构，如车辆登记信息、行驶里程、购买的燃料量及税费等。这可以让作为此类卡的主要受众的公司更容易控制和核算燃料费用及相关费用。

商店卡在某种程度上与信用卡类似，持卡人可以在账户的信用额度内进行消费，并且在每次账单结算后至少需要支付最低还款额。不过，商店卡仅限于在发行该卡的零售商店内使用。在某些情况下，商店卡与信用卡的界限已经模糊，因为一些零售商已经将商店卡转化为标准品牌信用卡（或将账户出售给信用卡发行机构），使商店卡在所有接受该品牌的地方都可以使用。

6.2　支付卡上的信息

支付卡上记录着多种信息。其中一部分信息是可见的，因为它们被印刷或压印在卡面上，而另一部分信息则被存储在磁条或芯片中。

卡面上的长数字序列是主账号（Primary Account Number，PAN）。PAN 的格式遵循 ISO/IEC 7812-1，包括发卡机构标识码（Issuer Identification Number，IIN，即 PAN 的前 8 位数字）[1]、账号以及通常位于末尾的校验码。这个校验码通过对 PAN 的其他数字使用 Luhn 算法计算出的值进行核对来防止在手动输入卡号时出错，如数字输入错误或两个数字之间的移位（除了 9 和 0）。

IIN 的第一个数字代表发卡机构所属的行业。例如，1 被分配给航空业，2 被分配给航空和金融服务机构，3 被分配给旅游和娱乐行业，4 和 5 被分配给银行和金融服务业，而 6 被分配给商品销售和金融服务行业。IIN 也被称为发卡行标识码（Bank Identification Number，BIN），一组特定的 BIN 称为 BIN 范围。实际操作中，由于发行量或发卡类型的不同，一个发卡机构可能拥有多个 BIN 或多个 BIN 范围，通常某个 BIN 范围代表该机构发行的特定类型的卡（如借记卡、信用卡等）。

除了 PAN 之外，支付卡还可以显示 4 位数的开始使用日期、4 位数的到期日期、持卡人的姓名（最多可包含 26 个字符）以及其他信息，如借记卡的银行账户信息等。在卡的背面，签名条上通常会包含 PAN 的最后 4 位数字（这样做是为了防止签名条被移植），以及 3 位数的卡验证值 2（Card Verification Value 2，CVV2，详细内容将在 6.6.3 小节中介绍）。在一些特定的卡上（例如美国运通卡），CVV2 由 4 位数字组成，并印在 PAN 的右侧或上方。

支付卡上的磁条最多包含三条磁道，每条磁道中存储着不同的数据信息。第一条磁道包含了卡面上的大部分信息，比如 3 位数的卡验证值（Card Verification Value，CVV）和可选的 PIN 验证值（PIN Verification Value，PVV）或可用于验证与卡相关的 PIN 的等效信息。第二条磁道通常重复第一条磁道的信息，但不包含持卡人姓名。而第三条磁道则包含特定卡支付组织的具体信息。芯片则提供与磁条相似的信息，但它还能计算动态值，以提高交易授权的安全性，这一点也将在 6.6.3 小节中详细介绍。

6.3　卡支付的运作方式

卡支付涉及几个参与方。

第一个参与方是持卡人，也就是使用卡片进行支付的个人。持卡人通常指持有与该卡相关联账户的个人（称为主持卡人）。由于借记卡与银行账户直接关联，账户的所有者可能不止一个人，每个人都可能拥有自己的借记卡。对信用卡和签账卡而言，通常可以向主持卡人的亲友发放与同一账户关联的副卡。正如我们之前提到的，与礼品卡相关联的账户可能与持卡人没有直接联系。

第二个参与方是发卡机构，通常是银行、电子货币公司或支付卡公司。发卡机构负责向持卡人提供卡片、授权交易以及管理账户余额。

1　PAN 的长度一般为 8 位数到 19 位数，但随着 IIN 的长度从 6 位数增加到 8 位数，PAN 的最小长度也随之增加。

　　第三个参与方是商户，也就是接受用支付卡购买商品或服务的公司。商户通常被划分到特定的类别中，如航空公司、百货商店和干洗店，每个类别都有一个独特的商户类别代码。商户类别代码有一个国际标准，即 ISO 18245。

　　第四个参与方是收单机构，它们负责处理商户提交的交易。每个商户都需要与收单机构签订合同。同时，收单机构也必须与其处理的每个卡支付组织签订合同。过去，收单机构只能为一种卡支付方案提供服务，但现在其可以为多种卡支付方案提供服务。收单机构过去主要是银行，现在可能是专业的 PSP。

　　需要注意的是，发卡机构和收单机构有时被统称为卡支付组织的成员。

　　第五个参与方是卡支付组织，例如美国运通、万事达、银联和维萨。这些卡支付组织制定了关于如何使用其品牌发行的卡进行支付的规则，以及卡的技术细节、卡设计、退款处理方式、支付交易的路由规则等——这些规则内容繁多，长达数百页，不同国家和地区间可能有所差异。尽管在某些国家和地区，交易可以通过不同的网络进行，但每个卡支付组织都会在其收单机构和发卡机构之间处理自己的卡支付交易。此外，卡支付组织还负责确保成员之间结算的正确性，并在发卡机构离线时介入授权付款。

　　现在我们已经介绍了卡支付的各个参与方，在详细介绍卡支付流程之前，需要先说明一下卡支付通常主要涉及两个步骤。第一个步骤是在销售点进行的所谓授权，第二个步骤是清算和结算。

　　在最初使用签账卡或信用卡（在借记卡或预付卡出现之前）购买商品时，持卡人需要在销售点将卡出示给商户。商户随后开具一张交易凭单，通常是一式三联，除了最后一联外，其余的都是碳底复写纸，用于记录购买金额。接下来，商户将卡和交易凭单放入一台简单的手动设备，即压印机，以将卡上的信息压印到交易凭单上。这台设备上还装有一块金属板，上面压印着商户的详细信息，这些信息也会被同时压印在交易凭单上。持卡人需要在交易凭单上签名，商户会核对持卡人的签名与信用卡上的是否一致，同时检查信用卡是否仍在有效期内，然后给持卡人交易凭单中的一联。为了防止欺诈，商户还需要检查该卡是否出现在卡支付组织发行的相关手册中，以确认卡是否被盗。通常在一天结束时，商户会将交易凭单的一联发送给收单机构，随后收单机构通过卡支付组织进行清算和结算。几天后，将从相应持卡人的账户中扣除付款金额。此外，为打击欺诈，还设立了授权程序。如果一笔交易超过特定金额（通常根据商户类别设定），商户必须致电收单机构以获得交易授权。收单机构会与发卡机构联系，检查持卡人账户是否有足够的资金支付这笔款项，并确认使用的卡未被盗或冻结。然后，发卡机构会提供一个授权码给收单机构，收单机构将授权码记在交易凭单上，并向商户保证（不是担保）其将会得到付款。

　　显然，像这样基于纸张的支付流程在扩展性和效率方面存在较大限制，因此，在 20 世纪 70 年代初，各种银行卡支付组织开始建立平台，实现收单机构和发卡机构之间交易信息的自动化传输。随后，读卡器被推广到商户，它们通过电话线连接收单机构，并最终实现了通过互联网连接。

　　图 6.1 展示了卡支付成功授权的过程，即发卡机构向商户返回授权码。卡支付被拒绝的原

因有很多，可能包括持卡人账户资金不足、单笔消费金额超过限制、输入的 PIN 无效、针对该类商户的交易被禁止、持卡人或发卡机构暂时冻结卡片、发卡机构的平台不可用或涉嫌欺诈等。如果卡支付无故被拒绝，发卡机构可能会接到持卡人询问原因的电话。付款也可能被要求进一步核实，但根据我们的经验，这种情况较为罕见。如果确实发生，商户通常需要通过电话与收单机构联系。在某些情况下，发卡机构可能会发回部分授权，即提供持卡人账户中可用资金的授权金额，持卡人需要使用现金等其他支付方式补足剩余金额。

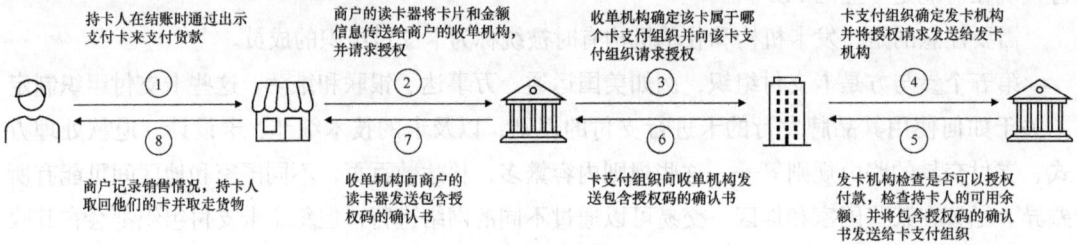

图 6.1　卡支付成功授权的过程

　　一旦按照前述流程获得授权，接下来的步骤是资金实际从发卡机构流向收单机构，再流向商户，这构成了卡支付流程的第二步，如图 6.2 所示。

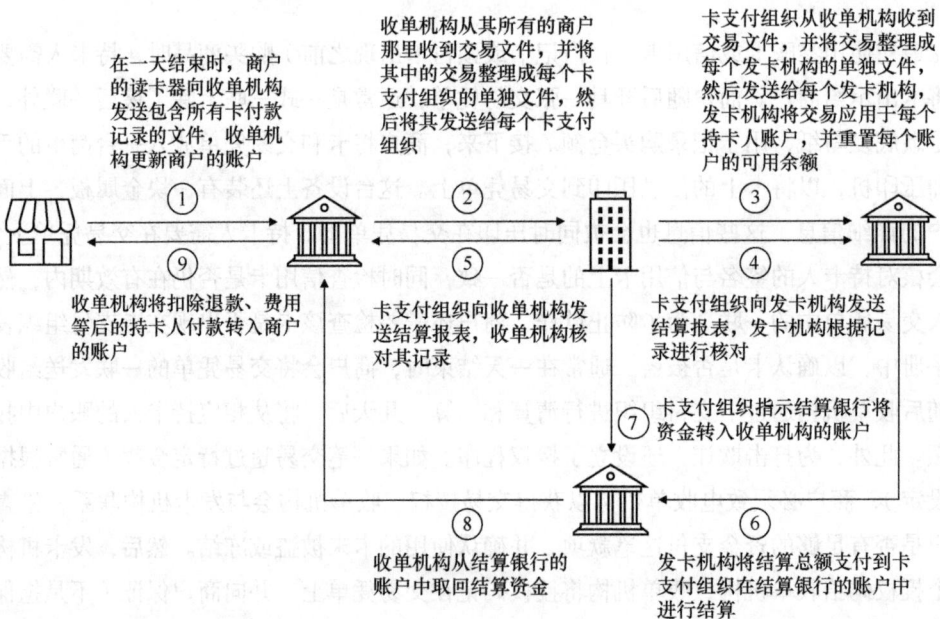

图 6.2　卡支付的清算和结算

　　在这个阶段，商户需要向收单机构发送一份交易副本，过去这通常是交易凭单的一联，但现在它通常以电子文件的形式，与当天其他交易一同从商户的 POS 交换机（或读卡器）发送给收单机构。收单机构将这些来自不同商户的文件整理好，并为每个卡支付组织（如万事达、维萨等）创建相应的文件，记录其在当天所处理的所有交易，然后，收单机构将这些文件发送给各个卡支付组织。收到这些文件的卡支付组织也会进行类似的处理，即为每个发卡机构创建一套新文件，包含从收单机构收到的所有交易，并将这些文件发送给发卡机构。这个过程被称为清算，其目的是确定每笔交易的支付责任归谁。发卡机构随后会将这些交易记入持卡人的账户。清算和结算系统还能计算出所有发卡机构和收单机构的净结算状况，换句话说，就是每家机构核对当天交易的应收或应付总额。欠款的机构必须在几小时内将款项存入卡支付组织指定的结算银行的账户。卡支付组织指示结算银行向应收款的成员机构的账户转账。之后，每个收单机构将付款分配给其商户。

请注意，图 6.2 所展示的流程从第 3 步开始步骤的顺序可能会有所变化，有些步骤可能会合并，比如第 3 步和第 4 步。为了简化说明，图中只展示了一个收单机构和一个发卡机构，但实际上卡支付组织的所有发卡机构和收单机构都参与了这一过程。此外，在现实操作中，交易也可能从发卡机构流向收单机构（如发生扣款），因此在第 2 步中，卡支付组织将接收来自收单机构和发卡机构的入站交易文件，并在第 3 步中向发卡机构和收单机构发送出站交易文件。在某些卡支付组织中，发卡机构需预存结算资金，因此第 6 步可能会变成从发卡机构在结算银行的账户转账至卡支付组织的结算账户，而不是跨行支付。但如果发卡机构未预存足够的结算资金，跨行支付仍然是必要的。

此外需注意的是，资金的流动并非瞬时完成的。从时间角度来看，授权是卡支付流程的关键部分——商户希望持卡人在现场时系统能够快速响应（通常在几秒内）。对于传统收单机构，商户可能要等至少一天才能实际收到销售收入，有时甚至需要等待几天。虽然有些收单机构可能会向商户预付资金，甚至提供即时结算，但这实际上是收单机构在实际收到资金前先行支付给商户。从持卡人的角度来看，一旦发卡机构确认授权，其银行卡账户的可用余额会立即减少，但实际从账户扣款的交易通常是在夜间进行的。

除了对交易进行清算和结算外，卡支付组织还收取交换费和服务费等。交换费是由收单机构支付给发卡机构的费用，最初设立交换费的目的是鼓励银行发行信用卡，并在理论上补偿银行发行信用卡所承担的成本。交换费的数额通常因商户类型而异，这反映了不同类型商户的交易给发卡机构带来的风险不同（例如欺诈风险的大小）。在某些市场上，收取交换费的这种做法受到监管机构的严格审查。对于每笔使用卡支付的交易，商户需要支付一定的费用，包括卡支付组织的手续费、发卡机构的交换费以及收单机构的服务费。这些费用共同构成了商户为使用卡支付服务所需承担的成本。

你可能会好奇，为什么卡支付过程需要分为两个步骤。当最初的卡支付组织开始利用计算机和网络实现支付的自动化和数字化时，它们复制了手工过程中的两个步骤。由于卡支付过程中涉及两个信息流，这种两步流程通常被称为双信息处理。然而，ATM 从一开始就采用在线电子信息处理，通常仅通过一个请求 / 响应信息来处理提取现金的操作，授权请求和成功响应的结合为 ATM 提供了用于清算和结算的信息。也就是说，ATM 运营商不需要为其 ATM 发放的现金提交交易副本。显然，这个过程比双信息处理更为简单。ATM 通常采用单信息处理来提取现金的另一个原因是，一旦收到发卡机构的授权，ATM 会立即发放现金，因此 ATM 运营商（实际上是收单机构）会立即向持卡人付款。这与在商户消费的情况不同，在商户消费时，收单机构通常是在卡支付组织付款后才向商户付款。因此，相比于在商户消费，ATM 运营商在风险状况和现金流影响方面面临着更大的挑战。单信息处理确保 ATM 运营商现金被取出的同时向卡支付组织提交清算信息，而结算可能在一天内发生多次。自动柜员机支付系统的一个自然的延展功能是支持在装有读卡器的商户处进行借记卡支付，持卡人通过输入密码进行验证。因此，借记卡支付组织也经常采用单信息处理，这一过程有时也被称为单信息借记处理。

由于信用卡、借记卡和 ATM 支付的发展历史不同，通常不同的发卡机构和收单机构只支持一种处理方式，因此一个卡支付组织同时支持双信息和单信息处理，并在这两种信息格式之间转换信息是非常常见的。即使在使用双信息处理的销售点支付市场，也有一些收单机构为其商户简化了流程，不要求商户在一天结束时提交每笔支付的交易副本。这些收单机构会自行生成交易副本，并将它们发送给卡支付组织。

像万事达和维萨这样的卡支付组织通常涉及持卡人、商户、收单机构和发卡机构，被称为四方体系。然而，在其他卡支付组织中，一些参与方可能被合并。例如，美国运通在历史上既是运通卡唯一的发卡机构，也是唯一处理其卡支付交易的收单机构，因此其被称为闭环体系或三方体系。不过，美国运通有时会与其他银行机构合作，共同发行以美国运通品牌命名的卡，并且允许其他收单机构代表其处理交易。

卡支付通常还涉及卡处理商。卡处理商代表发卡机构进行卡支付的授权和清算。但是，发卡机构仍然需要向卡支付组织支付结算款项，并保持与持卡人的联系。

6.4　卡支付网络

为了以电子方式实现卡支付处理，卡支付组织必须将收单机构和发卡机构接入一个能够传输支付信息的网络，如图 6.3 所示。此外，收单机构还需要与商户建立连接。在一个卡支付网络中，可能包含多个收单机构（如图 6.3 中的收单机构 A 和收单机构 B）以及多个发卡机构（如图 6.3 中的银行 C 和银行 D）。每个收单机构拥有自己的商户收单平台，用于为每个商户维护账户并保存每个商户的支付交易细节。同时，每个发卡机构都有会计平台：对借记卡而言，会计平台通常是核心银行平台；对信用卡而言，则是专门的信用卡平台。有些发卡机构可能同时拥有这两种平台。

当持卡人在商户处使用信用卡购买商品时，商户会将持卡人的信用卡插入读卡器并输入待支付金额。持卡人输入密码后，读卡器便向商户的收单机构发送授权请求信息。这通常是通过拨号电话、PSTN 或大型商户的固定连接完成的，现代读卡器通常也能通过互联网（包括移动网络）连接。收单机构的 POS 交换机接收授权请求信息，识别该卡所属的卡支付组织（根据卡号），并将授权信息（按照卡支付组织规则重新格式化）发送给卡支付组织。卡支付组织的交换机接收信息，确定发卡机构（同样根据卡号），并将信息发送给发卡机构，如图 6.3 中的银行 C。值得注意的是，在实际操作中，卡支付组织可能有多个交换机，以确保极高的可用性，系统设计的目标是保证始终可用，系统交换机的架构设计可能使年可用率达到 99.999%。银行 C 的银行卡支付交换机收到信息后，会通过会计平台检查持卡人账户的可用余额和状态，以决定是否授权交易。它通过卡支付组织向收单机构发送包含授权码的授权响应信息,由收单机构传给商户的读卡器。为了实现最大的系统弹性,预计该卡支付组织至少有两个交换机,而发卡机构和收单机构也可能出于同样的考虑,各自配置至少两个交换机。

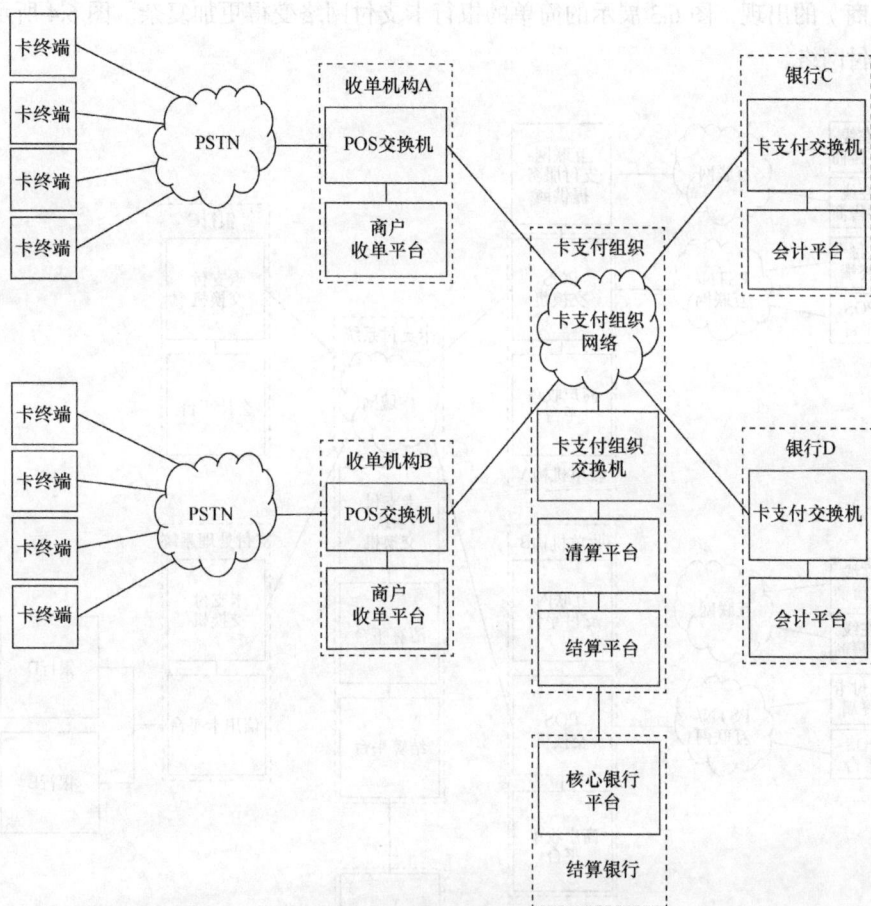

图 6.3　简单的卡支付网络

图 6.3 还展示了 6.3 节提到的清算和结算过程涉及的平台。在清算和结算过程中,卡支付组织使用清算平台来处理所有进站的交易文件,并生成出站交易文件和结算报表。清算平台会检查每条交易记录的格式是否正确,并确认是否包含属于该卡支付组织的卡记录。当然,并非所有交易记录都会被接受,因此清算平台还会为每个成员创建一份被拒绝交易的报表(该报表通常会包含在结算报表中)。卡支付组织的清算平台同时负责计算每个成员的净结算头寸。卡支付组织通过结算平台来监控结算账户的交易情况,并指示结算银行向每个成员的结算账户进行资金转移。每个收单机构依据它们收到的结算报表更新其商户收单平台上每个商户的账户,据此计算出它应支付给每个商户的金额。

卡支付组织还可能运用计费平台来计算费用,并将这些费用纳入结算报表中,然后在扣除这些费用后进行交易的结算。收单机构可以选择在这些费用的基础上加上自己应收取的费用,然后从每个商户的账户中扣除相应费用,也可以根据自身采用的商业模式采取不同的费用结构

（例如，有些收单机构对所有借记卡和信用卡交易按固定的百分比收取费用）。一般而言，收单机构设置的商户收单平台会负责计算每个商户应承担的费用。

随着支付卡处理商（如 FirstData 和 TSYS）以及参与互联网支付的机构（包括互联网支付服务提供商）的出现，图 6.3 展示的简单的银行卡支付网络变得更加复杂。图 6.4 所示为更复杂的卡支付网络。

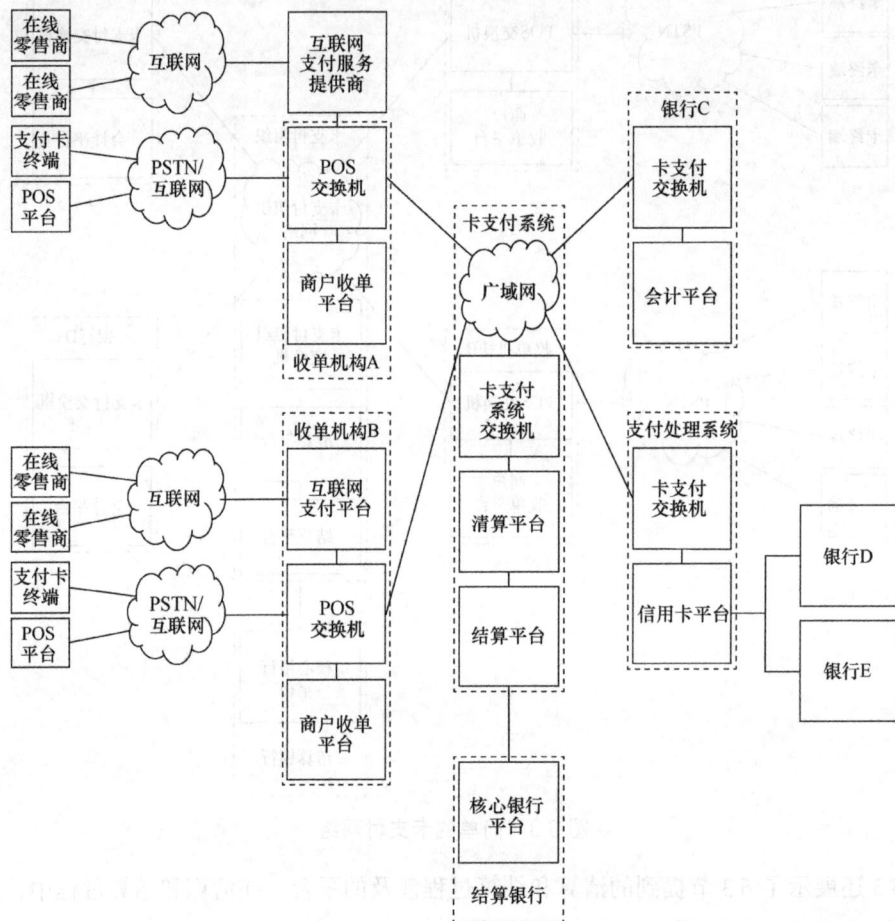

图 6.4　更复杂的卡支付网络

图 6.4 中，在线零售商通过第三方互联网支付服务提供商（Internet Payment Service Provider，IPSP）与收单机构 A 建立了连接。IPSP 满足了在线零售商的需求，提供了随时可用的卡支付收单功能，这些功能可以集成到在线零售商的网站和开发的智能手机应用程序中。这是因为当时的收单机构通常不提供这类功能。许多 IPSP 被收单机构和卡支付组织收购，例如，图 6.4 中的收单机构 B 就拥有自己的互联网支付平台，允许在线零售商将其集成到它们的网站和智能手机应用程序中。许多在线零售商已经将卡终端集成到他们的销售点平台中，这意味着卡支付交易不仅来自独立的卡终端，还来自这些综合平台。银行 C 可能是借记卡的发行机构，在这种情况下，其会计平台是维护其客户往来账户的核心银行平台；银行 C 也可能是信用卡的

发行机构，那么其会计平台是专门的信用卡平台；银行 C 还可能是预付卡的发行机构，在这种情况下，其会计平台可能是简化版的核心银行平台。图 6.4 的右侧，有代表银行 D 和银行 E 处理信用卡交易和维护信用卡账户的处理商。这些处理商提供了专门的服务，以满足银行在处理信用卡交易和管理相关账户方面的需要。

到目前为止，我们还没有讨论在 ATM 上使用银行卡的情况。图 6.5 展示了一个带有 ATM 的银行卡支付网络。图 6.5 包括 ATM 运营商、既发行借记卡和信用卡又运营自己的 ATM 网络的银行（银行 A）、为银行 B 处理借记卡支付并为银行 C 处理借记卡余额的处理商，以及为在线零售商和实体店铺提供银行卡支付服务的商户收单机构（通过银行卡终端和 POS 交换机集成）。处理商也可能为银行 B、银行 C 和其他银行处理信用卡支付。值得注意的是，图 6.5 中的机构可能与其他组织（如国际 ATM 组织和各种国际卡支付组织）建立连接。此外，图 6.5 中的卡支付组织也可能具有将其与其他组织连接的网关。银行卡支付交易可以通过多种不同的方式进行。请注意，ATM 交换机、信用卡交换机和借记卡交换机的功能是被纳入银行 A 的银行卡支付交换机中的，因为它们的功能基本相同。然而，银行可能出于提高抗风险能力的考虑而希望将这些交换机分开操作（如果全部合并，一旦平台发生故障，所有服务都将受影响）。另外，如果银行选择继承单独的平台，其单独运营和维护的成本可能会更低。

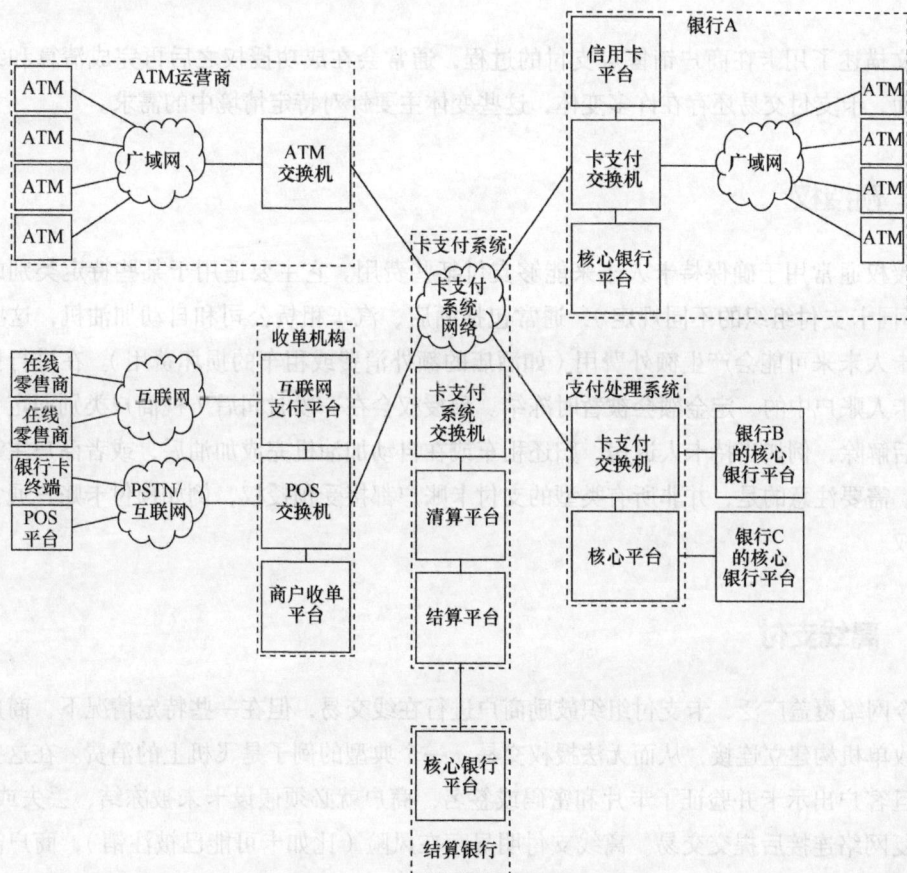

图 6.5　带有 ATM 的银行卡支付网络

在银行卡支付网络中，每种交易类型都有自己的信息类型编号。例如，在维萨卡支付网络中，编号为 0100 的信息类型用于双信息的授权请求（由收单机构发送给维萨），而发卡机构将使用 0110 信息类型做出响应。同样地，0200 信息类型用于单信息的授权请求，发卡机构则用 0220 信息类型回应。ISO 8583 标准规定了银行卡支付信息的类型和基本格式。不同卡支付组织卡支付信息的解码方式和包含的数据可能有很大的不同。在本书中，我们对各种卡支付信息类型和格式不做详细介绍。

需要注意的是，在本节中，对每个银行卡支付网络，我们仅展示了一个卡支付组织。但在现实中，收单机构可能会连接到多个卡支付组织，并对交易进行适当的路由。在某些市场中，不同的卡支付组织之间也会相互连接，并允许一种卡支付组织的交易首先通过另一种卡支付组织获得授权，然后通过网关将交易转发到正确的卡支付组织。此外，在一些市场上，如果发卡机构连接多个卡支付组织，收单机构甚至可能将属于一个组织的交易完全转移到另一个组织上——监管机构为了促进卡支付组织间的竞争，有时会强制收单机构这样做。

6.5　其他类型的卡支付交易

前文描述了用卡在商户销售点支付的过程，通常会在成功授权之后再完成清算和结算环节。然而，卡支付交易还存在许多变体，这些变体主要针对特定情境中的需求。

6.5.1　预授权

预授权通常用于确保持卡人未来能够支付某些费用。它主要适用于某些特定类别的商户（根据不同卡支付组织的不同规定），通常包括酒店、汽车租赁公司和自动加油机，这些场合下，持卡人未来可能会产生额外费用（如酒店的额外消费或租车的损坏费用）。在进行预授权时，持卡人账户中的一定金额会被暂时冻结。预授权会在一段时间后（视商户类别而定）或交易完成后解除，例如当持卡人退房、归还租车或在自动加油机完成加油后，或者商户主动解除预授权。需要注意的是，并非所有类型的支付卡账户都接受预授权，例如预付卡账户通常不接受预授权。

6.5.2　离线支付

如今网络覆盖广泛，卡支付组织鼓励商户进行在线交易，但在一些特定情况下，商户可能无法与收单机构建立连接，从而无法授权交易，一个典型的例子是飞机上的消费。在这些情况下，一旦客户出示卡并验证了卡片和密码或签名，商户就必须假设卡未被冻结、丢失或被盗，并在恢复网络连接后提交交易。离线支付明显存在风险（比如卡可能已被注销），商户需要权衡进行离线交易的风险和销售的必要性。

6.5.3　无卡交易

无卡交易，指无卡支付（Card Not Present，CNP）交易，是一种常见的交易方式。任何在线购物都属于 CNP 交易。当商户无法亲眼看到购买者或实际检查他们的卡时，接受付款就会存在风险，尤其是购买者可能使用了他人的卡信息。为了减少 CNP 交易欺诈，卡支付组织实施了几项重要措施，其中著名的是用于在线交易的 3D 安全协议。

6.5.4　基于 PIN 的授权

在至少 3 种情况下，持卡人需要输入 PIN 来验证卡交易。首先，常见的情况是卡片为智能卡（详见 2.5.13 小节）。其次，即使卡片不是智能卡，发卡机构或卡支付组织也可能要求使用 PIN 来验证该类型的卡。最后，尽管在实际操作中，卡支付组织可能通过各种规则阻止商户仅接受某些类型的卡，但商户有可能只接受需要输入 PIN 的卡（类似于 ATM 只处理输入 PIN 的交易）。在某些市场上，后两种情况通常采用单信息处理，因为它们通常连接的是最初用于 ATM 的卡支付网络（例如美国的 Pulse 和 Star 网络）。

6.5.5　撤销、退款和退单

撤销这个词经常被用来表示在支付交易后将资金返还给持卡人，尽管我们更喜欢用它表示授权撤销。假设商户已经获得了付款的授权，但出于某种原因，持卡人决定取消购买，或者商户无法完成交易（例如发现商品缺货）。如果发生这些情况，商户或持卡人会直接销毁整个交易凭证，避免从持卡人账户中扣除资金。在双信息处理中，商户可以选择不发送交易信息副本。然而，这意味着持卡人账户的可用余额仍然会因授权而减少。为了消除这种授权对持卡人账户可用余额的影响，商户应发出撤销交易的申请。撤销也适用于取消正在进行的交易（如按下销售点读卡器上的"取消"按钮），以及在授权过程中出现错误时。

有时，撤销一词也被用来指代退款（尽管我们认为这是不准确的）。退款通常发生在商户需要向持卡人退回资金的情况下，可能是因为持卡人退回了有缺陷的商品。退款应该与撤销区分开来。商户也可以发起退款，但通常需要使用特殊的商户卡（通常由商户经理持有）或以其他形式获得商户经理的批准。

如果持卡人认为他们应该获得商户的退款，但商户拒绝退款，发卡机构会代表持卡人发起退单（也称为拒付、撤单）。这意味着持卡人和商户之间存在争议。退单通常发生在发卡机构（或持卡人）和收单机构之间，如果无法找到双方都接受的解决方案，最终由卡支付组织做出裁决。退单也用于追回在欺诈交易中被欺诈的资金，这将在 6.6.5 小节中进一步介绍。

6.5.6　提示消息

在银行卡支付网络中，任何一个参与方都可以向其他参与方发送提示消息。举个例子，发卡机构可能会通知卡支付组织，它的系统将在一段时间内离线，并可能无法授权支付或处理其他交易。如果卡支付在离线状态下进行，卡支付组织在处理时可能会向发卡机构发送授权通知信息。（卡支付组织的处理方法详见 6.6.3 小节。）

6.6　管理支付卡

无论是现场支付还是通过互联网进行远程支付，卡支付便捷性的背后隐藏着银行或其他机构在支付卡运营中的复杂性。正如前文所介绍的，卡支付涉及众多参与方。支付卡的发行机构（不论其类型）需要处理客户申请、制造并分发卡片、出具对账单、向信用卡账户收取跨行费用、为客户解决问题、防范欺诈风险、处理支付授权、核对结算报表与实际支付交易信息、执行信用卡和签账卡欠款管理流程、运营忠诚度计划，并根据卡支付组织的变化更新平台等。事实上，将卡支付业务中的某些功能外包已有悠久的历史，包括外包所有卡支付的业务。外包卡支付业务的原因之一是卡支付和主要的卡支付组织具有全球性，基本的卡产品、交易流程和卡支付处理在全球范围内基本一致。因此，外包商能够跨市场复用其经验和平台，并建立庞大的国际业务。

无论一个组织是选择外包其卡支付业务，还是建立自己的解决方案，都必须了解构成有效卡管理能力的各种关键因素。图 6.6 列出了发卡机构所需的核心能力。该能力模型适用于 6.1 节中提到的所有类型的支付卡，但像签账卡和信用卡这样的卡种可能需要额外的功能，例如欠款管理。

值得注意的是，图 6.6 展示的模型随着技术的发展而变化。在将来，支付卡的整个概念都有可能被新技术推翻。这种变化可能会彻底改变图 6.6 中的大部分内容，也可能仅仅改变我们当前所讨论的具体内容。这个话题将在第 10 章中进一步探讨。

6.6.1　渠道

在图 6.6 中，我们重点介绍了与现代支付卡业务相关的渠道。客户通过互联网渠道在线管理账户的做法仍然非常普遍。电话服务也依然广泛存在，尽管它可能主要用于报告卡片丢失或被盗等情况。此外，一些发卡机构还通过 SMS 向客户提供提醒服务。面对面的交互通常发生在发卡机构的实体地点，如银行网点或负责发卡的零售商的客户服务台。

然而，许多发卡机构现在越来越专注于将智能手机应用程序作为与客户互动的主要渠道。这些应用程序包含的功能通常与通过互联网渠道提供的功能相同，包括账户服务、卡片管理（例如临时冻结卡片），以及将智能手机与卡片关联的功能（如图 6.6 中的电子钱包功能），使得智能手机可以用于非接触式支付。过去几年，金融科技企业推动的一项新功能是通过应用程序产生即时付款通知，利用该功能客户可以立即看到他们的卡片被用来做了什么（这可以有效反欺诈），并能查看账户历史交易和当前余额。

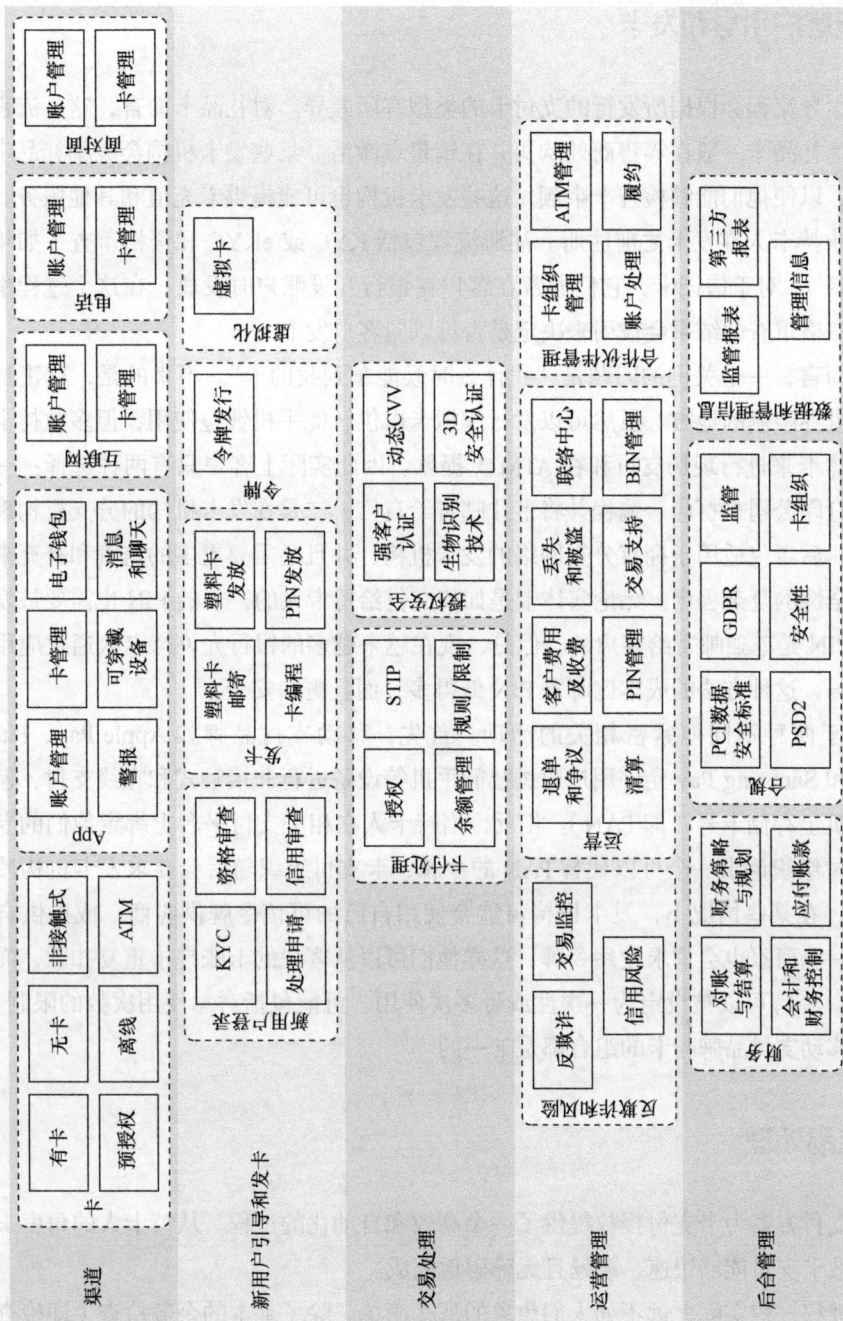

图 6.6　发卡机构能力模型

近年来出现了卡与可穿戴设备的结合，允许卡片信息在智能手表或手环等可穿戴设备上存储和使用。虽然这些设备的支付使用水平尚未达到智能手机，但也在逐渐提升。

6.6.2　新客户引导和发卡

新客户引导流程会根据所发行的支付卡的类型有所差异。对礼品卡而言，这一流程通常比较简单，因为礼品卡一般在零售商处购买并在销售点激活。某些发卡机构会鼓励礼品卡的最终使用者注册，以便他们能够检查卡余额，这些发卡机构也可能提供卡充值和其他服务。与此相反，通常要求持卡人在发卡之前注册。注册流程包括 KYC 或 eKYC 和资格审查（如年龄、收入或地址验证）。对于借记卡，它们通常在客户在银行开设账户时发放。在这个过程中，客户身份认证和资格审查的结果会被用来决定是否可以向客户发卡。

对客户而言，一个关键的问题是"我什么时候能拿到我的卡"。不幸的是，这正是数字流程受到现实世界限制的地方。虽然可以发行虚拟卡以供智能手机钱包使用，但多数持卡人仍然需要一张实体卡来进行现场支付和在 ATM 上提款。因此实际上客户只有两种选择：一是委托专业的卡片打印公司来打印、编程并将卡片邮寄给自己；二是在发卡机构的分支机构现场打印并编程卡片。后者仅适用于拥有分支网络的发卡机构，并且还需要更多的监管和补充卡片库存并确保其安全性的复杂程序。无论实体卡是如何交付给持卡人的，卡的 PIN 也需要被发送。一般情况下，PIN 是单独邮寄给客户的。但是，现在越来越多的银行允许持卡人通过应用程序设置自己的密码，这种方法的成本比邮寄 PIN 低得多，而且更加安全。

令牌用于两种不同但紧密相关的活动。首先，移动支付品牌如 Apple Pay、Fitbit Pay、Google Pay 和 Samsung Pay 允许用户通过智能手机等设备进行非接触式和在线支付，但它们并不在智能手机上存储卡号（即 PAN）。相反，当持卡人在相关支付平台上绑定他们的卡时，平台会向卡支付组织请求一个可以代替 PAN 的令牌，卡支付组织随后会要求发卡机构授权发放这样的令牌。在某些情况下，发卡机构可能会使用自己的可信令牌供应商，或提供自己的令牌。其次，一些商家也会请求使用令牌，这样他们可以从客户的卡账户中重复扣款，而无须直接持有 PAN。令牌可以被设定为一次性或可多次使用，可能包括对总使用次数的限制。此外，每个商户或移动支付品牌与卡的组合都是唯一的。

6.6.3　交易处理

现代卡支付方案为卡支付授权提供了一个高效和自动化的过程。从持卡人的角度来看，这使得绝大多数卡支付能够快速、顺畅且无障碍地完成。

然而，授权过程实际上远不如人们想象的那么简单。除了基本的余额检查（即检查持卡人账户是否有足够的余额进行支付），还有许多其他的规则和限制，其中一些是由卡支付组织制定的，一些则是由发卡机构设定的，且常常依赖于使用的卡产品类型（例如，金卡可能被归类为与普通信用卡不同的卡产品）。例如，对于在 ATM 上取款，发卡机构通常会限制每日取款金额及次数,而国际取款可能会受到更多的限制或需要预先通知发卡机构。借记卡的交易额和交易量可能也有限制,发给青少年的借记卡或预付卡可能在可使用的商户类别、交易量和金额上有所限制。此外,发卡机构可能会评估交易的欺诈风险(详见 6.6.5 小节)。与支付卡相关的每个账户可能需要维护多个余额,其中可用余额是主要关注的余额,而不同时期对交易金额和交易量的限制(可能适用于购物、在 ATM 上取款和不同商户类别)也被广泛采用。

1. 替代处理

如今,支付卡在我们日常生活中扮演着重要的角色。从历史上看,网络连接和处理平台的可靠性并不像今天这样高。即便在现代,许多发卡机构的平台在一年中可能会有几个小时因日常维护或故障而不能使用。为了解决这个问题,卡支付组织要求发卡机构采用一种称为替代处理(Stand-in-Processing, STIP)的机制。在其最初的形式中,如果发卡机构的平台在规定时间内没有响应卡支付组织发出的授权请求,卡支付组织将自行决定是否授权交易。卡支付组织将与每个发卡机构商定在 STIP 生效时对交易的限制是什么,这些限制可能会因商户类别而有所不同,超过某一金额的交易将被拒绝。在一些卡支付组织中,发卡机构可以选择第三方(通常是专业的卡账户处理商)来提供 STIP 服务。卡支付组织坚持要求发卡机构提供 STIP 服务,以确保卡支付组织旗下的卡片拥有较高的接受度,并将卡支付组织的声誉风险降到最低。

例如,卡支付组织可能会规定,如果发卡机构的平台在规定时间内未能对授权请求做出回应,那么卡支付组织将会授权该交易。然而,在发卡机构参与的情况下,发卡机构和卡支付组织通常会定期协商,就卡支付组织可以批准的交易数量和金额达成一致。例如,卡支付组织最多批准三笔交易,每笔交易额不超过 100 英镑,或者每张卡的总交易额不超过 250 英镑。一旦达到这个限额,卡支付组织将拒绝该卡的所有后续交易。当发卡机构的平台重新上线时,卡支付组织会向发卡机构发送提示消息,详细说明在此期间哪些交易被批准,哪些被拒绝,以便发卡机构更新其持卡人账户的可用余额。对发卡机构而言,设定 STIP 的阈值是在保持良好的客户服务水平和控制潜在的欺诈及信用风险之间的权衡。此外,如果发卡机构未能响应的交易的比例超过某个阈值,卡支付组织的规则通常会允许该组织对发卡机构进行处罚。但在计算这一统计数据时,可以考虑将 STIP 交易纳入其中。

2. 授权安全

卡支付作为一种方便且广泛使用的购买商品和服务的手段,经常成为犯罪分子实施欺诈行为的目标。为了应对这一挑战,行业已经采取了多种措施,包括提升卡的安全特性(如使用全息图和防篡改签名条)、实施在线授权、使用带密码认证的智能卡,以及在在线支付中实行双重身份认证。

尽管欺诈有时被认为是卡支付服务面临的一个重大问题,并且媒体也经常这样报道,但即便是在卡安全功能不太先进的国家,欺诈的普遍程度也并未达到使卡支付组织或发卡活动无利可图的地步。

以欧洲的卡欺诈行为为例,根据欧洲中央银行 2018 年 9 月发布的第五份关于卡欺诈的报告,2016 年卡欺诈的总额达到 18 亿欧元,其中 73% 涉及 CNP 交易,19% 涉及销售点交易,8% 涉及 ATM 交易,卡欺诈的总额仅占同期卡支付交易总额的 0.041%。由此得出,CNP 交易,尤其是网上购物,面临着最大的欺诈风险。这也是欧洲监管机构通过积极推动实施服务组件架构等举措来降低这类欺诈风险的原因。

另外，销售点支付现在通常使用智能卡读卡器或近场通信（Near Field Communication, NFC）设备进行（非接触式支付）。其最大的风险可能是持卡人无意中泄露密码，然后卡片被盗。此外，已有欺诈者对 ATM 进行了改装以收集密码和卡信息的案例。

为了打击卡欺诈，发卡机构采用了多种技术和措施，其中一些是由卡支付组织和监管机构提出的。

最初的磁条卡具有几种安全特性，其中许多特性在今天的智能卡中得以保留。前文我们提到了全息图和防篡改签名条。一些发卡机构还在卡片背面印制持卡人的照片。一项有趣的安全措施是，维萨卡的旗帜标志（一直使用到 2006 年）中包含了多个用微小字体表示的 "VISA"，其中一个出现了拼写错误，这被用作检测卡片是否为复制的或未经授权制作的。磁条中包含了卡片的 PAN 和有效期，这些信息也被压印在卡的正面。此外，还有一个 CVV[1]，它是根据 PAN 和其他卡信息，以及发卡机构和卡支付组织共有的加密密钥计算得出的。CVV 的目的是防止可见的卡信息（如收据和交易凭证上的信息）被用于复制卡片，没有加密密钥，就无法计算出正确的 CVV，复制的卡磁条数据就不正确。但这无法防止刷磁条卡时，包括 CVV 在内的数据被窃取。防止数据被窃取是 CVV2 的功能。CVV2 是显示在卡片签名条上的最后三位数字，或者是显示在卡片正面 PAN 附近的四位数字，它几乎是所有 CNP 交易的必需条件。CVV2 的计算方式与 CVV 不同，并且不存储在磁条中。因此，仅通过刷卡的磁条信息是无法获得 CNP 交易所需的全部数据的。请注意，商户和收单机构被禁止保留 CVV2，以减少因卡片数据被盗而造成的损失。虽然有时 CVV2 被简称为 CVV，但这种称呼并不准确。

一些发卡机构采用了更先进的方法，即使用定期变化的动态 CVV2，并将其显示在卡背面的小显示屏上。这种方法的缺点在于，这类卡的成本相对较高，而且嵌入的电池寿命有限（尽管有些卡在插入读卡器时可以进行充电）。我们认为，与使用这种专用卡相比，更好的方法是使用发卡机构的应用程序来生成动态 CVV2，尽管我们还没有在任何地方看到这一方法的实践。当然，还需要考虑在使用带有动态 CVV2 的卡进行 CNP 交易时，STIP 将如何发挥作用。

降低 CNP 欺诈风险的方法还有为持卡人提供一次性的临时虚拟卡信息（如临时 PAN、临时 CVV2 和到期日），供他们在进行在线支付或电话支付时使用。这种虚拟卡可以通过发卡机构的智能手机应用程序或互联网服务网站提供。在实践中，提供虚拟卡的发卡机构需要回收它们发行的 PAN，因为它们只能使用卡支付组织规定的一定范围内的 PAN。然而，临时 CVV2 和到期日（可以设置为当月月底）的结合提高了 PAN 重复使用的频率。

在线结账过程中，一个重要的协议是 3D 安全协议，这是一种由 EMV 开发并由维萨在 2001 年首次推出的协议。不同的卡支付组织有各自的品牌名称，如美国运通的安全密钥、日本信用卡株式会社（Japan Credit Bureau，JCB）的 J/Secure、万事达的安全码，以及维萨的验证服务。在 3D 安全协议的最初版本中，其要求持卡人在在线结账过程中，将密码输入发卡机

1　与卡支付领域的许多术语一样，CVV 也有许多特定方案的名称，如卡身份认证值、卡安全码、卡验证码等。

构提供的网页。这增加了结账过程的复杂性，再加上持卡人忘记密码或密码输入错误等导致交易中断的情况时有发生，这引起了在线商户的广泛反对。2016 年发布的第二版 3D 安全协议允许更广泛地采用基于风险控制的方法，这样持卡人就不会被要求输入密码，只有在发卡机构判断潜在交易的欺诈风险超过正常水平时，才会要求持卡人进行双重身份认证，例如通过短信向持卡人发送验证码或要求持卡人使用发卡机构的智能手机应用程序进行身份验证。这些都是强客户身份认证（Strong Customer Authentication，SCA）的实例。例如，从 2021 年 9 月起，英国的在线卡交易就开始强制使用这些方法。发卡机构甚至可以采用 3D 安全协议中的生物识别方法，如使用智能手机的指纹扫描仪检查持卡人的指纹，或通过智能手机摄像头验证持卡人的面部图像。

一些卡支付组织提供了地址验证服务，使得在线商户可以在授权过程中核实客户提供的账单地址的数字详细信息（如门牌号和邮编中的数字）。

在销售点，采用芯片和密码的卡片大幅减少了欺诈行为的发生。尽管非接触式支付的逐渐普及意味着支付卡在小额交易中仍然存在风险，但这类行为涉及的金额通常不会太大。此外，生物识别技术也开始在销售点交易中得到应用。例如，卡片制造商 Thales 在支付卡中嵌入了指纹扫描仪，持卡人必须将手指放在卡片中的扫描仪上，才能激活卡片与读卡器或进行非接触式交易。这种卡片的使用减少了在销售点输入 PIN 的需求，从而为商户和持卡人提供了更加便捷的结账流程。

6.6.4　外包处理

在外包处理方面，有多种选择可供考虑。

将预付卡账户外包给处理商的做法非常普遍。预付卡通常由商户贴牌，并在相关商店使用，但实际上预付卡是由处理商发行的。通常情况下，与预付卡相关的卡支付组织（如果存在）和当地监管机构会将这些处理商视为预付卡的发行者。对金融科技初创企业或新成立的银行来说，将预付卡账户外包给处理商是一种常见的做法，因为这样做可以利用处理商的许可证而无须自己获取许可证，从而将更多的精力集中在客户服务和账户的附加功能上。考虑到每张卡或每个账户都需要向处理商支付年费，这种模式对新成立的银行而言可能不是可持续的，但它确实为新成立的银行提供了快速开展业务的途径。在选择将预付卡账户外包给处理商处理时，需要考虑的关键因素是持卡人资金的安全性。例如，在英国，预付卡处理商虽受到监管，但它们通常作为电子货币机构（通常称为电子货币企业）而非银行运营，这意味着每个持卡人的资金并不受英国储户保护体系的保护。然而，值得注意的是，受英国监管的电子货币机构必须将所有持卡人的资金存放在银行指定的隔离账户中，以提升资金安全性。

自 20 世纪 90 年代以来，将信用卡授权和账户处理业务外包成了一种普遍现象。诸如 equensWorldline、Fiserv、Network International 和 TSYS 等机构在不同市场上提供这类服务。在这种外包模式下，尽管从卡支付组织和监管机构的角度看，发卡机构依然是贴有品牌的银行或其他组织，但处理商会负责对通过卡支付组织发送的授权和其他信息做出响应，处理清算和结算文件，根据交易数据更新卡账户，并生成结算报表。随着时间的推移，处理商逐渐扩展了其服务范围。在一些市场上，整个信用卡业务甚至可以完全外包给处理商，包括申请处理、新客户引导、卡片制作和分发、客户服务（涵盖电话、互联网以及移动应用程序服务）以及账单的打印和邮寄。尽管如此，发卡机构通常仍负责与卡支付组织进行结算，并承担相关的信用、欺诈和结算风险。

借记卡的外包处理比其他类型卡的外包处理更复杂。在过去，当只有卡交易（包括在ATM 取款）才能减少账户的可用余额时，借记卡的外包处理相对简单。在这种情况下，处理商会在 24 小时内处理卡支付授权，并在每次批准与特定账户相关的借记卡授权时减少该账户的可用余额。然后，处理程序会向发卡机构发送当天所有已清算的交易信息，供发卡机构在日终处理时每个账户的余额为实际余额。随后，发卡机构会向处理商发送一个包含更新后账户余额的新文件，然后重新开始循环。这种文件交换需要时间，通常是在发卡机构的日终处理过程中，可用余额和实际余额无法正确对齐。换句话说，如果通过支票或其他方式支付的款项（如在银行网点柜台取款）已经从账户中流出，那么处理商维护的可用余额可能会比发卡机构维护的实际余额多。即时支付加剧了这个问题，即资金会在支付指令发出后立即从账户中扣除，而不是隔夜清算。这迫使发卡机构必须具备实时、在线的账户余额维护能力，即使它们将借记卡的处理工作外包出去。在这种情况下，每次使用借记卡时，处理商会要求发卡机构提供实时余额信息，同时还要求其进行其他检查，例如该卡是否被冻结。

当然，涉及卡支付的各个卡支付组织必须了解处理过程的外包情况，因为它们需要知晓交易信息的路由。处理商的角色通常是由这些卡支付组织正式认定和确定的。

ATM 的外包处理采用另一种方式。在一些市场上，独立的 ATM 运营商会代表那些不愿在内部操作这些设备的机构，管理 ATM、ATM 网络以及 ATM 交易收单。即便不将整个业务外包，也有专业机构负责为 ATM 补充纸币和收据纸，并处理通过 ATM 存入的款项。

6.6.5　运营管理

1. 欺诈和交易监控

正如前文所述，各种卡支付组织正在努力打击欺诈行为，并采取相应措施应对特定的攻击手段。例如，芯片和 PIN 的应用已经大大减少了销售点的欺诈行为。但是，无论采取哪种防御措施，犯罪分子总会寻找其漏洞。根据欧洲中央银行的数据，CNP 交易欺诈是主要的攻击方式。

在发行支付卡的过程中，防范欺诈是一个重要议题。支付卡欺诈通常可以分为四大类，我们已经讨论了其中两类：克隆卡以及盗卡，这两种情况都会导致欺诈交易。另外两类包括卡片数据盗窃以及身份盗窃，遵守 PCI DSS 是减少这种情况的重要措施（详见 6.6.6 小节），身份盗窃的典型形式是利用窃取的数据和文件以他人名义开立账户。

鉴于卡支付的标准化，发卡机构采用泛行业标准的方法来打击交易欺诈，这些方法在 6.6.3小节介绍过。然而，除了基于授权的防御措施之外，交易监控和风险分析也是广泛采用的方法，可以应对卡片数据盗窃和身份盗窃问题。

交易监控包括创建一个数据库，其中包含失败和成功的交易、客户、收单机构和商户的数据，利用这些数据来识别交易趋势和模式。例如，分析特定区域内的欺诈手段，确定这类欺诈的模式。这种分析可用于为每个授权请求分配一个风险评分（即判断其欺诈的可能性），进而利用这个风险评分来决定是否批准授权请求。神经网络技术在这一领域得到了应用，其通过学习历史的授权请求和欺诈交易记录，为实时授权请求生成风险评分。这种分析还可以揭示客户和商户的行为模式（例如频繁因未交货而遭遇扣款的商户）。根据卡方案、客户所在地区或商户所在地等不同细分市场，定期报告授权请求的结果，这不仅可以揭示欺诈行为，还有助于支付卡业务运营。

在 6.6.3 小节中提到的 3D 安全协议中，发卡机构可以进行风险评估，决定是否要求持卡人输入进一步的验证信息。这种风险评估可以涉及授权请求信息中可能不存在的数据，例如客户用于网上购物的设备的 IP 地址和电子邮件地址。

分析和剖析每个客户的交易模式，可以识别出不寻常的交易和行为，这有助于限制甚至发现犯罪分子接管客户账户的企图。

2. 责任和退单

卡支付组织中欺诈交易的责任问题相当复杂，它不仅涉及卡支付组织制定的具体规则，还受到交易所在管辖区法律和法规的影响。通常情况下，欺诈交易是持卡人在检查账户的过程中发现了一笔他们不知道的交易时被揭露的。这类交易的责任归属（即谁来承担损失）取决于许多因素。我们在这里仅提供一般性的看法，但几乎可以肯定的是，这些看法并不适用于所有情况或所有司法管辖区。

考虑这样一种情况：持卡人发现了一笔他们无法识别的交易，并通知了发卡机构。法律、法规或行业惯例通常将持卡人的责任限制在未滥用其卡片或卡片信息的情况下，除非持卡人有过失。因此，发卡机构通常会首先尝试确定该交易是否确实由持卡人完成。对于以实体卡形式进行的交易，如果使用带有密码验证的芯片卡进行，发卡机构通常会判断持卡人对该交易负责，并应承担相应的支付责任。这样的判断基于这样一个理由：持卡人要么忘记了这笔交易，要么疏于保管，导致他们的卡和密码被第三方使用。值得注意的是，尽管芯片和 PIN 卡不会对其发送给读卡器的卡数据进行加密[1]，但芯片内部包含了一个无法被读卡器读取的加密密钥。这个加密密钥结合读卡器提供的随机或不可预测的数字，为每笔交易生成一个一次性的代码，并包含在授权请求中。由于无法提取加密密钥[2]，因此无法克隆芯片和 PIN 卡。

假设这笔交易是刷卡交易，但没有使用芯片和 PIN，而是采用了磁条或通过带有签名的手动打印机进行认证。在这种情况下，交易的责任可能落在发卡机构或收单机构身上，具体取决

---

[1] 卡会对传递给读卡器的数据进行数字签名（这个过程涉及根据卡内数据和加密密钥计算出一个特定的数字），这与 CVV 和 CVV2 的概念相似。一些卡采用了动态签名值的创建方法，这个方法与 6.6.3 小节中讨论的动态 CVV 类似。

[2] 2014 年发表的一项研究报告中提到，用于创建一次性代码的不可预测数字在生成过程中可能存在弱点，这可能被用来模拟芯片和 PIN 卡。欺诈者可能利用这些弱点，结合设备（如读卡器或 ATM）中选择的 PIN 来模拟芯片和 PIN 卡的使用。芯片对卡数据进行动态签名是有效防范这种攻击的方法。此外，现代化的设备可以更好地实现不可预测数字的生成，从而有助于防范这种攻击。

于相关卡支付组织的规则。虽然发卡机构通常是风险的默认承担者，但它们可能会尝试将风险转移给商户，例如要求商户证明其遵循了正确的授权程序。

对于 CNP 交易，如果采用了 3D 安全协议并通过了密码或其他验证，则对责任的判定与使用有效 PIN 的芯片和支付卡交易类似，即持卡人将承担责任。考虑到发卡机构可以通过对 CNP 交易进行风险评估来确定持卡人是否需要输入密码或使用其他验证方法，如果发卡机构判定没有必要进行额外验证，责任可能由发卡机构承担。在没有采用 3D 安全协议的情况下，为了避免承担责任，商户可能需要证明已向持卡人提供了商品或服务——成功授权并不足以免除商户的责任。

为了从收单机构（或商户）那里索回在欺诈交易中被欺诈的资金，发卡机构会发出退单信息。商户可以根据卡支付组织规定的程序对这些退单提出异议。最终，卡支付组织进行仲裁，以解决这些争议。

对于卡欺诈，有两点需要注意。首先，卡支付组织本身并不承担责任。其次，随着带有密码验证功能的芯片卡和 3D 安全协议的普及，交易责任已普遍转移到持卡人身上。

发卡机构提出退单的常见原因是持卡人没有收到他们购买的货物或服务，或者这些货物或服务存在某些缺陷。这方面的争议可能复杂且主观，既可能涉及商户的欺诈行为，也可能仅仅是因为商户与持卡人之间存在误解，还可能是因为确实存在商品质量问题或服务不佳。

退单的原因还包括许多，如商户、收单机构或卡支付组织存在技术问题（当然，如果是发卡机构的技术问题，发卡机构应自行解决），商户的文书错误可能导致持卡人因同一商品或服务被重复扣款。持卡人可能会对取消的订阅或定期付款提出异议，这通常是由商户操作失误造成的。如果商户未获得消费授权，而持卡人又没有足够的资金支付这笔款项，或者信用卡已经失效（这可能意味着商户保存了持卡人的详细信息，或者持卡人错误或欺诈性地使用了信用卡），发卡机构可能会自动发起退单。

发卡机构在发起退单时会指定一个特定的退单原因代码，以表明其认可退单原因。但是，鉴于争议交易可能存在多种退单原因，这种认可可能带有主观性。

退单处理完成后，收单机构会自动从商户账户中扣除相应的退单金额及处理费（这个费用通常由卡支付组织设定并支付给发卡机构），而发卡机构则会将这笔金额退还给持卡人。这时，商户需要决定是否对退单提出异议。如果商户提出异议，则必须提供证据来证明退单是不合理的，这些证据将由收单机构、相关卡支付组织以及发卡机构进行评估。如果退单被认定为无效，商户将得到退还的交易费用，但通常不包括退单处理费。在某些卡支付组织中，持卡人有权要求进行第二次退单。

3. 合作伙伴管理

合作伙伴管理涵盖对发卡机构为制造和运营其支付卡而聘请的所有第三方的管理。合作伙伴的具体情况取决于发卡机构选择外包的内容以及当地第三方供应商的情况。就像所有受监管实体的外包一样，当地监管机构希望看到合同管理得当，并且由经验丰富的员工负责管理供应商。

将卡支付业务中所需的各种工作外包可能是整个金融服务领域中最常见和最成熟的外包形式之一。首先，根据经验，大多数发卡机构都会选择将塑料卡的印制、编程和分发以及账单的打印和邮寄等工作外包。其次，许多发卡机构会选择利用第三方处理商来处理信用卡和预付卡业务。事实上，我们认为第三方处理商在某些市场上的规模使得在这些市场上，外包信用卡处理工作在成本上更有优势，尽管我们也注意到这种服务的成本取决于采购过程。然而，一些发卡机构可能会选择不外包业务。它们可能更重视对开发新功能和服务的控制，或者认为外包的风险和成本过高。

管理与卡支付组织的关系主要涉及确保在必要时对卡支付组织定期发布的规则和处理程序进行更新和审查。事实上，选择外包可以大大减少执行这些卡支付组织的规则和处理程序变更的工作量。此外，卡支付组织会监控其发卡机构以及收单机构的表现，并需要定期审查机构提交的报告，根据情况做出相应的调整和反应（如调整业务的各个方面）；同时，需要对发卡机构运营的每种卡（例如普通信用卡、金卡、普通借记卡、青少年借记卡等）进行监控，这一工作通常由运营团队中负责 BIN 管理的部门负责。因为卡支付组织也会在这一层面监控发卡机构的表现。

6.6.6　后台管理

1. 财务

财务管理在卡支付业务中至少涵盖三个主要方面。首先，涉及卡支付业务的具体财务操作，主要包括交易的结算以及相关的对账工作，这部分在 6.3 节中有详细描述。其次，财务部门在战略和规划方面扮演着关键角色，需要深入理解业务的财务表现，并对未来的业绩进行规划和预测。最后，涉及标准的财务活动，包括会计工作、财务控制（包括法定报表的准备）以及应付账款管理（如工资支付等）。此外，财务部门还可能负责监管报告的准备情况。

2. 合规

尽管一些通用的银行业监管和数据管理规则也适用于卡发行环境，但参与者还必须履行一些特定的义务。

首先，发卡机构必须遵循其参与的一个或多个卡支付组织的规则，如果不遵守这些规则或者达不到卡支付组织设定的绩效目标（例如成功授权的次数），可能会面临处罚。不同卡支付组织的规则可能很多，且规则内容可能因不同卡支付组织而异。

其次，PCI DSS（PCI 数据安全标准）是一套适用于所有主要卡支付组织参与者的信息安全标准[1]。这个标准由外设组件互连标准（Peripheral Component Interconnect，PCI）安全标准委员会维护，该委员会由美国发现金融服务、美国运通、Discover、JCB、万事达和维萨于 2006 年共同成立。PCI DSS 涵盖用于输入卡密码的设备和处理卡支付的软件等方面的安全标准，实施这些标准通常是一项复杂而烦琐的工作。

最后，全球范围内的法律要求各不相同。例如，欧盟要求成员遵守 PSD2。该指令自 2018 年 1 月起逐步生效，SCA 是其中的一个重要要求（见 6.6.3 小节）。

1　曾经有人对 PCI DSS 是否适用于发卡机构提出过疑问。但随着 PCI DSS 标准的后续版本的明确阐述，这个疑问得到了回答：PCI DSS 确实适用于这些机构。

第7章

支付业务

7.1 简介

支付业务是银行业的生命线，对银行至关重要，将资金从一个银行账户顺利转移到另一个银行账户的能力，是全球商业运转的基础，也深深影响着大多数地区普通民众的日常生活。如果你对支付在日常生活中的重要性存有疑问，那么看看相关的数据就能迅速消除这种疑问。以英国为例，2019 年 6 月，英国财政部发布了一份报告，详细研究了英国各类支付方式及其使用情况。假设英国约有 5000 万人使用支付服务，每个人平均每月将进行近 60 次支付，也就是约每天两次。在这些支付中，超过 45% 的是通过银行卡完成的，近 30% 是现金支付，直接借记支付则略高于 10%（本章将对直接借记支付进行详细介绍）。

全球范围内备受瞩目的技术故障，如苏格兰皇家银行和澳大利亚联邦银行出现的技术故障，都凸显了支付能力的重要性。值得注意的是，技术故障并非仅发生于传统银行。英国的两家新型银行蒙佐银行和史达琳银行同样也发生过与支付相关的技术故障。每当这类故障发生，客户的反应总是非常强烈。支付失败给客户带来实质性的困扰，如无法购买燃料或食品，以及无法从 ATM 上提取现金。在这种情况下，即便钱包里有现金，人们也会感到不安。可以说，支付服务已经成为我们日常生活中不可或缺的一部分。

正如第 2 章所强调的，在金融服务领域的发展中，支付技术的进步尤为显著。这一趋势主要体现在专注于支付技术的金融科技公司（如 PayPal、Ripple、Stripe 和 TransferWise）的迅速崛起，大型科技公司（如 Amazon、Apple 和 Google）的积极参与，以及全国性和国际性新的支付计划的推出。例如，英国推出了快速支付系统，澳大利亚推出了 New Payments Platform，欧洲实施了 SEPA 信用转账和直接借记，还有用于跟踪国际支付的 SWIFT 全球支付创新（Global Payments Innovation，GPI）等。

在深入研究支持支付的技术及其运作方式之前，首先需要了解市场上常见的、供消费者使用的各种支付方式。

7.2　现金支付

现金支付是一种历史悠久的支付方式，至今仍在全球广泛使用。易货贸易依然存在，并且商品交换作为一种价值交换手段仍被采用，但现金无疑是全球常用且被普遍认可的价值交换媒介，其重要性不容忽视。

现金支付，作为一种现代支付形式，其支付媒介——货币通常由政府授权的机构发行，这些机构通常是各国的中央银行。例如，澳大利亚储备银行、巴西中央银行和日本银行分别负责在澳大利亚、巴西和日本发行货币。在欧盟，欧洲中央银行和欧元区的国家银行都有权发行欧元货币，但实际上只有各国家银行才会发行货币，只是需要在欧洲中央银行的监督下进行。在英国，货币的发行除了由英格兰银行负责外，还由苏格兰的三家商业银行（苏格兰银行、克莱兹戴尔银行和苏格兰皇家银行）和北爱尔兰的四家商业银行（爱尔兰银行、丹斯克银行、第一信托银行和阿尔斯特银行）负责，英格兰银行监督商业银行的货币发行，并且商业银行发行的货币的价值必须得到英格兰银行持有的资产的支持。在美国，美国联邦储备系统发行货币，在1971年以前财政部负责货币的发行。

正如第 2 章所提到的，过去许多国家采用金本位制来支撑货币的价值。在金本位制下，发行机构承诺，如果人们用货币来兑换，它们将提供等值的黄金。然而，出于多种原因，各国在20 世纪末之前纷纷放弃了金本位制。现在，政府发行的是法定货币，这意味着货币的价值建立在发行者宣称它有价值的基础上。

现金支付作为一种支付方式的法律地位因司法管辖区适用的法律而异。现金通常被定义为法定货币。以英格兰银行的定义为例：法定货币指的是，如果你用法定货币全额偿还欠某人的债务，那么他就不能以你未偿还债务为由对你提起诉讼。

美国以及其他国家也有类似的对法定货币的定义。然而，法定货币并不总是涵盖所有形式或金额的现金。以英国为例，根据《1954 年通货和银行钞票法》（*Currency and Bank Notes Act 1954*），英格兰银行发行的 5 英镑及以上面额的纸币（包含目前流通的所有纸币）在英格兰和威尔士是法定货币，但这一定义不适用于苏格兰和北爱尔兰。有趣的是，即使是苏格兰银行发行的纸币，在苏格兰也不是法定货币，这意味着在苏格兰没有任何纸币是法定货币。至于硬币，由英国皇家铸币局发行的硬币在英国各地都被视为法定货币，但是，对于不同面额的硬币，它们作为法定货币的使用上限也各不相同，超过这些限额的硬币支付可能不被接受。例如，1 便士和 2 便士的硬币最高可用于 20 便士的付款，5 便士和 10 便士的硬币最高可用于 5 英镑的付款，20 便士和 50 便士的硬币最高可用于 10 英镑的付款，1 英镑和 2 英镑的硬币则没有使用上限。类似地，在加拿大，根据 C-41 号法案（Bill C-41），即对《加拿大皇家铸币厂法》（*Royal Canadian Mint Act*）和《货币法》（*Currency Act*）的修订，对硬币何时成为法定货币以及适用范围也有相应的分级限制。

在以现金支付作为偿还债务的手段时，接受方通常必须接受货币（后文也称现金）作为法定货币，但在交易尚未发生时，接受法定货币并不是强制性的。这意味着如果你在美国试图用一张 100 美元的纸币买一根热狗，店主是有权拒绝接受这张大额纸币的，尽管它是法定货币。然而，如果你已经在一家咖啡馆吃完热狗，此时你用 100 美元的纸币来支付账单，咖啡馆必须接受这张钞票。

现金作为一种交易媒介，在全球许多国家仍然非常流行，从交易量来看，现金在许多国家依然是常用的支付方式。例如，根据 2018 年的数据，在英国，大约每三笔支付中就有一笔是使用现金支付的。但借记卡交易量在 2017 年首次超过了现金交易量，显示出数字支付方式使用率的增长趋势。

随着支付卡、移动电话、智能手机以及数字支付方式（例如 Amazon Pay、PayPal 和二维码支付）的兴起，人们可能会认为现金即将退出历史舞台。然而，实际情况并非如此。无论是作为交易媒介还是价值存储工具，现金的需求依然存在，特别是在通货膨胀率低、利率低（甚至为负）的时期。事实上，即使在银行业技术最为先进的国家，流通中的纸币数量和价值也在持续增长。以欧元区为例，流通中的纸币数量从 2010 年初的 129 亿张增长到 2019 年底的 241 亿张，几乎翻了一番，其价值也从 7840 亿欧元增加到 1.29 万亿欧元。在英国，流通纸币的数量从 2010 年 2 月的 26 亿张增加到 2020 年 2 月的 40 亿张，价值从 470 亿英镑增至近 700 亿英镑。而在美国，流通纸币的数量从 2010 年初的 285 亿张增加到 2019 年底的 449 亿张。实际上，在 2013 年至 2017 年间，除了巴西、俄罗斯、挪威和瑞典等少数国家外，大多数主要经济体的现金流通量都在增加。

对消费者来说，使用现金非常便捷，但对银行而言，现金的管理涉及一系列复杂操作。例如，银行需要在各个实体网点维持适当数量和面额的现金。这就要求银行拥有一个复杂的库存管理系统，或者需要大量人力来进行日常的对账工作。在现代银行业务中，ATM 和柜员系统都具有库存报告功能，且能够集成到银行的系统中，以便更加有效地管理现金库存。此外，对于那些希望提高运营复杂性的银行，已经有一些 ATM 和柜员系统能够实现现金循环（即接受客户存款并利用这些存款自动补充可供其他客户提取的现金库存）。这些系统在精确性方面表现出色，但根据我们的经验，它们在机械可靠性方面可能不稳定，特别是在涉及硬币回收时。

在处理现金时，安全问题始终是银行关注的重点，需要防范第三方盗窃和员工内部盗窃。因为现金基本上是不可追踪的，所以它成了犯罪分子的目标。银行在存储、运输现金时必须格外小心，并采取措施防止犯罪分子的盗窃行为。英国的首都银行在实施安全现金管理方面就提供了一个典型的方案。首都银行采取了多项措施确保柜台上现金的安全。首先，首都银行使用了柜员现金回收机（Teller Cash Recycler，TCR），通过与核心银行平台整合，只在客户账户做提款记录时才发放现金，这样既防止了内部欺诈（因为 TCR 与核心银行平台是整合在一起的），也实现了现金会计和对账的自动化。此外，即使在遭遇抢劫的情况下，柜员也只能从 TCR 中取出少量现金。其次，首都银行安装了大量摄像头，不仅有助于确保柜台安全，还可以保护 ATM（配备防篡改监测和报警系统）、保险箱（配备振动监测器）和正门（配备安全警报和摄像头）。最后，首都银行的开放式店面设计通常包含大窗户，且大窗户通常位于拐角处，旨在吸引客户进入，同时也便于人员从外部观察到店内发生的任何异常情况。

尽管现金在公众中仍然受到欢迎，但在银行网点和 ATM 中支持现金交易的过程并非想象中那么简单。通过深思熟虑和运用适当的技术，现代银行能够比以往更有效、更安全地管理现金。

7.3　支票支付

几百年来，支票一直是银行业务的重要组成部分。支票支付的一个主要特点是在付款时不需要知道收款人的银行账户信息，然而，支票支付的处理过程相对复杂，本质上是收款人的开户银行从付款人的银行账户中提取资金，这一过程会在 7.3.2 小节中详细描述。这与银行直接转账或直接贷记形成了鲜明对比，后者是付款人指示其开户银行向特定账户转账，相当于从付款人的开户银行向收款人的开户银行授权推送支付。

在现代社会，虽然有多种理由表明可能不再需要支票，但实际上支票的生命力非常顽强。例如，2009 年，英国支付委员会宣布计划在 2018 年废除支票，但这一决定立即遭到了众多人的反对，包括慈善机构和小企业联合会。到了 2011 年，该委员会改变了先前的看法，宣布只要有需求，支票将继续存在。这表明支票仍然受到欢迎，并且英国为了提高效率，引入了数字支票扫描系统，允许客户使用智能手机进行操作。而在其他国家，支票的使用情况不一，有的国家已经完全停用，有的只在非常有限的场合使用。例如，荷兰自 2001 年底后不再使用支票，丹麦则从 2017 年 1 月 1 日起停止银行间支票的相互结算，但银行依然接受本行签发的支票。

从全球范围内支票使用的情况来看，几乎所有市场的支票使用量都在逐渐减少，但减少的速度和峰值水平都有所不同。表 7.1 展示了澳大利亚、印度、英国和美国在支票使用量达到高峰的那一年（澳大利亚除外，展示的是有数据记录的第一年）以及几年前的数据。这四个国家都采用了支票成像技术，在印度，这主要体现为一种支票截断服务（即客户仍向银行提交纸质支票，银行则对其进行成像，并将图像提交给支票清算程序）。美国以人均支票使用量高而引人注目，尽管其支票使用量已经大幅下降，但仍然值得关注。在全球范围内，尽管支票的使用量正在逐渐减少，但从表 7.1 来看，离支票完全停止使用仍有一段距离。

表 7.1　四个国家的支票使用情况

国家	年份	项目	数值	年份	项目	数值	支票数量的复合年下降率
澳大利亚	高峰年（2002 年）	支票数量 / 百万张 人均使用量 / 张 总值 / 亿澳元	601 31 2,045	近年（2019 年）	支票数量 / 百万张 人均使用量 / 张 总值 / 亿澳元	54.5 2.2 546	13.20%
印度	高峰年（2008 年）	支票数量 / 百万张 人均使用量 / 张 总值 / 亿卢比	1,461 1.2 133,961	近年（2020 年）	支票数量 / 百万张 人均使用量 / 张 总值 / 亿卢比	1,036 0.8 79,175	2.80%
英国	高峰年（1990 年）	支票数量 / 百万张 人均使用量 / 张 总值 / 亿英镑	4,000 70 —	近年（2019 年）	支票数量 / 百万张 人均使用量 / 张 总值 / 亿英镑	258 3.8 394	9.00%
美国	高峰年（1995 年）	支票数量 / 百万张 人均使用量 / 张 总值 / 亿美元	49,500 186.7 —	近年（2018 年）	支票数量 / 百万张 人均使用量 / 张 总值 / 亿美元	16,000 48.9 26,200	4.80%

7.3.1　支票的类型

支票大体分为两种类型。第一种是常见的个人或企业支票，使用开具支票的个人或企业账户中的资金进行支付。这种支票的书写和使用方式因不同国家和地区的法律法规而异，这些差异可能影响支票是否能够直接兑换现金（即普通支票），或者只能存入银行账户（即划线支票），还可能会影响收款人是否可以将支票背书给第三方存入或兑现（即记名支票），以及银行是否会在付款人账户中预留资金并提供担保（即保付支票）。第二种类型的支票的处理方式与第一种相同，但有不同的称呼，如银行汇票、银行支票、柜员支票或银行取款单，这类支票由签发银行的自有资金支付。第一种类型的支票存在一个缺点：在兑现支票或将资金转到收款人银行账户时，出票账户中可能没有足够的资金，导致支票无法支付。而银行汇票则为收款人提供了更可靠的支付保证，因为只要出票银行还有偿付能力，银行汇票就需要被承兑。由出票银行认证的个人或商业支票可以达到与银行汇票类似的效果，但并非每个国家都使用这种支票。

现代支付技术能够使客户在同一天安全地转移大额资金，因此使用银行汇票的需求减少。新型银行可能不太愿意发行这类支付产品，但它们必须能够处理客户存入的所有类型的支票。

7.3.2　支票的清算和结算

纸质支票的处理过程需要花费数天时间。以英国的纸质支票清算过程为例，基于工作日的时间安排（即周一至周五，不包括银行假期），该过程大致如下。

（1）在第 1 个工作日，客户将支票存入收款银行的账户，这通常需要在银行柜台或通过 ATM 存入。收款银行会在当天登记支票，并将其与收到的其他支票捆绑在一起。这些支票随后在当天结束时被送往收款行的清算中心，以便在下一个工作日及时处理。

（2）当支票到达清算中心时，工作人员会根据支票上的清算代码或路由号码进行分类，这些清算代码或路由号码表明付款人的开户银行或网点。同时，每张支票的清算代码或路由号码、账号、支票序列号和金额都会被记录下来，相同清算代码或路由号码的支票会被捆绑在一起，收款银行会计算出每家付款银行未支付的支票总额。这一步骤通常被称为提出应收，一般在第 2 个工作日进行。

（3）在付款银行和收款银行之间的交接环节，所有付款银行的支票包会被送到一个专门的票据交换中心。每家银行从该中心领取属于自己的支票包，并将它们运送到自己的清算中心。这一过程通常在第 2 个工作日和第 3 个工作日之间的夜间进行。

（4）在付款银行的清算中心，每一张支票都会被逐一核查，并记入相应付款人银行账户的借方。在这一阶段，某些支票可能会因为各种原因被拒绝支付，例如付款人银行账户资金不足，或者支票在某些方面存在问题，如签名错误（值得注意的是，我们曾震惊地发现，以往在英国，只有当支票金额超过一定上限时，银行才会检查签名）。那些被拒绝的支票会通过票据交换中心退回给收款银行。付款银行还会计算出其需向每个收款银行支付的金额总和。这一步骤通常被称为提入应付，在第 3 个工作日进行。

（5）在清算过程的最后阶段，收款银行和付款银行之间会相互核算并确定其净头寸。这一过程涉及彼此之间的往来支票和退回的支票，并进行相互结算（结算指的是一家银行将资金转入另一家银行在中央银行开设的账户）。这一步骤通常在第 3 个工作日的内部清算结束后进行。值得注意的是，在进行结算时，付款银行不会将退回支票的金额纳入计算。

（6）收款人账户的入账时间因不同国家和系统而有所不同。以英国为例，在纸质支票清算组织中，资金从第 2 天开始计息，并在第 4 天可以提取。这意味着英国的银行承担了支票处理的一部分操作风险，以确保客户能够及时且安全地获得自己的资金。

在这些步骤中，我们设定了最短的时间，这在英国通常是可行的。在没有核心银行平台的时代，支票需要返回各个分行进行验证并从账户中扣除相应资金，所需时间可能较长。此外，未参与清算的银行需要将支票提交给清算银行，这会使客户晚一天收到资金。在澳大利亚、印度和美国等其他国家，由于距离较远、有时交易量也较大，给快速处理纸质支票带来了较大的组织管理挑战。

当然，利用技术可以帮助提高清算效率。一种改进方法是由收款银行创建一个包含所有付款银行支票详细信息的数据档案，并将这些档案发送给付款银行。每家付款银行仍然会收到纸质支票，但可以简单地与收款银行的数据档案进行核对，并验证每一张支票。

银行间交换支票图像的做法显著提高了效率，因为这样就不需要将实体支票在票据交换中心来回运送。进一步的发展是银行间仅交换每张支票的数据（无论是否附有支票图像）。在英国，为了实现这一点，需要修改法律，以使得不再需要交换实体支票，使支票图像具有法律效力。

最后一个改进措施是允许客户自行拍摄他们收到的支票，这在持有大量支票的国家已经成为普遍现象。

以上改进措施使得英国的支票清算周期缩短为两天。客户可以在银行规定的截止时间之前，使用智能手机拍摄支票图像，并通过银行的应用程序提交。这样做能确保资金在下一个工作日结束前到达客户的账户。

7.3.3 支票欺诈

在整个支付领域，欺诈是一个普遍存在的问题，支票也不例外。负责管理英国支票清算流程的英国支票和信用清算公司（Cheque and Credit Clearing Company，C&CCC）将支票欺诈分为三类：伪造支票、假冒支票和欺诈性篡改支票。伪造支票指使用完全伪造的支票，使其看起来像真实支票；假冒支票指支票是真实的，但支票上的签名是假冒的；欺诈性篡改支票则是指对账户持有人签发的真实支票进行修改，以便将支票对应金额存入不同账户或改变支付金额。对于支票欺诈，防范措施是指在支票上使用防伪措施（许多国家规定必须使用防伪措施）。此外，防范措施还包括教会客户妥善保管支票簿、正确书写支票，以及了解接收支票时的潜在风险。

7.3.4 新银行支票管理概述

尽管在一些国家中支票仍然被大量使用，但不可否认的是，支票的使用率正在逐渐下降。对新银行来说，一个显而易见的问题是是否应该支持支票业务，可能有四种答案：完全不支持支票、只接收支票、只签发支票、同时接收和签发支票。在做决策时，新银行需要考虑其市场战略、如何参与支票清算流程、如何检测和处理欺诈行为、如何管理支票的接收和签发，以及相关做法对客户服务的影响。

如果决定签发或接收支票，或者两者兼而有之，新银行就必须加入当地的支票清算组织，并实施相关的支票清算程序，或者与为第三方提供支票清算服务的清算银行合作。与清算银行合作会涉及将银行系统与清算银行系统进行整合，这些系统必须安全可靠，因为这通常涉及双方之间的文件传输。

此外，如果新银行决定签发支票，就需要具备相应的流程和系统功能，以管理支票簿的印刷和发放、识别和处理欺诈案件，以及在一定程度上参与清算流程。

鉴于支票需要标准化和具备安全性，支票的印刷工作通常受到严格监管。预计大多数新银行会选择将空白支票的印刷任务外包给专业的第三方印刷商。第三方印刷商需要具备相应的认证资格，例如，在英国，第三方印刷商必须是支票印刷商认证组织的认证成员。支票的个性化设计（如客户的账户信息、姓名和分支机构信息）可以在银行内部完成，这需要专用的打印机，但许多银行选择使用同一家第三方印刷商来完成这些工作。虽然将支票印刷并装订成支票簿是一个相对简单的过程，但考虑到每张支票都包含客户的机密数据，因此将这些数据安全地传输给第三方印刷商至关重要，同时第三方印刷商的印刷流程和系统也必须要能够保证安全。像支票印刷商认证组织这样的认证组织会对认证成员制定一定的标准，新银行的合规团队需要了解这些标准，并确保与之合作的第三方印刷商符合这些标准。

签发支票时，新银行必须实施有效的程序来识别和解决可能的欺诈问题。例如，当从客户账户开出支票时，需要验证资金是否可用以及签名是否有效。清算银行可以在没有与支票签发银行系统整合的情况下检查支票是否遭到篡改或伪造，但为了检查资金的可用性和签名的有效性，需要进行一定程度的系统整合，或者签发银行必须参与清算过程和验证工作。

对于接收支票，银行的态度通常比较开放。客户可能在任何时候收到一张支票，但如果客户发现无法将支票存入自己选择的银行，可能会引发问题。因此，银行是否支持存入支票是非常重要的。如果当地存在基于图像的清算系统，那么银行可以考虑引入移动应用程序的支票扫描解决方案，这样可以减少人工操作，加快处理流程。如果基于图像的解决方案不可行，或者银行的目标客户群需要存入实体支票，那么银行应考虑寻找合作伙伴，以接收支票。此外，仍需建立一个流程来接收支票清算的结果，并将相关信息更新到核心银行平台。基于图像的解决方案需要使用适当的技术，以在将扫描的支票图像从客户设备上传到核心银行平台时，能够检查图像是否有篡改或伪造的痕迹。

除此之外，还必须具备客户支持流程并配备银行工作人员，以解决客户关于支票的疑问，并实施相关合规流程，确保支票支付的正确和安全。

7.4　直接贷记

直接贷记有时也称作银行直接转账或直接存款，是许多电子支付体系的基础。这种支付方式是由付款人主动发起的，付款人指示开户银行向一个特定账户付款，这个账户可以在同一家银行，也可以在另一家银行。付款人的开户银行借记付款人账户，向收款人的开户银行发出付款通知，并将资金转移至结算银行（通常是中央银行）的收款银行账户。在这个过程中，收款银行只是被动地参与支付过程，它的主要任务是确认是否收到资金，然后根据资金贷记收款人账户。当然，这个过程还依赖付款人提供的收款人银行账户信息的准确性。付款银行可以在支付前检查付款人的银行账户是否有足够的资金，并对支付请求进行验证，从而避免处理退回付款，这是支票结算过程中常见的问题。

在一些国家，例如德国，直接贷记无论是在过去还是在现在都被广泛使用。这种支付方式的普及减少了对支票支付的需求。在这些国家，支付过程的一个关键环节是：公用事业企业和其他企业会将预先填写好的、标准化的银行转账表格连同账单一起寄给客户；然后客户填写自己的银行账户信息，并将其提交给银行执行支付。这种做法有效减少了使用错误收款人银行账户信息的问题。

相比之下，英国有银行直接转账的信用转账系统，这些系统主要用于向收款人银行账户发起转账的指示，但它们并不提供获取付款人账户详情或授权从其账户付款的方式，支付通常是通过现金或支票完成的。

7.5　清算和结算

清算是为了确定谁应向谁支付多少金额以及双方是否有资金进行支付的一系列步骤。清算能确定要支付的承诺金额，但在资金实际转移之前，清算就会停止。不同的支付类型和支付组织有着各自不同的清算方式，因此清算具体操作难以一概而论。

结算则是资金转移的过程，有多种不同的实现方式。结算可以与清算同步进行（或紧随其后），这种情况称为实时结算；也可以在清算之后进行，这种情况称为延迟结算。通常情况下，结算需要有一个中央结算方或代理方，所有参与方和组织都在其中持有账户。在英国，中央结算方或代理方通常是英格兰银行，在其他许多国家，中央结算方或代理方通常是中央银行。

结算方式分为全额结算和净额结算两种。实时结算是一种全额结算，即付款方将要支付的全部资金转移到收款方。这意味着参与方面临的风险很小，要么完成结算，支付成功，要么没有完成结算，支付不成功。对于大额支付，使用 RTGS 系统是常见的做法，自 20 世纪 80 年代以来，RTGS 系统已成为许多主要经济体支付生态系统的支柱。

净额结算在支付量大的支付方案中非常常见，在这类方案中实施实时结算是不可行的。在这类方案中，应根据支付的净流量定期计算每个参与者的净头寸。这种头寸可以通过双边结算得出，即计算每个参与者所欠或其他参与者所欠的金额；也可以通过多边结算得出，即计算每个参与者的总体净头寸。在多边结算中，净流出的参与者向一个中央账户（或结算账户）支付资金，而净流入的参与者则从该账户收到资金。多边结算更为常见，因为双边结算通常只适用于少数参与者。例如，假设有 20 个参与者，两个参与者之间就有 190 种组合。

在净额结算体系中，参与者需要承担其他参与者拖欠结算付款的风险。为应对这种风险，通常要求每个参与者在其结算账户中保持一定的余额，确保这个余额能够覆盖可能出现的最大资金净流出量。

7.6　银行间支付

本节内容主要涉及仅在银行间进行的支付活动。现在有许多其他类型的机构也参与了支付、转账和收款活动，本节内容对这些机构同样适用。20 世纪 60 年代末，利用数据网络和计算机处理银行间支付迅速发展，标志性事件包括 1968 年英国推出 BACS（后更名为 Bacs）、1970 年美国推出纽约清算所银行同业支付系统（Clearing House Interbank Payment System，CHIPS）、20 世纪 70 年代信用卡支付的自动化，以及 1977 年 SWIFT 启动运行。然而，对零售客户而言，现金和支票支付在过去几十年里仍然是主流方式。

在世界各地，不同国家的支付体系之间存在着巨大的差异。全面介绍不同支付体系之间的所有细节超出了本书的范围。因此，以熟悉程度为标准，我们选择以英国的支付体系作为本章的基础。尽管英国的支付体系并非世界上最先进的，但其支持的支付类型是多样化的，将其作为案例来进行讨论和分析是非常值得的。

付款发送有两种主要方式：单独发送或分组作为一个文件集合发送。批量支付常采用后者。这种方式的典型工作流程是：每个参与者在每天结束时将一个包含多笔支付的文件发送给支付组织，支付组织随后对这些文件进行处理（实际上就是将所有文件重新整理为另一组文件），并将它们发送给每个参与者。6.3 节介绍的卡支付清算程序就是这类方式的一个例子。ACH 通常也以这种方式运行，英国的 Bacs 就是一个典型案例（我们将在 7.6.2 小节中详细介绍）。以信息为导向的支付体系允许参与者在体系运行期间单独发送支付信息，并立即将其转发给收款人。我们将在 7.6.5 小节介绍此类体系。

7.6.1　面向批处理的支付体系

面向批处理的支付体系的基本流程如下。

（1）客户向其开户银行发出指令，要求向另一家银行的特定账户支付一笔特定金额的款项。

（2）付款银行会验证并记录该支付指令。随后，付款银行将一天内收到的所有支付指令汇总，并在一天结束时发送给支付组织。

（3）支付组织收集包含支付指令的文件，然后对这些文件进行处理并重新分组，针对每家收款银行形成一个新的文件。同时，支付组织还会计算出所有银行的净结算头寸（也就是每家银行需要支付或者接收的净金额）。

（4）支付组织向每家收款银行发送一个涵盖收款人收款信息的文件，并详细说明各自的净结算头寸。

（5）资金净流出的银行会将相应资金从其在中央银行的账户中转入支付组织的结算账户。然后，支付组织再将资金转移到资金净流入的银行账户。

（6）收款银行将根据这些信息为收款人的账户进行贷记操作，同时付款银行在付款人的账户进行借记操作。

这个过程涉及多边结算，即在多家银行之间进行资金的结算。

7.6.2　示例——Bacs 直接贷记

Bacs 自 1968 年在英国成立以来，最初被称为银行间计算机局。其目标是实现英国各银行之间支付数据的自动交换，支持直接贷记和直接借记。如同人们对这个始于 1968 年的项目所预期的那样，Bacs 最初的功能较为有限——每天与清算银行交换装有文件的磁带。到了 1983 年，这一功能得到了扩展，清算银行的企业客户可以通过拨号电话直接向 Bacs 提交文件（这被称为 Bacstel 服务）。2003 年，Bacs 补充了通过互联网提交文件的功能（该功能被命名为 Bacstel-IP），后来这一功能被取代。现在，银行和其他支付服务供应商通过 SWIFT 或通过与 Bacs 的安全直接连接发送和接收文件。Bacs 的网络和基础设施现在由万事达的子公司 Vocalink 运营，Bacs 由 Pay.UK 的子公司管理，Pay.UK 是一家担保有限公司（即非营利组织），其担保人是英国支付生态系统的成员。

最初 Bacs 的直接贷记流程与 7.6.1 小节所述的流程基本相同，但在时间上有更具体的规定。文件必须在第 1 天的上午 7:00 至晚上 10:30 提交，Bacs 会在第 2 天上午 6:00 之前发送其创建的文件。收款银行必须在第 2 天处理这些文件。付款人的账户在第 3 天被借记，收款人的账户则在第 3 天被贷记。这是一种推送式支付，通常适用于企业需要进行批付款的情景，如支付工资。虽然作为推送式支付，直接贷记在支付流程上相对简单，但使用 Bacs 的支付，款项需要三天（工作日）时间才能到达收款人账户。

在通常情况下，企业（例如雇主）首先需要与 PSP 签订合约，这里的 PSP 可以是清算银行或得到 Bacs 授权的机构。采用这种合作关系通常会产生费用。一旦建立起这种合作关系，企业就能够向 PSP 或通过 Bacstel-IP 直接向 Bacs 上传支付指令文件，从而将付款推送给收款人。这种交易的成本相对较低，通常每笔交易的费用为 5 便士到 50 便士。

然而，正如前面所提到的，尽管这种推送式支付的流程相对简单，但通常需要三天（工作日）时间来完成结算。虽然这并不理想，但由于参与方对此都非常清楚，因此这种情况是可以接受的——企业只需确保在其希望收款人收到资金的前两个工作日提交交易，在第 3 个工作日上午，参与银行通过其在英格兰银行的结算账户完成多边结算。

Bacs 允许企业在支付日期前最多 30 天提交支付指令，并将这些指令储存起来，直到它们在指定日期被加入处理队列。如果需要，这些支付指令也可以在特定的截止时间前被取消。

Bacs 的直接贷记程序设有一个处理付款被拒绝的流程（比如收款人的账户不存在）。之前提到的时间安排仍然适用，付款人的账户将在第 3 天被借记。然而，在这种情况下，收款银行应在第 3 天向 Bacs 提交的日常报告中列出被拒绝的付款信息。Bacs 会在第 4 天开始时向付款银行发送所谓的未应用贷记自动退回服务（Automated Return of Unapplied Credits Service，ARUCS）报告。接着，付款人的账户将在第 5 天收到退回的款项。

此外，如果收款银行收到的账户详细信息有误（例如，收款人已更换账户），它也可以选择接受这些付款，并将其应用于正确的账户。在这种情况下，收款银行应提交一份自动贷记服务错误账户建议（Advice of Wrong Account for Automated Credits Service，AWACS）报告给 Bacs，以告知付款银行新的账户信息，以便付款银行更新收款人的记录。

还存在另一种复杂的情况。如果银行认为它发起的某些付款存在错误，它可以要求撤销这些付款，并将详细情况列入提交给 Bacs 的文件中。如果撤销请求是在流程的第 1 天或之前提交的，那么 Bacs 或收款银行可以从处理流程中过滤原始付款和撤销付款请求。对于在第 2 天提交的撤销请求，收款银行必须在第 3 天上午收到 Bacs 的每日文件时采取行动，并确保不将撤销的付款记入客户的账户。

到了 1983 年，随着企业能够直接访问 Bacs 的功能增加，Bacs 的文件交换过程和文件本身变得更加复杂。比如企业提交了包含向员工支付工资的指令的文件，Bacs 不仅要像往常一样将支付指令转发给收款银行，还必须通知企业的开户银行从企业账户中扣款来支付工资。因为企业提交的文件中包含了所谓的反向支付指令，这些指令提供了其银行账户的详细信息。一个反向支付指令就能平衡企业需要支付的所有款项，因此在这个例子中，企业的银行账户只会出现一笔交易，即支付工资总额。企业的直接访问功能也使得 ARUCS 报告和 AWACS 报告的分发变得更加复杂。

7.6.3　直接借记

直接借记付款是指在企业客户的银行账户中进行的付款，在企业发出要求时可以自动执行支付。它通常用于支付定期账单，如每月的保险费、水电费等。为了启用这种支付方式，客户必须向希望进行此类付款的企业提供一份直接借记授权，允许企业根据账户持有人的要求，在规定的期限内从账户中提取金额以完成付款。

为了实施这一操作，客户通常需要填写一份直接借记指令（Direct Debit Instruction，DDI）表格，然后企业（在某些情况下为个人客户）需要将这份表格提交给客户的开户银行。支持直接借记的支付组织会从企业那里收集 DDI，并将其发送给客户的开户银行。

接下来，当企业希望收到款项时，它通常需要提前通知客户（例如，通过向客户发送账单），然后向自己的开户银行或直接向支付组织提交直接借记付款请求，由支付组织将其转发给客户的开户银行。

　　提供往来账户或支票账户的银行必须具备处理收到的直接借记授权的能力，包括验证授权的有效性、处理授权的变更（如客户取消授权、关闭或转移账户），以及处理直接借记支付请求。这些请求处理包括在账户资金不足以支付或客户在取消授权后提交直接借记支付要求的应对措施。同时，使用直接借记支付的企业也必须能够变更和取消直接借记授权，并在直接借记支付失败时采取适当的应对措施。

　　因此，直接借记涉及两套主要流程，一套涉及企业使用直接借记的操作，包括设置、维护和终止直接借记授权，另一套则涉及银行处理这些直接借记付款的流程，包括处理付款请求和执行付款操作。

7.6.4　示例——Bacs 直接借记

　　Bacs 中的 DDI 可以由账户持有人通过两种方式填写：一种是在纸质表格上填写，这要求账户持有人在表格上签名；另一种是在在线表格上填写，这种情况下无须签名或其他形式的认证。无论是纸质表格还是在线表格，它们的布局和展示都必须符合 Bacs 发布的规则。一旦填写完成，企业需要保存纸质表格的副本或在线输入的信息，并将表格中的信息通过 Bacs 提交给账户持有人的银行。为此，企业应采用与提交直接贷记文件相同的流程，将 DDI 数据文件提交给 Bacs 的自动直接借记指令服务（Automated Direct Debit Instruction Service，ADDIS）。Bacs 处理所有在截止时间前收到的 DDI 数据文件，首先进行一些基本检查，确保 DDI 数据文件提供了所有所需数据且格式正确。然后，Bacs 根据有效的 DDI 数据生成一组新的文件，使每家银行都有包含将应用于其账户的 DDI 的新文件，并将这些文件发送给各家银行。如果 DDI 的应用出现问题，例如账户不存在或账户类型不接受直接借记，收款银行可以通过 Bacs 做出回应。DDI 的发起人将收到一份包含所有这类拒绝情况的 AUDDIS 拒绝报告。

　　在直接借记授权建立之后，客户在未来的某个时间点可能会选择取消授权，或者关闭账户，甚至将账户转移到其他分行或其他银行。这时，客户的开户银行可以通过向 Bacs 的自动直接借记修改和取消服务（Automated Direct Debit Amendment and Cancellation Service，ADDACS）提交包含这类变更信息的文件，以通知建立直接借记关系的企业。银行每天都会向 Bacs 提交这类变更文件，Bacs 则在截止时间前对收到的所有文件进行核对，并将变更内容转发给相关的发起企业。

　　值得注意的是，对经营直接借记的银行和企业来说，涉及 AUDDIS 和 ADDACS 的程序是有可能实现自动化的，而且我们希望大多数银行都能够做到这一点。对企业而言，是否选择将这些程序自动化可能取决于它需要处理的直接借记数量。

　　接下来介绍直接借记涉及的第二套流程。这个流程从第 1 天开始，发起企业创建包含所有在两个工作日内到期的直接借记付款请求的 Bacs 文件，并在晚上 10:30 之前提交给 Bacs。Bacs 在当天晚上整理所有文件，为每个付款银行制作并发送包括具有反向信用付款的文件，并将其发送给原始业务的银行，后者需要准备好将款项记入发起企业的账户。到了第 2 天，各付款银行处理从 Bacs 收到的文件，检查是否存在有效的直接借记授权，以及每个付款账户是否有足够的资金。到了第 3 天，付款银行将从收到的文件中列出的客户账户中扣除相应款项，而原始业务的银行则将所有直接扣款的金额记入发起企业的账户。同时，各银行通过它们在英格兰银行的结算账户相互结算，作为整个 Bacs 多边结算过程的一部分。通常在第 3 天或第 4 天，付款银行会将被拒绝的直接借记请求提交给 Bacs 的自动返回未支付直接借记（Automated Returned Unpaid Direct Debits，ARUDD）服务进行处理，这是它们每天提交给 Bacs 的部分内容。付款银行和发起企业将在第 4 天或第 5 天开始前收到这些拒绝信息。因此，通过 Bacs 进行直接借记收款的企业只有在第 5 天才能确定哪些付款是成功的。与所有 Bacs 处理一样，这个处理流程仅在工作日进行，即周一至周五（不包括英国银行假期）。在最坏情况下，第 5 天可能是提交原始直接借记支付请求后的第 11 个日历日。

Bacs 直接借记中的另一个复杂情况是，客户可能会对付款提出异议。在这种情况下，所有参与的银行都必须遵守直接借记担保协议，这通常意味着客户将获得退款。当客户提出索赔时，发起付款的企业将通过 Bacs 的另一份报告——直接借记赔偿要求自动化（Direct Debit Indemnity Claim Automation，DDICA）报告得知这一情况。根据该报告，该企业的账户将在 14 个工作日后自动被扣除相应的索赔金额。

此外，值得指出的是，尽管 Bacs 仍然是一个面向批处理的支付体系，但它正在向 ISO 20022 标准迁移（详见 7.6.7 小节）。

7.6.5　面向信息的支付系统

面向信息的支付系统在其运营期间随时接受参与者提交的单个支付信息，并对每条到达的信息进行即时处理。在这种支付系统中，清算与处理支付指令同时进行。而结算则可以同时进行（在这种情况下，系统提供 RTGS，也就是说每笔付款在处理时即进行结算），或者在特定时间进行（在这种情况下，系统提供净额结算，即整理付款并在每个结算时间计算参与者的净头寸，这类似于 7.6.1 小节中描述的面向批处理的支付体系的结算方式）。

在描述面向信息的支付系统时，我们会使用一些特定的术语。支付信息是在支付系统的参与者之间交换的，这些信息通过连接所有参与者的支付网络（有时可能不止一个网络）进行传输。一个支付系统可以定义许多不同类型的信息，包括我们将在下文讨论的支付指令。

7.6.6　支付指令

简而言之，电子支付的支付信息包含了通过支付网络传输的支付指令，以及在会计平台（通常是中央银行）上进行的账户间价值转移（历史上，英格兰银行曾通过在金库中不同堆的黄金之间进行移动来结算银行间的交易），但现在这种转移以电子方式记录。在实际操作中，电子支付可能会涉及多条信息的交换，这通常是因为发送方会收到确认信息的回传，或者是因为支付体系本身的特殊性质需要额外的信息交换（例如，6.3 节中描述的卡支付工作原理）。

7.6.7　支付信息格式

每个支付组织都遵循一套标准，所有参与者需依据这些标准来格式化、提交和接收信息。通常，这些标准定义了用于不同目的的多种不同类型的信息，包括一种或多种类型的支付指令。虽然许多支付系统都采用 ISO 8583 标准，但支付信息的格式差异很大，不同类型的信息中所包含的数据元素在用法和含义上也存在诸多差异。ISO 8583 标准的信息格式紧凑（这在数据网络较慢时特别有用），但相对来说不够灵活，最初是为卡支付设计的。目前，越来越多的支付组织倾向于采用更现代、更灵活的 ISO 20022 标准，该标准基于 XML（有关 XML 的更多信息请参见第 3 章），适用于多种金融信息。

需要注意的是，即使一个支付体系采用了某个特定的标准，也并不意味着可以直接使用这个标准。在许多情况下，支付组织（或提供网络连接的组织）可能选择不使用该标准中定义的所有字段，并且可能对这些字段赋予与其他组织不同的含义。如果你正准备与支付网络建立连接，那么在开始开发之前，花时间确定支付信息格式和相关规则是非常重要的。我们还发现，支付组织可能没有完整的文档来说明它们如何处理支付消息中某些字段值组合的含义，因此，使用实际的样本信息或文档（如果支付组织提供）进行开发和测试是降低风险的好方法。一些支付网络还提供测试设施，包括对新连接的认证。

7.6.8　支付信息的寻址

在支付网络和收款机构中，正确地路由支付信息至关重要，它们通常还需要了解这些信息最终将应用于哪个账户。这个过程可能涉及多项信息，其中一些信息可能存在重叠。

第一，需要识别与支付网络的连接。支付组织的参与者通常与支付网络建立多个连接，因为不同的业务部门或法律实体可能需要接收或发送支付信息，甚至可能涉及合并和收购。这意味着这些业务部门或法律实体可能有不同的业务地址。同时，参与者可能拥有多个连接到支付网络的物理连接，以确保连接的高度可用性，这样，即使其中一个物理连接出现故障，还能通过其他连接继续运作。尽管这些冗余连接可能代表着同一业务地址，但从数据网络的角度看，它们可能拥有不同的网络地址。

第二，一旦收款机构收到信息，它可能需要额外信息来确定如何在内部正确路由这些信息。例如，对一家大型银行来说，它通常需要知道某个账户归属于哪个网点（或者，如果账户是集中管理的，至少需要知道账户被分配到哪个网点）。这样的信息对确保支付信息准确无误地到达正确的目的地至关重要。

第三，我们必须确保能够识别预期收款人的账户，这通常是通过账号来实现的。

每个支付组织都有自己的系统和格式来处理账户识别信息，这参考了支票上的自动分类方式。以英国为例，Bacs 使用的分类代码与英国支票上的分类代码相同，用于之前提到的第一和第二个目的。每个分类代码都是唯一分配给某个银行的，并且还代表了该银行的某个网点。这种分类代码的格式为"aa bb cc"，其中所有字符都是数字。例如，"40 33 33"代表了汇丰银行在米尔顿凯恩斯（Milton Keynes）的一个网点。在美国，银行则使用9位数的路由号码来唯一标识银行及其分支机构。这种路由号码用于支票、Fedwire和ACH的支付。

SWIFT为全球金融机构分配了业务识别码（Business Identifier Codes，BIC），其格式在ISO 9362标准中定义。2009年版的ISO 9362标准规定BIC被用作银行识别码（Bank Identifier Code），这一名称至今仍广泛使用。每个BIC都是唯一的，一个机构拥有多个BIC是常见的。值得注意的是，机构不一定只有连接到SWIFT才能获得BIC，但若已连接到网络，则必须拥有BIC。一个基本的BIC由8个字符构成，另有附加的3个字符用于表示分支机构或其他内部结构。因此，BIC总共由3个或4个字段组成；前3个字段表示网络连接，最后一个字段则用于内部路由信息。以前文提到的汇丰银行米尔顿凯恩斯网点为例，其BIC为MIDLGB2176D。第一个字段有4个字符，代表一家企业或银行，根据ISO 9362标准，这4个字符可以是字母或数字，但根据SWIFT，这4个字符仅限于字母。在此例中，"MIDL"代表汇丰银行（因汇丰银行在英国收购了米德兰银行）。第二个字段为由两个字符构成的国家代码，"GB"代表大不列颠。第三个字段包含两个字母或数字字符，最初用于表示企业所在的时区以及是否连接到SWIFT，或BIC是否仅用于测试，然而，现在这个字段主要用于进一步表示第一个字段所示的业务。在本例中，"2"表示英国时区，"1"表示未连接到SWIFT。最后一个字段由3个字母或数字字符组成，用于内部路由或消息分类，"76D"即代表汇丰银行位于米尔顿凯恩斯的分支机构标识符。

银行对账户的编号方法多种多样，甚至有时根本不进行编号。但是，随着电子支票分拣机的普及，支票开始印有机器可读的信息，使每个国家的清算银行都必须制定标准的账户编号规则，以识别每个分支机构。例如，英国的清算银行（即那些负责中央支票清算程序的银行）规定了使用8位数的数字账号（以及6位数分类代码）。虽然这些账户的数字可能多于或少于8位，但必须有规则将它们转换成标准的8位数格式。账号并非完全随机，为了识别输入分类代码和账号时的错误，可以应用各种模数校验算法。这些算法根据分类代码的不同而有所差异。Vocalink是一家在英国运营Bacs和快速支付系统的公司，它提供了一张查询表，说明了不同分类代码的模数校验类型及其权重。如果校验成功，意味着账号对应的分类代码是有效的（这并不能保证该账户实际在使用或开放）。尽管模数校验算法在减少错误和更新密钥方面有一定好处，但在英国，由于银行流程和平台的差异，这种操作方式极其复杂，易让人质疑其执行效率。更为复杂的是，在英国历史上，一些银行或房屋信贷互助协会虽然不是清算银行，但仍被分配了单一的分类代码和账号，然后它们不得不使用卷号（实际上是一个参考号码）来区分客户的账户。这种做法也被应用于Bacs文件和快速支付信息的参考字段（详见7.6.9节）。

国际标准ISO 13616:2007中定义了IBAN，它结合了连接标识符、内部路由信息和账号。这一标准被许多欧洲国家（包括SEPA内的所有国家）及中东、中美洲、加勒比海和南美洲的一些国家广泛使用。尽管IBAN的使用原本旨在消除对BIC的需求，但我们注意到某些国际支付提供商坚持同时使用这两种信息。IBAN 最多由 34 个字母和数字字符组成，包括 2 个字母的国家代码、2 个数字的校验位和最多由 30 个字母数字字符构成的基本银行账号（Basic Bank Account Number，BBAN），其具体格式因国家而异。例如，IBAN 为 "GB98 MIDL 4033 3312 3456 78"（为了便于阅读，此处添加了空格），这个代码用于表示英国汇丰银行米尔顿凯恩斯分支机构的一个账户。每个国家都有自己的算法，根据账号、分类代码或路由号码来构建 BBAN。英国的算法包括 4 个字母的银行代码（在这个例子中为 MIDL，也用于同一银行的 BIC）、6 位数的分类代码（40 33 33，代表银行分支机构）和 8 位数的账号（12345678）。最后 2 个字段与英国支付体系中使用的相同，它们也出现在支票和提交给 Bacs 的文件中。

7.6.9　其他支付信息字段

除了路由信息，通常还需要使用信息类型指示（Message Type Indicator，MTI）来明确其内容及与信息发送相关的信息（其格式类似于 7.6.8 小节中提到的地址信息）。此外，还可能包括日期和时间字段。

如果支付信息是一个支付指令，该信息将包含支付的金额，对于国际支付，还有表示支付货币的专门字段。此外，还会有一个或多个自由形式字段，用于提供有关付款的更多信息。例如，公用事业公司可能会将付款分配给特定的账号，房屋信贷互助协会可能会将付款分配给客户的某个账户的参考号码（通常称为卷号）或通过发票号来识别对应的付款发票。在英国的 Bacs 和快速支付系统中，都设有单一的参考字段，其最大长度为 18 个字母数字字符。这样的设置具有一定局限性，因为在该字段中并没有强制检查或执行任何特定格式。

你可能会期望有某种方式可以唯一识别每条支付信息。在某些方案中，这是通过组合其他字段的值来实现的，如日期、支付金额、发送账户和接收账户。但更现代化的方案可能会提供为每条信息生成唯一标识符的生成规则。

7.6.10　示例——快速支付系统

英国的 Bacs 存在一个显著的缺点，即发送付款所需的时间较长。正如 7.6.2 小节所讨论的那样，对于普通的直接贷记支付，即便是当事银行就在隔壁，也需要 3 个工作日才能将款项送达收款人银行账户。这在实践中意味着，在遇到周末和银行假期的情况下，完成一笔付款可能需要长达一周的时间。在现代社会，花费 3 个工作日或更长时间才能完成一笔国内付款显然是不被接受的。意识到这一点的英国银行业，于 2008 年推出了快速支付系统（在英国政府的推动下），其目标是提供近乎即时的支付服务。

对银行和 PSP 的客户来说，快速支付系统操作非常简单，只需输入一个分类代码和账号，资金就能准确地转移到目的地，收款人账户通常在两小时内（大多数情况下是几秒内）收到资金。这项服务对零售客户免费。因此，快速支付系统在零售客户中非常受欢迎，以至于零售客户不再使用 Bacs 的直接贷记付款。图 7.1 展示了快速支付流程，清算过程为步骤 1 至步骤 7，结算过程为步骤 8 至步骤 10。对于大额支付，通常采用多边净结算。但值得注意的是，付款人和收款人的账户在其所在银行间的相互结算之前，几乎是立即发生借贷记账的。快速支付系统全年无休，每天 24 小时运行。

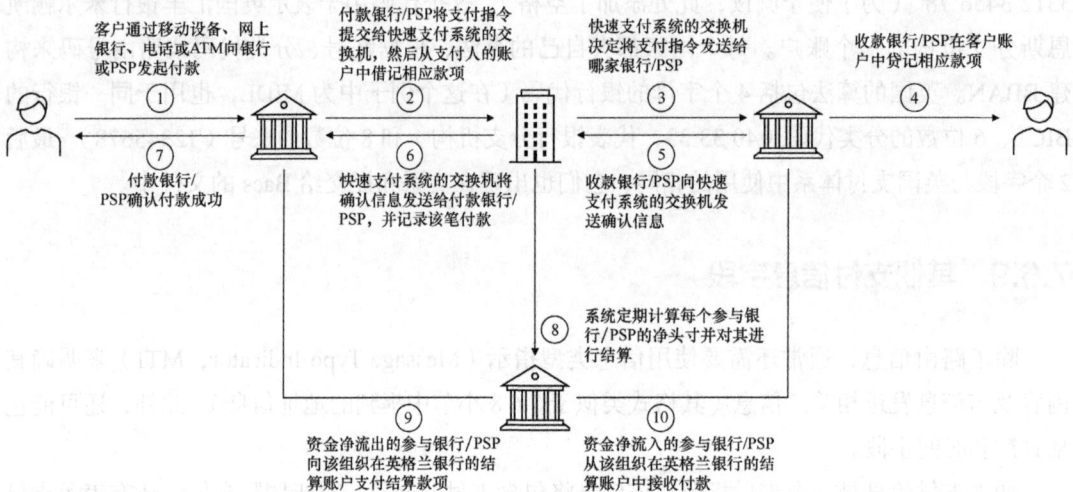

图 7.1　快速支付流程

　　在英国的快速支付系统中，每个工作日（即排除周末和银行假期）会进行三次结算。每个参与者利用其在英格兰银行的准备金账户中的资金来进行结算。为了尽可能降低结算过程中的风险，快速支付系统为每个参与者设定了一个称为净发送上限（Net Sender Cap，NSC）的限额。这个限额高于该参与者在两次结算期间预计的最大净负债额。如果某个参与者的向外支付行为可能导致支付金额超出 NSC，那么快速支付系统将拒绝这一支付。此外，每个参与者在准备金抵押账户（Reserves Collateralisation Account，RCA）中存放的资金数额应至少等同于其在英格兰银行设定的 NSC。通常情况下，RCA 中的资金不会被动用，但如果某个参与者在结算付款时违约，这些资金就可以被用来结算。这一机制旨在确保整个支付系统的稳健和安全。

　　部分读者可能已经注意到，英国的快速支付系统在运作方式上与单信息的卡支付（详见第 6 章）非常相似，二者的主要区别在于快速支付系统进行了更频繁的日内结算，该系统甚至采用了 ISO 8583 标准（目前正在尝试转向使用 ISO 20022 标准）。与 Bacs 一样，快速支付系统也是由 Pay.UK 的子公司管理的。

　　除了图 7.1 所展示的支付流程之外，企业也可以使用类似于 Bacstel-IP 的平台直接连接到快速支付系统，甚至还可以提交与 Bacs 支付文件相同格式的支付文件。

　　此外，快速支付系统还支持英国的定期支付功能。定期支付功能在多个国家（如德国、日本、新西兰、韩国和西班牙等）被普遍使用，利用这一功能，客户可以在日历中设定未来的付款日期，按计划向英国其他银行或房屋信贷互助协会的账户支付固定金额。定期付款与直接借记的主要区别在于，前者是由付款人而非收款人设置和管理的，并且通常用于金额固定的定期支付。在快速支付系统上进行定期付款的一大优势是，资金迅速到账，无须等待三天或更长时间。

然而，快速支付系统并非完美无缺。正如本章后续部分详细介绍的，由于其支付几乎是实时的，因此它成为犯罪分子的攻击目标。在英国，一种常见的欺诈行为是授权推送支付欺诈，这种欺诈依赖于说服客户将钱汇入欺诈者的账户，欺诈者在欺诈行为被发现之前迅速转移这些资金。这种欺诈行为能成功的原因在于快速支付系统并不核对目的地账户的账户持有人姓名，也没有为支付发起人提供核对姓名的机制。快速支付系统的快速支付仅依赖于支付发起人准确输入正确的分类代码和账号，因此，如果欺诈者诱使支付发起人使用错误的分类代码或账号，支付资金就可能被错误地转移。为了减少这类欺诈行为，英国银行业实施了收款人确认机制。这种相对简单的解决方案允许系统将收款人姓名与收款银行登记的账户持有人姓名进行比对，如果二者不一致，付款人将会收到警告，提示收款人可能并非其拟转账的那个人。这一措施旨在增强支付安全性，减少信息错误或欺诈行为导致的资金损失。

降低使用快速支付系统的风险的另一简单手段是设定支付限额。快速支付系统将每笔交易的限额定为 25 万英镑（在 2019 年曾进行过高达 1000 万英镑的支付测试），但各银行会根据客户及他们使用的支付渠道调整这一限额。对零售客户而言，限额通常被设定在 2 万英镑（尽管如此，对零售客户来说，2 万英镑依然可能是一笔相当大的损失），而小企业和企业客户的支付上限则更高。

7.6.11 大额支付系统

美国的 Fedwire 和英国的 CHAPS 等大额支付系统通常处理的支付数量不多，但每笔支付的金额却非常大。对使用这些系统的最终用户来说，确认付款已成功完成是极其重要的；对交换付款的银行而言，确保结算顺利进行至关重要。对银行的许多零售客户来说，唯一可能使用这种系统的场景是在购买或出售不动产时，而且他们也通常会依赖律师、公证人或其他专业人士来代表他们进行支付或检查这类付款。

由于这类系统中的每笔付款都是一次性的，并且需要在接近实时的情况下完成，因此通常基于消息并采用 RTGS 的方式。

7.6.12 示例——CHAPS

CHAPS 自 1984 年投产以来，至今一直在运行。采用 CHAPS 的费用相对较高，对最终用户而言，每笔付款发送的费用可高达 35 英镑。如果支付过程中没有出现任何差错，且付款在当天下午 5:40 之前提交，就能确保在下午 6:00 之前完成付款，并保证在当天完成清算。

CHAPS 实际上是 SWIFT 上的一个封闭用户组。CHAPS 的基本支付流程：客户向银行提出支付请求，然后银行通过 SWIFT 提交 CHAPS 支付请求；SWIFT 将信息传递给英格兰银行，英格兰银行随后使用 RTGS 系统在付款方和收款方的账户之间进行转账（RTGS 系统实际上是一个银行平台，保存着每个 PSP 在英格兰银行的账户记录）；完成转账后，英格兰银行通过

SWIFT 向收付款双方发送支付确认信息。这一流程可能是目前所有支付系统中最简单、最直接的。

7.6.13　国际支付

在英国和欧洲，有两种主要的国际支付方式。欧洲拥有自己的支付网络，即 SEPA。这个支付网络使得所有成员银行的客户都可以在 SEPA 的任何地方用欧元付款。它支持 3 种主要的支付方式：批量贷记转账、即时贷记转账和直接借记。其中，批量贷记转账是通过隔夜清算和结算完成的，即时贷记转账意味着收款人可以在 10 秒内收到付款，而直接借记的运作方式则与英国的直接借记类似，方便实用。

SEPA 与英国的 Bacs 和快速支付系统类似，其将支付系统与网络和基础设施分离，但分离方式更为复杂。这种复杂性反映了 SEPA 在其支付系统范围内的联盟性质。SEPA 允许 PSP 自主选择清算和结算机制（Clearing and Settlement Mechanism，CSM），只要这些机制遵守 SEPA 的规则即可。CSM 通常包括某些中央银行（如意大利银行或德意志联邦银行）、欧洲中央银行的第二代泛欧实时全额自动清算系统（the Trans-European Automated Real-time Gross settlement Express Transfer System，TARGET2）的即时支付结算（Instant Payment Settlement，TIPS），以及某些国内支付组织（如比利时的交易和结算中心、西班牙国家支持网络运营机构）。这意味着银行可以利用其现有的国内支付体系来执行国内和跨境的 SEPA 支付，而跨境支付通常通过其中央银行使用 TIPS 来进行结算。

对于几乎所有涉及 SEPA 以外国家的支付，都需要使用 SWIFT。SWIFT 本身并不是一个支付体系，而是一个在金融机构之间安全传输信息的系统，它不直接处理资金或在金融机构之间进行结算。SWIFT 被广泛用于各种金融交易，包括支付。以一个简单的例子来说明，如果一个客户想从英国巴克莱银行的账户向澳大利亚联邦银行的账户进行支付，这两家银行很可能存在代理银行关系，它们都同意为对方设立一个用于此类付款的账户。在这种情况下，巴克莱银行通过 SWIFT 向澳大利亚联邦银行发送支付信息，通知其付款事宜，并将资金从客户的账户转移到澳大利亚联邦银行在巴克莱银行的账户。澳大利亚联邦银行收到 SWIFT 的付款信息后，一旦确认资金已转入其英国的账户（可以通过另一条 SWIFT 信息或手动检查来确认），则将款项转至澳大利亚的目的地账户。如果两家银行间没有建立代理银行关系，则必须通过中间银行来转移资金，这样会使信息传递过程变得更加复杂。图 7.2 展示了一个复杂的国际支付流程，描述了付款如何从一家银行传递至另一家银行，最终到达目的地账户。在图 7.2 中，一家英国银行（A）通过英国的国内支付系统向另一家英国银行（B）支付款项，然后 B 利用其与美国代理行（C）的代理关系在国与国间转移该款项（类似于前述的巴克莱银行和澳大利亚联邦银行的情况），接着 C 再利用美国的国内支付系统将款项支付给收款人的开户银行（D）。

在国际支付中，信息的路由需要使用与国内支付不同的银行地址格式。国际支付通常采用 BIC 和账号或 IBAN 进行路由。

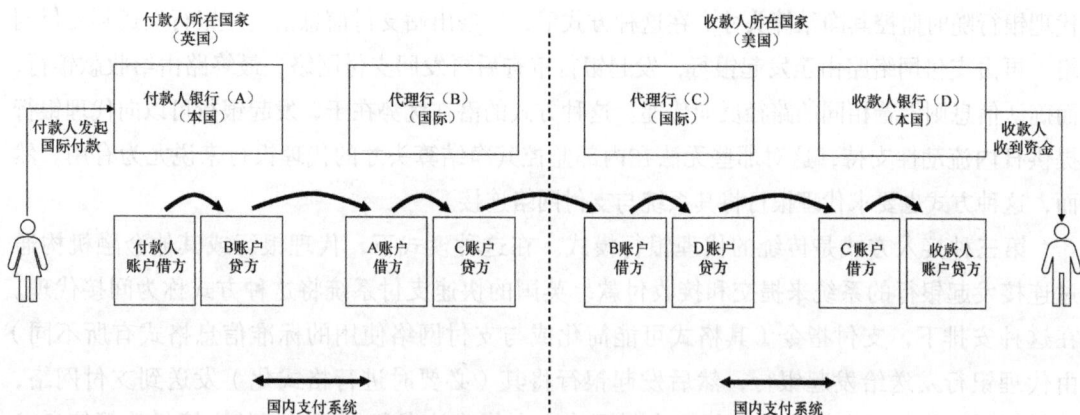

图 7.2 国际支付流程

SWIFT 作为一个已经存在了多年的系统，其运作并非没有问题。其中常被提到的问题是基于 SWIFT 的交易可能需要几天时间才能完成，这主要取决于付款银行和收款银行之间的关系，而且通常没有简单的方法来确定一笔付款在特定时间点的具体位置。为了解决这一问题，SWIFT 推出了 GPI 计划。这一计划的目标是减少交易时间，提供较高的成本透明度（包括外汇成本），并允许客户通过一个唯一的端到端跟踪识别号（Unique End-to-end Tracking Reference，UETR）来追踪付款，从而使客户能够准确了解其付款在任何特定时间点的位置。

7.6.14 参与支付体系的几种方式

对新成立的银行或其他金融机构而言，它们通常可以通过多种方式连接到当地的支付网络并参与当地的支付体系。这些网络和体系可能是相互独立的实体，例如英国的 Bacs 和快速支付系统。通常存在几种不同的接入方式。

在第一种接入方式中，银行或其他金融机构可以成为体系的正式成员，并直接连接到支付网络。在这种情况下，银行或其他金融机构实际上成了一家清算银行。对新银行而言，还需要在该体系的结算银行（通常是中央银行）中开设一个结算账户。这是英国的巴克莱银行、劳埃德银行、汇丰银行和桑坦德银行采用的做法。在英国的快速支付系统中，这种接入方式被称为直接参与，并且参与者被称为直接关联结算参与者。虽然采用这种方式的银行必须处理参与该系统的所有复杂操作，以及将自身系统连接到该体系网络中，但其潜在的优势可能是银行能为客户提供较高水平的服务并付出较低的支付成本。

在第二种接入方式中，银行或其他金融机构可以直接与支付网络连接，但其结算过程需要通过一家清算银行（通常被称为发起银行），而非直接通过结算银行进行。英国的快速支付系统将这种方式称为直接代理，采用此方式的机构被称为直接连接的非结算参与者。这种方式使得支付信息流程变得更加复杂，因为发起银行需要跟踪所有由其代理的银行发起的支付，以便随时监控这些代理银行的净结算头寸。实际上，发起银行对每笔支付都进行了授权，通常允许代理银行随时监控其净结算头寸。在这种方式下，一条出站支付信息由代理银行发送到支付网络，再由支付网络路由至发起银行，发起银行审查后再发回支付网络，最终路由给收款银行，而确认信息则沿着相同的路径反向传递。这种方式的潜在优势在于，发起银行可以向代理银行提供日内流动性支持，这对那些无法在内部监控其净结算头寸的代理银行来说尤为有用。然而，这种方式也要求代理银行将其系统与支付网络连接。

第三种接入方式是传统的代理银行模式。在这种模式下，代理银行或其他金融机构通过连接发起银行的系统来提交和接收付款。英国的快速支付系统将这种方式称为间接代理。在这种安排下，支付指令（其格式可能简化或与支付网络使用的标准信息格式有所不同）由代理银行发送给发起银行，然后发起银行将其（必要时进行格式化）发送到支付网络，支付网络再将其转发给收款银行。支付网络也会将确认书和代理银行的入境付款等信息发送给发起银行，发起银行随后再将其转发给代理银行。与直接代理方式相似，发起银行同样负责监控代理银行的净结算头寸。这种模式的特点是，代理银行的系统和流程可能不必完全符合支付系统的规定。例如，代理银行的系统可能并不提供 24 小时全天候服务。如果代理银行的系统出现故障无法使用，发起银行可以根据支付系统规则，将付款安排在队列中等待处理。

请注意，在前面两种接入方式中，发起银行并不了解代理银行的客户账户情况。代理银行通常需要将资金存放在发起银行的结算账户中。发起银行在支付系统的结算银行进行结算时，会提取这些资金（这时，代理银行的净结算头寸会被纳入发起银行的净结算头寸中）。

第四种接入方式是电子货币模式。在这种模式下，代理银行或其他金融机构会将其所有客户的资金存放在发起银行的客户账户中。代理银行依赖发起银行来管理其客户账户，并且不需要持有银行牌照。正如 2.8 节所述，电子货币模式是一些新银行常采用的模式。代理银行一般负责管理与客户的关系，并为他们提供服务设施，例如移动应用程序。然而，所有的交易都由发起银行来执行。代理银行需要将其系统与发起银行的系统进行整合，但代理银行本身不需要直接参与管理结算过程。

还有两种（至少）可行的方式也可以用来连接到支付体系。首先，银行可以选择通过第三方支付网关来接入支付体系，或者接入发起银行。从支付体系的角度来看，这种方式的结算安排与上述方法相同，但是参与银行的信息传递是通过支付网关供应商与网络（或发起银行）的连接实现的。这种方式可以简化参与银行的连接过程和信息格式化需求。另一种方式是，第三方为参与银行提供处理服务，包括管理所有客户账户和与支付体系相关的活动。尽管如此，参与银行仍然需要与支付体系进行结算，不论是直接结算还是通过发起银行结算。这种方式称为处理商模式，在银行卡支付业务中经常被采用，并且在德国、美国等国家也较为常见。

7.6.15　运营时间

在讨论支付业务时，无法回避银行间支付的时间限制问题。尽管现代支付体系通常一年

365 天，每天 24 小时运营，但银行业的许多机构仍然有夜间关门的习惯。

很多支持支付体系的流程可能是在清算和结算还高度依赖人工操作的年代建立的，或者依靠传统的银行平台。这些平台按批处理工作模式运行，需要较长的停机时间来完成更新和维护。因此，很多老式支付系统仍然使用基于这些限制的工作日历。

这些时间限制听起来可能微不足道，但实际上对银行的运营和技术团队产生了重大影响。例如，如果银行规定提交付款的截止时间是下午 4:30，但客户在下午 5:00 提交了付款，银行就需要考虑多个问题，包括何时在客户的对账单上显示付款已发送、这笔付款对客户账户应计利息的影响、付款的对账处理，以及何时完成付款流程等。

此外，许多银行假期的日期是可变的。有些假期的日期是由传统习俗决定的，但在一些情况下，政府会因为重要的国家领导人逝世或某个值得纪念的重大事件，而更改甚至延长银行假期。因此银行的支付系统和支付流程都需要考虑到银行假期的变动，以确保支付业务的顺利进行。

7.7　支付反欺诈和制裁

在支付业务中，最大的风险之一是面对欺诈、洗钱等带来的挑战。未能发现和阻止非法所得或用于非法目的的资金流动是一个严重的问题。每一家涉及资金管理或支付的企业都有责任采取适当措施，尽最大努力打击相关非法活动。在很多国家，这种责任远超出了金融服务领域的范围。每家金融服务企业都应确保对其客户进行适当的尽职调查。除了法律和监管责任外，金融服务企业在道德层面上也有义务尽可能地遏制非法资金流动。

除了监测洗钱和欺诈行为之外，银行和其他金融机构还必须采取控制措施，以避免违反相关的国际制裁规定。可以说，对国内支付的控制是对新客户开户时进行的制裁检查的延续，通常这些检查会定期重复进行。然而，在国际支付方面，国内银行或其他金融机构可能不了解支付中涉及的国外一方，因此有必要对所有国际支付进行筛查，以防止潜在的违反制裁的行为。

在支付业务中，重要的是要确保对所有支付活动进行监控，及时发现可疑活动，并在发现这些活动时迅速采取行动。第 5 章已有详细的讨论。

7.8　支付对账

正如之前所提到的，支付指令在网络上只是一条信息，而任何信息都有可能在传输过程中丢失或发生错误。比如，在支付体系中，参与者可能使用人工流程，这就可能导致人为错误。此外，系统故障（如 2.7 节讨论的那样，这种情况并不罕见）可能导致支付信息的丢失或重复发送。无论是支付信息的丢失还是重复发送，都可能给客户或银行带来损失。例如，在图 7.1 展示的快速支付流程中，如果付款银行向快速支付系统的交换机发送的第一条信息丢失，虽然这看起来并不重要——因付款人的账户没有被扣款，付款银行的净额结算中也没有记录这笔付款，收款银行也不会知道此事，但发起付款的客户可能会对这笔资金的去向感到困惑，不确定是否已完成支付，而付款银行可能需要从客户账户中冻结相应的可用余额。这种情况可能导致付款银行遇到客户服务争议。另外，如果在系统转换与付款银行之间的确认信息丢失，则会在结算时造成问题，因为付款银行和支付组织对结算的理解可能不一致，同时，鉴于付款客户仍然不清楚款项去向，同样可能发生客户服务争议。

为了减少和避免错误，银行业采用了多种方法。例如，一些支付体系要求每条支付信息都有一个唯一的标识符。如果信息重复，接收者就会忽略这些重复的信息。此外，支付信息可能包含校验或哈希值等额外信息，以帮助接收者判断信息内容是否在传输过程中被更改。诸如IBAN这样的账号标准，以及英国的分类代码和账号组合，都包含两个数字校验和值，并且必须通过模数校验，从而降低了将款项发送到错误账号的风险。

还有一种方法是，支付体系的每个参与者都保留一份所有入账付款和出账付款的清单及其总和，以便监控自己的结算状况。在结算时，每个参与者都需要将自己的记录与支付组织（如果通过发起银行进行结算，就与发起银行）提供的数据进行核对。通常，检查金额是否一致是足够的，但支付信息的时间差异，特别是在结算截止时间前后，可能会导致并非所有支付都能立即匹配，不过这些不匹配的支付在下一次结算时仍有可能被处理和核对。换句话说，只有通过对支付进行详细对账，才能确保所有支付都被正确计算，使不同参与者报告的余额保持一致。需要注意的是，间接连接银行进行支付对账的准确性依赖于发起银行的数据质量和数据提供的及时性。

从时间角度来看，日间对账并不是所有组织都会执行的操作，除非特定的支付体系有这样的要求（例如使用日间结算的情况）。然而，对新成立的银行而言，日间对账是非常有益的，因为它可以帮助确保平台按预期运行。如果代理银行与发起银行及支付组织连接起来，进行日间支付对账的一个简单方法是接收定期汇总的文件。这些文件内容包括自上次接收汇总文件以来的所有支付活动，将这些信息与代理银行的所有支付数据进行比较。如果存在差异，运营团队需要采取相应的行动。通常情况下，当发起银行的下一个付款文件到达时，这些差异可能会自动抵消。但如果差异依然存在，运营团队就需要有明确的策略来处理这些差异。在进行对账时，重要的是要检查付款的各个方面，如收款人数据、金额、时间和付款信息数据（例如，可能会出现同一个收款人收到两笔金额相同的有效付款的情况，这需要特别注意）。

7.9　支付技术

本节内容建立在银行业技术的基础之上，需要指出的是，读者并非必须深入了解这些技术细节，尤其是在读者对相关工作原理不太感兴趣的情况下。图7.3展示了互联网银行平台的工作流程，该平台调用了多种其他服务（包括支付服务），以实现银行的各项功能。

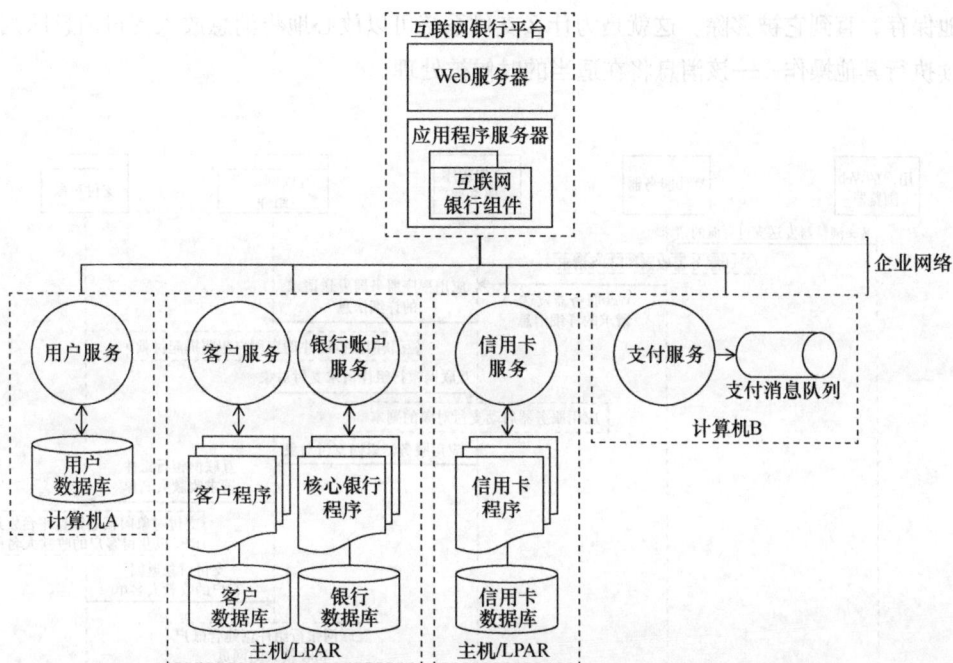

图 7.3   互联网银行平台调用其他服务

7.9.1   创建支付指令

假设一位客户想通过互联网银行向另一家银行的账户进行付款。客户首先会在互联网银行主页的菜单中选择相应选项,随后发送 HTTPS 信息以请求相关页面,该请求由 Web 服务器转发给互联网银行系统。互联网银行系统随后向支付服务请求客户的收款人列表,并创建一个页面,让客户可以在其中输入账户信息,选择要付款的账户,并输入之前已保存的收款人详细信息,从而方便客户重复使用这些信息。接着,这个页面通过应用服务器传回 Web 服务器,再以 HTTPS 信息的形式发送到客户的 Web 浏览器。此时,客户就可以选择用于付款的账户和收款人,或输入新收款人的详细信息。

客户完成付款信息的填写后将提交付款。这时,客户的 Web 浏览器会向 Web 服务器发送一条 HTTPS 信息,Web 服务器随后将这条信息转发给互联网银行系统。接着,互联网银行系统将详细信息传递给支付系统。通过互联网银行进行付款的过程如图 7.4 所示。

现在,让我们来关注支付系统将消息放入支付消息队列中的过程,这是图 7.4 所示过程中的最后一步。消息队列是一种特殊类型的数据存储方式。任何程序都可以在消息队列中添加一条消息,而另一个程序则可以在稍后某个时间点从消息队列中取出这条消息,并处理其中包含的信息。当支付系统将一条消息放入支付消息队列时,该系统会立刻收到来自消息队列软件(通常称为消息代理)的响应,提示该消息已被成功加入消息队列。随后,其他程序,例如支付网关,可能会在稍后某个时间点从消息队列中移除并处理这条消息。值得注意的是,当这些程序删除消息时,它们不会向支付系统发送任何通知。消息队列软件通常会确保每条消息都被安全地保存，直到它被移除。这就是为什么支付系统可以放心地将消息放入支付消息队列，然后继续执行其他操作——该消息将在适当的时候被处理。

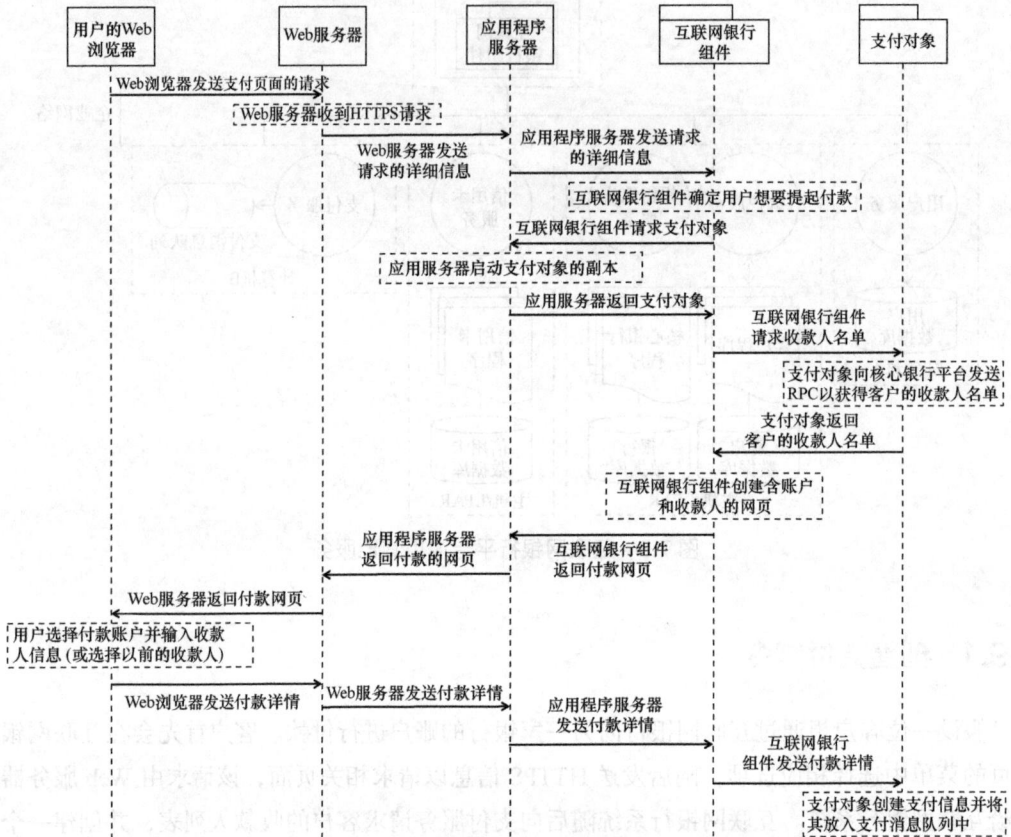

图 7.4　通过互联网银行进行付款

图 7.5 所示为对外支付信息流。支付系统将支付信息放入支付消息队列后，这些信息就会一直保存在消息队列中，直到与之相连的外部支付处理程序将其从消息队列中移除。如果银行仅在夜间处理支付业务，那么出账支付处理程序可能只在每天结束时运行。白天创建的支付信息将被安全地保存在消息队列中。

在多个平台之间使用消息队列来传输信息是一种非常常见的做法，主要原因在于发送平台可以在发送消息后就不再关注它，而接收平台则无须在同一时间运行或以相同的速度工作，甚至发送平台可能不知道哪个接收平台将处理这条消息。因此，对客户而言，付款看起来像是即时发送的。当然，由于这些消息只在一天结束时被处理，所以收款人最早只能在第二天（或支付体系规定的付款期限之后）收到付款。

相比之下，远程过程调用（如 3.12 节所述）则代表了一种紧耦合形式，因为在这种情况下，发送方和接收方都必须同时运行，并且发送方必须等待接收方的响应。

此外，消息队列软件通常还能提供一些额外的好处。

• 多个程序可以服务于同一个消息队列，即它们可以从消息队列中提取并处理消息。通常情况下，一旦某个程序从消息队列中删除了一条消息，该消息便会彻底被移除，其他程序便不会再接收到这条消息。这样的设计为增加接收程序的数量以提升处理速度和效率提供了可能性。

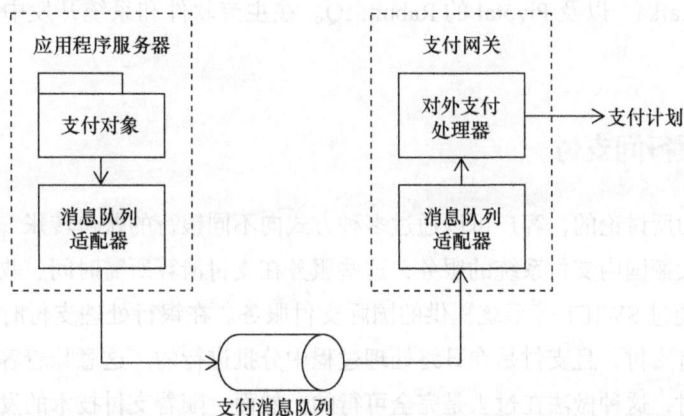

图 7.5　对外支付信息流

• 采用所谓的发布和订阅模式（通常称为 Pub/Sub），可以实现让多个接收程序接收到每条消息的功能。在这种模式下，发送程序将消息发布到消息队列中（即以正常方式将消息放入消息队列）。然后，多个不同的程序订阅该消息队列，它们可以从消息队列中获取消息的副本。消息队列软件确保每个订阅该消息队列的程序都能接收到一份消息的副本。例如，可以设计一个日志程序来读取每条支付消息，并将其存储到文件或数据库中，同时确保每条支付消息都被外部支付处理程序处理。值得注意的是，发布和订阅模式也可以反过来使用，即一个程序可以从多个消息队列中读取信息。另外，不止一个程序可以向同一个消息队列发布消息，因此发布和订阅模式允许实现多对多的通信方式。

• 对消息队列软件来说，将消息放入消息队列的操作可以被集成进数据库事务中。这意味着，程序可以在从 RDBMS 的数据库中删除一条记录的同时，将这条记录中的信息放入与该事务关联的消息队列中。换言之，这个程序要么在从数据库中删除记录的同时发送消息，要么在发生错误时既不删除消息也不发送消息。同样地，从消息队列中删除消息的操作也可以成为数据库事务的一部分，要么从消息队列中删除消息并将信息写入数据库，要么让消息保留在消息队列中，不对数据库进行任何写入。这种做法有助于确保程序在通过消息队列进行信息的发送或接收时不会丢失任何信息。

需要特别注意的是，在消息传递系统中，确保消息至少被传递一次是可行的，但保证消息只被传递一次是复杂的。例如，网络或消息队列软件的故障，可能会导致同一消息被重复发送。对使用消息队列的平台设计者和程序员来说，这是一个重要的考虑因素。通常有两种方法来处理这种情况。一种方法是允许同一消息被重复处理。例如，如果服务器程序仅是用相同的数据更新数据库中已有的行，那么重复处理可能不会造成问题。这就是所谓的幂等操作（即多次执行相同操作产生相同结果）。另一种方法是在每条消息中包含一个唯一标识符，这样接收方可以检查是否已经处理过这条带有标识符的消息，并忽略那些已处理过的消息。这对支付信息尤为重要，因为我们不希望由系统或网络错误导致同一支付信息被发送两次。

传统的消息队列软件，包括 IBM 的 WebSphere MQ（在银行业广泛应用）和 Teknekron 的信息总线（通常用于金融交易的信息交换），以及一些较新的开源消息队列软件，如 Apache 的 ActiveMQ 和 Kafka，以及 Pivotal 的 RabbitMQ。在主流软件和系统开发中，消息传递机制仍然被广泛采用。

7.9.2　处理银行间支付

正如本章前面所讨论的，客户可以通过多种方式向不同银行的账户转账。这包括针对小额国内支付系统和大额国内支付系统的服务，这些服务在支付清算所需时间、收费等方面可能有所不同，还包括通过 SWIFT 等系统提供的国际支付服务。在银行处理支付时，传统上核心银行平台会管理所有支付，且支付是在日终处理过程中分批进行的。这意味着客户只能在银行营业时间内发起支付，这种做法在过去是完全可行的。然而，随着支付技术的发展和客户需求的变化，现在客户可以在任何时间发起支付，支付系统提供了近乎实时的支付服务。为了适应这些变化，银行运营了多个核心平台，并且许多银行已经将支付处理功能分离到专门的平台上，甚至将支付处理完全外包。

采用独立的支付平台有几个好处。首先，支付处理的变更（例如支付规则的变化）只需要在支付平台上进行，而不是在银行的所有核心平台上进行。其次，银行可以更快速、全面地掌握入账和出账支付的情况，从而更加轻松地管理流动资金。在这种架构下，核心银行平台在处理付款时的作用被限定为减少对外付款账户的可用余额，或在收到对内付款时增加余额，从而降低了对平台的要求。

图 7.6 展示了支持即时贷记转账的支付系统向外部银行账户进行支付的流程。特别值得注意的是账户的借记方式。在图 7.6 中，在向支付平台发送贷记转账信息之前，账户的可用余额已经被减少，如果支付成功，则从该账户扣款。当然，也可以选择先借记账户，如果支付不成功，则重新贷记账户。支付平台发送至支付组织的贷记转账信息的格式由该组织决定，如果支付组织是较新的，通常会采用符合 ISO 20022 标准的格式。最后，需要注意的是，从支付组织收到贷记转账信息到确认接受付款之间可能存在一些时间差，这是由于收款银行在处理入账付款时可能有延迟（例如，正在进行平台维护）。

这个流程适用于单笔即时对外支付。如果某个支付组织每天的运营时间不足 24 小时，或者仅在营业日运行，那么在非运营时间内，支付平台可以先储存对外支付信息，直到支付组织再次开始运营时再进行处理。很多早期支付平台仅支持基于批处理的运作方式，在这种情况下，它们希望每天能从各参与银行处收到一批对外付款信息。对于这样的支付组织，支付平台可以在一天内收集并储存支付信息，然后在适当的时候将这些信息同时发送给支付组织。换句话说，支付平台能够为银行的内部平台提供 24 小时服务，即便它所连接的支付组织本身并不提供全天候服务。这种安排使得需要进行配置和开发以启动支付的平台变得更加便捷和灵活。

如果一切顺利，则可以大大提高支付平台的效率和适应性。

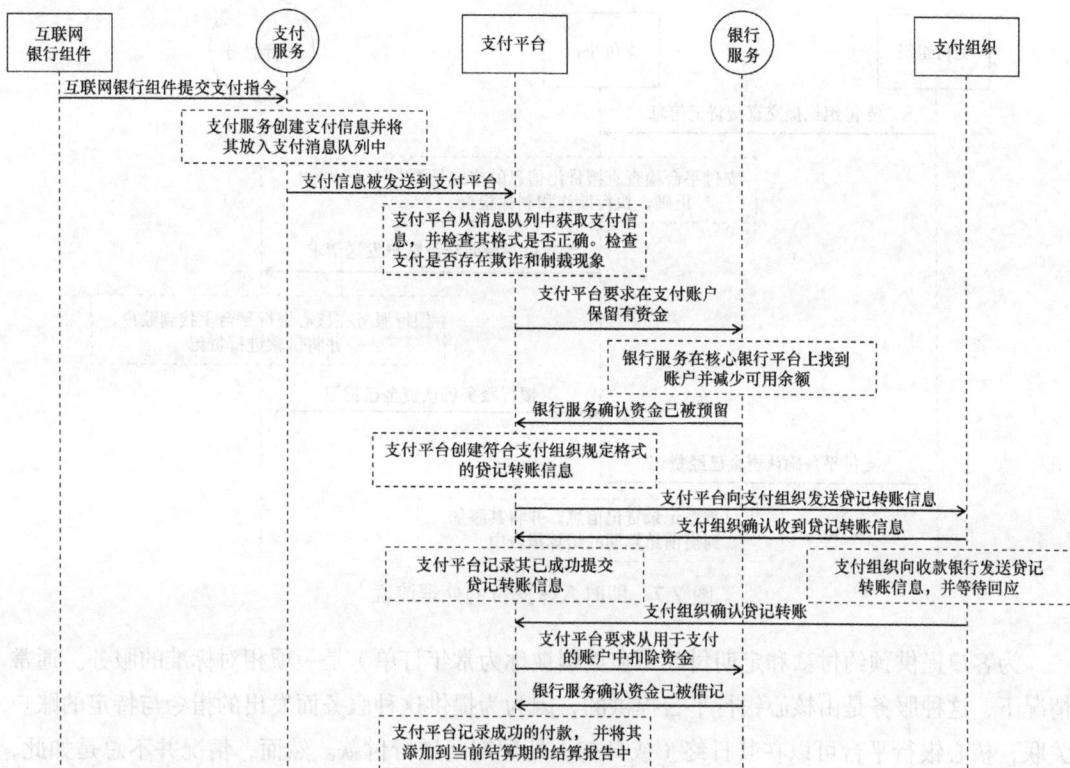

图 7.6　向外部银行账户进行支付的流程

　　支付平台通常可以处理批量支付文件（即包含多个支付指令的文件）。例如，银行的人力资源系统可能会每两周或每月生成一次工资支付文件，以及包含多条支付指令的每日应付账款文件。支付平台可以将这些批量文件拆分为单笔支付指令，并将它们作为单个的即时对外支付发送给支付组织，或者如果支付组织支持批量文件，支付平台也可以将这些文件转换成支付组织所需的格式后再发送。此外，支付平台还能为企业客户提供服务，使其能够提交工资和应付账款等批量支付文件。

　　支付平台进行对外支付的第一步包括进行欺诈和制裁检查，这通常是由支付平台调用的其他平台来完成的，但一些较为复杂的支付平台可能已经内置了欺诈和制裁检查功能。欺诈检查包括向客户发送关于即将进行的对外支付的提醒，并寻求确认（例如通过短信回复）。由于SWIFT 消息常用于国际支付，因此能够执行制裁检查对处理 SWIFT 消息尤为重要。更详细的内容可以参考 5.6 节和 7.7 节。

　　支付平台除了处理对外支付信息外，还处理来自银行支付组织的入账支付信息。图 7.7 展示了即时入账支付的处理流程，相较于出账支付，这一过程要简单得多。值得注意的是，支付平台也可能接收到来自银行信用卡平台的信用卡账户贷记信息（代表持卡人每月向其账户支付的款项）。因此，支付平台必须制定相应规则，以确定哪个平台负责维护必须贷记的账户。支付平台还应将支付组织提供的结算报告与自身的支付日志进行核对。

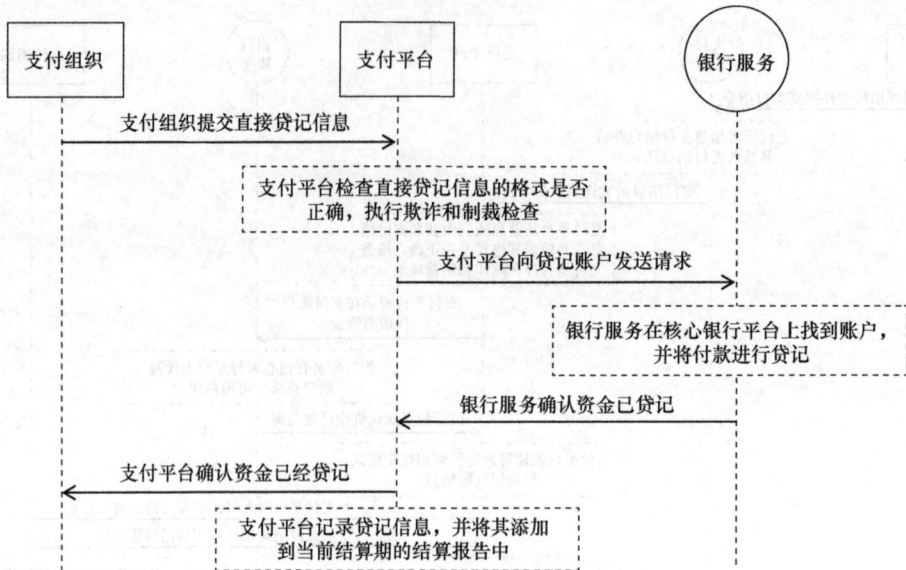

图 7.7　即时入账支付的处理流程

为客户提供预约付款和定期付款（在英国被称为常年订单）是一项相对标准的服务。通常情况下，这种服务是由核心银行平台提供的，因为为提供这种服务而发出的指令与特定的账户关联，核心银行平台可以在其日终（或日初）处理期间进行付款。然而，情况并不总是如此，例如，相关指令可以保存在客户平台上，在这种情况下，就需要有一个程序来确保在相关银行账户关闭时删除这些指令。

7.9.3　支付平台的技术基础

支付平台本质上是一个处理信息的平台，负责信息在不同格式之间的转换。它需要与其他平台进行集成，包括接收来自内部和外部平台的支付指令、在核心银行平台上检查和减少可用余额、筛选可能受制裁的支付指令，以及对支付指令的欺诈风险进行评估。实际上，支付平台需要具备企业服务总线的许多功能（详见 3.17 节），而且确实可以通过企业服务总线来构建支付平台。例如，IBM 的金融交易管理软件，它由一系列流程组成，这些流程运行在IBM App Connect Enterprise（即企业服务总线，之前被称为 IBM Integration Bus，更早时候叫WebSphere Message Broker）上，使用 IBM WebSphere MQ 消息中间件（一种消息传递技术）与其他平台（如 IBM Db2 数据库）交换消息，用于存储支付指令和流程信息，同时使用 IBMWebSphere 应用服务器来承载监控和管理平台的应用程序。此外，还有其他第三方支付平台，包括 ACI Worldwide 公司的 UP Real-Time Payments、Finastra 公司的 Fusion Global PAYplus、FIS Enterprise Payments、Fiserv 的 Dovetail Payments Platform 以及 Temenos Payments，这些平台也提供了丰富的支付处理功能。

　　对刚成立的银行而言，一开始使用一个完全成熟的支付平台可能会过于复杂。我们曾为一家新成立的银行实施了一个简单的支付路由平台，该平台使用 IBM WebSphere MQ 技术，负责在核心银行平台、信用卡平台、金融平台以及连接支付组织的清算银行之间路由支付信息。该支付路由平台速度快、风险低，成了帮助银行快速启动的关键因素。我们注意到，在使用这种简单解决方案约五年并累积数百万客户账户后，该银行选择并开始实施了一个更复杂的第三方支付平台。在另一家新成立的银行，我们则决定采用第三方外包支付网关来连接清算银行。同时，我们合作过的一家国际银行自 20 世纪 80 年代起就建立了自己的国际支付平台，该平台使用 COBOL 语言在 IBM 大型机上运行，一直沿用至今，并随着支付组织信息的更新和新的支付组织的出现而进行持续的更新。与我们合作的另一家大型国际银行正在向全球数十个国家推广其交易银行服务，采用的是集中的第三方支付平台和第三方核心银行平台。

第8章

监管、财务及相关部门

8.1 简介

在第 1 章中我们介绍了银行的运营模式，其中监管报告、财务及合规属于银行企业职能层的范畴。在本章中，我们并没有试图详尽介绍银行职能层的每一个方面，而是专注于那些我们认为最为复杂、最引人入胜，同时也是最需要深入分析的关键职能。

本章首先聚焦于监管问题。监管对银行的所有业务活动都有着深远的影响，尤其是本章后续讨论的两个主要职能部门——财务部门和合规部门。财务部门通常承担着风险建模的重任，并负责撰写大部分监管报告。与此同时，合规部门的职责则是确保银行遵守各种监管规定，包括法律和行业标准等。最后，本章还简要介绍了银行的一些其他职能部门。

8.2 监管

银行业历来都受到监管的约束，而且监管的变化已成为这一行业的一种常态。正如我们在第 2 章所探讨的那样，在现代银行业的历史中，从未有哪个时期出现过监管变革缺席的情况。即便是监管要求的放宽，也是经过监管机构的批准和规定的调整才得以实施的。

围绕金融服务业监管强度的争议一直存在。监管的强度取决于当时的宏观环境，并且不同国家之间在这方面也存在显著的差异。例如，在 20 世纪 80 年代到 90 年代，英国和美国都曾经放宽对银行业的监管，这使得大型银行有机会将业务拓展到新市场、新产品和新服务领域。虽然加强监管能够为零售客户的财务安全提供更多的保障，并且有助于经济长期健康发展，但同时也会增加银行业的运营成本和使预算发生变化，从而影响银行对股东的回报能力。

自 2008 年的银行业危机以来，英国倾向于加大监管力度，出台了《客户资产规范手册》（Client Assets Sourcebook，CASS）、《抵押贷款市场审查》（Mortgage Market Review，MMR）

和零售银行隔离政策等多项措施。

无论是严格的还是宽松的监管政策，这两种极端的情况都可能无法对银行业产生积极影响。

银行业危机导致公众更加关注银行，公众不仅关注银行做了什么没做什么，也关注银行做这些事情的行为方式。英国的伦敦银行同业拆借利率（London InterBank Offered Rate，LIBOR）操纵丑闻和支付保护保险丑闻震惊了整个金融界，这些事件波及全球银行，使它们受到质疑。2019 年，澳大利亚皇家委员会公布了对澳大利亚银行系统的审查结果，其揭露的腐败程度让人震惊，这无疑会推动澳大利亚加大监管力度。值得一提的是，澳大利亚的零售银行业曾经被认为是世界领先的，特别是在积极采用数字技术方面。

政府和监管机构面临的挑战在于如何在严格和宽松监管间找到平衡点。银行业务确实需要受到监管，但过度严格的监管可能会扼杀创新。同时，过于宽松的监管又可能损害消费者利益，甚至可能威胁储蓄安全乃至整体经济的健康发展。

自 21 世纪第一个十年结束后，政府和监管机构倾向于严格监管。然而，这并不代表所有新的监管政策都对行业产生了负面影响。诚然，银行业曾经失控，老牌银行在道德和伦理方面也饱受指责，但监管机构的立场和新法规的推行也带来了一些积极的变化，使得行业前景变得明朗。

2008 年的银行业危机对英国的银行业产生了深远的影响，导致监管体系发生了一系列重大的变化。英国政府和监管机构认为，为了降低长期风险，必须立刻采取措施（除一些更具针对性的风险降低策略）削弱老牌银行的主导地位和鼓励银行创新，从而实现行业的多元化。这些措施带来的变化充分反映了政府的意图。

首批宣布的重大举措之一是拆分英国金融服务局。英国金融服务局被拆分为两个机构：审慎监管局和英国金融行为监管局。此后，英国金融行为监管局在 2016 年创立了监管沙盒，持续与众多金融服务创新者接触。

在英国金融服务局被拆分之后，英国政府致力于促进银行业的良好竞争，因此建立了一个新的银行牌照程序。这听起来可能有些奇怪，但事实上，在此之前英国并没有一个明确的新银行牌照发放流程。由于我们参与了 2009 年和 2010 年首都银行的建设，我们清楚地看到，在 2008 年银行业危机之后，首都银行获得银行牌照的过程确实缺少明确性和透明度。

LIBOR 计算流程的变更是政策的一项关键性改变，这标志着银行市场进一步摆脱老牌银行的控制。尽管 2008 年银行业危机的爆发揭示了监管机构和政府对风险的严重误判——这种误判的部分原因是它们对银行业创新产品缺乏了解。但更令人震惊的是，当时一些银行为了改善其财务状况，故意操纵了 LIBOR 这一世界上最重要的金融利率之一。英国的应对措施是决定让霍格委员会取代之前的牌照领取审查机制，目的是建立一套更为强大和可靠的利率计算机制，以防止银行的操纵行为。

英国银行业在过去一个多世纪中经历的系统性变化可谓是银行业历史上根本的变化。这些变化不仅标志着英国银行业的复兴，而且对老牌银行产生了深远的影响。这些变化本身是实质性的，并且随着英国加入欧盟（现已脱欧），市场和行业的发展势头变得更加强劲。

8.2.1　欧盟支付服务指令

2016年1月12日，PSD2正式生效，并自2018年1月13日起取代PSD，要求欧盟成员的所有银行和其他金融机构必须在2019年9月之前实施新规则。然而，在实际操作中，许多老牌银行表示难以在规定时间内完成PSD2的实施。因此，欧洲银行业管理局和各国家银行监管机构两次延长了实施期限，使得PSD2的实施时间最终推迟了两年。值得注意的是，PSD2并不适用于所有银行业务，主要针对的是具有支付功能的账户，例如活期账户和支付卡。至于不支持一般的支付功能的大多数储蓄和贷款产品，则被排除在这些要求和规则之外。就像许多立法一样，PSD2对行业产生了广泛的影响。在我们看来，有三个方面的结果尤为值得零售银行深入思考。

（1）数据共享。根据PSD2，如果客户希望共享与其支付账户相关的数据，银行则必须提供数据共享服务。这一新的访问权限主要用于为客户提供资金管理工具集，这些工具能够从多家银行中提取数据，帮助客户对收支进行分类，并支持预算和储蓄规划。这种服务被称为账户聚合，其服务提供者被定义为账户信息服务提供商。我们认为，这项服务的潜力远超其最初的设想。

（2）支付发起服务。这项功能允许支付发起服务提供商（Payment Initiation Service Provider，PISP）代表客户创建支付指令，并通过支付网络进行支付。虽然从表面上看这似乎是一项基本功能，但它可能对银行业，特别是支付卡业务产生重大影响。对PISP而言，它的一大优势是，采用支付发起服务的成本为零，因为银行使用国内支付网络承担成本。支付卡通常会收取交易手续费，而这笔费用由商家承担。

（3）强客户认证。PSD2的一个关键要素是实施强客户身份认证（Strong Customer Authentication，SCA），采取更多安全措施来防止支付欺诈，适用于银行间支付和银行卡支付。这一要素的影响还有待进一步探讨，但我们认为，SCA给支付流程带来的额外阻力实际上可能会给其他支付解决方案被采用提供机会，因此这可能意味着银行卡支付的效率并不总是高于其他支付形式。

8.2.2　通用数据保护条例

欧盟的《通用数据保护条例》（General Data Protection Regulation，GDPR）于2018年5月25日生效。尽管针对这一条例进行了大量宣传，但它仍然被许多人误解。大多数企业仍然将GDPR视为一项数据保护法律（名义上确实如此），但实际上，这项法律可能产生的影响远远超出了这一层面。例如，英国信息专员办公室发布通知，计划对英国航空公司在GDPR生效后不久发生的数据泄露事件处以近2亿英镑的罚款。然而，GDPR的核心并不局限于数据保护，更重要的是赋予消费者更多的控制权，包括决定谁可以访问他们的数据、询问访问的目的以及确定访问持续的时间。

虽然许多企业将实施GDPR视为一种合规性考验（主要是确保消费者数据得到妥善的管理

和保护，并为消费者提供删除其数据的途径），但对消费者与其他组织共享其数据的权利，也就是所谓的数据可移植性权利，却鲜有提及。这种要求和第三方共享数据的能力与 PSD2 为银行业制定的规定非常相似，有可能极大地改变消费者管理和共享其数据的方式。

8.2.3　开放银行和开放数据

为何大家都将关注点放在欧洲的几部法律上呢？实际上，制定法律、实施监管措施、开放银行业以及鼓励银行业竞争的并不局限于英国和欧洲的监管机构。我们认为，推广数据共享原则是一件积极的事情。正如前文所述，历史往往倾向于支持老牌银行。在过去许多年里，在世界各主要市场中，我们能看到少数强大品牌逐渐称霸，这使得其认为自己的地位牢不可破，并将消费者视作其获得收益的工具。为了保障消费者权益、鼓励创新并为消费者提供更好的服务，竞争对这个行业是至关重要的。监管永远不应该成为阻碍竞争或创新的障碍，而应该成为阻止不当行为和确保公平竞争环境的安全网。

开放银行的概念不再是欧洲独有的。这种变革极有可能颠覆整个金融界，全球各地的监管机构和行业参与者都在纷纷效仿。日本、新加坡、印度和韩国的监管机构对开放银行的态度相对温和，没有强迫而是以为企业提供便利来加以促进，许多企业开始采用这种做法。例如，新加坡金融管理局已经与银行协会合作，创建了 API 的执行细则。

在世界各地，国家监管机构也开始积极推动开放银行业务。澳大利亚在 2017 年发布了《消费者数据权利规则》（Consumer Data Right）。有趣的是，《消费者数据权利规则》的适用范围不局限于金融服务。我们认为，这套规则有可能产生与 GDPR 相似的影响。

当然，无论是在英国、新加坡、澳大利亚这样的国家，还是在美国的某个州，单个监管机构的影响力局限于其管辖区域。但如果监管机构共同努力，就有可能在全球范围内引发变革。值得庆幸的是，在我们所处的时代，监管机构不仅开明通达，而且已经意识到有变革的机遇。自 2015 年起，监管机构开始尝试建立所谓的监管桥梁。英国和新加坡可以说是拥有先进监管制度的两个国家，两国于 2016 年 5 月签署了首份现代监管协议，旨在构建监管桥梁。通过这座桥梁，英国和新加坡的监管机构能够相互推荐金融科技组织，并共享相关组织的数据，以加强对彼此管辖范围内的监管。其他监管机构也很快意识到了监管桥梁的优势。

开放银行业务和鼓励竞争并不是解决所有问题的万能药。例如，在英国，新型银行的出现确实动摇了老牌银行的地位，并迫使它们开始创新和更加人性化地对待客户，但这并未根本改变客户的行为模式，客户才是真正具有影响力的一方。例如，尽管有新型银行加入，英国客户仍然没有大规模更换他们的活期账户提供商。

活期账户在银行销售的产品中被视为有价值的产品。这不是因为活期账户本身的盈利能力有多强，而是因为它们通常被视为关系账户。如果客户在某家银行开设了主要往来账户（比如用于工资支付和大部分账单支付的账户），那么这家银行通常会希望利用这种关系向客户推销更多产品。历史数据显示，与没有活期账户的客户相比，拥有活期账户的客户更倾向于在同一家银行拥有至少一种其他产品（通常是信用卡）。然而，近年来，互联网的崛起降低了这种黏性。如果人们可以轻易在网上找到更优惠的贷款产品，那么为什么还要选择活期账户开户行的贷款服务呢？不过，对许多银行而言，活期账户依然是非常有价值的产品。

从观察者的角度来看，英国在帮助我们理解客户活期账户行为方面具有独特优势。2010年，首都银行推出后，蒙佐银行和史达琳银行这两家新型的数字银行也相继推出，它们都将活期账户作为客户参与模式的核心。这意味着，客户有多种新型银行可供选择。此外，政府还推出了活期存款账户转换服务（Current Account Switch Service，CASS），旨在帮助客户转换活期账户。Bacs 组织（CASS 的运营方）每季度都会发布数据，详细列出大多数英国银行的客户转入或转出情况。值得注意的是，大多数英国主流银行都提供 CASS，并愿意共享其数据（除了首都银行和瑞典商业银行之外）。尽管 CASS 的数据并不全面（在英国每年新开立的基本活期账户中，可能只有四分之一是转换账户），但它至少能为对此感兴趣的观察者提供一定的方向性指导。这些数据对了解客户在选择活期账户方面的行为模式非常有帮助。

从公布的数据中我们可以看出，大多数账户转换的客户是从一家老牌银行转到另一家老牌银行，其中汇丰银行和 Nationwide 银行在活期账户的净收益上表现较好。但新型银行，如蒙佐银行和史达琳银行，也成功进入了活期账户净收益的前列。

统计数据显示，在 2019 年 7 月 1 日至 2020 年 6 月 30 日，英国共发生了 86.8 万次基本活期账户的转换，但这还不到英国 18 岁及以上成年人数 5280 万的 2%。

当然，英国公众的行为并不能代表其他地区的公众，但这些数据对全球新型银行的前景来说，并不是一个非常积极的信号。这表明，新型银行只有付出巨大的努力才能在市场上站稳脚跟，这种情况并不局限于英国。比如，由作家布雷特·金（Brett King）创立的 Moven 公司，在美国的活期存款账户市场上未能站稳脚跟，以失败告终。这样看来，消费者在市场上寻找的不仅仅是一个新的品牌。

虽然本节主要关注欧洲（特别是英国）的情况，但银行监管是一种全球化现象。全球化意味着在一个司法管辖区创造出来的许多概念和策略往往会被其他地区借鉴和应用。2008 年的银行业危机之后，英国成为率先实施鼓励创新改革的国家（这些改革包括对新型银行流程的修改、监管机构的创新举措、监管沙盒和监管桥梁等），不久后，其他监管机构开始效仿，并在这些领域取得了显著进展。例如，在过去的十年中，新加坡在金融科技领域取得了全球领先的地位。

创新并不是监管变革的唯一方法。美国在银行业危机之后制定了《多德·弗兰克法案》（后来有一部分条款被废除），该法案对美国受监管的实体产生了广泛而深远的影响，包括对金融市场的全面监管、消费者保护、提高金融市场透明度，以及国家监管机构的合理化改革等。

在 2010 年，美国还通过了《海外账户税收合规法案》（Foreign Account Tax Compliance Act，FATCA），该法案要求美国境外的银行搜索其客户记录，并报告所有与美国有关联的客户。这是一项不同寻常的措施，因为它要求那些与美国没有直接联系的企业提供这些报告。引人注目的是，许多国家的政府，尤其是欧洲的政府，表示愿意与之合作。

因此，银行业务不仅需要考虑当地的监管要求，有时还必须遵守其他国家的监管规定。

8.2.4　违反法规的后果

违反法规会使企业和相关责任人面临严厉的惩罚（在一些司法管辖区甚至可能导致监禁），监管机构对藐视法规的行为采取严厉的处罚态度。

对银行来说，监管机构的处罚可能只是问题的开始。被监管机构审查对企业声誉的损害可能远比处罚本身严重。

8.3　国际监管标准

在考虑监管合规问题时，国家法规，包括具有深远影响的法规，也只是众多方面之一，还需要从两个重要方面进行深入思考。首先，国际标准通常是自愿性的监管标准，或由行业参与者强制执行。例如，巴塞尔协议 Ⅲ 是一项国际行业监管框架，旨在提高对银行业的监管压力、提高资本充足率，以及增加银行和投资公司对流动性风险的认识。这一框架由巴塞尔委员会制定，并已在美国和欧洲实施。PCI DSS 是另一个很好的例子，它是一项国际数据安全标准，针对支付卡行业。

其次，还有许多国家性的组织为银行业提高自身标准提供支持。例如，英国的联合洗钱防制中心（Joint Money Laundering Steering Group），是一个贸易组织，为英国企业实施反洗钱规则和流程提供指导。其他类似的组织还包括澳大利亚金融业协会（Australian Finance Industry Association）和加拿大银行家协会。这些组织虽然通常不强制执行标准，但通常可以提供大量有用的信息。

8.4　遵从监管

从技术角度来看，监管对银行业有三个重要影响。

首先，监管直接影响业务的合规性。现代银行业务在许多领域都有必须遵守的具体规定，这些规定包括但不限于公平对待客户（确保一视同仁）、了解客户和反洗钱要求，以及满足监管机构制定的特定资本和流动性目标。具体的监管要求视银行所在的司法管辖区和开展的受监管活动而定。此外，需要注意的是，在清盘情况下，某些监管要求也必须遵守，比如编制一份关于企业所有客户、客户所持产品以及相关产品余额的报告。

其次，在许多情况下，技术本身就需要符合某些监管要求。例如，在英国，技术部门必须确保所有外包安排都符合 FCA 法规 SYSC 8.1 的规定。

最后，无论在哪个国家受到监管，都可能需要遵循与其业务种类相关的报告要求。这些要求通常涵盖披露财务数据（如年度报告、流动资金和资本）、所有权结构、交易数据，以及关于企图或实际欺诈和其他犯罪活动等信息。这些报告通常需要定期提交，并包含特定时期的数据。监管报告一般由银行内部的财务部门负责管理，但技术部门必须确保相关数据随时可用。

根据我们的经验，规模较小的企业通常可以通过电子表格汇编数据来满足监管要求，而规模较大的企业则可能需要使用专业的工具来编制报告。尽管目前许多国家和地区都已预先设定了监管报告的时间表，但某些国家和地区的监管机构正在设立实时报告的长远目标。因此，如果你目前正在筹建（或重建）一家银行，应当考虑如何应对监管机构未来可能提出的实时报告要求。

8.5　财务职能简介

财务职能是现代银行业的核心职能。即使你成功通过了新银行设立的监管审批程序，但你会发现你在这些领域还有大量的工作要做。这是因为银行要证明其可行性和实力，必须进行大量的财务分析以提供强有力的论据。

一家即将开业的银行不仅需要在财务方面展示实力，还必须证明其拥有足够的资本，以确保即使在极端条件下也有足够的流动资金维持日常业务活动。为了符合资本和流动性规划，未来的银行必须证明其能够适应当地监管机构规定的监管规则。在欧洲，作为银行牌照申请的一部分，银行必须提交内部资本充足性评估程序（Internal Capital Adequacy Assessment Process，ICAAP）文件和内部资本流动性充足性评估程序（Internal Liquidity Adequacy Assessment Process，ILAAP）文件。这两份文件通常要求开发和维护大型金融模型，用于预测银行在未来若干年内的资本和流动性需求。若要建立这一模型，可能需要对来自银行内部和第三方的大量数据进行广泛的分析。

在我们深入探究银行业的财务职能之前，简要了解一下资本和流动性这两个概念。资本是指一家银行在亏损情况下仍能维持业务正常运转的财务储备。亏损可能由多种因素引起，比如不良贷款、监管部门的罚款，或是销售不当。银行的资本主要由股东权益和留存利润组成，资本管理不善可能导致银行破产。而流动性则用于衡量银行拥有多少现金或可迅速转化为现金资产，以偿还到期金融债务（无论是客户提款还是日常运营）的能力。流动性资产通常包括现金、存放中央银行的储备金以及政府债券。一个典型的流动性事件是银行挤兑，即大量客户同时试图提款。银行挤兑发生的原因可能是客户提取现金或进行银行转账，对银行来说，银行挤兑是挑战，因为银行转账需要银行有现金进行结算。

8.6　财务部门

银行业的财务部门与其他企业或市场的财务部门有许多相似之处。不同于资金部门，财务部门主要负责企业的会计工作，包括管理总账。总账记录了企业的财务交易数据，但有时仅包括摘要数据。例如，总账并不会存储核心银行平台上发生的每一笔交易记录。总账由会计科目表中定义的子账目构成，并且可以通过自动匹配程序或被称为日记账的手工流程进行更新。财务部门的主要职责是确保总账及时更新，并准确反映银行的当前财务状况。

8.6.1　应付账款和应收账款

应付账款（Accounts Payable，AP）包括诸如工资（通常单独处理）等项目，而应收账款（Accounts Receivable，AR）则涉及管理对供应商（以及对员工）的付款和对第三方的计费。在现代银行界，银行的收入大部分已实现自动化处理，主要通过核心银行平台或其他平台来收取利息、费用和手续费。即便如此，财务部门仍然需要跟踪总账反映的情况，以确保企业获得盈利并支付所有的费用。

8.6.2　记账

尽管现代的总账能够自动接收来自多个系统的更新数据，但财务部门有时仍需对总账进行手动调整。这些手动调整通常指以日记账的形式手动过账到总账中。

8.6.3　税务

税务问题通常非常复杂，尤其是在银行业中，因为不同的银行活动的征税情况各异。例如，在英国，许多银行服务免征增值税，这意味着银行在许多购买的商品和服务上既不能征收也不能收回增值税。然而，英国银行仍需缴纳其他形式的税项。因此，财务部门需要深入了解税法及其适用情况。

8.6.4　财务计划和预算

财务部门负责执行大量的财务计划工作。这不仅包括情景规划，还包括对企业财务状况、资产和负债的变化以及预测的持续监督。这项工作通常需要与资金部门紧密协作进行（详见8.7 节）。

8.6.5　财务报告

银行需要定期向金融市场（如果是上市公司）、监管机构以及其经营所在司法管辖区的监管机构和税务机关报告其财务状况。这些财务报告需要遵循一定的标准。全球存在多种财务报告标准，例如在英国，财务报告准则（Financial Reporting Standards，FRS）是适用于小型企业的标准，而国际财务报告准则（International Financial Reporting Standards，IFRS）则适用于上市公司和国际企业。财务部门需根据最新的报告标准，更新其财务平台和流程。

8.6.6 监管报告

财务部门负责现代银行业务的大部分监管报告。在 8.2 节中，我们已经对监管要求进行了详细介绍。

8.6.7 技术与财务

总账是财务部门使用的主要工具，它是企业财务会计的核心，保存着企业的所有账目信息。总账基于复式记账法构建，因此包括借方和贷方。在银行中，每一笔交易都会在总账中产生相应的借方和贷方记录。根据经验，如果想从一开始就正确地建立总账，就需要花费一定时间来了解每笔交易对借贷双方的具体影响。一个有效的财务管理系统必须能够记录交易、处理期末数据（以支持报告）和应用日记账。市场上有多种成熟的财务软件包可供选择，因此通常不需要花费额外时间和资源来开发自有的财务软件。

除了总账之外，财务部门还可能需要使用薪酬系统。薪酬管理涉及一系列复杂的税收和福利计算、支付工资、从工资中扣除税款，以及签发工资单和其他相关文件。对于小型企业，这项工作可以外包，但大型企业通常会选择自行管理薪酬系统。

随着业务的发展，为了保证银行的有效运行，财务部门可能还需要更多工具，比如税收筹划和预算编制工具等。

8.7 资金部门

银行的资金部门主要负责确保银行在短期和长期内的财务稳定，并妥善管理所有相关风险。对不熟悉这一领域的人来说，这可能听起来有些奇怪，但资金部门的主要工作确实是风险管理。在技术领域，风险管理通常涉及管理人员、技术、时间和成本，以确保项目的成功或技术解决方案的长期可行。然而，对银行资金部门来说，风险是由银行的各种财务状况、客户需求、当地和全球市场力量以及其他因素相互作用所形成的，并可能对银行产生影响。

资金部门的工作之一就是考虑资本规划。在启动前，银行必须有足够的资本，即持有足以满足监管机构规定的、在不利交易条件下仍可维持银行正常运作的资金。这一资本要求是通过一项复杂的模型计算得出的，该模型通常由银行的资金部门建立（在欧洲通常使用 ICAAP，见 8.5 节）。该模型综合考虑了多种因素，包括银行的产品范围、预期销售的每种产品的数量、运营成本、基准利率（通常由中央银行设定）、业界对金融市场走势的预期以及一系列其他考虑因素和风险。问题在于，这只是一项预测，其准确率通常不高。

以一个假设的情况为例，假设银行的资本模型建成后，资本已满足设定的要求，银行随即启动运营。但从交易的第一天开始，可能就会出现与预期的偏差。比如，客户对某些产品的接受程度可能高于或低于预期、中央银行的利率可能会朝着与预期不同的方向发展，这会影响银行为客户提供的利率，或者可能出现关于就业形势的不利消息从而对银行使用的关键货币价值产生冲击。任何变化都可能使银行面临金融风险。例如，如果更多人选择向储蓄账户存款，而不是向银行借款，银行就会出现闲置资本无法发挥作用的风险。如果银行将这些资金存放在中央银行（或其担保银行）的账户中，那么银行将无法获得足够的利息来支付其运营成本和应付给储蓄者的利息。因此，银行必须找到一种方法，利用这些额外的资金来获得收益。例如，银行可以下调贷款利率来提升贷款产品的吸引力，或者购买金融工具（如债券）来略微提高收益，或同时采取这两种方式。出现变化不仅会改变原始模型，而且还会影响当前的预测，从而改变银行的风险状况和未来预测。

因此，银行的预测必须由资金部门定期更新。尽管如此，预测也不可能完全准确。银行的资产和负债每天都在变化，同时政府有时也会出台新的监管政策。银行的资金部门不仅需要从长远角度管理业务，还要根据银行的日常情况做出及时的业务调整。

为了确保风险管理方法的连贯性和一致性，资金部门还需要制定相应的战略。制定这些战略应考虑银行的风险偏好、风险管理的方式，以及为管理风险将采用哪些产品和策略。风险建模对战略制定至关重要。通常由资金部门的中层管理人员负责制定这些战略，创建和运行相关模型，并监督战略的执行情况。

8.7.1　风险管理和建模

在进行 ICAAP 的过程中，资金部门将建立各种风险模型。当地的监管机构可能会提供相关指导，风险模型通常包括以下部分或全部内容。

• 信用风险。信用风险涉及借款人违约或拖欠银行贷款，这可能导致银行收入（即客户贷款的利息支付）和资产（即贷款数额）减少。信用风险受一系列因素影响，包括与贷款质量相关的因素、可能影响市场特定部分的宏观因素以及地理因素（如一家全球性银行的贷款集中在某一特定地区）。在评估银行的信用风险状况对其资本的影响时，历史贷款记录是重要参考。如果一家企业能够证明其过去的违约率或损失率较低，那么它有充分的理由减少资本储备。

• 操作风险。操作风险的范围非常广泛，包括行为风险、IT 系统相关风险以及合规或监管风险。操作风险包含因为故障、错误和不当操作导致业务无法按预期运行的各种风险。银行必须能够识别和管理这些风险，并制定潜在的缓解措施和解决策略，同时评估这些风险对财务的影响。从重大的 IT 系统故障到因违反当地法规而遭受的监管处罚，操作风险比比皆是。

• 利率风险（Interest Rate Risk，IRR）。利率风险是与利率变动相关的风险。IRR 可能在任何时候发生，例如，长期固定利率资产（如贷款）与短期固定利率负债（如短期储蓄）的对冲产生的 IRR。

• 市场风险。市场风险涵盖了可能损害银行财务状况的金融市场变动。例如，政治不稳定可能导致客户从银行提取资金并将资金转移到其他国家或转换为有形资产（如黄金）。

• 流动性风险。流动性风险是与银行的流动资金状况（即短期获得现金的能力）相关的风险。比如，银行可能持有大量的短期存款（如即时存取储蓄账户）和长期贷款。如果存款人突然提款，银行可能因为资金已被贷出去而无法满足存款人的提款需求。

• 声誉风险。声誉风险是与银行声誉相关的风险，可能导致银行收入损失，也可能使新客户不愿与银行建立业务关系。例如，知名客户的犯罪行为、银行系统的大规模故障被公众知晓，以及给许多客户带来不便，都可能损害银行的声誉。

• 战略或业务风险。战略或业务风险涉及企业无法按计划实现其业务战略。例如，如果定价存在缺陷，将导致银行不能筹集到足够的资金。

在实际操作中，各种风险经常同时出现，相互影响，比如市场风险减少了银行的资金流入，进而降低银行的流动性，妨碍银行实现其业务战略。

大部分风险管理工作在银行中由资金部门承担，但也有一些风险管理工作需要其他业务部门的参与，尤其是操作风险管理，这可能需要整个业务部门的共同努力。

在许多小型企业中，风险管理工作往往依赖于电子表格。然而，风险并非总是简单二元的。比如，与 IRR 相关的风险管理模型需要能够模拟利率变化的情况，例如，如果利率上升 50 个基点或 100 个基点，则该模型需要展示这些变化对企业在一定时期内所有资产和负债的影响。显然，建立这样的电子表格是非常复杂的工作，而且随着更多变量的加入，复杂度也会提高。

不用多久，这一电子表格就可能变得过于烦琐、难以理解和修改，尤其是当创建它们的人员离职，而表格由其他人接管时，出错的频率可能会提高。问题在于，找到理想的替代方案并不容易。根据我们的经验，虽然市面上存在风险管理软件，但这些软件往往有各自的专注点，并且不一定以银行的需求为导向。因此，对银行来说，花时间寻找适合自己的风险管理工具是值得的，因为合适的工具可以有效提高风险管理的效率和准确性。

风险建模的输出质量依赖于团队成员的技能水平，以及他们理解和模拟风险的能力。但随着时间的推移，数据的重要性日益凸显，原因有两个。首先，我们现在能够获取比以往更多的客户数据和市场数据。除从银行内部获取数据的人，我们还可以从外部数据源获取数据，信贷机构、人口统计数据库和行业研究人员能够提供足够的数据支持我们的决策，甚至细化到公众个人层面的决策（尽管可能不按姓名识别个人）。例如，如果你想了解上次信贷危机时零售网点的中层管理人员是如何应对的，你有可能找到提供相关数据的人，而且如果运气好，你甚至可以免费获得这些数据。

其次，我们现在拥有利用数据的工具和技能。大数据、人工智能以及现代数据建模和分析技术（这里指的是一般数据建模，非风险类数据建模）的发展，极大地提升了我们收集利用数据和利用数据建模的能力。一旦掌握了相关数据集，我们就能提出各种假设性问题，并开始深入理解风险，而这单靠电子表格是永远无法实现的。

数据的价值不容忽视。未来，有效利用数据将会给风险建模提供极大帮助，这对银行业来说尤为重要。

8.7.2　资产和负债管理

银行的资金前台团队通常负责根据银行的战略来管理各种资产和负债。其主要目的是尽可能减少甚至消除银行整体运营中的风险，以确保银行在任何市场状况下都能实现盈利。当然，虽然风险不可能被完全消除，但在一定程度上是可以控制和降低的。

资金前台团队负责监控和维护银行在多个关键领域的运营状态。

1. 现金管理和流动性管理

尽管现金管理这一术语看起来似乎是指资金部门的工作涉及现金的处理，但实际上并非如此。在财务术语中，现金管理指的是管理组织内存在的现金及类似现金的资产的过程。

银行通常持有大量现金，包括实物现金和银行账户内的资金。一部分现金必须以实物形式存在（如 ATM 和柜员尾箱中的现金），或者以高流动性形式存在（如银行账户中的资金），以确保银行能够及时付款。然而，持有过多的现金可能并不是件好事，现金的经济回报通常很低，因此持有大量现金的银行可能会面临亏损的风险。在现金管理的背景下，资金部门的任务是在保持足够现金量和利用盈余现金进行投资之间找到平衡点。选择何种投资方法取决于资金部门预期何时需要使用这些现金，因此投资产品的流动性是一个重要的考虑因素。

流动性主要衡量的是银行能够以多快的速度获得现金以支持其业务需求，这与现金管理紧密相关，例如，可以在 24 小时内兑换成现金的政府债券的流动性远高于借给投资者的资金。在考虑如何处理盈余现金时，银行必须确保能够应对任何不利的状况。举例来说，如果大量客户突然决定从银行提款，银行就需要迅速获得大量现金以满足这些需求，否则可能面临类似北岩银行那样的严重后果。

2. 余额管理

银行通常会在多个第三方机构开设账户，包括在中央银行和结算银行（如果两者不同）开设准备金账户。如果有发起行，银行也可能在发起行开设账户。此外，银行可能在另一家银行开设账户，比如，当银行为其提供代理银行服务时（具体参见 7.6.13 小节关于国际支付的讨论）。这些账户中的一些，甚至所有账户，可能都有最低余额要求。

所有账户都需要被密切监控，以确保余额得到及时补充，或者在余额超过最低要求时适时提取资金，以便更有效地利用这些资金。在有最低余额要求的情况下，确保余额得到及时补充尤为关键，因为未能维持最低余额可能导致合作伙伴或监管机构对银行采取相应行动。

3. 产品和定价

银行业务的核心在于向客户提供各种产品，这些产品既包括资产类产品（如给客户的贷款），也包括负债类产品（如储蓄账户）。对银行来说，资金部门需要了解持有不同产品的数量及其利率，以便实现效益最大化，这包括了解这些产品何时到期（即客户可以提取储蓄或偿还贷款的时间），以及在什么条件下客户可以提前关闭账户。

根据银行所经营的产品种类，可预测性会有很大差异。例如，提供长期固定利率存款账户并以抵押贷款形式贷出的银行，其产品的可预测性要高于那些提供往来账户和即时存取储蓄账户的银行。长期留在银行账簿上且余额稳定（或可预测）的产品被认为具有较高的黏性，而余额波动较大的产品，如即时存取储蓄账户，则被认为黏性较低。正如 8.2.3 小节中所讨论的，活期账户在一定程度上是具有黏性的，尽管单个活期账户的余额在一个月内可能有较大的变动，但所有活期账户的总余额可能会显示出高度一致性或遵循一个可预测的月度周期。

然而，如果银行只是提供黏性高的长期产品，那么很少会有银行选择提供其他类型的产品。而实际情况是，尽管短期产品的波动性较高，但它们往往能为银行带来更多的盈利机会。例如，在英国，大多数即时存取储蓄账户提供的利息几乎为零，因此吸引大量储户使用这一产品意味着虽然面临较高的不稳定性和账面风险，但银行能够利用这些免费资金对外提供贷款并从中赚取利息差。

在考虑银行产品的利率、期限和黏性时，资金部门将尝试找到一种产品组合，以在盈利性和稳定性之间保持平衡。对外行人来说，这可能听起来有些奇怪。人们可能认为产品的价格是由银行的管理层制定的，反映了银行可以根据市场力量（如其他银行的产品、客户忠诚度等）对产品收取的费用或提供的利率。然而，资金部门在这一过程中通过定价和产品组合模型发挥了重要作用，其影响非常大。

4. 金融工具

银行并不总能单纯通过找到合适的产品组合来管理自身的整个业务，从而实现回报与稳定性的最佳结合。为了解决这一问题，许多现代银行会利用各种金融工具来筹集资金或高效使用盈余现金。

根据银行的特点，它们所采用的金融工具类型可能有所不同。例如，一家对某种特定货币有重大敞口的银行（可能是因为银行在该货币发行国有分支机构）可能会投资于货币互换，以对冲该货币价值的剧烈波动。此外，银行还会通过利用金融工具在短期内高效利用多余的现金。

现代银行可以利用的金融工具范围非常广泛，但普遍的做法是，所有银行都希望能进行某些形式的债券和衍生品交易。银行还可能偶尔选择通过市场举债来筹集资金，即以较低利率从批发银行或投资银行获得贷款，然后再以较高的利率借给客户。

5. 资本管理

每家银行都必须持有一定规模的资本公积，其规模会根据多种因素变化，如银行持有的产品组合、经证实的产品黏性，以及当地监管机构的预期等。资金部门负责跟踪和管理资本公积，确保其始终保持在规定的水平。

6. 固定资产

固定资产是银行资产的重要组成部分，需要在银行的总资产和负债中得到体现。固定资产通常包括建筑物、土地、设备和厂房等。其中一些资产随时间的推移可能会贬值，但某些资产，比如建筑物可能会升值。

8.7.3 资金后台

资金后台主要负责运营职能。资金后台独立负责确认和结算前台的交易，并进行对账，以确认与交易对手的头寸是否一致。

8.7.4　技术和资金管理

从技术角度看，资金部门的职能相对复杂。大多数银行都不倾向于通过自有技术来支持资金管理工作，因为采用自有技术既需要投入时间和金钱，又难以为客户提供差异化服务。为了进行资金管理，银行可能需要具备以下技术。

• 资产负债管理平台。资产和负债管理（Asset and Liability Management，ALM）是一项专业实践，旨在管理与流动性、资金相关的风险。市场上有多种现成的资产负债管理平台可供选择，因此银行无须开发定制的解决方案。虽然在没有资产负债管理平台的情况下也能开设一家新银行，但一旦产品范围扩大，使用该平台就变得非常必要。

• 市场数据源。由于大多数银行使用金融工具进行交易，跟踪市场数据以了解影响银行流动性状况的因素（及其他因素）变得十分重要。为了实现这一目标，通常需要访问市场数据源。彭博社和路透社因其技术集成要求较低而成为非常受欢迎的市场数据源。

• 支付和账户数据。对大型银行而言，由于管理的资金量庞大，支付流量通常相对一致。但对于小型银行，每天的支付流量变化可能会较大。为了跟踪净支付流量和储备头寸（无论是银行间支付组织还是卡支付组织），资金部门需要进行监控，最好是实时监控。此外，从风险和欺诈的角度考虑，监控支付流程也非常必要，因此银行需要具备相应的技术能力。

• 风险建模软件。新成立的银行在初期很少需要使用风险建模软件，某些类型的银行产品可能永远不需要使用风险建模软件。如前所述，许多小型银行的风险建模工作主要是在电子表格上完成的。然而，随着银行业务的发展和复杂化，其可能需要使用专业的风险建模软件。

8.8　合规部门

合规部门在银行业务中的作用是管理业务的合规风险。从广义上讲，合规风险指的是未能遵守法律或监管要求而可能导致处罚、经济损失或声誉损害的风险。在很多监管体系中，遵循合规要求是强制性的。

不论银行位于哪个国家，或在哪个国家开展业务，都必须对法律和法规进行解读。解读的方式会根据不同的司法管辖区有所差异，但合规性的要求是普遍存在的。

所有合规部门共同面临的挑战是如何在确保合规性和为银行提供创新空间之间找到平衡。如果过分强调合规性，可能会限制银行的盈利能力，并使银行在监控现有业务活动方面承担过高的成本。反之，如果不能确保足够的合规性，银行可能会在法律或法规的边缘运作，面临产生重大损失的风险。这种风险可能表现为监管机构发现银行未能满足合规要求并进行处罚，或者银行遭受经济或声誉上的损失，有时甚至两者兼而有之。

8.8.1　合规部门的历史

从历史上看，合规部门在银行业中通常被视为一个咨询性部门。合规部门主要负责了解并传播适用于银行的法律和法规知识。在某些情况下，合规部门也会对为满足监管和法律要求而制定的措施进行测试，但通常这些措施的制定和实施都是由各个业务部门的经理负责的。这种做法导致了一个拼凑式的执行系统，效果有限且结果也不一致。

2008年的银行业危机改变了这种状况。自此之后，合规性问题开始受到更多关注。人们开始质疑银行的合规工作是否过于松懈，合规部门是否对其业务有充分的了解，以及合规部门是否具有对业务部门提出适当质疑的权力。在许多情况下，合规部门的作用并不突出，且缺乏足够的权力来确保遵守监管要求和法律。

在现代银行业务中，合规部门的作用得到扩展，涵盖了更广泛的业务领域，具备足够的权力来确保所有业务活动都满足法律和监管要求。

8.8.2　合规目标和措施的颁布和跟踪

合规目标和措施的颁布和跟踪关注银行当前和未来可能面临的监管和法律要求。这不仅涉及识别哪些规则适用于银行，还包括跟踪这些规则，明确这些规则适用于业务的哪些功能和流程，以及如何满足这些规则的要求。小型银行可能使用电子表格来完成这项工作，而大型银行则可能需要更复杂的系统和工具。

8.8.3　创建管理合规风险的标准和工具

在大型银行中，可能会有众多员工负责管理合规性或实施各种法律和监管解决方案，因此，在合规管理方面重要的是需要制定一套统一的方法以履行合规义务，以确保适用的法律和法规在银行的所有相关方面都得到遵循。合规部门负责创建这些标准和工具。

8.8.4　培训

为了确保员工拥有最新和标准化的知识，定期进行培训是必不可少的。培训的内容范围广泛（从公平对待客户到反贿赂和腐败，以及反洗钱等各个方面）。合规部门通常负责提供合适的培训，促进银行履行合规义务。更重要的是，合规部门需要满足员工的培训需求。

8.8.5　评估

合规部门应定期对业务部门进行检查，确保标准、工具和培训得到有效实施并对其进行了定期维护。对标准的评估应该采取结构化的方式，并形成正式的评估报告。

8.8.6　问题的原因分析和问题解决措施的执行

如果业务的某个方面出现问题（在人工、技术和流程相互交织的复杂系统中出现问题是难以避免的），合规部门可能会进行根本原因分析，以确定产生问题的原因。解决问题的措施应包括制定新的标准或方案。如果发现有人违反标准、疏忽职责或有非法行为，银行可能会采取纪律处分或法律行动。

8.8.7　技术与合规性

在合规系统日常使用方面，合规性对技术提出了一些具体要求，同时也会影响对各类业务技术的需求。例如，合规性软件有助于跟踪法律、法规和行业（包括个别企业）的合规性要求，并允许用户主动评估、跟踪和监控银行是否达到这些要求。对于监管权限较小的小型银行，可以采用电子表格进行跟踪，操作简单。但对大型银行来说，则应考虑使用定制工具（市面上有许多第三方解决方案可供选择）。

合规部门在安全存储方面也有特定要求。虽然这在银行的大多数领域都是常见的，但合规部门的要求十分复杂，合规部门需要对安全存储的访问进行严格控制和主动监控。例如，在处理金融犯罪案件时，必须确保合规部门所存储的内容得到安全保护，任何访问行为（无论是查看还是更改内容）甚至合规部门成员的行为都应该受到监控。

合规部门对哪些业务流程应该受到监控以及如何监控有很大的发言权。这可能涉及多个领域，如联络中心记录、支付、财务或资金流程，甚至包括职责的隔离和控制。根据经验，一些合规部门可能有过度设计要求的倾向，因此有必要审查这些要求，甚至要求合规部门提供相应的证据。但无论如何，合规部门提出的所有要求都应被认真对待。

8.9　人力资源部门

在数字商业时代，人力资源部门的职责之一就是在一定程度上重新定义岗位名称。例如，出现了如首席幸福官或团队成功副总裁等新颖的职称。然而，在现代社会中，尽管人力资源部门的角色和使用的工具发生了变化，但其核心职能并未发生根本性变化。人力资源部门的主要职责如下。

· 招聘。负责开展招聘工作，包括发布招聘广告、任命招聘人员、管理招聘流程（从开始到结束）、组织面试和评估活动、准备录用通知和处理入职手续。

· 员工生命周期管理。除了招聘过程外，员工在其整个职业生涯中，甚至在离职时，都需要得到相应的支持。

· 建立培训制度。为所有员工建立合适的培训制度，尤其是对于为零售客户提供金融建议的员工，有持续专业发展（Continuing Professional Development，CPD）的具体要求。

- 绩效管理。建立并执行绩效管理流程，确保所有流程定期且公平地运行。
- 制定薪酬福利方案。制定和管理薪酬、加薪、薪酬阶梯等方案。
- 维持纪律。制定并实施纪律程序。
- 提高员工幸福感。这是人力资源部门较新的职能，涉及员工的心理和生理健康，可能包括提供心理健康辅导和身体健康建议。
- 职业规划。建立和管理银行员工的职业发展道路。通常，银行在达到一定规模后会重视该职责。
- 保障安全。建立流程和控制措施，以维护安全的工作环境。这包括工作场所的安全评估和为有特殊需要的员工提供适当的设备，例如为身高较高的员工提供更高的桌椅。
- 维护员工间的关系。处理管理层与普通员工之间的关系是极其重要的任务。在现代金融科技环境中，大部分工作通常由管理层自行承担——金融科技的特点之一就是重视工作环境和管理层的责任。然而，在某些组织中，人力资源部门可能需要在这方面发挥较大的作用。
- 确保银行遵循法律。确保银行遵守其所在的每个司法管辖区的所有相关法律和法规。

在多数情况下，人力资源部门可以通过使用标准的桌面办公软件、公共文件（例如员工手册、员工流程等）共享以及安全文件（重要提示：可能涉及员工个人信息）共享来履行上述职责。但是，在一些情况下还需要特定的工具来辅助人力资源工作。以下是几种典型的辅助人力资源工作的工具。

- 人力资源平台。市面上许多成熟的人力资源平台提供职业管理、假期申请、奖励和自助职业管理等功能。与我们合作过的几乎所有企业都选择购买而非自主开发人力资源平台。许多基于云计算的人力资源平台是很好的选择，它们价格合理，通常根据员工人数计费。
- 培训平台。培训形式多种多样，市场上有许多基于云的培训平台可提供关于培训的核心课程或补充课程。在任何情况下，都应确保人力资源部门能够跟踪员工的培训情况。如果持续专业发展是由法规强制要求的，那么培训平台还必须有一个可供审计的输出结果，用来证明员工履行了他们的培训义务。
- 招聘系统。这通常是一套工具，用以支持人力资源部门在热门招聘网站上开展招聘活动，直至银行准备发出录用通知。

8.10　采购部门

出于某些原因，采购和供应商管理常常被混淆，但实际上，这两个领域有着显著的区别。采购部门主要负责新供应商的引入和持续的合同管理，而供应商管理部门则专注于监督与供应商签订合同后的交付情况。虽然在某些情况下（例如，在与现有供应商的合同谈判期间）这两方面的工作可能会有所重叠，但在大多数情况下，它们是相互独立的。采购部门虽然可以提供指导和执行要求，但供应商管理通常应由与供应商合作的一个或多个职能部门共同承担，而非仅由采购部门独立执行。

除了制定采购流程和控制措施之外，采购部门通常还参与管理采购流程中的合同工作，确保进行了良好的实践，确保银行获得物有所值的服务和产品，并为所提供的服务或产品提供适当的合同保障。此外，采购部门还会参与合同的重新谈判，并在合同续签时（或最好是在续签之前）介入，以确保在需要时可以重新进行竞争性招标。

在中小型银行中，采购部门通常只需利用共享的安全文件来完成工作。采购部门需要跟踪合同、义务等的履行情况，并在合同到期日前提醒员工开始重新招标或与现任供应商续约（重新招标的过程可以确保现有供应商保持竞争意愿，即使没有更换供应商的计划）。

8.11　其他职能

在职能部门中，除了一些已在本书其他部分进行介绍的职能部门外，还包含一些其他重要职能部门，这些职能部门在银行中几乎不需要使用专门的技术，但为了内容完整性，这里仍然值得一提。这些职能部门如下。

- 宣传。宣传涉及新闻发布、媒体关系、出版物和投资者关系。在规模较小的银行中，宣传职能可能归属于市场营销部门，而在规模较大的银行中，应为宣传设立专门的职能部门。
- 企业房地产。该部门负责管理与企业相关的所有财产，这包括从管理银行拥有的大型房产到处理个人办公室租赁的各个方面。在最复杂的情况下，该部门可能涉及管理银行全球各地的办公室、减少银行房地产的碳足迹、提高办公室的物理安全性、对办公空间与业务功能进行交叉收费，以及在正常场所无法使用时对业务连续性的管理。规模较大的银行，可能需要非常复杂的房地产管理技术解决方案，但这些内容超出了本书的讨论范围。
- 内部审计。内部审计的主要职责是对银行的控制措施、会计程序和治理结构进行持续的评估。因此，内部审计部门需要对风险管理、会计实务以及当地的法律法规有广泛的了解。尽管市场上有专门的审计软件，但在银行的初期阶段，内部审计通常与合规密切相关，需要安全的义件存储区域来保存数据和调查结果。
- 法务。法务部门的主要职责是确保银行遵守其经营所在地的所有适用法律，包括合同审查、法律解释以及商定合规策略。
- 战略和规划。在小型银行中，战略和规划工作通常由银行管理团队和其他部门（如产品部门和资金部门）共同完成。在一些大型银行，我们发现有专门负责业务战略和规划的部门。这些部门通常会进行广泛的市场和产品分析，研究其他市场的发展，探索新理念和第三方合作机会。战略部门的工作量是相当大的，工作深度是相当深的，需要大量的数据和分析来支撑战略决策。因此，战略和规划部门通常会拥有大量的业务和外部数据、分析工具以及电子表格。

第9章

技术管理

本章涵盖了与技术实施和管理相关的内容，着重强调了在技术管理中应该考虑的关键因素，并进一步思考了在技术资产管理中什么可行和什么不可行。这是我们数十年来在银行业内从事技术工作的经验之谈，我们希望这些内容是中肯且发人深省的。

9.1 技术部门的组织

在现代银行业中，银行的技术职能及其治理结构与其他多数企业基本上没有什么不同，但在国际银行领域，技术职能因地理及业务线的划分而常常变得较复杂。

在我们的咨询经历中，与国内银行、地区性银行及国际银行的合作涵盖了多种技术治理结构。虽然存在外部差异，但银行业技术部门的组织却呈现出大致一致的模式，大部分银行的技术职能符合以下类别之一。

• 战略。这一领域是由高级管理层负责的，他们决定企业的技术战略，并负责所有与项目、规划、投资、人员及地域有关的关键决策。在国际银行中，通常设有全球管理团队和国内管理团队。

• 架构。架构主要包括战略要素，如技术路线图和标准的制定和维护，以及对新系统设计的日常评估和对商定标准豁免的管理（例如，项目团队的交付如果与标准存在差异，就需要向架构团队申请豁免）。这一职能通常由资深架构师负责。

• 开发。银行通常专注于技术开发，包括设计和建设新的网络、服务器、平台以及开发代码。这一职能通常由各种架构师和软件开发专家共同实现。

• 变更管理。变更管理主要涉及项目和计划管理团队，也包括测试团队。测试不仅是开发职能的一部分，在变更管理中也占有一席之地。

• 技术运营。技术运营主要涉及 IT 资产的日常管理，包括维持基础运行（备份、恢复、问题解决、维护和打补丁）、确保新系统顺利投入使用，以及提供各种支持（服务台支持、桌面支持和应用支持）。在大型银行中，网络和电信相关问题通常被纳入技术运营的范畴，但有时它们会被视为独立的职能。

· 安全。过去，安全通常被视为技术运营的一个子集，但如今随着安全日益重要，它已经发展成为独立的核心元素。大多数金融企业都设有安全或网络安全团队，通常由首席信息安全官向首席技术官或首席信息官报告。值得注意的是，安全或网络安全团队向风险管理部门报告逐渐成为趋势。

· 供应商管理。与采购不同，供应商管理主要涉及确保技术服务供应商交付其签约的产品或服务，这不仅仅是确保供应商提供的技术或服务达到预期效果，还要确保其他工作达到预期效果，比如监督供应商根据服务水平协议（Service Level Agreement，SLA）提供服务，达到安全要求，提供恢复措施，提供适当的人员配置等。

· 服务管理。服务管理是技术与业务用户之间的桥梁。服务管理部门负责监控技术和业务的 SLA，并在必要时进行更改，确保业务用户能够获得相应的服务水平。

综上所述，银行技术部门组织的简化模型如图 9.1 所示。

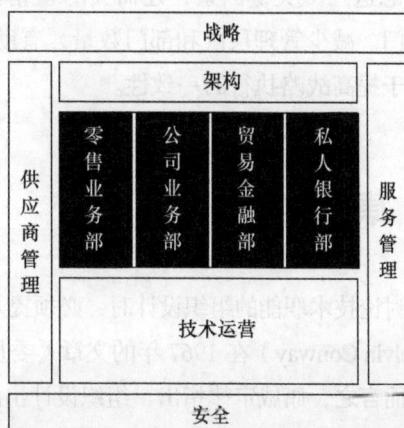

技术部门需要满足业务部门需求，在国际银行领域中，业务部门常常要求直接控制技术部门，特别是在变革和发展领域，由此形成了图 9.2 所示的结构。

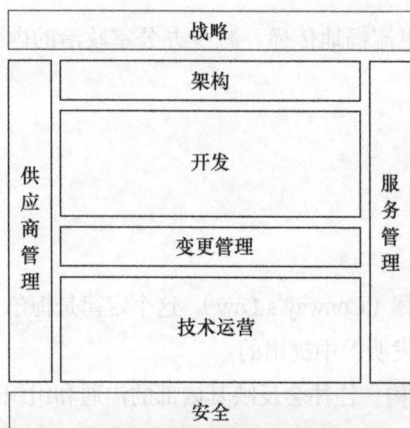

图 9.1　银行技术部门组织的简化模型　　图 9.2　符合业务需求的技术部门组织模型

当然，由于许多银行在地理位置上十分分散，每个地区都有其特定的要求，这就要求银行必须坚持对 IT 环境的控制，从而形成了图 9.3 所示的技术部门组织模型，即在符合业务需求的组织模式中加入地理位置一致性。

许多国际银行仍然认为图 9.3 所示的组织模型在一定程度上是合理和高效的（尽管实际情况可能并非如此）。为了保持这种组织模型，一些银行甚至不惜将其他职能部门按业务和地理位置细分，导致效率极低。在这样的企业文化中，资源和资金的争夺常常导致冲突，矩阵管理网络复杂且烦琐。即便在理想的情况下，国际业务的管理也是一大挑战。技术部门被划分成许多小部门，以至于每个人都有他们认为需要的控制权，这不仅会造成混乱，也会使整个组织的前景变得难以预测。

曾经担任顾问的我们，必须指出这种混乱实际上对咨询行业而言是一大利好。特别是当新的管理层上任时，银行常会聘请顾问来优化技术职能。在这一过程中，顾问可能会收取高额费用，但效果往往不尽如人意，结构改善也不明显。在全球范围内，一些老牌银行多年来一直在频繁地花费巨资重组内部技术，而非集中精力取得实质性进展。归根结底，管理不善是主要原因之一。

我们要郑重地指出，对大型银行的技术部门来说，并不存在所谓的最理想结构。多年的实践经验让我们深刻认识到，技术部门结构的有效性取决于以下三个关键因素：管理团队的整体实力（而非个体能力）、技术部门的文化，以及技术与业务之间的一致性。

因此，在建立和调整技术部门时，不仅需要考虑这三个关键因素，还需要尽量精简技术部门。减少管理层次和部门数量，有助于信息更流畅地传递，减少办公室政治的内耗，同时有助于提高战略执行的一致性。

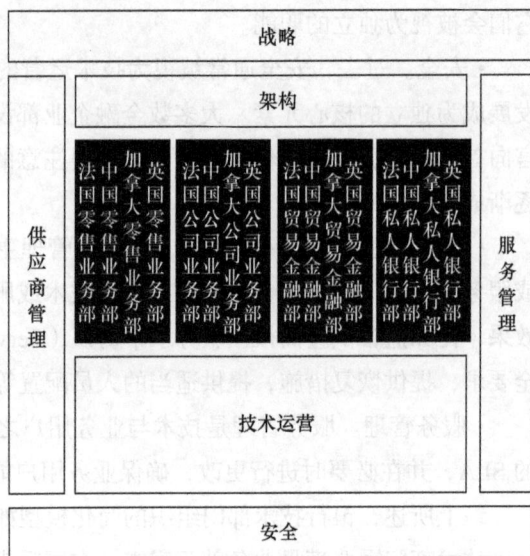

图 9.3　加入地理一致性的符合业务需求的技术部门组织模型

9.2　康威定律

在讨论技术职能的组织设计时，必须提及康威定律（Conway's Law）。这个定律是梅尔文·康威（Melvin Conway）在 1967 年的文章《委员会如何发明》中提出的。

简而言之，康威定律指出，组织设计出的系统架构，往往会反映其内部的沟通和组织结构。

尽管康威定律并没有针对计算机系统，但其假设长期以来计算机系统都在这个领域内被广泛讨论[1]。在对这一定律进行大量学术讨论后，2007 年，麻省理工学院的阿兰·麦科马克（Alan MacCormack）、哈佛商学院的约翰·鲁斯纳克（John Rusnak）和卡利斯·鲍德温（Carliss Baldwin）对此定律在软件行业的应用进行了研究。他们的分析显示，一个结构集中、目标一致且行为协同的商业软件组织倾向于开发高度紧耦合的代码。相反，在开放源代码的软件社区中，由于成员分散且缺乏固定的组织结构，通常会开发出松耦合的代码。这一现象成为明确支持康威定律的实际依据。紧耦合意味着软件产品或应用程序的各个组件之间存在密切的依赖关系，而松耦合则指的是组件间依赖关系较弱。这种差异可以解释为：紧密合作的商业软件组织倾向于共享和复用彼此的组件和代码，共同开发同一产品；而开源社区的成员则更多的是独立工作，专注于自己感兴趣的部分，并可能随时加入或退出项目，他们的代码更易于通过接口与

1　其他作者也提出了类似的假设，这些假设有时被认为是镜像假说。

其他组件集成，而非直接复用。

　　康威定律对所有银行的技术部门而言都具有深远影响，无论是小型银行还是大型银行。对大型银行来说，其通常拥有一个庞大的集中式核心银行平台，这意味着需要数百甚至数千的技术人员维护、更新和操作这一平台。但是，从规划到交付一项新功能是一个漫长的过程（通常需要一年或两年的时间）。这一时间较长主要是因为任何变更都需要通过多层审批，同时由于平台代码的紧密耦合，每项变更都需要进行大量的设计和测试工作，以确保不引发问题。通常，所有的变更都需要在每年一两次的大规模更新中进行，这大大限制了变革的速度。相比之下，如果参与人员较少，平台不是大型的单体平台，变更的实施就能更加迅速。这正是新型银行的优势所在——它们能够建立小型的多职能团队，每个团队负责设计、维护、测试、部署、监控和操作与其他（微）服务松耦合的（微）服务（3.20 节对微服务有详细的讨论）。只要团队成员保持微服务接口的兼容性，并维护其他微服务调用其微服务所使用的接口，他们就可以自由地进行变更。

　　目前，众多软件开发人员正从开发大型单体平台转向构建小型、独立的微服务平台或应用程序，以满足许多银行对技术变革速度的要求。然而，现有银行面临的主要挑战是，其已经对大型集中式平台进行了重大投资；而对那些拥抱微服务的开发者来说，挑战在于如何管理一个复杂的、大型的微服务网络。无论是大型的传统主机应用程序还是基于云的微服务，复杂的系统意味着管理和运维的复杂性。

9.3　技术成本

　　在技术领域，相较于治理结构，银行及其技术部门更加关注的是成本问题。自技术首次被引入银行以来，购买、维护和管理技术的成本不断上升，这并非因为技术单价上涨（实际上，每个 CPU 处理单元的成本在下降），而是由于技术的广泛应用和技术复杂性的提高。每个银行都在不断尝试控制技术成本，随着技术越来越多地融入我们的日常生活，维持效率成为银行持续发展的动力。

　　若能妥善管理技术，技术成本偏高并不总是一件坏事。技术的进步使银行在其他很多方面实现了成本节约，无论是流程的自动化还是关闭不再需要的银行网点和办公室，技术都成了降低银行运营成本的一个重要手段。然而，这一点也牵涉人的因素——当技术取代人工时，被替代的人员不可避免地要面对失业或转岗的挑战。

　　我们所接触的大多数银行的技术部门，通常会将成本分为两个主要类别来管理，即运营成本和变革成本。一些大型银行还会设立一个单独的监管变革成本，对其进行单独管理。这是一个相对特别的类别，因为银行可能会因法律、竞争、行业标准等而不得不进行监管变革；尽管掌握监管变革预算很重要，然而，将监管变革成本列为一个单独的成本类别并没有太大意义。大多数银行采用两级分类模式，第一级别是运营和变革，第二级别进一步将运营细分为维持基本运营和增长，将变革细分为强制性变革和自主选择变革。这种模式更能反映银行技术成本的实际情况。

所有企业都应努力降低运营成本，以便将更多的技术成本投入变革中，这是一个既合理又有效的基本假设。运营成本主要用于维持现状，而变革成本则代表实现创新、增长和扩大市场份额的机会。

世界经济论坛在 2017 年发布的一份报告指出，美国银行通常将其技术预算的 78% 用于运营活动，而仅将 22% 投入变革中。大型银行每年在维护技术功能正常运行上的支出高达数十亿英镑。如果能实现更加合理的成本分配，我们可以想象这些银行将取得不错的成效。

在小型银行中，技术成本管理相对简单。但随着业务规模扩大，情况变得非常复杂。根据我们的经验，成本管理本身就是一个行业，需要大量员工来建立复杂的成本模型，并将成本分摊到不同的业务部门。尝试计算单个系统的运营成本（包括电费，企业软件许可、维护、运行支持成本和应用软件成本等），再将其根据用户数量、某种形式的协议、有效负载或其他任意方式分摊到各个业务部门，这种做法常常导致意见分歧和混乱，特别是对许多大型银行而言。

跟踪技术资产的运营成本是防止成本失控和提高效率的必要措施。对初创银行而言，虽然在短期内可以不跟踪成本，但这样做可能会很快引发问题。总的来说，追踪成本有两种基本方法。

简单方法：适用于那些不需要重新向业务部门收费的小型银行。这种方法首先需要与财务团队和项目经理合作，确定所有技术成本，然后进行跟踪。然而，一旦银行需要扩大规模，或者已经形成了规模化运营，并需要注入更多资金，这种简单的方法就会变得不适用，银行需要采取更系统、综合的成本跟踪策略。

复杂方法：意味着使用专业的工具集来支持技术财务管理（市场上有很多优秀的财务管理工具可供选择）。这被认为是有效管理技术成本的重要途径，从长期来看，这一方法能节省大量费用。电子表格虽然可用于处理一定规模的工作，但待处理的工作一旦超出这个规模，它就会变得笨重、低效并且容易出错。

根据我们与初创银行的合作经验，优秀的员工总是会谨慎地管理每一分钱和每一份合同。不幸的是，许多大型银行的企业文化并没有提倡这种做法，这一点需要改变，以促进更加经济有效的技术成本管理。

9.4　关键在于业务服务能力而非技术本身

在现代银行业中，银行对技术的投资不应局限于具体的技术、计算机硬件（如 CPU、内存或其他组件）或软件。如今，客户所期望的是能够满足他们需求的综合服务。一个优秀的技术部门应对本银行的业务需求以及客户所需的内容有一定程度的了解。这意味着，技术部门的工作不仅仅是提供技术解决方案，更重要的是理解并服务于银行的业务目标和客户需求。

从根本而言，这恰恰是新型银行在与老牌银行的激烈竞争中脱颖而出的关键优势。作为技术专家，在从零开始建立一家银行的金融科技体系时，你必须深入了解银行各业务是如何运作的，这涉及风险、合规、零售业务、运营、营销、财务管理等方面，并且需要理解这些业务的工作性质以及其如何共同确保银行的有效运营。虽然全面了解银行的各个方面可能是一项艰巨的任务，但在这个过程中，你能够清楚地看到每一个决策、每一项变革和每一项技术解决方案如何影响整个银行。这一方法可以带来显著的效果，而这与大型银行的做法大相径庭，大型银行的技术团队通常长期专注于银行的某一个独立领域。尽管这些团队可能在各自的领域内具有专业知识，但其往往缺乏对其他业务的理解，不知道自己的工作如何影响整个银行业务。虽然大型银行拥有许多专业技能强的技术专家，但这些专家很少能全面理解银行的整体运营方式。

了解业务运作对技术开发至关重要，因为业务部门的目标是从技术部门获得与其需求相匹配的服务。这并不意味着要把所有的技术责任全部推给技术部门，很大程度上，应该形成一种基于相互尊重和理解的伙伴关系。服务可以视为两个部门之间的一种协议，应明确业务需求和支撑业务的服务级别。

在小型银行成立初期，可能还没有明确定义的服务，但随着业务的发展，其需要对服务进行清楚的定义，越早定义，面对的挑战就越小。实际上，根据在英国建立银行的经验，我们认为应该从根本上定义服务，以便设定服务级别并构建有效的业务连续性计划。

服务的定义既可以简单也可以复杂，这取决于双方的具体需求。一个简单的服务的构成要素如表 9.1 所示。

表 9.1　一个简单的服务的构成要素

名称	eKYC
说明	将用 eKYC 识别客户和检查身份证件作为客户引导过程的一部分。可在网点内或通过手机应用程序实施
服务负责人	简·史密斯（Jane Smith）（联系方式）
业务单元	零售银行业务、企业银行业务
业务负责人	弗朗克·琼斯（Frank Jones）（联系方式）
服务时间	24 小时
可用性服务级别	99.99%
RTO	4 个小时
RPO	0（如果本地数据丢失，可以从合作伙伴处恢复数据）

当然，实际的服务内容可能比表 9.1 所示的内容更复杂。在条件允许的情况下，服务说明可以更加详细，增添如业务数据、优先级、问题升级路径、关键联系人信息等。尽管如此，基本的服务模型仍然以表 9.1 所示的内容为主。

服务的范围也可以更广，例如可以包括整个业务引导过程。这样做的好处在于，少数定义清晰的服务可以覆盖整个银行业务，但缺点是这些服务可能不够明确具体，并且可能会导致为多个业务要素提供服务的技术组件最终会覆盖一个以上的服务级别。

技术部门在整个银行中可能提供数百项不同的服务，如从支持 ATM 网络到提交监管报告等。每项服务的定义都应尽可能简洁明了，并且每项服务都应有一套明确的绩效指标以对其进行量化和管理。

9.5 服务管理

支撑服务的基础是技术服务管理制度。市场上有许多服务管理制度和标准，如信息及相关技术控制目标、ISO 20000（信息技术服务管理体系标准）和微软运营框架（Microsoft Operations Framework，MOF）等，但信息技术基础架构库（Information Technology Infrastructure Library，ITIL）可能是其中比较出名的一个。

虽然本书的目的不在于深入传授服务管理的知识，但我们必须对服务管理这一领域有所了解。良好的服务管理能够为技术管理奠定基石，并提供标准化和规范服务质量的框架。

ITIL 自 20 世纪 80 年代首次开发以来，经历了多次迭代更新。当前的基础版，即第 4 版，于 2019 年 2 月发布，并在当年推出了其他相关元素。尽管如此，鉴于 ITIL 第 3 版依然广为人知，我们以该版本为基础来探讨服务管理的模型。需要注意的是，尽管 ITIL 第 4 版在表述上与 ITIL 第 3 版有所不同，许多核心原则却是相通的，事实上，ITIL 第 4 版的实践与 ITIL 第 3 版中确定的流程在很多方面都是类似的。

ITIL 第 3 版与技术交付方案在许多方面相似，包括战略、设计、变革和运行等要素，此外还包括一个反馈循环，即持续改进服务，其允许收集与服务功效相关的反馈并据此采取行动。然而，服务管理流程模型中的每项活动并不是一个有开始和结束的程序，而是关注技术如何持续满足银行的日常需求。为了判断服务是否满足银行的日常需求，我们需要一种衡量服务性能的方法。

以下是一个关于客户登录流程的例子，我们将为这个流程定义性能指标。你会注意到，这里描述的是一个综合服务，其范围比之前定义的 eKYC 服务更为广泛。客户登录流程通常包括以下几个关键步骤。

（1）客户点击特定账户类型后的"创建账户"按钮。

（2）分享关键服务信息。在登录前，银行可能需要根据当地法律和法规，与客户分享一些关键信息，例如银行将如何管理客户数据。

（3）收集客户数据。根据处理流程的不同，这一步骤可能包括收集客户的姓名、年龄、地址、职业、联系方式以及照片和 / 或视频等详细信息。

（4）收集身份证明文件。过去客户需要将纸质身份证明文件或复印件带到银行网点，但现在客户多通过在线提交。

（5）身份验证。检查身份证明文件的有效性和是否被篡改，以及确认个人照片与身份证明文件上的照片是否一致。

（6）决策。银行决定是否接受此客户。从上一步到这一步，可能需要一段时间，因为身份验证系统有时会出现异常，需要进行人工审查。很多银行在这一步暂停流程，等身份验证完成后，再将决定通知客户。

（7）流程结束，银行将开始创建账户。

从业务角度看，可以运用以下几种 KPI。

- 页面加载时间。每个页面必须在客户点击"下一步"按钮或进行其他相应操作时，在规定的 X 毫秒内完成加载。
- 身份验证时间。$X\%$ 的身份验证必须在 Y 秒内完成。需要人工干预的身份验证由 eKYC 供应商或银行运营团队负责。
- 正常运行时间比例。正常运行时间比例的目标为 99.99%。虽然可以设定更高的目标（事实上，许多银行的目标高于此数值），但需记住 99.99% 的正常运行时间比例意味着每年的停机时间不到一小时。
- 多线程能力。必须能够在任何时间段同时处理 X 名用户的业务。

为了达到上述指标，技术部门需要业务部门的指导。技术部门必须明白银行所需的能力、基本响应速度、容量和正常运行时间比例等方面的要求。银行所有者自然希望为客户提供优质服务。然而，对于供 200 人使用的内部人力资源平台，100% 的正常运行时间比例并非真正必要的。在人力资源平台短暂不可用的情况下，银行管理工作通常也可以维持一两天，重要的是要诚实和客观地评估。试图让技术部门在所有领域持续运转可能导致不合理的决策。例如，如果联络中心和人力资源平台在同一天都出现故障，然后才发现 KPI 指示人力资源平台的恢复是最紧急的任务，这种情况需要避免。正确的做法是根据实际业务需求和资源的重要性，合理确定优先级和分配资源。

9.6　将服务映射到应用系统

一旦定义了服务，下一步便是将服务映射到相应的应用系统。技术部门能否提供服务并达到与业务部门商定的 KPI 和 SLA，依赖于其对支持该服务的应用系统以及这些应用系统所依赖的基础设施的理解和管理。

在某些场景下，这种映射可能相对简单。比如，一个服务可能仅依赖于单一的平台，例如利用 CRM 平台来审查客户关系。然而，在许多复杂场景中，提供一项服务可能需要多个平台的支持。以客户引导为例，将其视作创建初始客户档案的过程，而不涉及任何具体账户的创建。

这一过程可能涉及多个不同的平台，包括但不限于如下内容。

- Web 和应用程序服务器，作为客户设备的接口，提供数据采集和内容展示功能。
- 内容管理平台，用于在服务器与客户设备之间共享内容。
- 客户数据库，用于存储客户数据。
- 身份验证平台，用于核查身份证明文件的图像，确认图像中的肖像与客户照片一致。

然而，实际的过程可能比这更复杂，涉及更多的平台，如银行的核心平台、多种微服务、数据存储和文件存储设施（例如，用于存储上传的客户图像文件的设施）以及网络组件和安全设备（如防火墙）。很明显，将服务映射到相应的应用系统中需要依赖多个系统的协同工作。

在明确了所涉及的系统之后，理解 KPI 和 SLA 将有助于决定如何构建这些系统。同时，这也会影响到部署前必须进行的非功能性测试，以及定期进行的灾难恢复测试。

将业务成果映射到服务，然后再将服务映射到应用系统的过程是非常烦琐的，但这是确保技术能够提供支持业务所需服务的必要过程，尤其是当系统出现故障时。了解哪些业务资源会受到影响，以及每个功能的处理优先级如何，是确定如何应对故障的关键。

还需记住的一点是，人员会变动，系统会更新，新系统会被引入。依赖团队成员记忆这些信息是不现实的，这迟早会导致信息的遗失和错误的发生。

因此，从长远来看，尽早建立映射，并根据环境的变化对其进行维护，对企业和技术部门来说，能大大减少未来的麻烦和挑战。

9.7 应用资产管理

了解应用系统如何满足业务需求之后，下一步是确定如何有效管理这些应用资产。应用资产管理涉及的不仅是采购，还包括开发、变更率以及其他许多因素。

采取独立管理方式管理每个应用系统虽然可行，但效率很低。在规模较小时，这种方法或许还比较实用，但随着时间推移和业务规模扩大，单独管理变得越来越烦琐、复杂且成本高。针对这一问题，市场上有许多解决方案，但分层模型尤为值得关注，它为我们提供了一个良好的讨论基础。斯图尔特·布兰德（Stewart Brand）在其著作《建筑如何学习》中引用了建筑师弗兰克·达菲（Frank Duffy）提出的"速度分层"概念。这个概念说明了不同的层级会以不同的速度发生变化，且各自的管理方式也不同。例如，在建筑领域，建筑地点基本不变，而内部的服务设施（如电梯和空调）可能每 7 至 15 年更新一次，而建筑内的物品（如桌椅和电器）则可能被更频繁地更换。其中一个关键观点是，变化较慢的层级往往对变化较快的层级产生影响，比如建筑地点决定了建筑结构，建筑结构又影响边界（或表面），边界影响服务设施，服务设施影响内部布局（空间规划），而内部布局则决定了物品的摆放位置。Gartner 对布兰德提出的方法进行了调整，把分层模型应用到了企业应用资产的管理上，对应用系统进行了层次划分，认为不同层需要不同的管理方法。

在应用系统的分层模型中，我们可以识别出三个主要层次。

（1）创新型系统。这类系统是为应对短期机会或探索新机遇而设计的。这类系统通常包括客户应用程序、社交媒体组件以及其他门户网站。以银行业为例，一些新型银行推出的功能丰富的移动应用程序就属于此类。这类系统的更新和变化非常频繁。

（2）差异化系统。这类系统要么是企业特有的，要么是为捕捉特定行业的中期机会而专门开发的。在银行业中，我们可以看到定制的信用评分引擎或者开放式银行 API，这些系统需要定期进行重新配置，但与创新型系统相比，它们的新代码部署频率较低。

（3）记录型系统。这类系统通常是长期存在且成熟的，主要用于支持核心处理流程或存储关键数据。在银行业务中，此类系统可能包括核心银行平台、支付平台、金融交易平台和资金平台等。与创新型系统相比，这些系统的变化频率很低。

在银行或电子货币业务领域，分层模型可以参照图 9.4。在银行业中，不同系统所处的层次并不固定。相反，各银行根据自身设定的优先级，会将系统放置在不同层次上。

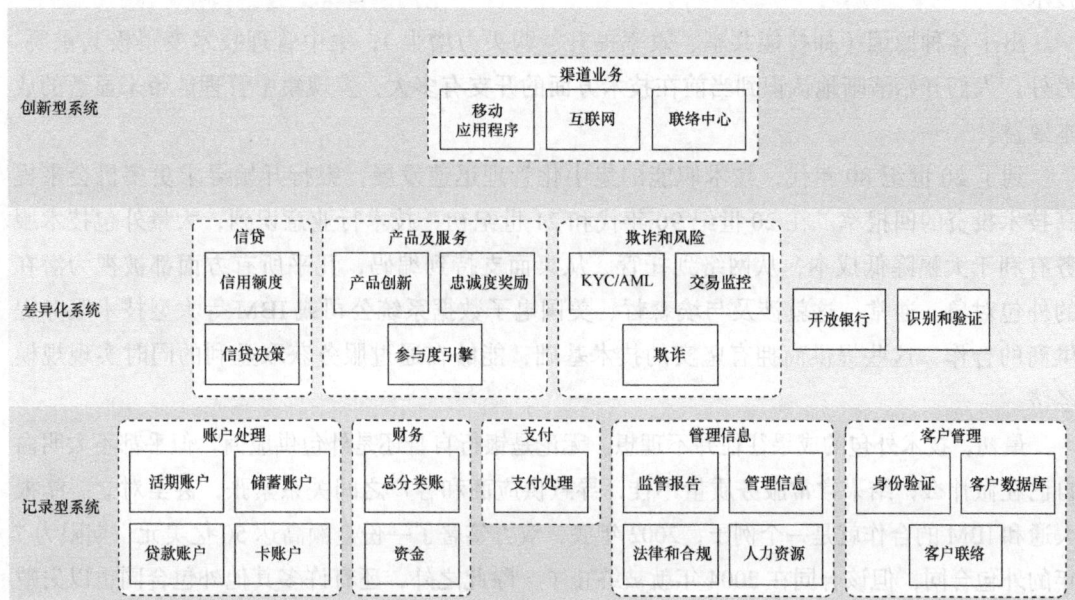

图 9.4 简单的分层模型

不同层次适用不同的管理方法。例如，如果要对系统进行创新，通常需要频繁更新并迅速部署。因此，采用的开发方法必须得当，尽管管理变更的方式可能不太正式。

当我们探讨不同的管理方法时，可以以核心银行平台和移动应用程序为例。核心银行平台（通常涉及账户处理领域，有时还涉及更多领域）属于记录型系统。许多核心银行平台（虽然不是全部）都采用商业产品。这些平台必须具有百分之百的可靠性，并且随时可用。因此，对于任何变更都必须非常谨慎地确定范围，以可控的方式进行开发，并在严格的变更控制下实施。即便核心银行平台主要由微服务构成，也需要进行严格的管理，以受控的方式测试和部署变更。核心银行平台的变更计划很可能在工作开始之前就已经确定了范围，并且通过传统的瀑布式开发实施。与此相反，银行的移动应用程序开发必须具有较强的适应性，以便能够根据早期测试中客户的反馈快速调整方向。这类变更难以预先确定，因此采用单个项目预算后合并总体预算的方式通常效果更好。有效管理这类系统的理想方法是敏捷开发。

总体来说，选择哪种方法并不是最重要的，最重要的是应用资产管理需要有一个基本的底层架构，以确保整个系统的统一性和效率。

9.8 内包和外包

深入了解技术外包的背景知识对更好地理解技术外包至关重要。在技术应用的初期阶段，并不存在专门的技术部门。一般情况下，某个部门或业务单元会负责实施技术，并负责本地管理。然而，到了 20 世纪 60 年代，随着技术的集中化，银行开始建立数据中心来管理技术。

出于各种原因（如技能共享、效率提升、购买力增强），集中管理技术变得极其重要。另外，人们开始清晰地认识到当前在技术方面的开支有多大，发现集中管理能带来显著的成本效益。

到了 20 世纪 80 年代，技术职能的集中化管理迅速发展，银行开始寻求更多机会来提高技术投资的回报率。在 20 世纪 90 年代和 21 世纪初，技术行业意识到，大量外包技术服务有利于大幅降低成本，从网络到托管、从桌面支持到编码，几乎所有方面都被视为潜在的外包对象。通常，这就涉及与埃森哲、美国电子数据系统公司或 IBM 等大型技术服务提供商的合作，这些提供商拥有坚实的技术基础，能够在通过服务获取盈利的同时实现规模经济。

最初，技术外包的成果往往并不理想。无论是银行自身还是外包供应商，似乎都不太明白自己在做什么，结果常常服务质量不佳，导致供应商和客户之间关系紧张，甚至对立。摩根大通和 IBM 的合作就是一个例子，2002 年底，双方签署了一份金额高达 50 亿美元、期限为 7 年的外包合同，但该合同在 2004 年就被终止了。除此之外，还有许多其他外包合同也以失败告终。

随着时间的推移和经验的积累，第二代和第三代外包合同业务发展到更为成熟的水平，并开始能够提供更符合客户预期的服务。一旦外包合同的可行性得到证明，下一步就是寻求进一步降低成本，于是外包公司开始转向离岸外包。离岸外包并不是新概念，早已在联络中心领域被广泛应用。最初，离岸外包主要集中在印度，后来扩展到其他地区。

然而没过多久，大型银行就意识到它们完全可以建立自己的离岸开发中心，以更好地享受离岸外包的优势。事实上，许多大型银行也确实建立了自己的离岸开发中心。由于这些银行的技术体系通常非常庞大且复杂，技术职能规模与一些外包商不相上下，因此这些银行可以不必向供应商支付额外的费用，便能享受到离岸外包的好处。

然而，故事并未就此结束。随着云计算和万物皆服务（Everything as a Service，XaaS）模式的迅猛发展，许多银行业务的采购模式已变得更为复杂和微妙。这些新模式允许银行最大限度地减少资本支出，转向基于使用量的运营成本支付，这促进了许多新型银行的发展，无论是提供卡和电子钱包的电子货币消费服务（如 PaySafe、PrePay Technologies 和 Wirecard 等公司），还是在云环境中构建高度可扩展的解决方案。

总体来说，围绕技术采购的决策因业务而异，但通常情况下需要遵循以下规则。

• 不要将独特的销售主张（Unique Selling Proposition，USP）外包。如果某个应用对银行成功至关重要，并且能够使银行保持竞争优势，那么银行应该考虑在内部开发（可能还包括管理）这个应用。不过，将这个应用托管在云端或将基础设施元素外包是合理的做法。USP 通常由差异化系统或创新型系统提供。对新型银行或小型银行来说，可能需要保持灵活，直到自己有能力在内部开发和管理 USP 为止。

• 尽可能选择"按需付费"的服务。采购根据使用情况计费的硬件和软件，如果能妥善管理这些软件和硬件，可以最大限度地降低资金成本，并创建一个可预测的、能随业务增长而扩展的成本基础。这同样适用于云托管和单个应用程序。目前，许多第三方供应商提供的解决方案可以按用户数量或其他使用方式购买。然而，这些解决方案中有一些可能设有最低使用量要求，因此在采购前应该充分了解。

• 只有当应用程序是作为与客户的接口或是在市场上提供差异化手段时，才考虑定制编码。如果可能，尽量从专业的第三方采购其他部分并与之集成。这样做将大幅减少管理、维护和运营的工作量，同时这意味着银行内部的技术团队不需要掌握过多专业知识。

将分层模型应用于外包的方法如下。

首先，记录型系统很少能为任何一家银行业务提供区别于其他业务的手段（除非创造出一种全新的银行产品）。设计和构建这类系统需要大量的专业知识，市场上已经有多家实力强大的第三方供应商提供相关服务，而且这些服务现在几乎都可以通过云端采购（即使是核心银行平台，例如，ClearBank、FIS、费哲、Mambu 和 Temenos 都是通过云端采购的优秀案例）。在大多数情况下，自行建立、管理甚至托管记录型系统是不必要的。

其次，在考虑差异化系统时，决策的不同会更加明显。有些记录型系统（如电子身份验证平台）因其专业性强、需要大量投资，已经由有实力的第三方提供。然而，如果银行提供特殊的贷款服务或经营其他独特业务，可能就需要建立一个定制化的信贷决策引擎。在这种情况下，需要根据具体情况做出相应的决策。

最后，创新型系统通常是面向客户的系统。银行应对这类系统的各个方面进行全面管理，以确保客户能够获得最佳服务。通常情况下，除非银行规模过小，无法维持一个内部开发团队，或者银行的差异化焦点在其他方面，我们通常建议将这些应用程序的开发和管理内部化。这并不意味着必须由内部人员从头开始编码，比如市场上就有许多强大的 Web 服务器可供选择，但整个解决方案的组合和管理应由银行内部负责。

在完成采购并与第三方签订合同之前，有几个因素需要特别注意。一旦某项工作被外包，将其从一个供应商转移到另一个供应商通常是相当困难的，因此在建立合作关系之前应慎重考虑。以下是一些关键的考虑点。

• 文档和知识产权。如果编码工作是外包给第三方的，就必须确保代码和文档能够根据第三方的合同承诺获得保障，并且所有相关的知识产权都应归银行所有。这一点在任何情况下，即使是最坏的情况，也应确保能实现。

• 避免偷梁换柱问题。在考察特定技能时，供应商常用的一招是在推介时向客户展示其 A 级团队，但在实际交付时却用 C 级团队替代。因此，需要仔细检查参加竞标的团队是否就是将来交付所购买解决方案的团队。

• 避免约束问题。银行在与第三方签订合同后，需要考虑自己在多大程度上会被约束。如果可能性较高，那么需要谨慎考虑以下两点。

* 续约问题。注意合同中的自动续约条款。如果存在此类条款，请务必设置提醒，在通知的截止日期之前提前审查合同。

* 定价审查问题。价格可能会随时间变化，需要了解这种变化并尽可能限制这种变化的幅度。建议将价格变化与合理、可靠且公平的因素挂钩。

关于外包的最后一个建议是：在阅读合同时，虽然跳过那些晦涩难懂的段落可能会更加轻松，但无论如何，请务必仔细阅读每一项合同条款，合同中的每一项条款都有可能在任何时候成为关键事项。因此，认真审查每一项合同条款是必须的。合同终止条款是另一个需要特别注意的关键领域。在合同谈判阶段，这一点看起来可能并不重要，但当银行需要终止合同时，相关条款就变得非常关键。在采购阶段投入时间针对相关条款进行谈判将使银行在未来获得相应的回报。

9.9 技术资产管理

9.9.1 标准化的重要性

技术实力的强大建立在可靠性的基础之上。为了具备强大的技术实力，技术部门必须确保从架构、设计、编码到日常运营的每个环节都遵循适当的标准。虽然前文已经讨论了服务管理，但还有一个同样重要的要素，即标准化。标准化能够提升工作的一致性、可靠性以及员工对环境运作的理解程度。标准化可以应用于多个方面：在架构方面，可以通过使用路线图和模型来实现标准化；在编码方面，涉及语言选择、代码结构、注释、文档和部署方法；在操作方面，包括命名标准、文档和操作流程；甚至可以扩展到更广泛的技术职能范围。如果实施得当，标准化不仅不会限制创新或降低效率，反而能够促进创新和提升效率。

9.9.2 以敏捷方法为借口

敏捷方法的发展是软件开发领域的一大进步，然而它也被用作各种不良行为的借口。需要明确的是，问题通常不在于方法论本身，而是出于对它的误解或懒惰态度。这一点在技术领域的标准化和维持良好秩序上表现得尤为明显。我们看到了不少以敏捷方法为名为不当行为辩护的例子，这些辩护理由在仔细审视下往往站不住脚。敏捷方法在很大程度上依赖于团队的纪律性和遵循统一标准及流程的能力。使用敏捷方法并不意味着违背标准或忽视文档。实际上，在许多情况下，尽管敏捷方法很少涉及更广泛的文档，但在开发过程中，它确实清楚地认识到了文档的重要性，甚至提出了非常严格的标准，以确保代码质量。敏捷方法强调文档的效率性，主张创建基本的文档，确保达到预期的目的。

9.9.3 标准化的要素

银行的技术资产很重要，如果银行的技术资产较少，问题处理起来自然简单许多，但只有适度的标准化，才能支持日益增长的对技术资产的需求。尽管每个组织都需要探索新方法和技术，但在探索过程中，应考虑如何持续有效地管理和继承技术资产。如果每个系统都使用不同的标准、编码语言、操作系统和数据库来设计，那么问题将变得复杂，甚至成为灾难的根源。技术组织应该制定一份清晰的技术路线图，明确指出哪些技术是可接受的，哪些将在不久的将来被采用，以及哪些技术将被淘汰（不再开发）。技术资产中运行的开发语言、操作系统和应用程序数量越少，维护和运营的成本就越低，银行就可以将更多资金投入真正增加价值的变革中去。这并不是说我们可以忽视使用新技术的机会——实际上，我们应该积极采用新技术。但在评估和采纳新技术时，必须谨慎并有所节制，而不是胡乱采用。应鼓励架构师和程序员研究和试验新技术，但在未与高级技术专家达成一致之前，不应轻易采用这些技术。高级技术专家应该协助架构师和程序员找到并确定适合工作的工具。

对技术资产命名是管理技术资产的一个基本方面。服务器和服务都必须有明确的名称。缺乏统一的命名标准会给理解和管理技术资产带来极大困难。我们曾遇到一些银行完全没有明确的命名标准，这种情况涵盖了从服务器到服务（包括微服务）和代码功能等方面。如果没有统一的命名标准，除了构建环境的人员之外，其他人几乎都难以管理环境，新员工也需要花费较长时间来熟悉环境。如果不在整个技术领域内使用统一的术语，可能会导致各种问题，如效率低下、成本增加，甚至可能会因误解而引发人为错误。

银行面临的挑战是如何合理确定每个组织的标准化程度。如果存有疑虑，我们建议一开始就采取谨慎的态度，稍后放宽标准总比在技术失控时再收紧标准容易得多。

《敏捷宣言》指出，有效的软件比详尽的文档更重要。这是合理的，但它经常被用作文档不完善或甚至无文档的借口，这绝非提出敏捷方法的初衷。虽然敏捷方法的关注点是重视正确的生产代码，但认真的敏捷开发者都知道，任何开发过程都需要文档的支持。我们认为，文档方面的标准如下。

• 文档以简洁为本。文档的主要作用是帮助人们理解系统的需求、设计和应用，不应烦琐。文档应该简明扼要。

• 代码文档化。也就是说，代码应该只有非常有限的外部文档。大多数代码应该编写得简单明了，足以让其他开发人员理解，并通过测试米提供进一步的支持。

• 事后记录。在很多情况下，应在解决方案完成后撰写文档（记录实际完成的内容，而不是团队原本计划完成的内容）。在任何技术解决方案的开发过程中，情况都可能发生变化。不断地写文档以反映这些变化不仅耗时，而且效率低下。当然，关于某些内容（如需求）的文档需要在项目进程中撰写。

• 文档本身并非效率低下的代名词。IT 行业的架构、需求、操作手册等都是提供高效可靠的技术服务所必需的。应尽可能有效地记录资产的要素，例如，环境数据应保存在配置管理数据库（Configuration Management Database，CMDB）中，便于实时更新，并可作为自动构建流程的基础。

需要注意的是，上述提到的缺陷并不是敏捷方法实施不当所致的。实际上，近年来，很多管理不善的情况常常以敏捷方法为借口，掩盖其不足。我们与国际银行合作了数十年，观察到许多历史悠久的老牌银行也存在类似问题。在这些银行中，由于环境的复杂性以及长期积累的问题，其面临的挑战变得更加复杂。值得注意的是，这样的环境问题其实在敏捷方法提出之前就已经存在了。

9.9.4　非功能性能力

非功能性能力是技术资产的重要组成部分，但通常只在出现问题时才会被重视，比如在出现安全漏洞或 IT 故障的时候。在技术部门内部，非功能性能力的重要性并不亚于技术资产的功能性能力。

所有银行都必须处理许多关于非功能性能力的问题，这些问题涵盖了从可用性到安全性的各个方面。银行应该像对待技术资产的功能性能力一样认真对待非功能性能力。虽然在本书的篇幅内，我们无法全面介绍所有的非功能性能力，但如果不提及一些相关内容，那就是我们的疏忽。

1. 可用性

可用性包括多个方面，从一般的可用性（如屏幕布局、文本可读性）到性能（特别是响应速度），以及对老年人的便利性（比如大号字体等）。尽管其中有些方面因人而异（例如屏幕布局），但在许多司法管辖区，都有具体的法律要求银行需要为特定人群提供相应的便利。

2. 安全性

银行技术故障通常与安全问题有关，特别是重要数据泄露，尤其是客户数据被盗，这类新闻总是格外引人关注。过去，人们往往是在事件发生之后才会关注安全问题。毕竟在互联网出现之前，几乎没有"黑客"这一概念。然而，随着面向互联网的应用程序、内联网、外联网及现在的云计算的广泛应用，越来越多的资产元素被暴露在公众面前，业务的安全边界也不断扩展。现在的安全问题不再仅仅是边界管理，甚至不仅是控制区管理（指网络中存放需要对外开放的系统的区域）。如今，攻击面扩大和攻击者可利用的渠道增多，银行必须认识到在某些时刻，外部攻击者可能会侵入网络，或某个内部员工可能有意或无意地成为安全事故的导火索，后者的发生概率甚至更高。因此，每个银行都必须时刻准备应对可能产生的安全漏洞，并制订相应的计划来抵御攻击。然而，这并不意味着防范这类事件比较容易。

3. 系统监控

在过去几年中，系统监控经历了巨大的变化。曾经，如果你能够集中监控系统事件日志，或者能监控一些应用程序日志，那么你就处于技术前沿。如今，系统监控已成为现代技术中极为重要且极具价值的一部分。虽然系统监控最初的目的是对服务器或应用程序的健康状况进行监控和告警，但现在其应用范围已扩展到对虚拟服务器、微服务、容器、网络组件等更多方面的跟踪。系统监控还经常结合自动响应机制，以管理负载、自动扩缩和实施故障修复方案，而无须人工干预。

然而，监控不仅仅是技术管理的一部分，考虑如何为业务提供支持也同样重要。这与我们本章前文讨论的服务的概念密切相关。如果不了解各个独立系统、IT 服务或微服务对每项业务服务的贡献，监控就无法发挥其应有的作用。这还涉及内部系统与第三方接口的功能问题。

监控这些接口时，不应局限于"终端是否已启动、响应是否迅速、性能是否良好"等基础问题，还应考虑更为复杂的监控问题，以便全面了解接口的性能及其对业务的影响。

因此，对于特定的服务，我们可能需要监控以下内容。

- 连接是否建立，即需要连接的两端是否已正常建立连接。
- 连接是否正常，即两端是否能互相发送正常的数据流量。
- 连接是否有效，即通信是否在正常的性能水平上进行（如响应时间、流量水平等）。

到目前为止，这些监控与常规的技术监控相符，但我们还可以进一步分析，例如我们可以探究信息中的数据是否前后一致；信息的内容是否与以往相同，或者是否出现了任何变化；是否有任何字段或字段内容发生了变动；是否有应该为空白的字段收到了数据，或者原本应有数据的字段变成了空白。尽管这既是一个安全问题，也是一个业务问题，但这种检查有助于我们判断接口是否正常运行，或者是否需要进一步检查以确保业务流程不受影响。

我们可能还需要考虑，在给定的时间或更长的时间内，响应类型的平衡是否正在发生变化，这有助于银行了解服务的使用情况，并据此做出相应的调整。以 eKYC 服务为例，服务提供者的回复类型多样：①通过——客户的详细资料有效，且能够交叉验证文件；②无法通过——提供的数据存在问题，或客户可能是欺诈者；③不确定——服务提供商无法确认，因此银行需要安排人员检查数据并做出决定。这三种回复通常是标准结果。在服务运行一段时间后，银行应对这些回复类型的比例有所了解。例如，通常 95% 的回复是通过，3% 是无法通过，2% 是不确定。但如果这些比例开始变化应怎么办？从技术角度看，这或许并不重要，毕竟这个接口已经启动并在正常运行。然而，从业务角度来看，这可能是关键信息，可能表明服务提供商的系统出现异常，或业务正在遭受攻击（例如，"无法通过"的比例增大可能意味着存在为欺诈或洗钱行为开设账户的协同攻击）。无论哪种情况，银行都需要掌握这些信息，以便采取行动，如增加支持中心的技术人员、联系服务提供商、制定反制措施、检查最近开立的账户。

对技术进行监控是明智的做法，监控的目的是检测技术是否能为业务带来额外的价值。

4. 性能

从托马斯·沃森（Thomas Watson）在 1943 年提出"我认为全球范围内大概只能卖出五台计算机"的观点，到现在互联网的广泛普及，以及那些直到看到自己的企业被新兴竞争对手迅速超越甚至吞噬之前，还自认为企业稳如泰山的首席执行官们，历史上从不缺少那些缺乏远见、未能预见某项技术或某个渠道流行的例子。缺乏远见的人（毕竟没有人能够准确预见未来）往往倾向于让人们只关注眼前，不去思考未来，这种情况在科技领域尤为普遍。

在进行规模化设计时，进行测试以确保系统在规模化条件下的性能非常重要，但这通常是在项目后期才开始进行的，而且常常因为时间不足而难以实现。对许多企业来说，非功能性测试的受重视程度不如功能性测试。我们并不是说每项服务的设计都应保证能够在全球范围内提供支持，而是要求服务的设计规模应超出企业合理预期的上限，并且要进行测试，确保服务能够在设计范围内提供稳定支持。

性能测试能将测试套件推至最大负载，且性能测试的类型多种多样，包括长稳测试（即长时间运行的测试）、压力测试（在超过正常负载水平的情况下进行的测试）、峰值测试（测试系统对突发的高流量的响应能力）以及可扩展性测试（随着时间推移逐步增加负载，了解系统在扩展过程中的表现）。在每种情况下，开展这些测试的目的都是了解系统的性能极限，观察系统在接近这些极限时的表现，以及在超出极限时系统如何尽可能少地影响业务运行。

但并不是所有系统都要以相同的方式处理，或者所有系统都必须接受相同的测试。在做出决定时，应当考虑到系统对业务的重要性、潜在的负载水平、可能的声誉损害、关键性等因素。

任何关键系统如果没有经过一定程度的性能测试，就不应投入使用。

5. 弹性和恢复

无论一个解决方案设计得多么完善，其总会有出现故障的时候。这些故障可能是软件故障、硬件故障，也可能是性能问题导致的故障。建立良好的弹性和恢复能力的前提，就是要了解并接受故障是不可避免的事实，并在架构设计中考虑到弹性。读者应该清楚理解弹性和恢复能力这两个术语的含义。

在设计软件环境时，应考虑到弹性和恢复能力。但是，这需要在成本和需求之间找到平衡。要求越高，实现和维护这些要求的成本也就越高。

必须对弹性和恢复能力进行测试。系统在上线前以及在任何重大变更之后，都应进行相应的测试。即便没有发生任何变化，也应定期对系统进行测试，以确保其弹性和恢复能力正常。

弹性测试相对简单，例如在集群中关闭一个节点，以测试其余节点是否能继续提供服务。然而，现在有更复杂的方法来测试系统的弹性，其中值得特别关注的是混沌工程，它通过在生产环境中对软件进行实验来确保其具有弹性。实际上，混沌工程涉及在实际环境中故意触发故障，以测试系统的弹性。这类工具，如"混沌猴"，实际上是在实时系统中运行的，以随机干扰实时系统。我们在 4.16.2 小节中对"混沌猴"进行了详细介绍。

恢复能力测试在过去相对简单，通常只需将服务从主数据中心转移到辅助数据中心，或从备份中恢复数据。但是，随着云服务的出现，这种方法就不适用了。如果使用云服务，在数据中心发生故障时，云服务提供商应该自动将服务转移到另一个站点。因此，现在的故障转移更像是弹性问题，而不是传统意义上的恢复方案。

9.9.5 结论

银行通常需要运行高度可靠、安全且高性能的系统和服务。因此，技术部门必须充分重视解决方案的非功能性能力。在时间紧迫的情况下，非功能性设计和测试很容易被忽视。毕竟，银行首先需求的是一个具备功能性的系统。然而，如果忽视了非功能性设计和测试，则可能在某些时候会给银行带来灾难性后果。技术部门面临的问题是，银行可能会忘记在推出解决方案时所承受的压力，反而会质疑技术部门为何会出现如此严重的失误。显然，这成了技术部门需要解决的问题。

9.10　遵守法律法规和监管要求

金融媒体中充满了关于新型银行在银行市场成功开发并部署创新解决方案的报道。这些新型银行，如蒙佐银行、PayPal、PayTM、Revolut 和 Venmo 等的企业价值似乎每天都在不断增长。

虽然这些银行有充分的理由对自己的创新能力和超越现有银行的能力感到自豪，但它们的创新之路也涉及遵守监管要求和法律合规的领域。

我们并不是说这些银行忽视或违反了相关的法律法规，而是指出作为新型银行，它们能够以全新的视角审视这个行业，并采用与以往不同、更有效的方法来解决现有银行面临的共同挑战。在某些情况下，这是因为新型银行可以选择在哪些监管授权范围内运作（例如，对申请电子货币的监管比对申请银行牌照的监管要简单得多），新型银行用全新的眼光看待监管问题，通常没有老牌银行那种严格遵循既定规则的负担，并且通过恰当地采用新技术来解决一些对老牌银行而言几乎无法解决的难题。

我们在第 8 章中讨论了监管和银行的关系，接下来我们将更深入地探讨监管、法律和行业规则在技术方面的具体内容。

9.10.1　监管与技术

在与金融科技企业合作的过程中，我们发现许多在银行业工作多年的人已经形成了一种固有的思维方式，即对法规要求的固定理解。这种思维定式在老牌银行中尤为常见，在这些银行里，许多知识是通过传授获得的，而不是建立在基本原则之上的。老牌银行的员工通常不会重新审视法规或质疑现有的思维定式，他们只会接受现状，并努力确保所有拟议的变更都符合他们对法规的理解。

这种做法是有问题的。很多司法管辖区的法规通常留有解释的空间，法规并没有提供必须采用的单一解决方案，而是明确了必须达到的结果，让银行自行决定如何以最佳方式实现这些结果。这意味着，当许多大型银行深陷于复杂冗长且效率低下的解决方案时，那些更灵活、愿意审视法规的小型银行，往往能找到更快捷、更简单、更具成本效益的创新解决方案。

在与英国监管机构的交流中，我们询问了为何英国的监管体系如此开放。我们得到的答复（需要澄清的是，这不代表监管机构的正式立场）是，对某项要求的解决方案保持开放性，可能会带来两种有益的结果。首先，为了提出一个可行的解决方案，受监管的实体必须深入理解该要求，这可以确保受监管实体不仅了解必须达到的结果，还明白该要求背后的意图。其次，这种开放性为受监管实体提供了创新实现该结果的机会。

虽然技术通常有助于银行履行其接受监管的义务，但技术的某些方面也处于监管之下。在从技术角度考虑监管问题时，应始终牢记以下几个方面。

• 针对特定项目或成果的监管要求。例如对银行的首个结算账户，将涉及许多适用于该产品的监管事项。这不仅包括对产品本身的监管，还包括接管程序、银行如何计算透支利息以及如何管理客户等方面。

·监管报告要求。每个受监管的银行都必须定期编制监管报告。银行在实施任何变革时，都必须考虑这些变革对监管报告的影响。

·跟踪。跟踪并理解银行必须遵守的所有监管要求及满足这些要求的方法是非常重要的。这需要定期审查（以应对法规的变化），并在环境发生变化时进行相应的更新。

·技术合规性。与技术相关的具体监管要求相对较少，因为大多数监管都是针对银行活动和产品的。然而，也有一些需要注意的问题，其中明显的是关于技术和服务外包的监管（在英国，这属于 SYSC 8.1 监管范围）。在欧洲，欧洲银行管理局（European Banking Authority，EBA）和当地监管机构已经就管理外包关键服务的相关责任发布了许多文件，并确保受监管实体具备对这些服务进行适当监督的技能、经验和合同权利。可以说，开放银行规则也是一种技术监管要求。

技术部门的负责人通常是一个可能受到监管的职位。例如，在英国，银行的首席信息官通常会受到监管，并属于高级经理人制度（这是一个定义和监管金融服务领域高级角色的正式制度）下的 SMF24 角色（实际上是首席运营官角色，但包含技术职责，可能由多人共同担任）。如果技术部门被确定为对银行未能达到监管标准负有责任，那么相应的 SMF 可能需要承担个人责任。

有关监管的更多细节，请参考第 8 章。

9.10.2　法律与技术

在任何司法管辖区，除遵守监管要求外，金融服务机构同样受到法律约束，并且必须遵守这些法律。之前提供的指导同样适用，违反法律可能带来严重的后果。

除了适用于商业实践的各个方面的法律外，技术部门通常还需要处理许多与数据相关的法律问题。在这方面，有许多领域需要特别关注。

1. 数据保护

数据保护不是确保所有数据被安全地存放那么简单，因为在很多情况下，银行需要让客户能够访问这些数据。一个良好的数据保护政策应包含以下关键要素。

·数据分类。定义银行可能持有的不同类型的数据。这些数据类型可能包括公共数据（如营销活动）、客户数据、专有业务数据（商业秘密）、内部敏感数据（如工资单）等。

·定义各类数据的安全级别。在确定了数据类别后，需要为不同类别的数据定义相应的安全级别。

·落实角色权限。在组织内部，不同的角色需要访问不同类型的数据，有时这些角色拥有的权限也会有所不同（例如，某些人可能只有读取权限，而某他人则可能拥有修改数据的权限）。

·跟踪和审计。应当记录对系统的每次访问，并对涉敏访问进行跟踪、监控和报告。

如今，数据泄露事件的发生频率令人震惊，而其后果不局限于缴纳相应的罚款（尽管罚款数额可能非常大，特别是对于在适用 GDPR 的司法管辖区经营的银行）。数据泄露事件带来的真正的破坏性影响在于公众对该组织信心的丧失。即使是大型银行，这样的事件也可能带来毁灭性的后果。

2. 数据保留

不同类型的数据有不同的保留期限。由于存储成本低廉，一种简单的数据保留方法是保留所有数据（即使是将旧数据归档到成本最低的存储设备中）。但按照全球各地的关于数据隐私的法规，相关主体通常需要证明保留数据的合理性。如果无法证明，那么这些数据就不应被保留。这一规定适用于数据被共享或外包给第三方处理的情况。在这种情况下，银行必须清楚哪一方持有其客户数据，与之达成相关协议，并在必要时进行数据删除。

我们在许多组织中工作过，发现部分组织中没有人能够准确说明数据应保留多久、何时删除，甚至是否可以删除（例如，在关系数据模型中的数据可能很难删除）。这种情况不仅违反了关于数据保留的法律规定，还会使组织难以应对客户根据 GDPR 要求删除其数据的请求。

3. 数据访问请求

随着法律的变化和公众意识的提高，客户的访问请求变得十分普遍。在世界上许多地方，客户都有权知道银行保存了他们的哪些数据。因此，为了满足客户的这种请求，银行必须能够在规定的时间内明确说明保留了客户的哪些数据。

9.10.3　行业规则与技术

除了遵守监管要求和法律外，银行往往还需要遵循行业规则。尽管法律和法规因地区而异，但行业规则通常是统一的。为了实现资金在全球范围内的有效利用，需要在一定程度上实现标准化，并保证最低能力水平和合规性，这通常是由行业联盟来实施的。行业规则的存在对实现这一目标具有重要价值。

PCI DSS 就是一个很好的行业规则示例，这是支付卡行业实施的一套共同的安全标准。由于与支付卡相关的欺诈是金融服务行业的一个严重问题，尽管认证过程可能很烦琐，但 PCI DSS 是一项公认的有益标准。

另一个例子是 SWIFT，这个系统负责确保支付信息能够在全球范围内快速且安全地传递。因此，为了保证所有成员之间的互操作性，必须执行共同的报文传输标准。

9.10.4　结论

从技术角度来看，银行不仅必须遵守所有适用的行业规则、法规和法律（这要求技术部门提供恰当的解决方案来支持合规性），而且技术部门本身也必须遵循这些行业规则、法规和法律。

可以考虑采用跟踪系统来识别和追踪银行所在司法管辖区内所有影响技术适用规则的合规要求。显然，合规部门应该已经在为银行的其他部门执行此类任务，因此大概率可以利用银行现有的平台。

第10章

银行业的未来

我们不能准确预测银行业的未来发展，但作为银行业的从业者和分析评论员，我们对银行业未来的发展趋势以及未来十年可能出现的变革和创新有一些自己的见解。

为了更好地介绍接下来的内容，我们假设现在是 2020 年。我们所说的新型银行（如蒙佐银行、N26、Revolut 及史达琳银行等）距离成立满十年尚有较长时间，而像 Klarna、PayPal 和 TransferWise 这样的银行成立时间则稍早。2020 年初，Pay.UK 公布了 2019 年最后一季度的账户转换数据。数据显示，英国的蒙佐银行在活期账户转入的净数量上位列第一。对于不熟悉英国活期账户转换服务的读者，可以回顾我们在 8.2.3 小节中的详细介绍。

如今，使用移动设备的新型银行十分火热，时尚独特的借记卡（比如珊瑚粉色版和肖像版）成为潮流，费用管理和预测变得更加复杂（例如识别个体商户的支出、按行业统计支出和做余额预测等），游客在环游世界时无须支付高额的外币兑换手续费。针对小型企业，新型银行提供了全套的服务，包括支出管理、发票开具（自动跟进逾期付款的客户）以及与通用会计平台的集成，但目前这些服务主要面向个体经营者和业主经理。正如 2.9 节所探讨的那样，部分新型银行可以用与规模更大的传统银行相当的成本来运营活期账户，但前提是它们必须扩大规模。

然而，新型银行的未来仍然充满不确定性。在全球范围内，开放银行业务似乎受到监管机构的欢迎和推广。现在的关键问题是，银行未来的发展方向在哪里？

10.1　发展趋势

正如第 2 章所述，在全球银行业的发展史中，重大整合一直是一个常见现象。这导致在每个主要经济体中，银行业多由少数国际银行、三至五家大型国内银行，以及数量更少的支付卡组织所主导。虽然小型金融机构（如房屋信贷互助协会、信用合作社和区域性银行）在行业中一直占有一席之地，但它们并未能撼动大型银行的主导地位。单纯从账户数量来看，大型银行仍然占据主导地位，但可以说整个行业的现状正在发生变化，我们已经看到了一些可能的发展趋势。

10.1.1　支付卡行业

正如第 2 章所提到的，全球各地都广泛使用支付卡进行收付款。然而，支付卡并不是唯一的支付方式。在中国，支付卡的使用在很大程度上被二维码所取代，而在世界其他地区，其他形式的移动支付和与银行相关的开放服务也逐渐兴起。

在西方国家，支付卡支付成为主流支付方式的原因可以归结为两个。首先是西方文化和商户的接受程度：支付卡已经存在了很长时间，获得了广泛的公众认可，商户也普遍接受支付卡。例如，在英国，支付卡历经数十年才成为一种在各个角落被广泛接受的支付方式。其次是实用性，支付卡使用方便，只需要一张塑料卡片、一个读卡器以及互联网连接设备即可。

然而，移动支付的兴起正在改变这一格局。虽然有公众担心智能手机电量不足可能会影响移动支付的使用，但我们认为塑料卡的时代正在走向尾声。在未来几年内，利用智能手机、可穿戴设备支付或面部识别支付等新兴支付方式将成为主流趋势。这对在支付卡领域深入发展的企业来说是重大的挑战。

毫无疑问，新的业务将不断涌现，行业努力在支付领域尝试更多的创新。其中一些业务会利用现有的支付网络和基础设施，而一些业务则可能进行结构性变革（如开放银行和即时支付组织带来的变化），还有一些业务将寻求全新的支付方式，例如已经存在的基于二维码的支付，未来还将出现更多新的方式。这些业务常面临的一个挑战是所谓的网络挑战。商户通常只有在客户热衷于使用某种支付方式时才会接受这种方式，并投入资金在网店或实体店安装相关基础设施，而客户往往只有在新支付方式被广泛接受时才愿意提供个人信息。此外，市场上已经有众多支付方式可供选择，收单机构提供的支付方式多达数十种。作为商户，很难判断应该接受哪种支付方式；作为客户，也难以决定使用哪种支付方式。因此，对一家刚成立的支付企业来说，要想提升知名度、在众多现有企业中脱颖而出，确实是一项不小的挑战。

因此，从提供小众产品转向挑战现有的支付卡组织是很困难的。正如前文所述，支付卡几乎被所有地方所接受。支付卡组织的成员不仅拥有雄厚的投资资本，还具备强大的研发实力。虽然塑料卡可能会逐渐淡出市场，但这些支付卡组织成员正积极探索新的解决方案，其不仅利用现有基础设施，还利用它们的初创竞争对手试图利用的消费习惯变化。同时，这些支付卡组织成员也面临一个两难境地——它们既不想减少自己现有的业务，又想避免与自己的客户（即发卡机构和收单机构）竞争。虽然我们不确定这些成员是否像许多初创企业那样渴望成功，但考虑到它们按每笔交易收费的盈利模式，这些机构的财力非常雄厚，足以收购任何可能对它们构成威胁的初创企业。是否有可能出现一家服务机构，能够撼动这些老牌企业的主导地位？我们并不排除这种可能性，但这种可能性极低，除非这家机构在竞争中展示出其独特性。

我们认为，真正独特的东西可以体现在多种形式上。像谷歌、亚马逊和苹果或其他资金充裕的全球性企业，可能对支付卡市场发起挑战。尽管苹果和谷歌已经推出了自己的消费卡项目，但从拥有消费卡产品到推出能够真正替代支付卡的产品，仍然有很长的路要走，当然这也并非不能实现。

支付卡组织存在一个关键弱点——依赖于收取支付卡服务费。支付卡组织必须依靠收取支付卡服务费以维持运营。与此形成鲜明对比的是像亚马逊这样的企业，它们的业务模式和收入来源更加多元化。过去的情况已经证明，为了获得市场份额，亚马逊愿意在产品或市场供应链上做出牺牲。比如，对亚马逊市场上的商户免收服务费，这对商户来说是极具吸引力的，也为亚马逊建立一种不依赖传统支付卡的支付业务创造了条件。

另外，走大众路线也许是一条可行的道路。新型银行已经证明，顺应时代潮流是通向成功的一条途径。例如，像蒙佐银行所采用的模式一样，能够顺应时代潮流的初创企业也许能在与现有企业的竞争中占据有利地位。然而，初创企业仍然需要大量资金，以及成功推广大众路线的实力。

在欧洲，一些企业尝试将使用开放银行和即时支付计划（例如英国的快速支付系统）作为线上和线下商户支付卡支付的替代方案。这种方法的核心是让商户通过开放银行的API来启动和验证即时支付。对商户来说，这样做的优势在于平均费用仅为支付卡服务费的四分之一甚至更低，而对用户来说，使用智能手机时能够享受到无缝的用户体验。在实体店的销售点，智能手机中的NFC设备或由智能手机生成的二维码可以用来与销售点的读卡器通信。

未来最可能的情况是，成熟的支付卡组织会与时俱进，部署新的解决方案和战略来对抗新兴的初创企业，或者选择收购这些初创企业。例如，万事达在2016年就收购了英国快速支付系统的运营商Vocalink。但我们也不排除像谷歌、亚马逊和苹果或其他互联网巨头进入市场给现有企业带来冲击的可能性。

10.1.2 银行业

银行业与全球支付卡行业的情况有所区别。尽管有许多银行在全球范围内开展业务，但实际上它们通常针对的是特定的国家、州或地区市场。银行业涵盖了众多不同的产品和服务，每一项都面临着特定的挑战和机遇。正是这种多样性使得银行业更容易受到挑战，无论是在区域层面，还是在产品、特性或功能层面上。开放银行的兴起迫使大型银行开放其客户的账户和支付信息，从而增加了大型银行的这种风险。

那么，这意味着什么呢？经历了初期的缓慢发展后，大型银行肯定会努力保持控制权和市场份额。一般来说，大型银行倾向于为银行内部创新提供资金，因此，小型初创银行被边缘化似乎是不可避免的结局。但在我们看来，情况并非如此。这并不意味着所有老牌银行都会失败，而是说老牌银行将不可避免地在某些服务领域将市场份额让给新型银行。实际上，在短期内，我们预计许多大型银行仍将保持竞争力，但在某些特定领域可能会失去市场地位。

在我们的设想中，未来的市场结构可能会呈现出多样化的商业模式，可以将其分为以下四大类别。

（1）领域专家。这类银行专注于银行业务中效率较低或面临开放竞争的特定领域。例如，Revolut 专注于消费者外汇市场，并在此基础上进行扩展。这类银行可能会利用开放银行业务提供服务，无论是提供账户聚合增值服务还是支付服务（利用现有银行的支付能力），都可能逐渐建立起自己的客户关系网络，但银行的核心服务可能仍由现有银行提供。

（2）平台银行。这类银行提供银行业务的基本要素，包括标准产品（例如活期账户）、支付等，同时充当领域专家。这种模式注重业务量的竞争，可能导致银行利润率降低，但业务量有望大幅提升。未能跟上市场变化的大型银行可能会发现自己不得不转向这种模式。

（3）市场专家。市场专家类银行已开始显现其影响力。这类新型银行提供一些银行核心服务的特定要素，并通过与其他互补性第三方建立合作关系来巩固市场地位，这样的合作既可以是提供附加服务，也可以是提供市场专家类银行不愿或未准备好提供的零售银行产品。蒙佐银行和 N26 就是市场专家类银行，它们对在境外市场的发展表现出了浓厚的兴趣，并已经取得了一定的成效。

（4）全方位的大型银行。那些能够灵活应对市场新进入者挑战的大型银行，仍有机会在本国市场的银行业中保持较大的市场份额。

尽管上述一些模式可能会侵蚀它们的市场份额和利润，但由于这些银行的业务规模庞大且管理得当，预计它们将在一段时间内维持运营。

这几种类型的银行已经出现了，我们预计，在未来十年或二十年内，领域专家和市场专家类的银行的数量会大幅增长，最终将推动平台银行的兴起。因此，在不久的将来，我们将看到更多的领域专家和市场专家类银行、全方位的大型银行以及平台银行等。

10.2 不断创新的产品特性和功能

当然，市场层面的变化主要依赖于改善银行业提供的产品的特性和功能，尽管有利的市场背景和成功的营销策略也扮演着重要角色。如今，尽管银行业中存在巨大的变革潜力，但产品的创新程度相对较小，而特性和功能的变革潜力则更大。这是为什么呢？

长期以来，银行业所提供的产品相对稳定。有人认为，零售银行产品的最后一次重大创新是支付卡的发明，这一观点值得商榷。鉴于技术的飞速发展，外行人可能会觉得这种观点有些奇怪。然而，银行业确实在很多方面值得深思。首先，正如第 2 章所述，银行业已经存在很长时间，也为产品的出现和发展提供了充足的机会。其次，银行业的产品其实相对简单，真正的核心产品只有少数几款：活期账户、储蓄账户和贷款账户。最后，虽然技术有利于提高效率、改进功能和提供更好的客户体验，但并不一定会彻底改变产品本身。例如，技术和媒体报道不断发展，但优步仍然是提供打车服务的企业。

有观点认为，开放银行可能会使资金管理解决方案商业化，并对金融产品本身收费，这也被视为一种新做法。但银行的核心产品组合不太可能从根本上进行重大改革。

然而，技术在为现有产品和服务开发新功能方面确实发挥了重要作用，并且对现代银行的运作方式产生了深远的影响。

10.3　支付的未来

10.3.1　不受地域限制的即时支付

支付网络的数字化已在有限的地理范围内实现了速度提升和成本降低，取得了显著的进步。目前，除了国际支付和大额支付外，大多数支付方式已趋向于免费。如果这种高速度和高效率的服务能在全国范围内实现，那么同样也有可能在全球范围内实现，尽管银行可能会继续从外币兑换中收取一定的佣金。

国际支付的延迟常常是出于需要进行洗钱和恐怖主义监控等安全方面的考虑。然而，现在大多数反洗钱、反欺诈和支付监控任务都是通过系统自动完成的。这些系统在先进性方面还有提升的空间，并且有时仍需要人工处理异常情况，从而导致流程的延迟。但这并不意味着无法实现近乎即时的支付交易，只是在某些异常情况下，支付速度可能不如其他支付形式那样快。

目前，国际支付的延迟并没有带来安全性的显著提升，这只是效率低下的反映。通过提高自动化程度并采取后文所述的一些支付反欺诈措施，国际支付有理由为客户提供即时或至少接近即时的支付体验。

10.3.2　支付反欺诈措施

银行业长期以来一直关注欺诈问题，正如第 7 章所述，即时支付可能是促进这类欺诈的一个因素。欺诈行为不仅对客户造成损害，而且在许多情况下，银行业务本身也承担了大部分的损失。因此，改善反欺诈措施是银行业不断追求的目标。特别是随着支付数字化的推进，授权推送支付欺诈（即犯罪分子说服欺诈目标向其账户支付款项）显著增长。

这种欺诈的具体手段多样，但典型的情况包括盗取律师的电子邮件地址，并向客户发送修改了银行收款账户信息的付款请求。对受害者来说，不幸的是，他们通常无法验证指定银行账户是否真的属于预期的收款人（除非能与收款人面对面交谈），事实证明，采用这种形式的攻击手段经常能够取得成功。加上欺诈者可以迅速转移资金，他们常常在受害者意识到被欺诈之前就已经携款潜逃。

英国是全球为数不多的详细跟踪授权推送支付欺诈活动的国家之一。英国金融公司（一家贸易协会）的数据显示，2019 年，授权推送支付欺诈涉及的金额接近 5 亿英镑，比前一年增加了约 1 亿英镑。尽管这种欺诈方式不像银行卡欺诈那么普遍，但它仍然呈现令人担忧的趋势。

英国并不是唯一面临这类欺诈问题的国家。随着全球银行业在未来几年将大力推广数字支付，这种欺诈行为预计将在全球范围内愈演愈烈。

尽管授权推送支付欺诈只是众多欺诈手段之一，但它确实说明了新型即时支付方式和网络银行的便利性为欺诈者创造了许多新的机会，银行必须加大反欺诈的力度。我们预计银行未来十年将发生一系列重大的变化，以应对这些挑战。

一种有效的应对策略是在付款人提交付款银行的详细信息时，同时确认收款人的姓名，英国已经采纳了这种方法。如果付款人输入某信息后，系统弹出"此信息与收款人姓名不符，请在汇款前核对收款人信息"或类似提示，那么将有助于减少欺诈事件的发生。虽然这项服务在全球范围内的实施似乎并没有障碍，但确实需要全球范围内的合作才能实现。

尽管一些国家在多年前就已经建立了国家欺诈数据库，但实际进展却相对缓慢。不过，也存在成功的反欺诈合作案例。2019 年 9 月，五家荷兰银行——荷兰银行、安银银行、荷兰合作银行、特里多斯银行和大众银行——宣布达成合作协议，共同监控这几家银行的交易，以更有效地识别和阻止可疑交易。这种合作已经被讨论多年，但从未取得实际成果。实际上，采用这种合作模式并不困难（因为支付监控的技术已经存在）。对更多支付交易进行监控，可以收集到更多数据，这些数据有助于更深入地了解欺诈活动，提高银行在更广泛范围内及早发现可疑活动的能力。随着专业组织的建立，我们都期待能享受到类似专业技能库这样的卓越中心带来的好处。理论上讲，除非全球政治和国家支持的反欺诈、反洗钱和制裁行为在实施和执行过程中引发问题，否则 SWIFT 成员在全球范围内采取这种方法来打击欺诈或洗钱就是可行的，没有障碍的。

人工智能和机器学习（Artificial Intelligence and Machine Learning，AI/ML）技术在解析大量数据、建立数据工作模型以及发现异常情况方面表现出色。预计在未来几年内，这些技术将在交易监测领域得到更广泛的应用，这对改善国际支付的延迟将非常有帮助。

当然，关于国际支付的延迟，已经有一些愤世嫉俗的观点被提出。这些观点认为，银行通过延缓付款使资金在银行账户中滞留，能从中赚取可观的利息收入。投入时间和资金提高效率并不一定符合银行的利益，因为银行实际上可能正是通过提供效率低下的服务来赚取收益的。

10.4　运营中的技术

银行的运营部门通常有许多员工从事着烦琐且重复的工作。这对银行业内的人来说并不陌生，而且多年来，银行业一直致力于实现业务流程的自动化。将人工智能和自动化技术应用于业务流程早已不是新鲜事，预计在未来几年内，银行业务的人工智能化和自动化程度将显著提升。

我们并不认为人工岗位会完全被计算机取代，但人工岗位的数量的确正在减少。尽管经常听说银行实施人工智能（包括机器学习）和自动化后，人力资源将被重新分配到与技能（如人员技能、创新等）更相关的任务上，但现实情况是，由于新技术的部署，许多银行不可避免地会减少员工人数。

随着运营部门和银行其他领域人员的减少和业务流程自动化的趋势，我们可以预见，计算机系统出现异常的情况会减少。理论上，如果有计算机控制输入并管理银行业务运营要素，那么发生人为错误的可能性就会减少，从而降低发生异常情况的概率。当然，仍然会有一些由计算机引发的异常情况，但这些问题可以被隔离和修复，并且不应再次发生，这样这些问题就转变为软件的可靠性问题。

10.5 监管

监管报告通常是对过去情况的追溯，回顾过去一个月、一年或其他特定时期的数据。这样的做法给监管机构带来了问题，因为它们只能在事后从银行的数据中发现问题，或者是只有在收到报告时才能发现问题。这就导致了监管上的漏洞，因为这意味着监管机构只能在事情发生后才能采取行动，而无法预先采取纠正措施。

然而，监管的理想目标是在问题事件发生时立即采取行动，而要实现这一点，唯一的方法是实时接收和分析银行业务的数据。

要达到这个目标，需要采取两个步骤。第一步是实时创建监管报告。实时创建的监管报告中的大部分数据是交易和事件数据，这些数据可以迅速实时传达给监管机构。然而，有些数据需要经过多次计算，例如，银行对基础汇率或中央银行基准利率变动的风险敞口可能需要多次计算才能提交数据。据我们所知，目前没有哪家银行具备近乎实时提交数据的技术能力（因为它们都会在提交前进行检查或修改）。

第二步，监管机构还必须能够理解所提交的数据。世界各地的大多数监管机构负责监管数百家金融机构，将这些机构实时提交的所有数据转化为监管机构可用的信息需要做大量的工作。这就需要对数据进行高度自动化的分析，并确保分析系统在发现问题时能够发出警报。

实时监管报告最终将成为现实。然而，管理、报告和理解数据的复杂性意味着最可行的方法可能是分阶段实施。监管机构可能要求先提交较简单的交易数据，然后再要求提交较复杂的动态状况数据。

10.6 财务部门

正如第 8 章所述，财务部门在会计、一般财务和监管报告方面都有一套明确的规则。能够被规则化并编写成代码的内容，都可以很好地融入计算机程序。与业务部门相似，我们预计财务部门的人员数量将大幅减少，因为许多基本的日常工作将由计算机自动完成。

　　然而，我们认为经验丰富的专业财务人员仍将扮演重要角色。尽管大部分建模工作可以通过编程实现，但在风险定义和复杂的假设建模方面，仍然需要依靠经验丰富的从业人员的专业知识和判断。

10.7　技术部门

　　与许多行业一样，银行业越来越多地应用各种技术，并且这种趋势一直在持续加强。显然，通过进一步利用人工智能、机器学习、自动化和机器人技术，以及数字渠道的增长潜力进一步提升，新技术应用的机会将持续增加。因此，几乎可以确定，技术部门将成为银行业中少数可能增加人员和整体成本的部门之一。

　　此外，这些新增的技术人员很可能由银行直接雇用，而非外包。随着技术在银行业中的影响和重要性日益增加，建立和维护技术服务所需的开发能力将越来越被视为业务的核心部分，需要由银行内部团队来承担。需要指出的是，我们并不是说银行外包时代将结束，而是认为在供应平衡上，特别是在开发职能方面，银行将更多地倾向于内部开发。

　　尽管如此，我们期待看到自建自营系统继续向云计算发展，并更广泛地使用第三方及开源工具集、代码和平台。因此，尽管人员招聘将更多地转向内部，但自建系统和代码库的大部分内容可能仍然来自外部资源。相反，程序员的关注重点将转为编写和维护那些代表特定业务能力（尤其是那些能创造差异化机会的能力）的代码元素上，或者是能将第三方代码整合起来的代码元素。这意味着银行将更多地使用规模较小、独立性较高的代码集（例如微服务），减少对过去单体平台的依赖。但这并不意味着第三方应用程序会被完全放弃。实际上，我们认为第三方应用程序应该在所有非差异化的部门中得到应用，如人力资源部门、财务部门。

　　数据科学和数据分析领域无疑将成为增长领域。虽然媒体频繁报道数据价值及其分析转型，但实际上，我们才刚刚开始探索这一领域。目前看来，银行不仅致力于更有效地利用内部数据，而且在不断地整合外部数据，包括整合明确获批的其他企业客户数据及开源数据，可能涉及通过开放银行业务或 GDPR 获取的个人数据，或是由企业和政府组织发布的数据，如英国土地注册处的房价指数。

　　随着自动化的推进，尽管我们预计银行的多个职能部门的人员将减少，但技术部门的人员可能会增加。为了生产、管理和维护替代其他部门职能的技术，技术部门的发展壮大尤为重要。

10.8　关于数据的题外话

　　过去十至十五年，数据发展迅速，主要受到数据主权和所有权的推动。直至现在，某些大型互联网企业对个人数据权利的忽视还是一个公认的问题。这些企业掌握的数据经常被随意使用，甚至在未经数据主体同意的情况下被出售给有意购买的个体。然而，在过去十年中，权利平衡发生了显著变化。尽管许多国家也在经历类似的转变，但欧洲的变革尤为显著。

正如第 8 章所述，欧洲引入了两项关键法规，即 PSD2 和 GDPR，这两项法规极大地影响了数据的使用方式，不仅推动了开放银行的实现，也促成了数据的开放使用。

开放数据在银行业展现出极高的潜力，它能被应用于多个领域。以个人贷款为例，银行可以通过开放银行 API 接入申请人在其他金融机构的财务数据，并据此发放贷款。在商业贷款领域，银行不仅可以参考其他金融机构的金融数据，还能利用公开的数据资源。例如，在考虑是否向某餐馆提供扩建贷款时，银行可能会评估人流量数据（包括流量、时间和基于移动电话数据的财务估算等）。在财务规划方面，银行可通过汇总客户在本行及其他来源的账户数据，帮助客户规划未来，这可能包括分析支出情况、提出削减成本的建议、提出为子女的教育储备资金的建议，以及建议更换服务供应商以节省开支。

当然，这些只是开放数据对银行业的一部分积极作用。若大型科技或零售企业（如亚马逊）想要进一步进入银行领域，它们需要在获得客户授权的前提下，利用自身的客户数据提供更加精准的金融产品和服务，以更好地满足客户需求。

10.9 银行产品和服务

尽管我们认为银行产品进行根本性改革的可能性不大，但现有产品功能的创新空间依然广阔。

10.9.1 结算账户

在结算账户方面，近年来随着新型银行的推动，已经实现了包括即时付款提醒、预算编制、账户汇总等功能的多项创新。然而，结算账户的创新潜力未被完全挖掘。例如，未来几年，我们可能会看到无卡结算账户的广泛应用。这种账户可能不再依赖实体支付卡，而是完全虚拟化。

另外，可编程支付账户虽然不是新概念——像 Root 等产品早已提供此功能——但通过创建简化的"如果这样，则那样"（If This Then That，ITTT）账户，让客户能设置自己的资金管理规则，这一理念正逐渐成为主流。例如，如果某人账户在每月 25 日余额超过 500 英镑，则其中的 300 英镑将自动转入其储蓄账户。

随着全球化加速，人们对使用不同货币以及在不同地点使用货币的需求日益增加。目前，人们通常依赖货币兑换处、旅行支票、旅行卡或免手续费支付卡来满足跨境使用货币的需求。然而，银行（特别是国际性银行）完全有潜力在一个统一的总账户下为客户提供多币种账户。通过这种方式，客户可以根据自己的需求（按即期汇率）轻松地将资金从一个币种账户无缝转移至另一个，同时能在支持该货币使用的任何地方提取现金（无须承担额外费用）。尽管欧洲的 Ipagoo 公司在尝试实现这一模式后于 2019 年破产，但我们认为这种多币种账户管理的概念在未来有望成为许多银行提供的常规选项。

家庭抵押贷款作为一种金融产品，在世界上许多国家已有实践。我们看到，结算账户也有提供这种服务的可能性，通过将家庭资金集中管理或分配到不同的嵌套账户中，每个家庭成员都能拥有适当的资金使用和控制权限——这实质上是一种家庭级别的授权管理方式。这样的安排允许父母监管孩子的开支，使成年人对弱势家庭成员的财务进行适度管理，同时确保他们能获得日常生活所需的资金，不会影响其基本生活。

10.9.2　贷款

贷款创新可能产生于贷款发放阶段，尤其是在信贷决策领域。现有的信用评分和决策解决方案的效力有限，它们主要依赖有限的历史数据和一些当前实际数据（如工资）来评估客户。近年来，不断有通过新颖的方法尝试对客户进行信用评分的讨论，例如分析社交媒体资料的数据。尽管这些新方法可能让银行对客户信用状况有更深入的了解，但也存在不少限制和顾虑，可能使得这些方法难以被执行。

如前文所述，开放数据和开放银行确实在信贷决策方面具有巨大的应用潜力，因为它们能提供客户当前的综合状况。在很多国家，开放数据和开放银行已经被法律认可，这意味着一旦获得客户同意，银行在提供此类服务时面临的障碍将大大减少。共享银行数据是这方面的初步尝试，而结合开放数据或社交媒体信息的使用，可能使银行业在各种信贷业务场景下做出更为明智的决策。

10.9.3　抵押贷款

抵押贷款领域也可能会经历一些变化。通常，在多数国家，抵押贷款的条款是基于预期寿命来设定的。然而，并不是所有国家都遵循这一模式，比如日本在 20 世纪 90 年代就推出了 100 年期的代际抵押贷款。世界许多地区房地产价格的持续上涨，使得年轻人越来越难以承担，代际抵押贷款可能成为抵押贷款行业的一个新方向。随着房产成为家庭代际财富传承的重要部分，将与购房相关的债务因素转移至下一代，这种做法在当前的经济和社会环境下，似乎变得更加合理和可行。

机器人技术在银行业占据了一席之地，尤其是在联络中心领域。除此之外，机器人技术也在逐渐渗透银行的其他业务，比如利用机器人为客户提供基础的资金管理服务。尽管这些机器人目前的功能相对简单，但它们已开始向更高级的服务拓展，例如抵押贷款咨询。随着机器人和人工智能技术的持续进步，我们认为机器人在咨询领域的应用潜力巨大，特别是在提供抵押贷款流程支持服务方面。目前，许多地区已经实行了建议式销售和非建议式或仅限执行的抵押贷款服务。监管机构对机器人提供咨询服务持开放态度，我们预计未来相关机器人将变得更加普遍。当然，随着技术的发展，人们期待机器人能提供更加高级和全面的服务，这包括扩大抵押贷款咨询企业的服务范围，提供完全由人工智能建议的体验，以及使用人工智能自动完成之前由人工提供的咨询服务。

10.10   银行网点的未来

在首都银行任职期间，我们发现，银行网点对吸引公众有着不可小觑的作用。如果其他银行能够像首都银行那样优化其网点布局，确实有可能实现盈利。总会有一部分公众希望或需要与银行工作人员进行面对面的交流。

同时，我们也看到了在网点进一步引入计算机技术的机会。例如，可以扩展 ATM 的功能，提供更多样化的服务：增加面部识别或其他生物特征识别功能，使 ATM 不仅能识别客户身份，还能显示客户的姓名；引入机器人咨询技术，创建一个能接待客户、与客户对话并解决客户问题的平台。这样的解决方案能够减少对大型网点的需求，甚至可能完全替代一些小型网点。在这些技术初步证明其可行性时，可能需要集成视频会议功能，但随着人工智能在解读面部表情和语调方面的能力逐渐增强，这种需求将逐步减少。

我们认为，至少在未来一段时间内，分支机构仍将存在，但实体网点的数量将减少，仅覆盖一定规模以上的城镇。这些网点的运营方式也将发生改变，以适应更高程度的数字化和技术整合。

10.11   未来银行的员工数量、技能发展

我们预测，在现代银行体系中，员工人数将大幅减少，这一趋势已经非常明显。自动化、人工智能和机器学习技术的引入，将逐渐取代许多现有的业务和后台职位。虽然仍会有少数员工以其专业知识辅助机器进行工作，帮助解决问题、回答咨询、进行创新或排除故障，但大部分日常工作将由机器完成。这一转变将为银行节省大量成本，尽管仍要付出人力成本，但机器技术的引入可有效减少人为错误和降低劳动力成本，提升效率，这对银行而言是不可或缺的优势。

在渠道业务方面，我们同样预见到银行将减少人手配置。虽然分支机构数量的减少可能导致银行增强对联络中心的依赖（这需要对员工进行技能培训，以适应视频通话等新形式的客户服务），但随着时间的推移，我们预计联络中心的许多工作也将逐步被计算机技术所取代，包括由机器人自动处理常见问题以及由机器人和人工智能技术提供的咨询服务。

我们预计在银行中，技术领域将是唯一持续增长的职能领域。然而，即便在技术部门内部，变化也不会完全朝着增长方向发展。软件代码开发将是一个重要的增长领域，但随着对银行员工的支持需求的减少（因为员工总数减少）和计算机支持服务的数字化改革（许多技术操作适合由计算机执行），桌面支持和日常运营等领域的需求将减少。

尽管整个银行业的人手缩减可以带来效率的提升，但这也可能引发新的问题。大量工作的数字化可能导致与这些工作相关的技能和知识丢失，这为组织带来两个主要挑战。首先，缺乏专业技能和经验将使得银行难以在特定领域进行创新。其次，缺乏相关经验意味着，一旦计算机系统出现故障，且内部人员不再具备相关的技能和知识，解决问题将变得非常困难。当然，一些知识可以转移到技术部门，但由于技术人员流动性较大，一旦他们转向新项目，从先前项目获得的知识可能很快就会丢失。

银行等行业依靠庞大的员工队伍来寻找合适的人才，这些人才是维持和推动其业务发展的关键。但随着基层职位的显著减少，是否还能够找到具有必要技能和能力的人才，以培养他们成为专家和管理人员，这是一个未知的问题。人才流失是否意味着未来银行将无法培养出合适的领导者？如果是，这将对银行的未来产生何种影响？

技术带来了许多好处，银行业的数字化似乎已成不可逆转的趋势；然而，我们在享受技术带来的好处的同时，也在失去一些东西，这些失去的东西可能会在未来几年内对银行业产生深远的影响，这是银行业和决策者们需要深思熟虑的问题。

参考文献

[1] MACDONELL A A, KEITH A B. Vedic Index of Names and Subjects[M]. London: John Murray, 1912.

[2] JAIN L C. Indigenous Banking in India[M]. London: Macmillan, 1929.

[3] EINZIG P. Primitive Money in its Ethnological, Historical and Economic Aspects[M]. London: Eyre& Spottiswoode, 1949.

[4] DURANT W. The Story of Civilization: The Age of Faith[M]. New York: Simon&Schuster, 1950.

[5] LEVENSHTEIN V I. Binary codes capable of correcting deletions, insertions, and reversals[J]. Soviet Physics Doklady, 1966, 10(8): 707-710.

[6] O'BRIEN J A. The Impact of Computers on Banking[M].Boston: Bankers Publishing Company, 1968.

[7] CONWAY M. How do committees invent[J]. Datamation, 1968, 14(5): 28-31.

[8] CODD E F. A relational model of data for large shared data banks[J]. Communications of the ACM, 1970, 13(6): 377-387.

[9] BANK OF ENGLAND. Competition and credit control[J].Quarterly Bulletin, 1971(Q2): 189-193.

[10] DAVIES G. National Giro Modern Money Transfer[M]. London: George Allen&Unwin, 1973.

[11] TUCCI U. Il Banco della Piazza di Rialto, première banque publique vénitienne[J]. Cahiers de la Méditerranée, 1981(5): 155-169.

[12] GIFFORD D, SPECTOR A. The Cirrus banking network[J]. Communications of the ACM, 1985, 28(8): 798-807.

[13] BASHE C J, JOHNSON L R, PALMER J H,et al. IBM's Early Computers[M]. Cambridge, MA: The MIT Press, 1986.

[14] BANK OF ENGLAND. Recent developments in UK payment clearing systems[J].

Quarterly Bulletin 1987(Q3): 392-394.

[15] PARKER L M. Medieval traders as international change agents: A comparison with twentieth century international accounting firms[J]. The Accounting Historians Journal, 1989, 16(2): 107-118.

[16] GREEN E. Banking: An Illustrated History[M]. Oxford, UK: Phaidon Press, 1989.

[17] SMITH J. Denmark to launch first country-wide scheme[J]. Smart Card News, 1992(10): 22-26.

[18] SMITH J. JerseyCard launches purse[J]. Smart Card News, 1992(10): 33-34.

[19] SMITH J. SmartFuel system for trucks[J]. Smart Card News, 1993(3): 45-53.

[20] BRAND S. How Buildings Learn: What Happens After They're Built[M]. New York: Viking Penguin, 1994.

[21] MCKENNA J, AYER K. Worldwide development and player motivations[M]. Chicago: Irwin Professional Publishing, 1997: 44-56.

[22] CRONIN M J. Banking and Finance on the Internet[M]. New York: Wiley, 1998.

[23] BOWMAN J S. Columbia Chronologies of Asian History and Culture[M]. New York: Columbia University Press, 2000.

[24] FIELDING R T. Architectural styles and the design of network-based software architectures[D]. Los Angeles:University of California, 2000.

[25] MUNDELL R A. The birth of coinage[J]. Columbia University Department of Economics Discussion Papers, 2002(01): 02-08.

[26] FINKENZELLER K. RFID Handbook: Fundamentals and Applications in Contactless Smart Cards and Identification (trans by Waddington R.)[M]. Chichester, UK: Wiley, 2003.

[27] HYDE R. Art of Assembly Language[M]. San Francisco: No Starch Press, 2003.

[28] KRAFZIG D,BANKE K, SLAMA D. Enterprise SOA: Service-Oriented Architecture Best Practices[M]. Upper Saddle River, NJ: Prentice Hall, 2004.

[29] BLAIR C E, KUSHMEIDER R M. Challenges to the dual banking system: The funding of bank supervision[R]. Washington, D.C.: FDIC Banking Review, 2006.

[30] HANKE S H, KWOK A K. F. On the measurement of Zimbabwe's hyperinflation[J]. Cato Journal 2009, 29 (2): 353-364.

[31] STRUBE H. Lastschriftverkehr. In: Handbuch zum deutschen und europäischen Bankrecht (ed. Derleder P, Knops K O, Bamberger H)[M]. Berlin: Springer, 2009.

[32] DAVIES R, RICHARDSON P, KATINAITE V, et al. Evolution of the UK banking system[J]. Bank of England, 2010(Q4): 321-332.

[33] JACK W, SURI T,TOWNSEND R. Monetary theory and electronic money: Reflections on the Kenyan experience[J]. Economic Quarterly, 2010, 96 (1): 83-122.

[34] ADAMSON C. Star Schema: The Complete Reference[M]. New York: McGraw-Hill, 2010.

[35] NAGARAJAN K V. The Code of Hammurabi: An Economic Interpretation[J]. International Journal of Business and Social Science, 2011, 2 (8): 108-117.

[36] MARTIN I. Too far ahead of its time: Barclays, Burroughs and real-time banking[J]. IEEE Annals of the History of Computing, 2012, 34(2): 5-19.

[37] KLEIN B, LONG R A, BLACKMAN K R,et al. An Introduction to IMS: Your Complete-Guide to IBM Information Management System. Second edition[M]. Boston, MA: IBM Press, 2012.

[38] DENT A,DISON W. The Bank of England's Real-Time Gross Settlement infrastructure[J]. Bank of England, 2012(Q3): 234-243.

[39] REVELEY J,SINGLETON J. Business associations as legitimacy-seekers: The case of the Committee of London Clearing Bankers[J]. Economic History Society Conference, 2013(4): 5-7.

[40] SAFARI M.Contractual structures and payoff patterns of Sukuk securities[J].International Journal of Banking and Finance, 2013, 10(2): 81-110.

[41] BOND M, CHOUDARY O, MURDOCH S J, et al. Chip and Skim: cloning EMV cards with the pre-play attack. Proceedings of the 2014 IEEE Symposium on Security and Privacy, May 18-21, 2014[C]. Washington DC, US:IEEE Computer Society, 2014.

[42] NEWMAN S. Building Microservices[M]. Sebastopol, CA: O'Reilly Media, 2015.

[43] KLEPPMANN M. Making Sense of Stream Processing: The Philosophy Behind Apache Kafka and Scalable Stream Data Platforms[M]. Sebastopol, CA: O'Reilly Media, 2016.

[44] GERDES W D. Money and Banking[M]. 2nd ed.New York: Business Expert Press, 2017.

[45] TELLEZ E. The ongoing decline of the cheque system[J]. Reserve Bank of Australia Bulletin, 2017(6): 57-65.

[46] LUSTHAUS J.Industry of Anonymity, Inside the Business of Cybercrime[M]. Cambridge, MA: Harvard University Press, 2018.

[47] LEWIS S,DUNN M. Native Mobile Development[M]. Sebastopol, CA: O'Reilly Media. 2019.